国家哲学社会科学成果文库
NATIONAL ACHIEVEMENTS LIBRARY
OF PHILOSOPHY AND SOCIAL SCIENCES

生育政策调整中的生育意愿研究

风笑天 著

科学出版社

内 容 简 介

本书以2013年以来生育政策接连调整为背景，对现有生育意愿研究进行系统梳理和反思。在此基础上指出在新的生育政策下进行生育意愿研究的重要意义。作者在书中利用了多项全国范围的大规模抽样所得的调查数据，对育龄人口二孩生育意愿的现状、特征、生育或者不生育二孩的主要原因及影响育龄人口二孩生育决策的因素等问题进行了统计分析，得出了一些有价值的结论。最后，作者结合刚刚开始实施的三孩生育政策，探讨了在新的生育政策下如何提高育龄人口生育意愿的问题，提出了建设新型生育文化的观点。

本书可供政府相关部门人员，高等院校社会学、人口学、社会保障等相关专业教师、研究生、本科生，以及对我国人口生育政策及其相关问题感兴趣的读者阅读。

图书在版编目（CIP）数据

生育政策调整中的生育意愿研究 / 风笑天著. —北京：科学出版社，2021.12

（国家哲学社会科学成果文库）

ISBN 978-7-03-068163-8

Ⅰ. ①生…　Ⅱ. ①风…　Ⅲ. ①生育-社会问题-研究-中国
Ⅳ. ①C924.24

中国版本图书馆CIP数据核字（2021）第036128号

责任编辑：刘英红 / 责任校对：贾娜娜
责任印制：霍　兵 / 封面设计：黄华斌

科学出版社 出版

北京东黄城根北街16号
邮政编码：100717
http://www.sciencep.com

北京盛通印刷股份有限公司 印刷

科学出版社发行　各地新华书店经销

*

2021年12月第　一　版　开本：720×1000　1/16
2021年12月第一次印刷　印张：24 1/2　插页：4
字数：392 000

定价：198.00元

（如有印装质量问题，我社负责调换）

作者简介

风笑天 1954年7月生于武汉。北京大学社会学博士。现为广西师范大学讲席教授，南京大学特聘教授、博士生导师，国家社会科学基金社会学评审组成员。1978年3月考入华中师范大学数学系，1982年1月毕业，获理学学士学位；1985年9月考入北京大学社会学系硕士研究生班，1987年7月毕业，同时考取北京大学社会学系博士研究生，1990年6月毕业，获法学博士学位。1987年5月评为讲师，1993年1月破格晋升为教授，同年10月获国务院政府特殊津贴。主要研究领域为社会研究方法、青年社会学、家庭社会学、人口社会学、独生子女问题等。作为负责人承担国家社会科学基金重大项目、重点项目、一般项目，教育部哲学社会科学研究重大课题攻关项目、一般项目，国务院三峡移民局重点项目，国外基金项目，国际合作项目等十多项；出版独著、合著及主编、主译著作、教材30多部，参编20多部；在《中国社会科学》《社会学研究》《教育研究》《人口研究》等学术刊物上发表唯一作者和第一作者论文150余篇。

《国家哲学社会科学成果文库》

出版说明

为充分发挥哲学社会科学研究优秀成果和优秀人才的示范带动作用，促进我国哲学社会科学繁荣发展，全国哲学社会科学工作领导小组决定自 2010 年始，设立《国家哲学社会科学成果文库》，每年评审一次。入选成果经过了同行专家严格评审，代表当前相关领域学术研究的前沿水平，体现我国哲学社会科学界的学术创造力，按照“统一标识、统一封面、统一版式、统一标准”的总体要求组织出版。

全国哲学社会科学工作办公室
2021 年 3 月

目　录

Contents

第 一 章

导 论

2013 年 11 月 12 日，党的十八届三中全会通过了《中共中央关于全面深化改革若干重大问题的决定》，文件指出，坚持计划生育的基本国策，启动实施一方是独生子女的夫妇可生育两个孩子的政策。2014 年开始，全国除新疆、西藏、港澳台以外的 29 个省区市陆续启动实施“单独二孩”的计划生育政策。这一政策的实施，是三十多年来我国计划生育政策的首次重大调整。短短两年之后，党的十八届五中全会又决定全面实施“一对夫妇可生育两个孩子”的政策，即“全面二孩”政策。这一政策规定，所有育龄夫妇都可以按政策合法生育两个孩子。至此，从改革开放之初就开始实施的“独生子女”政策正式宣告结束。它表明我国的生育政策发生了重大的变化。

生育政策的接连调整和二孩政策的实施，不仅会对国家的人口结构、劳动力供给、经济发展等带来积极的改变，同时会给中国社会的公共服务、养老保障等带来一些新的问题，形成一些新的考验和挑战。因此，在生育政策调整开始的时候，认清政策调整的实质，提前探讨其所可能带来的社会影响，无疑具有十分重要的意义。正是在这种背景下，本书从 2014 年到 2019 年，历经五年时间，主要围绕着与两项二孩生育政策相关的内容展开了研究。

2021 年 5 月 31 日，中共中央政治局召开会议，审议《关于优化生育政策促进人口长期均衡发展的决定》。会议指出，为进一步优化生育政策，实施一对夫妻可以生育三个子女政策及配套支持措施，即“三孩政策”正式启动。三孩政策出台时，本书的研究早已结束，也即将付印，书中没能涉及与三孩政策相关的内容。这可以说是本书研究的一点遗憾。但是，本书对两项二孩生育政策的一系列研究结果，一方面可以为在当前背景下正确理解三孩政策的目标、意义及其可能的效果提供很好的基础；另一方面通过对二孩生育意愿的调查所得出的一些研究结论，也为更好地实施三孩政策提供了富有启发性的、有价值的参考。与此同时，为了弥补本书研究的遗憾，笔者又专门补充了第二十一章，对三孩政策相关的问题进行了初步探讨，将其作为新的研究的起点。

第一节　生育政策调整的实质与意义

在“单独二孩”和“全面二孩”生育政策调整之前，原有生育政策中已包含着“双独二孩”的内容。“双独二孩”的政策，指的是若夫妻双方都是独生子女，则可以合法地生育第二个孩子。这一政策实际上是 1979 年开始实行的以“一对夫妇只生育一个孩子”为主要内容的计划生育政策的一个组成部分。从 20 世纪 90 年代初开始到 21 世纪初，全国除河南外，各省区市均规定了“双独夫妇”可以生育第二个孩子的相关政策。但是，由于当时社会中符合这一生育政策的对象基本不存在，因而，这一政策也几乎被人们所遗忘。到了 21 世纪初，符合这一政策条件的对象开始逐渐出现后，这一政策的“兑现”才逐步成为现实。社会舆论和学术界对“双独二孩”现象的关注和相关问题的讨论也是出现在 21 世纪初。换句话说，“双独二孩”现象只是长期执行“一对夫妇只生育一个孩子”的政策到达某个时点后才出现的一种“延迟效应”。

政府相关部门制定和实施“双独二孩”的生育政策，除了人口学意义上的考虑外，或许最重要的考虑就是对那些执行了“一对夫妇只生育一个孩子”的夫妇作出给予某种生育后果“补偿”的承诺（即对其下一代结婚后放宽生育的限制）。尽管这种考虑体现了充分的人文关怀，但值得注意的是，由于“双独”身份的特定要求和现实中青年婚配状况的限制，真正能从“双独二孩”这一生育政策中得到“补偿”的，始终只是执行“一对夫妇只生育一个孩子”的全部独生子女父母中的一部分，即“双独”的父母（特别是对于我国第一批独生子女父母来说，由于与其子女同龄的大量非独生子女的存在，因而他们中子女婚配状况符合条件的往往只是很少的一部分）。换句话说，“双独二孩”生育政策实际上对独生子女父母并不是全面覆盖的，因此这种“兑现”的承诺也是不完善的。

从2013年底开始实施的“单独二孩”的生育政策，则与“双独二孩”政策有着本质的不同。它是国家在继续实行原有“一对夫妇只生育一个孩子”的同时，对执行这一生育政策的夫妇在下一代生育问题上所做出的一种新的政策调整。这种调整的意义不仅仅体现在对他们中某一部分人的子女从不允许生育二孩到可以生育二孩，更重要地体现在从这一政策调整开始，全部的独生子女父母（而不仅仅只是一部分独生子女父母）在他们响应国家号召、执行只生育一个孩子的计划生育政策后，他们的下一代（即独生子女）在生育方面无一例外地都可以得到生育（二孩）政策的补偿。因此也可以说，“单独二孩”生育政策，是一种对全体独生子女父母普遍覆盖、使他们的子女在生育方面全部受益的政策。这或许是“单独二孩”政策对广大独生子女父母及其子女来说所具有的最为重要的意义。

除了对全体独生子女父母的补偿意义以外，“单独二孩”政策还承担着调整我国人口的生育率、生育水平及调整我国人口的总体结构，特别是总人口的年龄结构、性别结构的重任。在更长远的意义上，我们甚至可以说，“单独二孩”政策的实施，是我国三十多年来逐步形成的“独生子女时代”向“后独生子女时代”转变的转折点，而这也许是“单独二孩”政策更为深远的意义所在。

2016年开始实施的“全面二孩”生育政策，其意义相比于“单独二孩”政策来说，更加突出和深远。第一，这一政策对能够合法生育二孩的人群范围进一步扩大，体现了在兼顾国家利益的同时，充分考虑到全体国民的基本生育权利和生育的公平性。从“全面二孩”政策实施开始，不仅仅是“单独夫妇”“双独夫妇”可以合法生育二孩，而且有兄弟姐妹的“双非夫妇”也可以合法生育两个孩子。第二，“全面二孩”政策的实施，标志着我国实行了多年的“独生子女政策”的彻底结束，也标志着我国社会“独生子女时代”的结束和“后独生子女时代”的开始。2021年开始实施的三孩生育政策及其相关配套支持措施，则是在前述两项二孩政策的基础上，进一步放宽生育限制，以积极应对我国社会的老龄化趋势。三孩生育政策一方面满足了更大范围的育龄人口的生育需求，很好地体现出“以人民为中心”的思想；另一方面又制定了与三孩政策的顺利实施密切相关的一系列社会政策，可以在一定程度上解决育龄人口不愿生、不敢生二孩、三孩的问题。至此，中国社会的生育政策及育龄人群的生育行为和生育结果又将开始一个新的发展阶段。它必将对中国社会的人口结构和人口发展带来巨大的影响及改变，也必将对未来中国社会的方方面面带来新的社会后果。

第二节 生育政策调整的影响及其研究

一个国家所实行的人口生育政策及其变化，对整个国家的人口状况和发展趋势无疑具有十分重要的、直接的影响。正如有学者指出的：我国三十多年来的“计划生育政策对促使我国生育率水平下降、抑制人口过快增长的作用是十分明显的”[①]。1979 年开始普遍实施的以“一对夫妇只生育一个孩子”为主要内容的计划生育政策，不仅显著地降低了中国人口增长的速度，有效地控制了快速增长的人口规模，同时也明显地改变了社会总人口的年龄结构和社会中的家庭结构。更为重要的是，这一政策的实施，还在不知不觉中改变了中国普通老百姓千百年来形成的传统生育观念、生育文化甚至生活方式，而所有这些都为整个中国社会的现代化发展提供了重要的人口基础和文化基础。

当然，国内外学术界在高度评价中国计划生育政策所创造的这一奇迹的同时，也高度关注这一生育政策所带来的各种负面效应，关注减少这些负面效应的政策措施特别是生育政策的调整问题。从目前情况来看，与此相关的研究主要集中在两个大的方面。

一个方面是对实施多年的“一对夫妇只生育一个孩子”的计划生育政策所导致的各种人口结果、各种社会结果，特别是由人口结构变化所引发的各种社会问题进行的探讨。这方面的研究既涉及人口出生率的变化、人口总规模的增加、人口的年龄结构和性别结构的变化、人口老龄化的发展等纯粹人口学的问题，同时也涉及独生子女心理与教育、独生子女家庭结构与家庭关

① 陶涛、杨凡：《计划生育政策的人口效应》，《人口研究》2011 年第 1 期，第 112 页。

系、独生子女婚姻与生育意愿、独生子女家庭养老方式与养老保障等社会学的问题。国内外学者研究认为，较长时期的、严格的计划生育政策对我国社会带来了一些负面的影响，这种负面影响集中体现在形成了诸如出生性别比失衡、人口结构加速老龄化、家庭养老压力增加、劳动力人口数量下降等人口问题与社会问题上。[①]

另一个方面则是针对实施三十多年的计划生育政策的各种负面影响，特别是针对人口结构的变化，围绕着政策要不要调整及如何调整等问题所进行的探讨。正如有学者指出的，“出于对我国人口未来发展的担忧，近十余年学术界一直就生育政策调整展开讨论”[②]，“现行生育政策是否应该调整、何时调整以及如何调整，正日渐成为学界讨论的热点”[③]；通过对计划生育政策的实施效果、计划生育政策存在的问题、生育政策条件下人口发展的趋势等进行讨论，国内学术界主要形成了“完全放开生育二孩”“有条件放开生育二孩”“保持现行生育政策的总体稳定”“继续实施严格计划生育政策”等各种不同的主张。但大部分学者都在“生育政策应该及时进行调整”这一点上取得了

---

① 顾宝昌：《论社会经济发展和计划生育在我国生育率下降中的作用》，《中国人口科学》1987 年第 2 期，第 2—11 页；Hinze K，“Family Planning and Population Control: The Challenges of a Successful Movement” ，*Social Science Quarterly*, Vol.71, No.2, 1990, p. 426；Chen X M，“The One-Child Population Policy, Modernization, and the Extended Chinese Family”，*Journal of Marriage and the Family*, Vol.47, No.1, 1985, pp.193-202； Kallgren J K， “Family Planning in China”， *Current History*, Vol.85, No.512, 1986, p.269；郭志刚、刘金塘、宋健：《现行生育政策与未来家庭结构》，《中国人口科学》2002 年第 1 期，第 1—11 页；风笑天：《中国独生子女研究：回顾与前瞻》，《江海学刊》2002 年第 5 期，第 90—99、207 页；叶华、吴晓刚：《生育率下降与中国男女教育的平等化趋势》，《社会学研究》2011 年第 5 期，第 153—177、245 页；王广州：《北京市生育政策调整对出生人口规模的影响》，《北京社会科学》2011 年第 3 期，第 48—52 页；沈可、王丰、蔡泳：《国际生育政策调整的实践与成效》，《行政管理改革》2013 年第 5 期，第 32—37 页；金易：《现行生育政策调整的依据及路径》，《学术交流》2014 年第 1 期，第 133—136 页。

② 翟振武、张现苓、靳永爱：《立即全面放开二胎政策的人口学后果分析》，《人口研究》2014 年第 2 期，第 4 页。

③ 陈友华：《关于生育政策调整的若干问题》，《人口与发展》2008 年第 1 期，第 24 页。

共识，只是在如何进行调整方面尚存在一定差别。[①]正是在学术界对这一问题进行了大量探讨的背景下，中央2013年底做出了实施“单独二孩”生育政策的决定。这既是对三十多年前政府制定现有生育政策时所作承诺的一种回应，更是对这一计划生育政策进行的一次重大调整。

但总的研究状况表明，目前与我国计划生育政策相关的研究仍主要局限在人口学界，也主要是由人口学者在进行的。其关注点也基本上都只停留在社会中的“人口”要素本身，相对忽视了与“人口”要素密切相关的各种社会因素。现有的少数与生育政策调整相关的研究，在研究的主题和视角上也基本都是围绕着有关放开“单独二孩”“全面二孩”后出生率的反弹、每年新增加出生人口的规模、总人口长期发展的趋势等纯粹人口学的问题，很少有研究涉及与政策调整问题密切相关的社会结构、家庭结构及社会中的经济、教育、就业、社会保障等方面的问题，呈现出关注生育政策人口学后果的多、关注生育政策社会后果的少，关注原有生育政策社会影响的多、关注生育政策调整带来的社会影响的少的状况。关注二孩生育政策对我国社会发展可能带来的影响的研究则更是尚未见到。

我们知道，人口是社会的基本构成因素之一。生育政策与人口发展之间的密切关系决定了它会对社会的构成、运转及其发展带来影响。“单独二孩”“全面二孩”政策的实施，意味着生育政策的调整已经开始，它所带来的影响绝不仅仅只是社会中人口数量的增加或减少，而是与整个社会的经济、文化的发展紧密相连，与社会的稳定、人民的幸福紧密相关。特别是人口生育政

① Wang P, “The Second Billion: Population and Family Planning in China”, *Journal of Contemporary Asia*, Vol.18, No.4, 1988, p.493；江亦曼、乔晓春、于学军等：《中国未来人口发展与生育政策研究》，《人口研究》2000年第3期，第18—34页；郭志刚、张二力、顾宝昌等：《从政策生育率看中国生育政策的多样性》，《人口研究》，2003年第5期，第1—10页；陈卫、庄亚儿：《社会政策对人口趋势影响的检验与评估》，《市场与人口分析》2004年第4期，第1—8页；乔晓春、任强：《中国未来生育政策的选择》，《市场与人口分析》2006年第3期，第1—13、66页；陈友华：《关于生育政策调整的若干问题》，《人口与发展》2008年第1期，第24—35页；曾毅：《二孩晚育软着陆方案有利于解决我国出生性别比偏高问题》，《社会科学》2009年第8期，第54—59、188页；翟振武、张现苓、靳永爱：《立即全面放开二胎政策的人口学后果分析》，《人口研究》2014年第2期，第3—17页。

策所具有的“后滞效应”，更是提醒我们要关注各种与政策相关的潜在社会问题。因此，开展对生育政策的社会后果的研究，可以为实践中避免和减少政策带来的副作用提供理论的和经验的支持。特别是对于分析预测生育政策调整对社会结构可能带来的各种负面影响，及时防范这种影响可能导致的各种社会问题，具有十分重要的现实意义。

与此同时，我们还应该意识到，从科学研究过程的角度来看，生育政策的调整无疑会成为探讨生育政策与人口发展及社会发展之间因果关系的很好的“自变量”。利用这一“自变量”，我们可以对相关的人口学理论、社会学理论，特别是对有关人口因素与社会的政治、经济、文化因素之间相互影响的理论和命题进行经验的探讨，可以为证实或证伪各种理论命题提供新的经验事实和科学证据。从这方面看，设计和开展生育政策调整对中国社会各方面的可能影响的研究无疑又具有很好的理论价值。

第三节 生育政策调整研究的若干主题

一、二孩生育政策所引发的新的人口现象和人口问题

人口生育政策的调整，最直接的影响首先是人口方面的。回顾我国计划生育政策的形成和发展历史，不难看到它对我国人口发展的巨大影响力：20世纪70年代，随着“晚、稀、少”“一个不少、两个正好、三个多了”等计划生育政策的实施，我国人口的总和生育率在20世纪70年代迅速下降，短短十年便从1970年的5.81下降到1979年的2.75；[①]而1979年开始实施的以“一对夫妇只生育一个孩子”为主要内容的新的计划生育政策，则在三十多年中将我国人口的总和生育率从2.75进一步降低到更替水平以下的1.5~1.8。[②]1984

① 王金营、赵贝宁：《论计划生育政策的完善与调整——基于公共政策视角》，《人口学刊》2012年第4期，第82页。

② 关于目前的总和生育率水平，国家计划生育主管部门与学术界得出的结论不一致，但基本上都在这一范围中。

年，中央对计划生育政策进行了调整，提出在农村实行“开小口、堵大口”的政策，同样在很短的时间内使得全国独生子女人口中，农村独生子女的比重由 1979 年的 70%，迅速下降到 1988 年的 30%；[①]尽管造成上述生育率下降结果的因素还包括各种社会经济条件，如社会结构状况、经济发展水平、社会文化背景，甚至自然环境条件等，但国家计划生育政策的作用往往是更加直接和明显的。

21 世纪初，当第一代独生子女人口开始进入婚育年龄时，学术界，特别是人口学界就开始关注“双独婚姻”可能带来的二孩生育问题，就开始讨论这种生育对我国人口增长和人口控制所具有的影响。[②]而 2013 年底开始实施的“单独二孩”政策，以及 2016 年开始实施的“全面二孩”政策，由于其覆盖面比“双独二孩”政策更大，影响范围也将更广。所以，提前和及时弄清楚生育政策改变带来的最直接的人口后果，就成为探讨这一问题的第一个重要方面。已有学者指出，生育政策完善和调整的直接影响是引起生育水平的变动，即出生人口的增加，[③]而与出生人口增加相关的具体问题则包括：“单独二孩”“全面二孩”政策覆盖的目标人口规模如何？“单独二孩”“全面二孩”政策背景下，目标人口生育意愿的状况及所发生的变化如何？不同年龄的符合条件者“生或者不生”的抉择及其相关因素有哪些？社会中符合条件者继续生育的可能比例及其影响因素有哪些？生育政策变化与人们生育意愿变化将带来人口生育率怎样的变化？人口生育率的变化幅度及其对社会总人口年龄结构的影响程度如何？“单独二孩”“全面二孩”政策对当前我国人口性别比偏高现象的制约作用如何？等等。

二、二孩生育政策对城乡家庭的冲击和影响

相对来说，人口学研究较多关注的往往是社会整体性的、宏观层面的

---

① 风笑天：《独生子女：他们的家庭、教育和未来》，社会科学文献出版社 1992 年版，第 8 页。

② 风笑天：《生育二胎:“双独夫妇”的意愿及相关因素分析》，《社会科学》2010 年第 5 期，第 58—66、188—189 页。

③ 王广州：《北京市生育政策调整对出生人口规模的影响》，《北京社会科学》2011 年第 3 期，第 48—52 页。

人口现象，而社会生活中与这种宏观人口现象紧密相关同时也更为广泛的社会现象，则往往表现在相对微观的层面。特别应该看到，在社会体系中，人们发生生育行为的基本单位是家庭。因此，尽管国家生育政策调整的目标着眼的是社会中的人口规模及其相关的人口问题，但生育政策的具体实施及其相关影响和后果则最终都会落实到家庭中来。生育政策调整所带来的二孩生育问题，在客观上最先影响到的也是社会中千百万具体的家庭。

对于国家来说，与实施“单独二孩”“全面二孩”政策相关的主要问题或许只是每年会多生多少人口、会导致全国的出生率增加多少等；而对于千百万符合政策条件的家庭来说，则是非常现实、非常具体的生还是不生第二个孩子的问题。由于各方面因素的影响，“生不生第二个孩子”对于现实社会中各种各样的育龄家庭来说，或者是一种期许，也或者只是敬而远之，而十分重要的是，正是微观层面具体家庭中的生或者不生，决定着宏观层面社会整体中的生多少和增加多少。所以，我们既要了解有哪些因素影响和决定着各种家庭做出生或者不生的决定，即要研究影响家庭生或不生的社会的、经济的、文化的、心理的因素，也要深入研究家庭生或者不生将给家庭自身带来的影响。比如，对于家庭来说，生或不生的抉择可能既会涉及婴儿照顾、幼儿教育、子女上学等众多与子女相关的因素；也会涉及家庭关系、家庭消费、家庭居住、家庭生活方式及家庭生活水平变化等众多与家庭相关的因素。这方面值得探讨的问题至少包括：夫妻生育子女数量的变化对现有各类家庭规模的影响；家庭中子女数量的变化对家庭关系、家庭代际结构、家庭生命周期的影响，生育第二个孩子对家庭生活方式、家庭养老保障的影响等。

三、二孩生育政策对承担生育责任的青年夫妇的影响

应该看到，在二孩生育政策的大背景下，生育第二个孩子的行为将主要发生在目前处于育龄期的青年夫妇身上，而“单独二孩”“全面二孩”生育政策的实施，只是意味着对所有适龄的已婚夫妇放开了生育第二个孩子的限制，但并不等于所有适龄的已婚夫妇都会生育第二个孩子。因此，一方面，我们必须首先了解的基本问题是：作为当事者，这些青年夫妇在有了第一个孩子后，他们都愿意再生育第二个孩子吗？因为他们对于继续生或者不再生的认识和行为，将直接决定生育政策实施的社会效果。已有的研究结果表明，在

“单独二孩”生育政策出台前，“单独夫妇”与“双独夫妇”及同龄的“双非夫妇”在生育意愿上并无显著的差别，他们中希望生育二孩的比例基本上都只在1/3左右。[①]现在生育政策有了调整，这种比例会不会发生变化及会发生多大的变化？特别地，夫妻中以前受政策限制想生而不能生的比例又会有多大？此外，夫妻的年龄、文化程度、职业类型、收入水平、城乡背景、育儿观念等因素与他们继续生育之间的关系如何等，都是值得认真探讨的问题。

另一方面，我们还应该意识到，一旦青年夫妇依据二孩的生育政策决定生育第二个孩子，那么，这一政策调整带来的冲击和影响将会首先直接发生在他们身上。在这方面，同样会形成一些值得认真探讨的问题。比如，青年夫妇再次生育与其职业发展之间存在什么样的矛盾和冲突？再次生育子女对青年夫妇的生命历程、对他们的职业生涯发展有什么样的影响？特别是，“单独二孩”“全面二孩”政策的实施对青年女性的生命历程和职业生涯发展又具有哪些新的挑战？再生一个孩子会不会成为青年女性“工作—家庭”矛盾和冲突的“加速器”？由于青年女性所面临的事业与家庭冲突，会不会因此出现追求更高学历的女性减少、追求工作上升职的女性减少的趋势？子女的增加及其对子女消费、子女教育的高度重视，会不会极大地增加青年夫妇的经济压力？而由于重视子女的教育和福利，会不会给青年家庭整体生活水平的提高带来新的矛盾和困难？等等。

四、二孩生育政策可能形成的“人口同期群”的影响

从21世纪初开始实施的“双独二孩”政策到2013年底开始实施的“单独二孩”政策，再到2016年初开始实施的“全面二孩”政策，短短十几年中所形成的庞大的二孩政策适用人群及其生育结果，无疑会形成对多年来一直实行的“独生子女”生育政策条件下每年出生人口、出生率等而言更多的出生人口和相对更高的出生率。因此，在“单独二孩”“全面二孩”政策刚刚开始实施的最初几年中，由于短期内幼年人口的突然增加，与长期相对稳定的出生人口规模形成明显差距，因而极有可能形成某种特定的“人口同期群”。

① 风笑天：《生育二胎：“双独夫妇”的意愿及相关因素分析》，《社会科学》2010年第5期，第58—66、188—189页。

在这一“人口同期群”成长的过程中，他们的各种需求会像波浪一样随时间推移而逐一影响到社会生活的不同方面，甚至形成一些新的社会问题。就像被美国人口学家称为“怪蛇腹中的猪”的美国“生育高峰一代”（baby-boom generation）对美国社会各方面带来的影响一样。[①]例如，一段时期中由婴幼儿的大量增加所带来的现有托儿机构、幼儿园、儿童医疗机构，甚至婴幼儿用品等方面的紧张和不足；再过几年后可能出现的中小学数量和规模需求的扩大等连锁反应；再往后可能形成的新的上大学难、新的就业难等；此外，生育政策调整导致幼年人口增加所带来的社会抚养比结构变化及其社会抚养负担增加等问题同样是必须提前研究的重要问题。

五、从“单独二孩”“全面二孩”走向更加完善的生育政策的准备

如前所述，“单独二孩”政策的实施，可以说既是我国生育政策开始走向“全面二孩”的重要过渡，也可以说是实行了三十多年的“独生子女”政策开始走向终结的转折点，而“全面二孩”政策的实施，则是国家逐步完善计划生育政策过程中的另一个重要步骤、另一个关键的中间环节、同时也是另一个更具本质特征的转变过程。其目标和意义除了是对现有生育政策所进行的一种调整和进一步的完善之外，也肩负着为将来更加合理、更加科学的生育政策的制定而进行的一种过渡。因此，提前对“单独二孩”“全面二孩”政策实施中相关问题及其社会影响展开研究，其成果不仅会对将来进一步分析生育政策调整所带来的社会后果提供思路上和经验上的参考，也可以更好地为降低和消除生育政策改变对社会发展的负面影响提供政策依据。

第四节 生育政策调整研究的思路与方法

由于生育政策调整所具有的社会影响常常是“滞后性”的，在政策调整

① 风笑天：《独生子女青少年的社会化过程及其结果》，《中国社会科学》2000 年第 6 期，第 118—131、208 页。

和实施之初常常并不会显现出来。因此，目前开展生育政策调整的社会影响研究属于前瞻性的。这种前瞻性的研究对研究的思路和方法都提出了新的要求。

在研究思路上，首先要注意参考和合理运用对过去实施“一对夫妇只生育一个孩子”生育政策所产生的社会影响的研究结果。要从以控制人口规模和增长速度为主的计划生育政策实施以来，我国社会所发生的巨大变迁中，找寻某些具有规律性的东西，以便为研究目前生育政策调整所可能形成的新的影响提供某种借鉴。其次要注意从理论和经验两个层面，来研究生育政策调整对中国社会的可能影响：在理论层面，除了从人口学的角度开展研究外，还应该注重从社会学，特别是人口社会学、家庭社会学、青年社会学等多种不同的理论视角来进行分析，以深入探讨生育政策改变与人们生育意愿变化的关系，探讨人口因素的变化对社会、经济、文化等因素的影响，探讨生育率变化与家庭规模和家庭结构变化之间的关联，探讨人口同期群理论在社会领域中的应用及其效果等问题为主要目标；在经验层面，则要通过对抽样调查数据和现有统计资料的系统分析，来全面了解生育政策调整的人口学背景，了解已婚青年，特别是一孩夫妇的生育意愿现状及其相关影响因素，对研究对象的家庭关系、生活方式，特别是他们的职业发展、生命历程等方面的状况及其影响因素进行分析，以达到全面了解“单独二孩”“全面二孩”政策潜在对象的可能规模及其二孩生育意愿，具体分析人口生育率变化对我国社会人口结构、劳动力结构、家庭结构、社会生活方式、社会保障等方面的潜在影响，并为提前制定相关政策、积极预防“单独二孩”“全面二孩”政策可能带来的负面后果提供经验的依据。

在研究方法上，要特别强调针对研究目标和特定人群，开展较大规模的抽样调查，以获取当前的、有代表性的第一手资料，并通过对这些原始数据资料进行定量的统计分析，达到从宏观结构上总体把握所研究人口的发展状况、态度意愿和行为特点，以及从宏观结构上来检验人口社会学、家庭社会学、青年社会学中相关的理论命题和假设的目的。具体地说，考虑到“单独二孩”“全面二孩”政策实际影响最大的人群是城市现有一孩且生理上能再次生育的已婚中青年，因此调查的对象应以“妻子年龄在20~45岁、已生育一孩的城市夫妇”为主。调查地点的选择则要充分考虑我国不同地区社会经济发展水平，人口规模及东、中、西三大地区等因素。要通过大规模抽样调查，来系统地收集“单独二孩”“全面二孩”生育政策的实际承担者的生育意愿、家庭结构、经济生活等众多方面的数据资料，以便为掌握“全面二孩”生育政策可能导致的幼年人口增加幅度、新的“人口同期群”的可能规模及这一“人口同期群”可能的社会影响等提供相对准确的经验证据。当然，除了运用抽样调查方法外，也需要采用现有统计资料分析的方法，对国家统计部门的人口统计资料，特别是第六次全国人口普查资料[①]等进行宏观人口结构和人口趋势的分析；与此同时，还可以采用纵向资料定量分析的方法，对现存的多项相关调查的原始数据资料进行比较分析，综合地探讨生育政策调整对我国人口及社会发展的影响。

根据上述研究思路，本书所依据的研究主要采用了定量的问卷调查方法和二手数据分析方法。本书后面相关章节中，除了少数章节采用了中国人口与发展研究中心2013年开展的全国育龄人口生育意愿调查数据、湖北卫生和计划生育委员会（以下简称湖北卫计委）2014年开展的全省一孩育龄人口生育意愿调查数据进行二次分析外，大部分章节主要采用了笔者组织实施的两项大规模调查所获得的一手数据。这里先将两项大规模调查的基本情况进行统一介绍，在后面相关章节中则只根据需要进行补充说明。

一、2015年调查介绍

2015年笔者组织实施了全国12个城市一孩育龄人口生育意愿调查。调查的对象为全国城市当时一孩的育龄人群。根据城市大部分女性结婚、生育年龄的一般状况，并兼顾到实地调查的可行性，将调查对象界定为“目前城市中在上幼儿园、小学及初中的孩子的父母”。根据这种界定，预计孩子的年龄为3~15岁，其父母主体的年龄大致在24~49岁。国家卫生和计划生育委员会（以下简称卫计委）2014年对全国580多万单独一孩夫妇的调查结果表明，其第一个子女的年龄在15岁以下的比例达到95%；[②]广州市对2099对“单

① 由于第七次全国人口普查目前公布数据不全面，还不能用来进行具体的统计分析，因此使用第六次全国人口普查资料。

② 刘鸿雁、黄匡时：《全国“单独两孩”政策实施效果研究——基于单独夫妇及其子女信息核查数据的分析》，《中国人口科学》2015年第4期，第23—31、126页。

独二孩”登记人群的调查同样表明，其第一个子女的年龄在 15 岁以下的比例达到 99%。[①]这些都说明笔者选取子女最大为 15 岁的父母为调查对象的思路是合适的。当然，由于缺少 0~2 岁幼儿的父母，此次样本结果对年轻父母的代表性会有所降低。

调查样本的抽取采用多阶段整群随机抽样的方法，按照“城市—城区—学校—年级—班级”的步骤进行。城市样本的抽取依旧采用笔者 2004 年、2007 年两次在全国 12 个城市调查中采用的抽样方法，[②]按地区分布（“东部、中部、西部”）和城市类型（“直辖市、省会城市、大中城市、县级市”）两个维度共抽取到 12 个城市，以尽可能涵盖不同经济发展水平、不同人口规模、不同社会文化的城市类型。所抽取的调查城市名单详见表 1-1。

表 1-1　调查城市类型及名称

城市类型	东部地区	中部地区	西部地区
直辖市	上海	北京	重庆
省会城市	江苏南京	吉林长春	甘肃兰州
大中城市	福建厦门	河南新乡	广西桂林
县级市	广东四会	湖北汉川	四川简阳

调查对象的抽样方法是：首先从每 1 个样本城市的全部城区中，按简单随机方式抽取 3 个城区，在每个抽中的城区中，依据所有学校、幼儿园名单，采用简单随机抽样方式，抽取小学、初中和幼儿园各 1 所；其次在抽到的每所幼儿园中，采取整群抽样的方法，抽取大班、中班、小班的幼儿各 20 名左右，加起来共 60 名左右，3 所幼儿园总共抽取 180 名左右的幼儿，他们的父母就构成幼儿父母样本；再次，在抽到的 3 所小学中，分别简单随机抽取 1 个低年级（即 1~3 年级）、1 个高年级（即 4~6 年级），如第 1 所小学抽到的是 2 年级和 6 年级，那么第 2 所小学就从剩下的 4 个年级中抽 2 个，假设抽

① 唐运革、李飞成、韩立薇：《广州市“单独二孩”登记群体特征分析》，《中国工程科学》2015 年第 6 期，第 82—85 页。

② 具体方式参见风笑天：《第一代独生子女婚后居住方式：一项 12 城市的调查分析》，《人口研究》2006 年第 5 期，第 57—63 页。

到的是 1 年级和 4 年级，那么最后那个学校就抽取 3 年级和 5 年级，这样，3 所小学总共抽取 1~6 年级各 1 个，在每个抽中的年级中，简单随机抽取 1 个整班的学生（大约 50 名左右），这样，总共抽取到 6 个年级的 6 个班 300 名左右的学生，他们的父母就构成小学生父母的样本；最后，在抽中的 3 所初中学校中，按简单随机方式 1 次抽取 1 个年级。比如，第 1 所学校抽中的是初三年级，那么第 2 所学校就从初一和初二两个年级中抽 1 个；第 3 所学校就抽取最后剩下的那个年级。然后在每个抽中的年级中，简单随机抽取 1 个整班的学生（大约 50 名左右）。这样，3 所初中的 1~3 年级共抽到 3 个整班大约 150 名左右的学生。他们的父母就构成初中生父母的样本。最终，研究在 12 个调查城市总共抽取到幼儿父母、小学生父母及初中生父母 8687 名。

实地调查采用自填问卷的方式进行，具体实施由 12 所大学的社会学及相关专业的教师组织研究生或高年级本科生作为调查员完成。调查员在幼儿园和中小学教师的配合下，将问卷发给家长或让学生带回去交给家长，家长填答后再交回给老师。调查实际发出问卷 8687 份，收回有效问卷 7778 份，有效回收率为 89.5%。

二、2016 年调查介绍

2016 年笔者又组织实施了湖北省 5 个城市一孩育龄人口生育意愿调查。调查的对象界定为“目前城市中的小学生父母”。调查从我国中部的湖北省分别抽取了省会城市武汉市、大城市黄石市、中等城市荆州市、小城市仙桃市及云梦县城关镇。调查对象的抽样方法同样是：先从每一个样本城市的全部城区中，按简单随机方式抽取 3 个城区。再在每个抽中的城区中，依据所有小学名单，采用简单随机抽样方式，抽取 1 所小学；在抽到的 3 所小学中，采用和 2015 年调查完全一样的方式，分别简单随机抽取 1 个低年级（即 1~3 年级）和 1 个高年级（即 4~6 年级）；3 所小学总共抽取 1~6 年级各 1 个。在每个抽中的年级中，简单随机抽取 1 个班的学生（50 名左右）。这样，每个城市总共抽取到 6 个年级的 6 个班 300 名左右的学生，他们的父母就构成该城市小学生父母的样本。[①]最终，在5个城市总共抽取小学生父母1762名。[②]调查也是采用自填问卷的方式进行，具体实施分别由5所大学社会学专业的教师组织研究生或高年级本科生作为调查员完成。调查共发出问卷1762份，收回有效问卷1528份，有效回收率为86.7%。

第五节　本书的结构与基本内容

本书的研究是在“单独二孩”政策刚刚出台时进行的，是全国同类主题的课题项目中最早立项的课题。课题首先从实施二孩政策的实质及意义开始，通过对现有生育意愿研究及其结果进行反思，引出生育意愿问题的重要性；其次利用几项大规模实地调查得到的数据资料，紧扣二孩政策的背景，详细分析和探讨了育龄人口的二孩生育意愿及影响二孩生育意愿的因素问题；最后，在前述各章详细分析的基础上，探讨了从“独生子女时代”向“后独生子女时代”的转变中的相关问题，并指出，从“独生子女”到“全面二孩”，意味着中国社会的又一次生育革命。全书在内容上环环相扣，从不同的方面步步深入地对研究的主题展开探讨。

全书在结构上由导论和上中下三篇总共二十一章组成。

第一章，笔者主要探讨了国家生育政策调整，即实施“单独二孩”及“全面二孩”生育政策的意义，特别是指出了生育政策调整对中国社会的可能影响。正是基于这一点，笔者指出，在生育政策调整之初，及时开展政策调整的后果及其影响的研究具有重要意义。本章中还提出了开展生育政策调整研究的几个重要主题。从人口学后果、对家庭的影响及对实际承担生育任务的青年夫妇的影响等方面分别进行了说明。同时，本章还介绍了开展生育政策

---

① 云梦县城关镇由于只有实验小学和城关小学两所小学，故没有按上述方式抽样，而是直接抽取这两所小学，由于城关小学的学生中一半左右是农村户籍的学生，不属于本次研究的调查对象，且这些学生的父母基本上都在外出打工，问卷也无法收回。因此，从发出的420份调查问卷中扣除了这一部分共100人。

② 其中仙桃市在2、4、6年级多抽取了一部分学生，为保证各城市样本结构的一致性，在最终的数据和样本中，分别从这3个年级中各随机删除了34份问卷和数据结果。

调整研究的具体思路、方法，以及全书的结构、内容和相关调查项目的基本情况。

上篇是反思现有生育意愿研究及对二孩政策效果评价部分，由四章构成，主要针对改革开放以来学术界所进行的生育意愿研究进行系统反思，同时也对“单独二孩”“全面二孩”生育政策实施效果进行评价。

第二章对改革开放以来，我国学术界最重要的一批生育意愿调查的结果进行了详细解析，指出在三十多年生育意愿的调查中，研究者通常采用“理想子女数”或者“假设条件下的意愿生育子女数”来测量人们的生育意愿。但实际上，“理想子女数”所测量的只是人们对生育的看法，而不是人们对于生育的意愿，因而测量效度不高；“假设条件下的意愿生育子女数”则是在有计划生育政策的现实中假设没有政策，因而也不能很好反映人们的真实意愿。揭示出我们对于中国人生育意愿的认识和了解实际上并不多的现实。以此提醒学界和政府相关部门，意识到现有生育意愿调查结果的局限性及其与现实之间的距离，是将其作为制定人口政策重要参考时应特别注意的关键一环。

第三章在回顾这些重要的生育意愿调查的基础上，针对调查对象的基本状况，从性别、年龄等多种角度分析了不同生育意愿调查所存在的局限。笔者指出，在生育意愿调查中，调查对象的年龄是最重要的因素，只有育龄人口，特别是35岁以下的青年育龄人口才是最恰当的调查对象。同时，由于生育是由夫妻共同决策并实施的行为，因此，仅以女性作为生育意愿调查对象的做法也不恰当。除了年龄和性别外，调查对象所具有的计划生育政策属性也会对调查结果产生影响。各种不恰当的调查对象选择都会导致生育意愿调查结果形成偏差，并对我们的认识及生育政策制定产生误导。

第四章则结合“单独二孩”政策出台后，学术界和社会舆论广泛议论的“政策遇冷”观点，用大量事实和数据对学术界两种基本的看法进行了系统解析，实事求是地评价了“单独二孩”政策的实际效果。笔者分析指出，评价“单独二孩”政策的效果，既不能用1100万的目标人口作为比较的背景，也不能以生育意愿调查中60%的二孩生育意愿作为计算的比例。要将符合政策条件的人口划分成愿意和不愿意再次生育的、能够和不能够再次生育的、急于和不急于再次生育的等，然后再来评估目前申请人数与各种现实条件限制和影响下可能的申请人数之间的差距。重要的是，政策效果的评价和讨论揭示了目前人们生育意愿普遍较低的现实。

第五章则进一步结合“全面二孩”政策出台后各方对政策效果的评价展开分析。研究结果认为，政府相关部门对“全面二孩”政策实施效果的评价相对乐观但依据有所不足；学术界从宏观层面的分析大部分认为政策近期效果明显，但所依据的评价指标存在同样的局限。从微观层面进行的二孩生育意愿调查结果则因方法缺陷而可靠性不足。本章通过估算、整理和分析2016~2019年全国二孩出生人口信息，提供了政策实施效果明显的具体证据，并指出要进一步完善政策效果评价，需要认识政策目标与政策效果评价之间关系，特别是需要解决相关统计数据的可得性问题。

中篇由十章构成，主要描述和分析了二孩政策背景下育龄人群的二孩生育意愿，同时探讨了影响育龄人群二孩生育意愿的各种因素。

第六章依据国内两项大规模调查的数据结果，集中分析了符合二孩政策的潜在育龄人口的年龄结构、城乡结构及其他们的生育意愿。结果表明：“全面二孩”政策前实施的三项二孩生育政策，总共覆盖到现有一孩育龄夫妇的40%，而“全面二孩”政策则覆盖到现有一孩育龄夫妇的60%。在符合“全面二孩”政策的人口中，一半左右已经超过了生育高峰年龄，特别是在城市中，这一比例接近70%；符合“单独二孩”条件的对象想生二孩的比例大约为25%~40%，远低于政策实施前全国调查中60%的结果；育龄女性的年龄对计划生育二孩的时间有一定影响，随着育龄女性的年龄增高，计划一两年内怀孕生育的比例也不断提高。研究结论对于预测和了解二孩政策的可能效果提供了较好的参照。

第七章则利用2015年进行的一项对全国12个城市5297名一孩育龄人群的抽样调查数据，对符合“双独二孩”政策、“单独二孩”政策及符合“全面二孩”政策的三类育龄人群的生育意愿进行了比较分析，更为清晰地展示了三类育龄人群生育意愿的不同特点；研究直接探讨了城市一孩育龄人口的年龄结构、生育意愿及其二者对政策实际效果的影响。结果表明，三类一孩育龄女性的比重分别接近10%、25%和70%；三者的年龄结构呈现出前二者相对年轻、后者相对年长的特点；而三者的再生育意愿相差不大，希望生育二孩的比例在40%~51%。结合三者年龄分布与生育意愿的分析结果，研究提示“全面二孩”政策实施后，高龄孕产妇的比例可能有较大幅度的上升，社会应提前做好相应准备。

第八章基于全国 12 个城市调查数据，对城市两类育龄人群二孩生育意愿的影响因素进行了研究。结果表明，对现有孩子数量不满意，是两类育龄人群想生二孩的最主要原因。祖辈支持、女方年龄、丈夫文化程度等，也都对他们是否想生育二孩有一定影响。但是，所生活的城市类型、夫妻月收入对数，与双独一孩、单独一孩育龄人群的二孩生育意愿无关，只对双非一孩育龄人群的二孩生育意愿有显著影响。研究结论提示，影响一孩育龄人群二孩生育意愿的根本原因或许既不是经济条件，也不是个人精力或祖辈支持，而是育龄夫妇内心所具有的生育需求。同时，对于以“单独二孩”政策为背景进行的生育意愿调查中所得到的一些结论，当放到“全面二孩”背景中时，情况可能会发生变化。

第九章通过对“全面二孩”政策实施前和实施后进行的两项调查所得数据的分析，探讨了育龄人群在假设条件下的生育意愿与在现实条件下的生育意愿之间所存在的差别，从而为更好认识“全面二孩”背景下育龄人口的生育意愿提供了很好的参考；该章利用“全面二孩”生育政策实施前后两次大规模抽样调查所得的数据，对城市双非一孩育龄人群在“全面二孩”生育政策实施前后的二孩生育意愿进行了对比分析。研究结果表明：“全面二孩”政策实施前后，城市双非一孩育龄人群“生育现状满意度”及“理想子女数目”均没有明显差别，前者为 40%，后者为 80%，说明政策变化对这两个指标的影响不大；而“意愿生育子女数”和“二孩生育意愿”两项指标在政策实施前后的结果之间产生了明显的差别，说明具有现实性的测量指标对政策变化相对敏感，导致“假设”与“现实”之间存在着距离。综合分析表明，目前城市双非一孩育龄人群中，会生育第二个孩子的比例大约在 40%。

第十章则将讨论的焦点转换到代与代之间，利用 1988 年和 2016 年同一地区相似样本的调查结果，对城市两代父母生育意愿的变迁状况进行了探讨，得出了“从两个到一个”是前后两代城市父母生育意愿变迁主要特征的结论。从中可以感受到近几十年中国社会变迁在生育领域的烙印。本章利用相隔 28 年的两个相似样本的社会调查结果，对城市两代父母的生育意愿进行了对比分析。研究结果表明，改革开放初期的那一代城市小学生父母与他们的下一代即当前的城市小学生父母之间，在生育意愿上已经发生了显著的变迁。从大部分希望生育两个孩子，到大部分希望生一个孩子，是这种变迁的突出特征。这种城市两代父母生育意愿的变迁，是改革开放以来的几十年中，整个中国社会的结构、社会的文化所发生的巨大变迁在育龄人口生育意愿上的一种反映，也是我国社会的生育观念、生育文化逐渐从传统向现代转变的一个缩影。

第十一章从生育动机的角度，探讨了城市一孩育龄人群为什么想生二孩的问题，研究所得出的“为了孩子生二孩”的结果值得重视。基于两项抽样调查的数据，研究探讨了在二孩政策背景下，城市一孩育龄人群的二孩生育动机。研究结果表明，城市一孩育龄人群生育第二个孩子的主要动机是“给孩子一个伴”。这一结果显示出城市一孩育龄人群的二孩生育动机已经从传统的为家庭生孩子、为自己生孩子转变为为孩子生孩子。根据这一特征，从子女抚育和教养的角度开展宣传引导并制定相应的政策措施，或许是促进“全面二孩”政策发挥更大实效的一条重要路径。

第十二章则从相反的角度探讨了城市一孩育龄人群“为什么不想生二孩”的问题。研究结果表明，除了已知的经济因素、精力因素外，主观上本来就只想生一个的因素同样是重要的原因；基于两项调查所得的数据，研究探讨了二孩政策背景下，城市一孩育龄夫妇不想生育二孩的主要原因。研究结果表明，觉得生一个孩子就很好、抚养孩子成本高经济压力大、工作忙没有时间精力，是城市一孩育龄人群不想生育二孩的主要原因。因此，要增加城市育龄人群的二孩生育率，除了要从减轻他们的经济压力、减少他们时间精力消耗等方面制定相应政策措施外，还要从提高他们生育二孩的内在动机和主观意愿方面采取措施；要通过大力的宣传，逐步转变人们的生育观念，形成新的、鼓励育龄人群生育两个孩子的生育文化。

第十三章将关注的焦点放在城市一孩育龄人群的二孩生育抉择上，集中分析了影响育龄人群最终决定生或不生二孩的关键因素，并将这种影响生育抉择的因素与影响生育意愿的因素进行了比较，从中可以了解到二者之间的若干差别；研究基于对全国 12 个城市 1487 名符合二孩生育条件者的调查数据，描述了一孩育龄人群提出二孩生育申请的状况，并对相关影响因素进行了分析。研究结果表明，符合条件者中，只有 13.9%的人提出了二孩生育申请。与未申请者相比，申请者中女性年龄主体相对年轻，其现有一孩的年龄相对较小，且一孩为女孩的比例相对较高。未提出申请者中，“我们不打算生二孩”的比例只有 54.2%；“想生育二孩”是符合条件者提出二孩生育申请的最主要原因，而对现有子女数不满意、妻子年龄相对年轻、第一孩为女孩、生活在非中心大城市、双方祖辈对其生二孩的愿望强、丈夫的文化程度高等因素，也会增加符合条件人群提出二孩生育申请的可能性。研究的结论对于分析和预测“全面二孩”政策下育龄人群的二孩生育抉择具有较好的参考价值。

第十四章则将社会心理学中的从众理论引入到生育领域中来，通过对经验调查资料的分析，较好地揭示出二孩生育中从众行为的可能性大小及其影响，对于更好预测二孩政策实施效果有一定的参考价值。基于两项调查的数据，研究探讨了“全面二孩”政策背景下，城市一孩育龄夫妇在二孩生育中发生从众行为的可能性及其特征。研究结果表明，城市一孩育龄人群在二孩生育上受周围他人行为影响而发生从众行为的比例大约在 10%左右。其中，想生二孩者发生从众行为改变原有意愿的可能性相对较大，而不想生二孩者发生从众行为改变原有意愿的可能性则相对较小。研究结果提示，在从众心理影响下，城市育龄人群的二孩生育水平只可能比生育意愿调查所显示的比例更低。这一结果对于更准确地预判“全面二孩”政策实际效果有一定参考作用。

第十五章对目前所有探讨二孩生育意愿影响因素的研究结论进行了系统的回顾、梳理和分析，从中总结出相对一致但十分有限的结论，使读者可以更清晰地了解到，我们在这一问题上的认识其实十分有限；关于育龄夫妇二孩生育意愿的影响因素，现有研究所用的变量不同，采用同一变量所得的结果也不一致。现有结果描绘的是一幅杂乱的图画。相对可靠的结论是：祖辈支持和家庭收入变量对育龄人群二孩生育意愿具有正向影响；妻子年龄、地区因素具有负向影响；一孩性别主要对农村居民具有影响；健康状况对二孩生育意愿没有影响；户口性质的影响只在真正的城乡居民之间存在差别，在流动人口与城市居民之间及在城乡已婚独生子女之间或许并不存在；文化程度与二孩生育意愿之间的关系，目前还不能获得相对确切的认识。

下篇是从“独生子女时代”向“后独生子女时代”转变部分，由六章构成。主要探讨了随着二孩生育政策的实施，我国社会开始由“独生子女时代”

向“后独生子女时代”转变中所带来的相关问题。

第十六章主要围绕“独生子女时代”学术界和全社会普遍关注的“四二一”问题展开论述。本章通过系统梳理国内相关研究，指出“四二一”概念既不是指家庭，也不是指家庭结构、人口结构等，而是指“双独家庭”的代际结构；“四二一”问题的实质既不是宏观层面的社会抚养比问题，也不是微观层面的独生子女教育问题，而是“双独家庭”的代际结构所带来的家庭养老保障问题。研究结果表明，“四二一”问题对于中国社会来说既不是一场虚惊，但也不是一种整体性的、长期的危机。

第十七章围绕生育政策调整对中国家庭模式变化所带来的影响展开分析。笔者指出，“全面二孩”是中国计划生育政策的又一次重大调整，其后果直接冲击着中国家庭，使其在家庭规模、家庭结构和家庭关系等多方面都发生变化。在“全面二孩”政策下，中国家庭可以自主选择是否生育二孩。尽管其可能难以对现在这一代人的家庭问题做出补救，但从长远来看，“全面二孩”政策将会减轻家庭养老的压力，降低家庭风险并拓展家庭的重要关系。在“全面二孩”政策下，中国家庭很可能会出现家庭规模扩大、家庭结构变迁、家庭关系复杂化及家庭生命周期正常化等变化。

第十八章则进一步结合社会现实，对二孩生育政策对年轻家庭社会化的影响进行了探讨。研究结果表明，二孩生育政策在带来二孩生育增加的同时，也对年轻家庭中的父母和第一个子女的社会化过程带来新的学习内容。父母要在继续社会化过程中，学习正确面对和调适与两个孩子之间的亲子关系；家庭中的第一个孩子也要在基本社会化的过程中，学会接受面对弟弟妹妹的现实，并学习哥哥姐姐的角色。

第十九章则对“后独生子女时代”中的独生子女问题进行了探讨。“全面二孩”政策的实施，意味着独生子女政策的终结和“后独生子女时代”的开启。但是，却既不意味着独生子女人口的消失，也不意味着在“后独生子女时代”中没有独生子女问题。研究表明，目前中国社会依然存在着一定规模的独生子女人口，今后一段历史时期中，独生子女人口的规模还会有所增加。但独生子女的教育问题、独生子女父母的养老问题、“失独家庭”问题、亲属关系缺乏问题及独生子女文化的社会影响问题等，是“后独生子女时代”中长期存在且值得重视的研究主题。

第二十章则对从“只生一个孩子”向“生育两个孩子”的转变进行了深入探讨。在最后这一章中，研究者指出，独生子女政策的实施，开启了中国社会史无前例的第一场生育革命。这场生育革命的结果不仅有效降低了中国人口的增长速度，还形成了“只生一个孩子”的生育文化，而“生育两个孩子”，将成为中国社会又一场生育革命的目标和标志。新的社会历史环境、新的生育承担者，给这场新的生育革命带来了不同的特征和困难。要实现新的生育革命的目标，除了要在政策上形成相应配套外，还需要大力开展宣传和引导，在形成“生育两个孩子”的生育文化上下功夫。

第二十一章围绕 2021 年启动的三孩政策进行了一定的探讨。笔者指出，中央关于三孩政策的决定，体现出“以人民为中心”的理念，更好地满足了广大育龄人口的生育需求；也体现了从单一的人口政策到全面的社会政策的明显进步。为了更好贯彻落实三孩生育政策，一方面要认真解决群众普遍反映的与生育、养育、教育子女密切相关的医疗、教育、住房三大领域中存在的问题；另一方面要加强新的生育文化的建设，培养青年树立正确的婚恋观、家庭观，同时要将关爱女性作为新生育文化建设的重要出发点，努力营造出从“生孩子”到“养孩子”的良好社会环境。

最后需要特别指出的是，完整的生育意愿概念一般包含三个方面的内容，即意愿生育子女数量、意愿生育子女性别及意愿生育子女时间。因此，理想的生育意愿研究应该同时包括对这三方面的研究和探讨。有些遗憾地是，由于笔者在最初设计研究方案时，较多地将注意力集中在与出生人口数量相关的方面，因而相对更加看重生育意愿概念中与人口出生规模、人口出生率等密切相关的意愿生育子女数量因素，而忽视了生育意愿概念中另外两个方面的内容，特别是有关意愿生育子女性别的内容。因而，在调查问卷设计时遗漏了这方面的测量变量，这是本书研究的不足之处，也造成了在评价“全面二孩”实施效果时评价内容有所缺失的现象。尽管在探讨生不生育二孩的各种影响因素时，考虑到了一孩性别的因素；在有关二孩政策效果评价的章节中也补充了出生人口性别比得到改善、趋向正常水平的内容。但是，对育龄人口二孩生育意愿中意愿生育子女性别状况及其影响因素的专门讨论还明显不足。这一问题还有待将来进一步的研究来弥补。

上篇　生育意愿研究的反思与二孩政策效果评价

第　二　章

中国人的生育意愿：我们实际上知道多少？

随着“全面二孩”生育政策2016年初在全国范围的迅速落地，有关是否应该放开二孩生育、应该何时放开二孩生育等问题的讨论或许已经失去了现实意义。但是，近些年来学术界围绕二孩政策放开所进行的一系列学术讨论和众多的争论，却值得我们认真进行反思和检讨。因为，在对社会世界的各种现象及变化规律进行探索以便为人们的社会实践提供指南的过程中，我们的研究思路、研究方式、研究方法等，都有可能存在偏差，而在这种有偏差的研究思路、研究方式、研究方法引导下所产生的研究结果，则有可能误导我们对社会现实的认识。因此，在上述讨论和争论告一段落的时候，认真反思我们围绕二孩政策问题所进行的各种研究的研究方式、研究过程和研究结果，同样是研究者和学术界的一种学术责任。

第一节　生育政策调整的效果质疑生育意愿调查结果

2016年以前，围绕着“单独二孩”生育政策的制定与出台，国家政府部门和学术界一直在关注和探讨两个焦点问题：一是全国符合“单独二孩”生育政策条件的人口有多少？二是这些符合“单独二孩”政策条件的人口中，究竟有多少人会再生一个孩子？这两个问题的答案既是回答各种与二孩生育相关的人口问题、经济问题、社会问题的基础，也是国家和政府部门制定新的相关政策的基础。对于第一个问题，国家卫计委已有明确的结果，即截至

2014 年 7 月，全国符合“单独二孩”条件的夫妇大约为 1100 多万对；[①]但对于第二个问题，研究预测的结果与“单独二孩”政策实施后的实际申请状况及新增人口状况之间则出现了明显的差距。学术界及政府相关部门曾对放开“单独二孩”后的新增人口给出了各种预测，从每年平均 130 万~160 万，到每年不超过 200 万等。[②]但政策实施一年后，全国符合“单独二孩”政策条件的 1100 万对夫妇中，实际申请生育二孩的“单独夫妇”数量只有 106.9 万对。[③]申请比例仅为符合条件人口的 10%左右。由此，“‘单独二孩’政策‘遇冷’”成为近两年来概括这种差距的流行语。[④]

为什么研究预测的结果与实际申请的结果之间会有这么大的差距？除了因为政策实施的时间只有短短一年等具体因素外，是否与长期以来我们一直用以作为政策制定参考依据的生育意愿调查结果有一定的关系？换句话说，之前大量的生育意愿调查所给出的相关结果，在反映中国人真实的生育意愿方面是否缺乏足够的有效性和准确性？

正是“单独二孩”政策的制定和出台，以及符合政策条件人口的实际申请状况，在不经意间将学术界和政府部门的众多生育意愿调查结果推上了风口浪尖，同时也将生育意愿的测量问题放到了十分重要的位置。或许生育意愿调查的结果从来没有像最近几年这样受到重视，但与此同时，生育意愿调查的结果也从来没有像现在这样受到质疑。正如有学者所指出的：有关生育意愿的“单独二孩生育政策的实施过程和研究结果受到前所未有的历史考验

---

① 《2014 年 7 月 10 日国家卫生计生委例行新闻发布会文字实录》，2014 年 7 月 10 日，http://www.nhc.gov.cn/xcs/s3574/201407/f8a362e80bd4412fa70d862bdff183b3.shtml。

② 翟振武：《“单独二孩”申报符合预期》，《经济日报》2015 年 1 月 20 日，第 9 版。

③ 白剑峰：《我国会遭遇“生育危机”吗》，《人民日报》2015 年 2 月 11 日，第 14 版。

④ 马小红、顾宝昌：《单独二孩申请遇冷分析》，《华中师范大学学报（人文社会科学版）》2015 年第 2 期，第 20—26 页；乔晓春：《从“单独二孩”政策执行效果看未来生育政策的选择》，《中国人口科学》2015 年第 2 期，第 26—33、126 页；陈友华、苗国：《意料之外与情理之中：单独二孩政策为何遇冷》，《探索与争鸣》2015 年第 2 期，第 48—53 页；风笑天：《“遇冷”或“正常”？：对“单独二孩”政策实施效果认识的评价》，《中国社会科学评价》2015 年第 4 期，第 40—50、127 页。

和实际检验”[①]。

客观地说，人们的生育意愿并不等同于人们的生育行为，人们的生育意愿也不一定能准确地预测人们的生育行为。但目前用来预测人们生育行为的最好方式依旧是首先了解人们的生育意愿，“在众多关于生育问题的研究中，有关生育意愿的研究一直受到特别的关注，其原因当然是由于人们企望通过对生育意愿的了解来预见到生育水平的变化调整为”。[②]不仅众多的人口学研究需要在各种人口预测和人口推算的模型中加入人们生育意愿的变量，并设定人们生育意愿的具体数值，而且在政府决策部门进行人口生育政策制定和调整的过程中，所考虑的一个重要因素同样也是人们的生育意愿，“在人口研究领域，生育意愿不仅是研究生育观念的主要内容，也被作为预测未来生育水平的指标之一”“了解生育意愿对判断生育率变化日益重要”[③]。正是由于学术界对人们生育意愿的这种严重依赖，或者说，正是由于人们的生育意愿在一个国家的人口生产、人口发展、人口政策制定等方面所具有的重要地位，因此科学地、准确地了解人们的生育意愿，就成为学术界和政府部门的一项重要任务，而“我国 20 世纪 80 年代以来对育龄人群生育意愿的测量方法的深入研究还是比较缺乏的”[④]，因此，我们有理由去重新思考这样一些基本问题：几十年来，众多研究者（包括笔者在内，后同）在实际调查中是如何测量生育意愿的？各种生育意愿测量的效度究竟如何？众多生育意愿调查的结果究竟在多大程度上反映了人们的生育意愿？探讨和回答这些问题正是本章的主要目标。

---

① 王广州：《生育政策调整研究中存在的问题与反思》，《中国人口科学》2015 年第 2 期，第 13 页。

② 顾宝昌：《生育意愿、生育行为和生育水平》，《人口研究》2011 年第 2 期，第 43 页。

③ 郑真真：《生育意愿的测量与应用》，《中国人口科学》2014 年第 6 期，第 15 页。

④ 张丽萍、王广州：《中国育龄人群二孩生育意愿与生育计划研究》，《人口与经济》2015 年第 6 期，第 45 页。

第二节 三十多年来我们在如何测量生育意愿

由于"生育作为一种社会现象，同时兼有三个特征：即数量、时间和性别"[①]，因而人们的生育意愿也相应地包含生育子女的数量、生育子女的时间、生育子女的性别三个方面的内容[②]。在实际研究中，研究者通常将生育意愿操作化为"意愿生育数量""意愿生育时间""意愿生育性别"等。[③]其中，意愿生育数量是生育意愿最为重要的方面，也是与我国人口增长、人口预测、人口控制、人口政策最为相关的方面。因此，本章也将讨论的重点放在这一方面。[④]

那么，几十年来我们的生育意愿调查是如何测量人们的生育意愿的？现有的各种生育意愿测量的效度究竟如何？为了回答这些问题，我们需要经验的证据，即需要对现有的大量生育意愿调查进行系统的考察。

据侯佳伟等统计，1980~2011 年，国内学术界发表的大大小小的生育意愿调查结果大约有两三百个。他们通过筛选，对其中 227 项研究的结果进行了统计，纵向地描述和分析了我国居民生育意愿的变迁趋势。[⑤]该文选取生育意愿调查结果的方式是在现有文献中选取"全部可得的"调查结果，即从中国知网上能查到的、有生育意愿测量方式的全部调查结果。他们采取这种方法选取样本，主要是出于定量统计分析的需要。但这种选取方式的一个不利后果就是，样本中会包括许多一般性的、小范围的、小规模的、低质量的，特别是未公开发表的研究结果（如研究生学位论文）。这样，虽然 227 项研究中的每一项调查都会有一个生育意愿的具体数字，但这个数

① 顾宝昌：《论生育和生育转变：数量、时间和性别》，《人口研究》1992 年第 6 期，第 1 页。

② 风笑天：《生育二胎："双独夫妇"的意愿及相关因素分析》，《社会科学》2010 年第 5 期，第 58—66、188—189 页。

③ 周福林：《生育意愿及其度量指标研究》，《统计教育》2005 年第 10 期，第 9—11 页。

④ 若无特别说明，下文中的生育意愿均指期望生育的子女数量。

⑤ 侯佳伟、黄四林、辛自强等：《中国人口生育意愿变迁：1980—2011》，《中国社会科学》2014 年第 4 期，第 78—97、206 页。

字的质量究竟如何、其价值究竟有多大却是值得探讨的。

为了避免侯佳伟等人文章的选取方法所造成的原始文献质量不高、调查结果代表性不高等缺陷，笔者采取了与他们不同的文献选取标准和方法，笔者的标准是选取那些相对“重要的”生育意愿调查结果来进行分析。笔者对于“重要”的界定（及用来衡量“重要”的标准）是：①调查范围大（调查范围在县、市级范围以上）；②样本规模大（有效样本规模在500人以上）；③学术品质高（调查结果公开发表在核心刊物上）。在这三条标准的基础上，笔者又从可行性方面考虑，增加了第4条标准，即通过中国知网可以被检索到。具体的选择方式和过程如下。

首先，笔者于2016年3月14日，在中国知网的中国期刊全文数据库中，确定搜索范围为“核心期刊”，并以篇名包含“生育意愿”为检索词进行搜索，共得到115篇论文。

其次，逐一阅读这115篇论文，排除掉不符合以下要求的文章：①非经验研究的论文（包括纯理论探讨的论文、文献综述类论文、介绍国外研究状况的论文等）；②调查范围为县、市以下区域（如村、镇、街道、社区等）的论文；③调查的样本规模小于500的研究论文；④采用个案研究等定性研究方法的论文；⑤没有报告（从文中也查不到、辨别不出）生育意愿测量指标的经验研究论文；⑥没有报告调查项目相关信息（如调查时间、地点、总体、样本等）的论文；⑦仅调查二孩生育意愿（即只询问是否会再次生育）的论文。

这样，最终共得到符合要求的经验研究论文56篇，这些论文所使用的数据来自41项调查项目。可以说，这41项调查项目是目前国内在生育意愿方面的较为重要的经验调查。[①]通过对这41项调查结果的解析，可以在最大程度上揭示出国内目前生育意愿调查的主要现状。表2-1是这41项调查项目的相关情况，特别是对生育意愿测量指标进行了统计。[②]

① 由于中国知网收录的这方面论文最早发表于1992年，因此，1992年以前在核心期刊上发表的生育意愿调查结果，以及以著作形式发表的生育意愿调查结果（如1979年北京和四川两地青年生育意愿调查等）未能包括在内，这可能会导致少量重要生育意愿调查结果的遗漏，特此说明。

② 属于同一项调查的多篇论文表2-1中只列出一篇。

表 2-1　国内 41 项重要的生育意愿调查基本情况统计表

论文作者	调查年份	调查总体或项目	调查对象	样本规模	测量指标[①]
林富德	1988	吉林城乡	15~57 岁妇女	3 194	假设意愿子女数[②]
屈锡华	1990	全国 23 个贫困县	农村育龄夫妇	23 000	理想子女数
梁鸿	1996	全国 24 个试点社区	农村居民	5 986	理想子女数
赵景辉	1996	哈尔滨	已婚在业居民	2 785	理想子女数
周长洪等	1997	广西、浙江 2 个县市	育龄夫妇	750	理想子女数
尤丹珍等	2000	安徽、四川 4 个县	16~40 岁育龄妇女	3 186	理想子女数
风笑天	2000	湖北 4 个城市及上海	18~26 岁在职青年	749	假设意愿子女数
陈卫等	2001	全国计生、生殖调查	15~49 岁育龄妇女	39 586	理想子女数
风笑天	2002	湖北 4 个城市	18~26 岁在职青年	638	假设意愿子女数
莫丽霞	2002	全国 16 个省区农村	16~60 岁农村居民	10 470	假设意愿子女数
李建新等	2002	全国 4 个省农村	20 岁以上育龄人群	10 666	理想子女数
侯亚非等	2002	北京城乡	20~30 岁青年	1 555	理想子女数
庄渝霞	2002	厦门	农民工	912	理想子女数
陈彩霞等	2003	四川农村	45 岁以下已婚妇女	819	理想子女数
陈字等	2004	中国健康与营养调查	18~52 岁有婚史妇女	2 880	假设意愿子女数
风笑天	2004	全国 12 个城市	在职青年	1 786	假设意愿子女数
周俊山等	2004	拉萨	15~49 岁已婚妇女	2 262	假设意愿子女数
谢永飞等	2005	广州	18~60 岁流动人口	2 400	假设意愿子女数
王金营等	2006	河北 4 个县农村	农村居民	859	理想子女数
覃民等	2006	全国 120 个县区市	育龄妇女	33 257	理想子女数
王学义等	2006	中国健康与营养调查	18~52 岁有婚史妇女	2 498	假设意愿子女数
马小红等	2006	北京城区	20~34 岁独生子女	2 068	理想子女数
侯亚非等	2006	北京城区	20~34 岁青年	1 066	理想子女数

① 不包括少数调查中用来测量二孩生育意愿时所用指标。

② 此种测量方式的完整表述应该是："假设条件下的意愿生育子女数"。此处为简化表格，以"假设意愿子女数"表示，下同。

续表

论文作者	调查年份	调查总体或项目	调查对象	样本规模	测量指标
侯亚非等	2006	北京城区	20~34 岁青年	1 328	理想子女数
江苏课题	2007	江苏 6 个县市	18~40 岁育龄妇女	18 638	理想子女数
郭志仪等	2007	安徽 7 个地市	城乡居民	1 100	合适子女数
马小红	2008	北京昌平农村	20~34 岁独生子女	982	理想子女数
王天宇等	2009	中国健康与营养调查	52 岁以下妇女	1 974	假设意愿子女数
覃民等	2009	全国 110 个县区市	一孩育龄妇女	8 468	假设计划子女数
廖庆忠等	2009	全国 12 个城市	流动人口	2 398	假设意愿子女数
宋健等	2009	全国 4 个城市	20~34 岁青年	3 282	理想子女数
徐映梅等	2009	湖北 3 个城市	18~45 岁城乡育龄妇女	4 442	理想子女数
郑真真	2010	江苏 6 个县市	18~40 岁育龄妇女	20 827	理想子女数① 假设意愿子女数
汤兆云等	2010	泉州	城乡居民	621	理想子女数
王军等	2011	中国社会综合调查	城乡居民	7 036	理想子女数
王军等	2012	中国家庭热点调查	18 岁以上成年人	5 547	理想子女数
卿树涛等	2012	湖南	拆迁家庭已婚妇女	3 858	理想子女数
王军	2013	中国家庭热点调查	18 岁以上成年人	5 818	理想子女数
庄亚儿等	2013	全国 29 个省区市	20~44 岁已婚育龄人群	63 451	理想子女数
石智雷等	2014	湖北符合政策家庭	19~45 岁育龄夫妇	10 030	理想子女数②
张晓青等	2015	山东城乡	20~49 岁育龄夫妇	15 679	理想子女数

表 2-1 的结果表明，国内现有的 41 项重要生育意愿调查中，研究者对“生育意愿”的测量大多采用了两种方式：一是用“理想子女数”来测量；二是

① 该调查用紧密相连的两个问题来测量，前一个是“如果不考虑生育政策和其他条件，你认为一般家庭有几个孩子最理想？”，紧接着问的第二个问题是“你自己希望生几个孩子？”，此处分别作为“理想子女数”和“假设意愿子女数”统计。

② 其调查包括两个问题，一是“您是否打算生二孩”，这实际上是在测量“符合政策人群的二孩生育安排，而不是一般的生育意愿”；“为了尽可能获取被访人真实的生育意愿”，提出的另一个问题是“您理想中的孩子数量”。故只取其这后一测量方式。石智雷、杨云彦：《符合“单独二孩’政策家庭的生育意愿与生育行为》，《人口研究》2014 年第 5 期，第 27—40 页。

用“假设条件下的意愿生育子女数”即假设意愿子女数来测量。前者大约占了 69%（29 项），后者大约占了 31%（13 项）。[①]

实际上，不仅本章所考查的这 41 项重要调查的情况是如此，侯佳伟等对生育意愿调查进行统计的结果，也发现研究者采用的都是这两种测量方式。他们指出，在其所统计的 227 项调查中，使用最多的问题是：“您认为一个家庭中最理想的孩子数是几个”“一对夫妇生几个孩子最合适”“如果允许随意生孩子，愿意要的孩子数”“如果完全按个人意愿，您希望生几个孩子”。[②]显然，前两种问题是典型的“理想子女数”问题，后三种问题则是典型的“假设条件下的意愿生育子女数”问题。

为什么会形成这样的状况？为什么研究者不直接询问人们：“你想生几个孩子？”这是由于，在改革开放后，我国城市及部分农村一直实行着以“一对夫妇只生育一个孩子”为主要内容的计划生育政策。在这一客观现实面前，研究者无法直接测量人们本原的（即没有生育政策制约和影响的）生育意愿。因此，为了尽可能了解人们心底里的真实意愿，研究者不得已采取了两条间接的途径来进行测量：一条途径是改测量“生育意愿”为测量“理想子女数”（即改“你想生几个孩子”为“您认为一个家庭中最理想的孩子数是几个”）；另一条途径则是改“现实有政策”为“假设无政策”（即改“你想生几个孩子”为“如果允许随意生孩子，愿意要的孩子数”）。现在的问题是：这两种测量方式都是有效的生育意愿测量吗？或者说，这两种方式所测量的真的都是人们的生育意愿吗？如果情况并非如此，那么，研究者通过这两种测量方式得到的生育意愿的调查结果（如 60%的人想生两个孩子或者人们的平均生育意愿为 1.8 个孩子等），究竟在多大程度上反映了人们的生育意愿？

---

① 统计表中一项采用“合适子女数”的提问方式与“理想子女数”的提问方式相同；另一项“假设计划子女数”的提问则包含了“如果政策允许”的假设条件，与“假设条件下的意愿生育子女数”的提问方式相同；此外，还有一项研究同时采用了两种提问方式，故统计总数为 42，下同。

② 侯佳伟、黄四林、辛自强等：《中国人口生育意愿变迁：1980—2011》，《中国社会科学》2014 年第 4 期，第 82 页。

第三节 两种测量方式的效度如何

测量的效度（validity of measurement），也称为测量的有效性或准确性，指的是测量工具或测量方式所测量的正是其希望测量的事物的程度。测量的效度是衡量测量质量的两个关键指标之一（另一个指标是测量的信度）。下面我们从测量效度的视角，对生育意愿调查中的两种测量方式进行分析。

一、“理想子女数”：测量的是“意愿”还是“看法”

表 2-1 的结果表明，绝大多数生育意愿调查采取的是第一种方式，即以“理想子女数”作为指标来对人们的生育意愿进行测量。正如有学者所指出的，“理想子女数往往被用来代表生育意愿”[①]。但问题是，“理想子女数”真的是在测量人们的生育意愿吗？让我们从采用“理想子女数”这种测量方式的生育意愿调查所提出的具体问题开始分析。下面是调查问卷中的具体问题：“你认为理想的家庭应该有几个孩子？”“你认为理想的家庭最好有几个孩子？”“你认为一个家庭中生几个孩子最理想？”“您认为一个家庭中最理想的孩子数是几个？”“你认为一个幸福的家庭最好有几个孩子？”“您认为一对夫妇生几个孩子最合适？”

有人可能会问：难道这些问题不都是在询问人们的生育意愿吗？可是笔者更想问的是：这些问题真的都是在询问人们的生育意愿吗？

仔细分析上述各种提问，不难看出，尽管它们的具体表述方式各不相同，但它们却都有一个共同的特征，这就是：它们都是以“你认为……？”的方式提出问题的。正是这种特定的提问方式决定了它们实际上都是在询问人们对某种现象或某件事情的“看法”、“态度”或“认识”，而不是在询问人们对这一现象或事情的“愿望”、“期望”或“想法”。这正是我们理解“理想子女数”这种测量方式实质的关键，也是这种测量方式与生育意愿概念本质内涵之间的差别所在。这种本质的差别揭示出，用“理想子女数”作为“生育意愿”的测量指标，效度并不高。

① 郑真真：《生育意愿的测量与应用》，《中国人口科学》2014 年第 6 期，第 18 页。

何为意愿？最简单地说，就是人们内心想去做、希望去做，或者希望去达到、去实现某件事的想法，而生育意愿，就是人们对于自身生育行为和生育结果的主观期望和意愿，也就是人们内心对于自己生不生孩子、生几个孩子、生男孩还是生女孩、什么时候生等问题的想法或期望。从国外学者的英文表述中我们或许也能得到一定的启示：生育意愿常见的英文表述是 fertility intention，或者 fertility desire，或者 fertility will。所有这些表述强调的都是"想要"生育孩子的打算、愿望和想法，而"意愿生育子女数"的英文表述则是 desired number of children 或者 intended number of children，[①]直译过来就是"渴望要的孩子数目"或者"打算要的孩子数目"，这些正是生育意愿的本意。所以说，生育意愿本质上是人们的一种主观期望，而上述各种测量"理想子女数"的调查问题实质上询问的则是人们的一种主观看法、一种认识或者一种态度。尽管这种看法、认识或态度与这种期望相关，但二者却并不是一回事。

期望更多地包含着人们内心的某种渴望和追求，而看法、认识或态度则更多地停留在认知层面，具有更多是好是坏、是对是错、是合适还是不合适的判断内涵。更直接地说，"你认为理想的家庭应该有几个孩子"等问题所测量的，其实是被调查者对"理想的家庭"或者说"理想的家庭结构"（国外也称为理想的家庭规模，即 ideal family size，实际上指的是理想子女数量）的看法。或者说是人们对理想的家庭、理想的家庭结构的一种主观认知，而我们想知道的生育意愿，则是人们对生孩子这件事情的想法、期望或打算。它所回答的是诸如想不想、期望如何、渴望如何这样的问题，而不是诸如理想的家庭应该如何、什么样最好这样的问题。

既然"理想子女数"并不是对生育意愿的有效测量，众多研究者为什么都使用"理想子女数"来测量人们的生育意愿呢？笔者分析，研究者之所以用"理想子女数"来测量人们的生育意愿，一定程度上是基于这样一种潜在的假设：即人们理想中的孩子数目就是他们希望生育的孩子数目。因此，了解他们的"理想子女数"，就可以了解他们的生育意愿。从理论上说，这种潜在的假设并没有错。但是，这种"并没有错"却是有前提的。这种前提就是：社会中既不存在任何限制或者鼓励生育的经济因素、政治因素、文化因素，

① 周福林：《生育意愿及其度量指标研究》，《统计教育》2005 年第 10 期，第 9 页。

也不存在任何限制或鼓励生育的人口政策，即人们的生育完全处于一种自主的、自发的、自然的状态中，然而，十分显然的是，改革开放以来的我国社会中，并不存在这样的前提（即使是目前也不存在这样的前提）。且不说经济因素、政治因素、文化因素会对人们的生育意愿产生影响，仅仅人口政策这一个方面，就会使得这样的前提不复存在。

人们对“理想子女数”的回答，只能看成一种在理想条件下、理想状态中的期望，是一种不考虑现实条件和现实情况的期望，而人们的生育意愿，则是一种在国家生育政策，社会的经济、政治、文化背景、自身家庭状况，以及个人价值观念、生活取向、身体条件等多种因素影响下的期望。因此，“最理想有两个孩子”是一件事，但实际生活中自己想不想生两个孩子、愿不愿意生两个孩子、能不能生两个孩子却又是另一件事。比如，研究者在生育意愿调查中经常听到的诸如“虽然有两个孩子最理想，但考虑到经济因素（或抚养孩子的成本等），我们还是只想要一个孩子”“虽然生两个孩子最理想，但考虑到我们的精力有限（或身体不好或工作太忙等），我们还是只想生一个孩子”或者“虽然生一个孩子最理想，但考虑到祖辈的期望（如传宗接代或增加劳动力或多子多福等），我们还是想生两个孩子”等回答，就是对这种差别的一种说明。

更为重要的是，改革开放以来，国家计划生育政策对人们生育意愿的影响是刚性的。无论是1979年开始的严格限制生育的人口政策，还是现在有条件放宽生育的人口政策，都会使得人们心底里的生育意愿与这种影响下所形成的社会认知产生分离。作为认知层面的“理想子女数”，其反映的主要不是作为个体的人们的想法和愿望，而是社会中大多数人认可、大多数人接受的某种看法或观念。用有的研究者的话说，这种“理想子女数”“相当于对孩子数量的主观最优判断”，[①]“反映的是个人价值和生育观念”、一种普遍可接受的社会价值和生育观念。因此，从概念上和测量上都与生育意愿有差别。[②]“其

① 张丽萍、王广州：《中国育龄人群二孩生育意愿与生育计划研究》，《人口与经济》2015年第6期，第47页。

② 郑真真：《生育意愿研究及其现实意义——兼以江苏调查为例》，《学海》2011年第2期，第12页。

实，‘理想子女数’仅是生育意愿的指标之一，它反映的是生育的社会规范或个人生育观念，是人们心目中的完美家庭构成而不是个人或家庭的现实生育需求或个人意愿。”[①]也正因为“理想子女数”反映的是一种整体性的社会认知，因而其具有相对的稳定性（即在一段时期中对不同对象进行调查，所得到的结果相互之间差别并不大）。

综上所述，生育意愿本质上是人们的一种主观期望、想法或打算，而“理想子女数”的提问方式所测量的实质上只是人们对某种事物的主观看法、认识或观念。它既不同于人们心底里对希望生育几个孩子的真实想法，也不能准确反映人们在现实生活中综合考虑个人及家庭特定条件后选择的实际生育几个孩子的行为。总之，“理想子女数”的确与人们的生育意愿相关，但二者并不相等。它虽然也会随着时间的变化而发生变化（这种变化实质上反映的只是社会观念的变化），但它与人们实际的生育意愿之间却始终存在着一定的距离。它不需要回答者去综合考虑个人的现实情景和家庭的特定条件，不需要考虑诸如子女的抚育成本、家庭的经济条件、夫妇的时间精力、母亲的年龄、祖辈的身体状况甚至家庭的住房条件等众多客观的、与生育和养育孩子紧密相关的现实因素。但一旦考虑这些现实因素，回答者的回答可能就会大不相同了。这些现实的因素都可能使对“理想子女数”的回答所得到的只是人们的一种“理想”，而不可能成为他们的现实。因此，用“理想子女数”来测量人们的生育意愿，效度并不高。然而，现实中70%左右的调查使用的正是这种效度不高的指标。这或许就是按调查结果做出的预测与实际申请生育的结果之间存在差距的重要原因。它启示我们：在认识和预测人们的生育意愿方面，“理想子女数”只能作为一种有限的参考。

二、“假设”与“现实”：第二条测量途径的特征及其局限

关于测量生育意愿的第二条途径，我们同样按照测量的效度标准来进行衡量。先来看看第二种测量方式在实际调查问卷中所采取的具体提问形式：“假如没有计划生育政策，你希望生几个孩子？”“如果没有计划生育政策，你想生几个孩子？”“如果国家政策允许，你打算要几个孩子？”“如果完全按个

① 郑真真：《生育意愿的测量与应用》，《中国人口科学》2014年第6期，第18页。

人意愿，你希望生几个孩子？”“如果允许随意生孩子，你想生几个孩子？”

不难发现，在上述各种不同的提问中，也都有一个共同的特征：即它们都是以“假如”“如果”等条件句的方式来进行提问的。如果先不看这些假设的条件，只看问题的后一半，即“你希望生几个孩子”“你想生几个孩子”等，则它们所测量的正是我们希望得到的生育意愿，或者说，后一半问题对生育意愿的测量具有很好的效度。然而，十分遗憾的是，由于我国现实中客观存在着限制人们生育数量的计划生育政策，因此，这种“希望生几个”“想生几个”的有效测量又受着现实中存在的计划生育政策的干扰和影响，不可能直接询问。所以，研究者不得不在这些具有很好测量效度的问题前面，加上“假如”“如果”等条件句作为前提。这样一来，所有测量又都变成了一种假设式：“假设没有计划生育政策”“如果完全按个人意愿”等。第二条途径的测量效度问题也就集中到了假设条件句的影响上。这种加上了假设条件语句的调查问题，对于测量人们真实的生育意愿会有什么样的影响呢？

第一，这种“假设条件语句”的提问，客观上将被调查者置身于一种非现实的情境中。即“假设”“假如”的条件性，意味着其所提问题的内容和情境的不现实性。或许研究者的愿望（实际上是研究者主观意识中或潜意识中的一种假设）是：让被调查者暂时不考虑当前面临的计划生育政策的现实，进入一种假定的、不受限制的、可以任由自己决定生育行为的情境中来考虑问题。那么，他们的回答所反映的就会是他们真的面临这种情景时的想法。这样一来我们就可以了解到人们真实的生育意愿。虽然笔者不能完全排除研究者的这一良好愿望的确有实现的可能，但是，笔者认为，这种良好的愿望或许更多的只是研究者自己的“一厢情愿”。更为理性的考虑则是：应该站在现实的层面，站在被调查者的地位，从被调查者的角度来分析和看待这种假设前提的可能影响及实际效果。试想一下，在现实社会中，当一个普通的被调查者面对调查问卷中这样一个假设性问题或者说这样一种假设的情景时，他的反应会是什么？他又会如何思考和回答这样的问题？

客观的现实是：调查问卷中的“如果没有计划生育政策”与实际生活中有计划生育政策之间存在着明显的差距；问卷中的“如果国家政策允许”与实际生活中国家政策不允许之间存在着明显的对立，而且这种明显的差距和对立又客观地存在于被调查者的头脑中。它会导致被调查者在这种超出现实、脱离现实的问题面前，产生一种“这是不可能的”“这是不现实的”“这是假的”自然反应，继而在其回答调查问题的潜意识中，形成一种“反正这也不是真的”的心理，即无论我怎么回答，无论我选择的答案是什么，都不会真的变成现实。正是假设条件式的提问所带来的这种心理反应，可能导致被调查者在回答这类调查问题，特别是在回答自填问卷中的这类问题时，不考虑自己真实的想法，而是选择他们认为合适的，或者是任意的答案，从而导致其回答结果与他们真实的生育意愿之间产生距离。换句话说，“假设性的”问题和“假设的”情景所能得到的，或许也只是被调查者“假设的”意愿，而非他们真实的、实际的意愿，“这种假设性的政策环境不同于真实的政策环境，据此得出的结果可能跟真实政策环境下人们的实际决策有较大的差异”[①]。因此，用“假设条件下的意愿生育子女数”来测量人们的生育意愿，也存在着缺乏现实性的不足。这种缺乏现实性的特点就是第二种测量方式在效度上所面临的最大挑战。

第二，除了“假设性”的影响外，“假设条件下的意愿生育子女数”的测量方式还存在另一个弱点，这就是，要在有生育政策限制的条件下去了解人们在没有生育政策限制条件下的生育意愿，本身或许就是一件不可能的事情。有研究者认为，那种要求被调查者在“如果没有计划生育政策”的假设条件下来回答生育意愿问题的做法，“对于被调查者来说很难想象”[②]（即被调查者很难想象出自己在那种不可能、不现实的情景中的想法和行为）。的确，在客观上有计划生育政策的现实社会生活中，去想象自己在没有这种计划生育政策的情景中所具有的想法和行为，或许真的有些不合情理，而以这种想象的结果来代表人们在真的面临没有计划生育政策情境中的想法和行为，也的确有些靠不住。因此，“假设条件下的意愿生育子女数”的测量方式所存在的这一现实效度问题也同样值得重视。

---

① 靳永爱、宋健、陈卫：《全面二孩政策背景下中国城市女性的生育偏好与生育计划》，《人口研究》2016 年第 6 期，第 23 页。

② 莫丽霞：《当前我国农村居民的生育意愿与性别偏好研究》，《人口研究》2005 年第 2 期，第 63 页。

第四节　两条路径的相对效果：谁离人们的生育意愿更远

上述分析表明，从测量的效度来衡量，不仅采用“理想子女数”的方式没有真正测量到研究者想测量的现象，采用“假设条件下的意愿生育子女数”的方式可能同样很难准确地测量到这一现象。两种测量方式的效度都不高，众多调查的结果与现实社会中人们实际的生育意愿之间存在差距，从而也在一定程度上导致了依据调查结果所做的人口预测偏离了现实社会中人们实际申请和生育的现实。从更深的层面上说，关于当代中国人的生育意愿，我们实际上所了解和认识到的并不十分准确，或者说十分有限。这是我们应该清醒地认识到的一个重要现实。

当然，在现有的社会条件下，由于无法采用直接的测量方式，研究者只能退而求其次，采取这两种不尽如人意的测量方式。但是更高的学术标准则要求我们进一步弄清楚，现有的这两种都不太完美的生育意愿测量方式中，哪一种的效果相对会好一些。即从认识和了解当代中国人生育意愿状况的角度，我们还需要进一步比较一下，哪一种方式得到的结果相对接近现实、哪一种方式的结果可能离现实相对更远、误差相对更大一些。

为了回答这一问题，首先需要确立衡量和比较的标准。最好的标准自然是当社会中没有生育政策限制时，或者说当人们不受生育政策限制时的生育意愿调查结果。但由于我国改革开放以来的现实社会中一直存在着计划生育政策，而所有的生育意愿调查也都是在有这种政策的现实条件下进行的，所以，这种最好的标准并不存在。我们只能用其他标准来近似地替代。

笔者认为，在现实条件下，相对可靠且实用的标准是那些具有现实性的调查结果。这里所说的“具有现实性”，指的是调查对象在现实的生育政策面前，并不受其限制。换句话说，就是在现行计划生育政策条件下，调查对象依旧符合生育两个孩子的要求。这种具有“现实性”的调查对象主要包括“双独育龄夫妇”、“农村一孩为女孩的育龄夫妇”、2013 年底以后的“单独育龄夫妇”、2015 年底以后的“所有育龄夫妇”等。只有对这些符合计划生育政策的人群进行生育意愿调查，才有可能测量到当事人真正的生育意愿。因为在询问他们的生育意愿时，既可以不用“理想子女数”，也可以去掉“假设没有计划生育政策”的限制语，直接进行询问。他们对于生育意愿的回答相对来说也会更加接近其真实的意愿。当然，由于这类人群实际上也只是可以生育二孩的人群，所以，调查的问题也主要围绕着是否想生二孩进行。[①]那么，这些“具有现实性”的调查对象希望生育二孩的比例是多少？他们希望生育的子女数量平均又是多少呢？

文献检索结果表明，到目前为止，这种针对“具有现实性”的调查对象的生育意愿调查共有 8 项：其中有 4 项是对北京市“双独夫妇”生育意愿的调查；有 2 项是对江苏 6 个市县“符合生育两个孩子条件者”生育意愿的调查；1 项是对全国五大城市“双独夫妇”的生育意愿调查；1 项是对湖北省符合“单独二孩”条件的夫妇的调查。表 2-2 是这 8 项调查的结果统计。

表 2-2 具有现实性的生育意愿调查中关于二孩生育意愿的结果

调查地点	调查年份	调查对象	样本规模	二孩生育意愿		
				想生二孩	不想生二孩	没想好
北京	2006	城市双独夫妇	249	26.1%	44.2%	29.7%
	2008	农村双独夫妇	339	36.3%	34.2%	29.5%
	2011	双独夫妇	178	29.8%	43.3%	27.0%
	2013	双独夫妇	222	43.0%	29.1%	27.8%
江苏	2006	有一孩符合二孩条件者	3 457	11.1%	68.8%	20.1%
	2010	有一孩符合二孩条件者	4 437	42.5%	57.5%	
五大城市	2008	双独夫妇	314	27.1%	62.1%	10.8%
湖北	2014	符合二孩条件者	10 030	23.3%	57.3%	19.5%
		符合单独二孩条件者	6 958	21.5%	59.2%	19.3%
8 项调查平均愿意比例				29.0%	50.6%	20.4%
将“没想好”按“想生”与“不想生”的比例分配后				36.4%	63.6%	
平均意愿生育子女数/个					1.36	

注：二孩生育意愿三列数据由四舍五入计算得到，相加与 100%有误差

① 严格地说，二孩生育意愿并不是一般意义上的生育意愿，但考虑到 2021 年 6 月前我国社会中最多只能生育两个孩子的政策，以及以往各项生育意愿调查结果中，绝大部分育龄对象的生育意愿基本上都在 0~2 个孩子范围内，希望生育 3 个以上孩子的比例非常小（一般仅在 5%以下）的现实，因此，可以近似地将其作为一般生育意愿调查看待。

表 2-2 的结果表明：这些符合政策条件可以生育两个孩子的对象中，平均希望生育二孩的比例为 36.4%；不希望生育二孩比例为 63.6%；平均希望生育子女数为 1.36 个。

如果将表 2-2 所得到的、对符合政策条件可以生育二孩的调查对象进行调查所得结果作为衡量标准的话，接下来的任务就是要用前述两种测量方式的具体结果来与之进行比较，即看看前述两种测量方式的结果中，哪一种相对接近上述结果，哪一种离上述结果相对较远。

为此，笔者采用两种方式收集证据。一种方式是将前面表 2-1 中的调查结果按两种测量方式分别进行统计，从总体上来比较二者的结果；另一种方式是选择那些在同一项研究中同时运用了两种测量方式的调查项目，来具体比较两种方式的测量结果。下面的表 2-3 是第一种方式比较的结果。

表 2-3　国内 41 项重要生育意愿调查中两种测量方式子女平均数的统计

论文作者	调查年	调查总体或项目	调查对象	样本规模	测量指标	平均数	备注说明
林富德	1988	吉林城乡	15~57 岁妇女	3 194	假设意愿子女数	2.11	10 项平均为 1.55，基本上处于 1.3~1.6，如去掉例外的几项，则平均为 1.39
风笑天	2000	湖北 4 个城市及上海	18~26 岁在职青年	749	假设意愿子女数	1.33	
风笑天	2002	湖北 4 个城市	18~26 岁在职青年	638	假设意愿子女数	1.32	
莫丽霞	2002	全国 16 个省区农村	16~60 岁农村居民	10 470	假设意愿子女数	2.01	
陈字等	2004	中国健康与营养调查	18~52 岁有婚史妇女	2 880	假设意愿子女数	—	
风笑天	2004	全国 12 个城市	在职青年	1 786	假设意愿子女数	1.33	
周俊山等	2004	拉萨	15~49 岁已婚妇女	2 262	假设意愿子女数	1.16	
谢永飞等	2005	广州	18~60 岁流动人口	2 400	假设意愿子女数	1.88	
王学义等	2006	中国健康与营养调查	18~52 岁有婚史妇女	2 498	假设意愿子女数	—	
王天宇等	2009	中国健康与营养调查	52 岁以下妇女	1 974	假设意愿子女数	—	
覃民等	2009	全国 110 个县区市	一孩育龄妇女	8 468	假设计划子女数	1.40	
廖庆忠等	2009	全国 12 个城市	流动人口	2 398	假设意愿子女数	1.53	
郑真真	2010	江苏 6 个县市	18~40 岁育龄妇女	20 827	假设意愿子女数①	1.42	

① 该调查中用紧密相连的两个问题来测量，前一个是“你认为一般家庭有几个孩子最理想？”紧接着问的第二个问题是“你自己希望生几个孩子？”此处分别作为“理想子女数”和“假设意愿子女数”统计。

续表

论文作者	调查年	调查总体或项目	调查对象	样本规模	测量指标	平均数	备注说明
屈锡华	1990	全国 23 个贫困县	农村育龄夫妇	23 000	理想子女数	2.50	
梁鸿	1996	全国 24 个试点社区	农村居民	5 986	理想子女数	1.75	
赵景辉	1996	哈尔滨	已婚在业居民	2 785	理想子女数	1.25	
周长洪等	1997	广西、浙江 2 个县市	育龄夫妇	750	理想子女数	1.56	
尤丹珍等	2000	安徽、四川 4 个县	16~40 岁育龄妇女	3 186	理想子女数	2.01	
陈卫等	2001	全国计生、生殖调查	15~49 岁育龄妇女	39 586	理想子女数	1.82	
李建新等	2002	全国 4 个省农村	20 岁以上育龄人群	10 666	理想子女数	1.71	
侯亚非等	2002	北京城乡	20~30 岁青年	1 555	理想子女数	1.04	
庄渝霞	2002	厦门	农民工	912	理想子女数	1.66	
陈彩霞等	2003	四川农村	45 岁以下已婚妇女	819	理想子女数	1.78	
王金营等	2006	河北 4 个县农村	农村居民	859	理想子女数	1.80	
覃民等	2006	全国 120 个县区市	育龄妇女	33 257	理想子女数	1.60	
马小红等	2006	北京城区	20~34 岁独生子女	2 068	理想子女数	1.18	
侯亚非等	2006	北京城区	20~34 岁青年	1 066	理想子女数	1.23	29 项平均为 1.67，大部分处于 1.6~1.9 且其平均值为 1.74
侯亚非等	2006	北京城区	20~34 岁青年	1 328	理想子女数	1.18	
江苏课题	2007	江苏 6 个县市	18~40 岁育龄妇女	18 638	理想子女数	1.45	
郭志仪等	2007	安徽 7 个地市	城乡居民	1 100	合适子女数	2.04	
马小红	2008	北京昌平农村	20~34 岁独生子女	982	理想子女数	1.47	
宋健等	2009	全国 4 个城市	20~34 岁青年	3 282	理想子女数	1.61	
徐映梅等	2009	湖北 3 个城市	18~45 岁城乡育龄妇女	4 442	理想子女数	1.70	
汤兆云等	2010	泉州	城乡居民	621	理想子女数	1.84	
郑真真	2010	江苏 6 个县市	18~40 岁育龄妇女	20 827	理想子女数	1.65	
王军等	2011	中国社会综合调查	城乡居民	7 036	理想子女数	1.85	
王军等	2012	中国家庭热点调查	18 岁以上成年人	5 547	理想子女数	1.86	
卿树涛等	2012	湖南	拆迁家庭已婚妇女	3 858	理想子女数	1.61	
王军	2013	中国家庭热点调查	18 岁以上成年人	5 818	理想子女数	1.87	
庄亚儿等	2013	全国 29 个省区市	20~44 岁已婚育龄人群	63 451	理想子女数	1.93	

续表

论文作者	调查年	调查总体或项目	调查对象	样本规模	测量指标	平均数	备注说明
石智雷等	2014	湖北符合政策家庭	19~45 岁育龄夫妇	10 030	理想子女数	1.71	29 项平均为 1.67，大部分处于 1.6~1.9 且其平均值为 1.74
张晓青等	2015	山东城乡	20~49 岁育龄夫妇	15 679	理想子女数	1.82	

表 2-3 的统计结果表明，从总体上看，“假设条件下的意愿生育子女数”的测量结果基本上处于 1.3~1.5，“理想子女数”的测量结果则基本上处于 1.6~1.9，“理想子女数”的测量结果明显高于“假设条件下的意愿生育子女数”的测量结果。如果去掉少数相对特殊的调查结果，那么，“假设条件下的意愿生育子女数”的测量结果与前面表 2-2“具有现实性”的调查结果几乎相同；而“理想子女数”的测量结果则与其相距甚远。第一种方式证明“理想子女数”的测量结果更加远离衡量标准。

下列几项调查中，研究者对同一个样本采用了两种不同的测量方法，正好为我们提供了按第二种方式进行比较的结果。

调查项目 1：上海市人口与计划生育委员会在 2013 年 11 月对上海市 8501 名 20~49 岁、目前在婚、夫妻至少一方为上海户籍的育龄夫妇进行了调查，同时使用了两种不同的测量方式。该调查结果表明，对于“你认为理想的家庭应该有几个孩子”这一问题，73%的被调查者回答为两个，25%的回答为一个，总体的平均理想子女数是 1.75 个孩子。对于“在不考虑计划生育政策情况下，只考虑你自己的实际情况，你们打算要几个孩子”的问题，回答要两个孩子的比例为 48%，回答要一个的比例为 46%，二者比例相当，都接近 50%。分别比“理想子女数”的比例少了 25 个百分点和多了 21 个百分点。其平均意愿生育子女数为 1.46 个，比平均理想子女数少了 0.29 个。[①]

调查项目 2：北京市西城区人口和计划生育委员会和中国人民大学人口与发展研究中心 2013 年对北京市西城区 2504 位 20~44 岁[②]的育龄妇女进行

① 陈建平、樊华、刘小芹等：《上海市户籍已婚育龄人群生育意愿与生育状况调查》，《中国计划生育学杂志》2014 年第 8 期，第 519—525 页。

② 原文此处误写成 20~24 岁。

了生育意愿调查。该调查同样采用了两种测量方式，其得到的结果是：对于“理想的家庭中应该拥有的孩子数量”（即理想子女数）的问题，调查结果为“被访育龄妇女平均理想子女数量为 1.8 个”；而对于“在排除政策干扰条件下”“打算生育的孩子数量”的问题（即假设条件下的意愿生育子女数），调查结果则平均为 1.5 个左右。①两相比较，“假设条件下的意愿生育子女数”的平均值比“理想子女数”的平均值少了 0.3 个。②

调查项目 3：中国社会科学院人口与劳动经济研究所及江苏卫生和计划生育委员会 2010 年对江苏 6 个市县育龄妇女进行的生育意愿追踪调查中，研究者也采用了两个不同的测量问题：“如果不考虑生育政策和其他条件，您认为一般家庭有几个孩子最理想？您自己希望生几个孩子？”其调查结果显示，样本总体的平均理想子女数显著高于个人期望的平均数（前者为 1.65，后者为 1.42），二者相差 0.23 个。③

这三项调查项目都得出了“理想子女数”的测量结果明显高于“假设条件下的意愿生育子女数”的结果的结论，也同样证明了“理想子女数”的测量结果更加远离衡量标准。因此，无论是总体统计的方式，还是具体项目实例的方式，两方面证据都一致表明：“理想子女数”的测量结果明显高于“假设条件下的意愿生育子女数”的测量结果；“理想子女数”平均在 1.6~1.9，即希望生育二孩的比例在 60%~90%；而“假设条件下的意愿生育子女数”平均在 1.3~1.5，即希望生育二孩的比例在 30%~50%。通过将这两方面结果与前面的衡量标准进行比较，不难发现，“假设条件下的意愿生育子女数”更为接近衡量标准，而“理想子女数”则离衡量标准相对较远。实际上，从前述分析中可知：由于“理想子女数”实际测量的是人们的态度、观念和认识，其测量的内容效度明显不高；“假设条件下的意愿生育子女数”虽然有缺乏现实性的不足，但其测量问题的内容效度明显比“理想子女数”高得多。因此，采用“假设条件下的意愿生育子女数”来测量人们的生育意愿，比采用“理想子女数”来测量的效果离人们实际的生育意愿会相对近一些。

---

① 根据原文表 2 结果推算。

② 李龙、翟振武：《生育一孩弱化二孩生育意愿吗？——基于北京市“单独”家庭的考察》，《南方人口》2014 年第 5 期，第 1—11 页。

③ 郑真真：《生育意愿的测量与应用》，《中国人口科学》2014 年第 6 期，第 15—25、126 页。

第五节　总结与讨论

一、研究的主要结论

三十多年生育意愿调查的实践表明，研究者通常采用“理想子女数”或者“假设条件下的意愿生育子女数”来测量人们的生育意愿。但实际上，“理想子女数”并不是人们“想生的孩子数”，用“理想子女数”进行测量，所得到的只是人们对生育的看法和观念，而不是人们对于生育的想法和意愿。所以用“理想子女数”来测量人们的生育意愿，其效度并不高。“假设条件下的意愿生育子女数”是在有计划生育政策的现实中假设没有政策，因而这种测量缺乏现实有效性，即假设无政策并不是真的没有政策。因此，这两个研究者不得已而为之的间接测量方式，并不能很好完成对人们真实生育意愿进行准确测量的任务。但相比较而言，“假设条件下的意愿生育子女数”的测量效果优于“理想子女数”的测量效果，即“理想子女数”的测量效度较低，它比“假设条件下的意愿生育子女数”离人们的生育意愿更远。

总结三十多年来生育意愿调查的结果，可以看出，由于两种生育意愿测量方式的效度都不高，特别是由于70%左右调查所采用的是测量效度更低的“理想子女数”的方式，因此，现有调查对于认识和反映当代中国人的生育意愿来说无疑存在着较大的偏差。这一状况也从另一个角度说明，现有的生育意愿调查结果并没有准确地测量到人们的生育意愿。因而，对于当代中国人的生育意愿，我们实际上了解得并不多，这是一个值得重视的现实。

二、相关问题的讨论

在本章研究结果的基础上，下述几个方面的问题值得进一步探讨。

第一，如何看待现有的生育意愿调查结果。现有生育意愿调查的两种测量方式是在有生育政策限制的背景下研究者不得已而为之的结果。本章指出现有生育意愿测量方式缺乏效度并不意味着这些结果没有价值，关键在于我们如何认识和看待它们。换句话说，现有各项生育意愿调查结果的价值会因为我们认识和看待它们的方式的不同而有所不同。

笔者注意到，学术界对现有的调查结果基本上采取的都是接受、相信的态度，即视调查结果为现实。很少有学者去分析这些调查结果在反映客观现实方面是否存在局限、问题和差距。这一方面可以从三十多年来所发表的几百篇生育意愿调查结果基本上都没有受到质疑或提出商榷意见反映出来（受到商榷的调查结果仅一项）；另一方面也可以从现有的关于生育意愿研究的文献综述中看出来。无论是风笑天和张青松关于20世纪最后二十年中生育意愿研究的综述，[①]还是姚从荣等关于21世纪前八年中生育意愿研究的综述，[②]它们都有一个共同点，即客观上都承认和接受了现有调查的结果，即都在一定程度上把调查结果当作现实看待。两篇综述文章中虽然也有一些分析和评论，但重点都是对调查结果进行归纳和描述，即都是以这些调查结果为基础，来描述生育意愿的变迁趋势。这些情况说明，目前学术界对现有的生育意愿结果的认识，往往都自觉不自觉地基于一种并不成立的前提：即现有生育意愿调查结果都是对现实社会中人们生育意愿的真实反映，因而相信并接受它们。很少有学者去仔细解析每一项具体生育意愿调查的质量，去认真掂量不同研究结果所具有的反映现实生活中人们实际生育意愿的程度。

事实上，可以肯定的是，三十多年来的生育意愿调查，既有较好反映社会现实状况的，也有片面反映社会现实状况的。笔者曾经以对独生子女进行的生育意愿调查研究为例，进行过具体解析。其研究结果表明："到目前为止的有关第一代独生子女生育意愿的调查结果，给我们所描述的是一幅杂乱的图像：他们的平均意愿生育子女数目从1.00到1.50，希望生育一孩的比例从最低的45%到最高的80%；期望生育两个孩子的比例从最低的15%到最高的50%；不同调查结果相互之间的差别较大……现有研究都没有做到完全反映第一代独生子女这一总体所具有的生育意愿的整体状况。或者说，这些调查结果都只是在有限的程度上、描述了这一总体中的一部分对象的生育意愿状

① 风笑天、张青松：《二十年城乡居民生育意愿变迁研究》，《市场与人口分析》2002年第5期，第21—31页。

② 姚从容、吴帆、李建民：《我国城乡居民生育意愿调查研究综述：2000—2008》，《人口学刊》2010年第2期，第17—22页。

况。”[①]那么，推而广之，现有的众多生育意愿调查结果很可能也是如此。因此，我们应该认识到，一方面，不同调查由于自身质量不同，其反映现实社会中人们的生育意愿的正确程度是大不相同的，有的可能相对接近社会中人们的生育意愿，而另一些则可能相对偏离人们的生育意愿；另一方面，每一项具体生育意愿调查所反映的都只是中国社会中彼时彼地、特定群体的生育意愿，或者说，不同调查结果所反映的往往只是现实的一部分。只有认真解析每一项具体生育意愿调查的对象、方法、过程和结果，才能更好地区分和辨识，也才能更好地利用调查所提供的有用信息去增加我们的认识。

第二，认真反思现有生育意愿测量的意义。改革开放以来，学术界和政府相关部门一直都在关注和讨论生育意愿，关注和讨论人们的生育意愿与人们的生育行为及与社会的生育水平之间的关系。本书研究结果的意义在于提醒我们，在看待现有调查所得到的生育意愿结果时，应该始终保持清醒的认识。虽然在每一项生育意愿调查的结果中，都会得到一个关于人们生育意愿的具体数字，如 1.3、1.5、1.8 等，但这些数字究竟在多大程度上反映了社会现实，则是值得研究者认真分析和仔细推敲的。研究者应该清醒地认识到现有的生育意愿测量与人们真实的生育意愿之间存在什么样的差别，进而认识到我们对人们真实的生育意愿实际上只了解到多少。这是将生育意愿的调查结果作为制定人口政策重要参考时应注意的关键一环，而反思和检讨我们对于生育意愿的测量方式，既可以让我们更加客观、更加准确地看待以往生育意愿调查结果所反映的现实，同时也可以让我们在今后的生育意愿调查中，采取合适的测量指标了解社会现实，更好地为社会决策提供有价值的参考。

第三，影响生育意愿调查结果的其他因素。本章仅讨论了生育意愿调查中的测量效度问题及其对调查结果的影响。实际上，除了测量效度的影响外，生育意愿调查的结果还会受到一些其他因素的影响，如调查对象选择的影响、调查方式选择的影响等。下一章中，我们就专门针对生育意愿调查中的对象选择及其对调查结果的影响进行探讨。结果表明，无论是包含了不应该包含的对象，还是缺少了本应该包含的对象，所有不恰当的调查对象选择都会导

---

① 风笑天：《第一代独生子女的生育意愿：我们目前知道多少？》，《湖南师范大学社会科学学报》2009 年第 6 期，第 60 页。

致生育意愿调查结果形成一定的偏差，这些偏差会对我们的认识产生误导，也会对生育政策制定和调整产生影响。对于不同调查方式的影响，也早有研究者在 1988 年指出，采用在计生部门人员陪同下入户当面访问的方式进行生育意愿调查，会对调查结果产生明显的影响，“有些夫妇不愿轻易表明自己的真正意愿”“他们中有的想生二胎，但面对调查员和提倡只生一个的社会舆论不敢言明”①。还有的研究者指出，采用自填问卷的方式，“由被调查者在家中填写，问卷表也不用署名，被调查者的心理压力较小，更容易说真话。因而调查结果较为客观，较少干扰性”②。因此，除了注意测量指标的效度问题外，还应对影响生育意愿调查结果的其他因素给予充分的注意。

第四，“全面二孩”背景中的生育意愿测量问题。如果说以往的生育意愿调查由于客观上受制于“一对夫妇只生育一个孩子”的生育政策而无法有效地对人们真实的生育意愿进行测量的话，那么，“全面二孩”政策的实施，则为我们提供了自然地了解人们生育意愿的空间。研究者既可以不用效度不高的“理想子女数”，也可以去掉“假设条件下的意愿生育子女数”前面的“假设条件下的”这一前缀而直接测量生育意愿。但是应该认识到，即便如此，这种生育意愿测量实际上仍然只是在一定程度上反映人们的生育意愿。即在“全面二孩”政策实施的背景下，生育意愿调查所能了解到的，其实只是人们在“最多生两个”条件下的生育意愿，而不是一般意义上没有任何约束条件的生育意愿（或者说，只是在 0~2 个的有限范围内的生育意愿，而不是完整意义上不受限制的 0~*n* 个孩子的生育意愿）。这种一般意义上的生育意愿，只有当社会中不存在任何限制或者存在鼓励生育的人口政策时，即人们的生育完全处于一种自主的、自发的、自然的状态时才能得到。也只有在那时，我们进行生育意愿调查的结果才会相对可靠地反映社会现实。

① 佚名：《合肥市独生子女家庭追踪调查》，《中国人口科学》1988 年第 1 期，第 50 页。

② 风笑天：《独生子女父母的生育意愿》，《人口研究》1991 年第 5 期，第 33 页。

第　三　章

生育意愿调查的对象选择及其后果

生育意愿是人们对于自身生育行为和生育结果的一种主观期望和意愿。或者说，是人们对于生不生孩子、生几个孩子、生男孩还是生女孩、什么时间生孩子等问题的主观期望和意愿。在人口学、社会学研究中，生育意愿是一个十分重要的议题。同时，对于国家相关部门来说，及时准确地了解不同时期人们的生育意愿状况，也是其制定或调整人口政策的一项重要参考。

我国改革开放以来，学术界和政府部门在全国范围内开展了数以百计的生育意愿调查。这些调查结果在帮助人们了解和认识我国社会不同时期、不同群体生育意愿的特点及其趋势、帮助政府相关部门制定和调整现行计划生育政策等方面，发挥了重要作用。

然而，在最近几年中，“单独二孩”“全面二孩”生育政策的制定与出台，特别是在2013年底“单独二孩”政策正式实施以后，围绕着二孩申请比例是否偏低、“单独二孩”政策是否“遇冷”等问题，国家政府部门和学术界进行了热烈的探讨和争论。[①]在这场探讨和争论中，常常涉及对当时的生育意愿调查结果的认识、评价和质疑。特别是，由于我国各个时期的实际生育水平往往与当时的生育意愿调查结果之间存在差距，这种差距揭示出作为人们生育行为预测指标的生育意愿调查结果并没有很好地反映人们真实的生育意愿。造成这一现象的原因，既可能与研究者对生育意愿概念的操作化，特别是研

① 风笑天：《“遇冷”或“正常”？——对“单独二孩”政策实施效果认识的评价》，《中国社会科学评价》2015年第4期，第40—50、127页。

究者所采用的生育意愿测量指标有关（在第二章中我们已经对这方面的问题进行了专门探讨），同时还可能与生育意愿调查对象的选择有关。换句话说，现有的生育意愿调查除了有可能存在由生育意愿的概念不清或测量不恰当所造成的偏差，还有可能存在着由调查对象选择的不合适所带来的偏差。所有这些偏差都会对我们关于人们生育意愿的认识产生错误的影响。因此，梳理各种生育意愿调查的对象类型、探讨选择不同调查对象参与生育意愿调查的实际效果、分析调查对象选择的不恰当对认识人们生育意愿真实水平的影响等，无疑具有十分重要的意义。

生育意愿调查应该对谁进行？这似乎是一个显而易见、并不难回答的问题。因此，在现有的生育意愿调查和相关研究中，研究者并没有对这一问题给予足够的注意。学界也没有对这一问题展开过探讨。但实际上，对于了解人们的生育意愿这一特定目标来说，"调查哪些人"却是一个十分关键的问题。特别是对于那些为生育政策的制定和调整提供基本事实的生育意愿调查来说，就更是如此。那么，几十年来的生育意愿调查都是以哪些人群为调查对象的？以不同的人群为对象进行生育意愿调查时，会存在什么样的问题？对哪些对象进行生育意愿调查有可能造成结果上的偏差？在我国社会的现实背景下，比较合适的生育意愿调查对象是哪些人？探讨和回答这些问题就是本章的主要目标。

第一节　现有的生育意愿调查都在调查谁

为了更好地描述现有的生育意愿调查对调查对象的选择状况，更好地回答"现有生育意愿调查都在调查谁"的问题，我们需要收集系统的经验证据，即需要选择能够反映改革开放开始直至"单独二孩"政策实施的三十年多来国内生育意愿调查对象基本状况的调查项目。有学者统计，1980~2011 年，国内学术界发表的大大小小的生育意愿调查结果大约有两三百个。[①]该研究者

① 侯佳伟、黄四林、辛自强等：《中国人口生育意愿变迁：1980—2011》，《中国社会科学》2014 年第 4 期，第 78—97、206 页。

按照一定的标准，通过筛选，对其中 227 项研究的结果进行了统计，纵向地描述和分析了我国居民生育意愿的总体状况和变迁趋势。这是目前描述国内生育意愿调查结果数量最多的一项研究。只是由于该研究的目标主要在于分析人们生育意愿的数量结果及其变迁，并没有涉及对调查对象的选择及其对结果产生的影响，因而该研究的结果无法回答本章研究关注的主要问题。

本章研究为了选择对总体有代表性的生育意愿调查项目，采取了与该研究者不同的思路和选择策略。该研究者所选取的是现有文献中“全部可得的”生育意愿调查结果，即从中国知网上所能查到的、有生育意愿测量结果的所有调查项目。他们采取这种方法选取个案，主要是出于纵向描述与进行定量统计分析的需要。但他们这种选取方式的一个客观后果，就是样本中会包括许多一般性的、小范围的、小规模的、低质量的及未公开发表研究结果的调查项目。为了避免该研究者的选取方法所造成的原始文献质量不高、调查结果代表性不足等缺陷，笔者采取了与他们不同的文献选取标准和方法：笔者的标准是选取那些相对“重要”的生育意愿调查文献来进行分析。笔者对于“重要”的界定（及采用的衡量标准）是：①调查范围大（调查范围在县、市级范围以上）；②样本规模大（有效样本规模在 500 人以上）；③学术品质高（调查结果公开发表在核心刊物上）。在这三条标准的基础上，笔者又从可行性方面考虑，增加了第 4 条标准，即通过中国知网可以被搜索到。笔者具体的选择方式和过程可参见第一章的介绍。

下面是笔者搜索到的这 41 项调查项目的相关情况，特别是对调查对象的统计[①]。

表 3-1 国内 41 项重要的生育意愿调查基本情况统计表

论文作者	调查年份	调查总体或项目	调查对象	样本规模
林富德	1988	吉林城乡	15~57 岁妇女	3 194
屈锡华	1990	全国 23 个贫困县	农村育龄夫妇	23 000
梁鸿	1996	全国 24 个试点社区	农村居民	5 986

① 属于同一项调查的多篇论文表 3-1 中只列出一篇。

续表

论文作者	调查年份	调查总体或项目	调查对象	样本规模
赵景辉	1996	哈尔滨	已婚在业居民	2 785
周长洪等	1997	广西、浙江 2 个县市	育龄夫妇	750
尤丹珍等	2000	安徽、四川 4 个县	16~40 岁育龄妇女	3 186
风笑天	2000	湖北 4 个城市及上海	18~26 岁在职青年	749
陈卫等	2001	全国计生、生殖调查	15~49 岁育龄妇女	39 586
风笑天	2002	湖北 4 个城市	18~26 岁在职青年	638
莫丽霞	2002	全国 16 个省区农村	16~60 岁农村居民	10 470
李建新等	2002	全国 4 个省农村	20 岁以上育龄人群	10 666
侯亚非等	2002	北京城乡	20~30 岁青年	1 555
庄渝霞	2002	厦门	农民工	912
陈彩霞等	2003	四川农村	45 岁以下已婚妇女	819
陈字等	2004	中国健康与营养调查	18~52 岁有婚史妇女	2 880
风笑天	2004	全国 12 个城市	在职青年	1 786
周俊山等	2004	拉萨	15~49 岁已婚妇女	2 262
谢永飞等	2005	广州	18~60 岁流动人口	2 400
王金营等	2006	河北 4 个县农村	农村居民	859
覃民等	2006	全国 120 个县区市	育龄妇女	33 257
王学义等	2006	中国健康与营养调查	18~52 岁有婚史妇女	2 498
马小红等	2006	北京城区	20~34 岁独生子女	2 068
侯亚非等	2006	北京城区	20~34 岁青年	1 066
侯亚非等	2006	北京城区	20~34 岁青年	1 328
江苏课题	2007	江苏 6 个县市	18~40 岁育龄妇女	18 638
郭志仪等	2007	安徽 7 个地市	城乡居民	1 100
马小红	2008	北京昌平农村	20~34 岁独生子女	982
王天宇等	2009	中国健康与营养调查	52 岁以下妇女	1 974
覃民等	2009	全国 110 个县区市	一孩育龄妇女	8 468
廖庆忠等	2009	全国 12 个城市	流动人口	2 398

续表

论文作者	调查年份	调查总体或项目	调查对象	样本规模
宋健等	2009	全国 4 个城市	20~34 岁青年	3 282
徐映梅等	2009	湖北 3 个城市	18~45 岁城乡育龄妇女	4 442
郑真真	2010	江苏 6 个县市	18~40 岁育龄妇女	20 827
汤兆云等	2010	泉州	城乡居民	621
王军等	2011	中国社会综合调查	城乡居民	7 036
王军等	2012	中国家庭热点调查	18 岁以上成年人	5 547
卿树涛等	2012	湖南	拆迁家庭已婚妇女	3 858
王军	2013	中国家庭热点调查	18 岁以上成年人	5 818
庄亚儿等	2013	全国 29 个省区市	20~44 岁已婚育龄人群	63 451
石智雷等	2014	湖北符合政策家庭	19~45 岁育龄夫妇	10 030
张晓青等	2015	山东城乡	20~49 岁育龄夫妇	15 679

表 3-1 的结果表明，国内现有的这 41 项最重要的生育意愿调查项目，在调查对象的选择上主要可以归结为以下几大类人群：①普通城乡居民（包括农村居民、城乡居民、成年人、妇女、已婚妇女），共 14 项；②育龄人口（包括育龄夫妇、育龄妇女、育龄人群、有婚史妇女），共 15 项；③青年（年龄在 35 岁以下），共 7 项；④某些特定群体（如流动人口、农民工、独生子女等），共 5 项。如果把属于青年年龄范围的独生子女归为青年一类，把没有具体年龄限制的农民工、流动人口归为普通城乡居民一类，那么 41 项调查的对象就主要为三大类：即普通城乡居民、育龄人口及青年。三者的比例分别为 41%、37%、22%。

在上述这三类调查对象中，哪些应该是生育意愿调查的重点对象、哪些是并不重要的对象？特别地，哪些是有可能引起我们对生育意愿结果认识的偏差而不应该包括在调查之中的对象，哪些是应该包含在调查对象之中但却没有被包含的对象呢？笔者认为，这可以从以下方面来进行分析。

第二节 调查对象的年龄

生育是一种与人的年龄，特别是与女性的年龄紧密相关的现象。因此，对于生育意愿调查来说，被调查对象身份中最重要的特征是年龄。虽然不同调查的具体目的各不相同，不能一概而论。但是，笔者认为，生育意愿调查中最恰当同时最重要的调查对象应该是那些“具有生育能力和生育行为的人”。

生育意愿的本质特征是人们对于自己将来的生育行为和生育结果的主观愿望。这一特征同时也意味着进行生育意愿调查有一个重要前提：即首先要保证被调查对象具有实践生育行为、产生生育结果的能力。这样，调查所得到的被调查者的回答结果才具有意义。特别是对于那些以预测生育水平、制定生育政策为主要目标的生育意愿调查来说，最重要、最恰当的调查对象应该是育龄人口（育龄夫妇）。因为只有这些人口才是将生育意愿转变为生育行为的潜在人群，而对其他超出生育年龄的人口进行生育意愿调查所得的结果，并不具有对未来生育状况和生育水平的预测力，因而也不具有相应的政策意义。

正是从这一点出发，不难明白，在现有的三大类调查对象中，比较合适的调查对象类型是育龄人口（其年龄范围通常为 15~49 岁），以及属于育龄人口中生育力最强的青年人口（其年龄范围较小，通常为 15~35 岁），而普通城乡居民一类则是不太合适的调查对象。因为普通城乡居民的年龄范围通常为 18~70 岁甚至更高，因此，这些调查对象中会包含许多超出生育年龄的人。比如，那些 50 岁以上的中年人和 60 岁以上的老年人等。所以，那些以普通城乡居民为调查对象的生育意愿调查，由于其包含了所有年龄的成年人，调查对象中就不可避免地包含了许多与“生育意愿”不太相关的人员。因而，其调查得到的结果并不能很好反映真正能对生育行为产生影响的生育意愿，同时，这种结果还会误导我们的认识。

例如，在中国健康与营养调查中，研究者选择的调查对象是：“18~52 岁有婚史妇女”。这当然是该项调查的研究者考虑到其主要的研究目标所做出的决定。由于其样本中拥有农业户口的育龄妇女占比为 63.3%，因而这两个因素的叠加会使得调查对象中的一部分人并不适合进行生育意愿调查，或者说，她们并不适合作为生育意愿调查的对象。为什么呢？看看该调查中所询问的问题吧："是否还想生育""还想再生育几个孩子"[①]。设身处地地想一下，一个50岁左右的农村妇女，或许早已经当上奶奶、姥姥了，可你还问她："想不想再生孩子？""还想再生育几个孩子？"这是一种多么不可思议的情景！这样的问题对于这样的被调查者究竟有什么意义？这样的询问又会有什么样的结果？答案或许是会有的，这些答案或许也还会作为调查数据的一部分进行各种统计和计算，但这样得到的数据又有什么价值？这样的统计结果又在怎样反映着现实？实际上，这样的问题对于绝大多数40岁以上的妇女来说，都没有什么意义。因此，她们的回答并不应该作为调查结果中所计算的百分比、平均值的一部分，而更重要的是，她们不应该进入被调查对象的样本中。因为一旦将她们作为调查对象加入样本中，调查的结果就会出现偏差，并误导人们。

又比如，在2002年国家计生委宣传司进行的"城乡居民生育意愿调查"中，调查对象的年龄为16~70岁。该调查得出了"城乡居民生育愿望平均1.8"的结果。[②]笔者认为这个结果的意义不大。与上面例子完全类似，在这个1.8中，实际上"平均"进去了许多本不应该统计进去的人们的生育意愿，这就是那些年龄在 49~70 岁、与生育行为已经毫无关系的人们的"生育愿意"。所以，这种以普通城乡居民为对象的调查结果，使得那些真正具有生育能力的人口的生育意愿，混淆在、稀释在甚至是淹没在众多与生育意愿无关的调查对象的结果中，使得这种生育意愿调查的结果实际上并不具有反映和预测生育水平及趋势的作用，这就是问题的实质所在。

正是依据上述分析，我们首先可以得出结论：在目前三大类调查对象中，比较合适的调查对象是育龄人口和青年人口，而普通城乡居民一类则是不太合适的生育意愿调查对象。或者说，是容易产生偏差结果、误导我们的认识

---

① 王学义、王春蕊：《禀赋、场域与中国妇女生育意愿研究》，《人口学刊》2011 年第 1 期，第 5 页。

② 陈胜利、张世琨：《当代择偶与生育意愿研究：2002 年城乡居民生育意愿调查》，中国人口出版社 2003 年版，序 2 页。

的一类调查对象。

其次，即使研究者注意到年龄因素，将调查对象限定为“育龄人口”或“育龄夫妇”，问题也还没有就此了结。对于育龄人口这一类对象，我们还可以做进一步的讨论。这是因为，人口学意义上的“育龄人口”或“育龄夫妇”，通常指的是女方年龄在 15~49 岁的已婚夫妇，而这种意义上的“育龄”，是一个仅从女性生理条件考虑所进行的限定，它反映的只是女性生理上可以生孩子的年龄范围。

然而，当我们将这种人口学通用的生育年龄范围放到我国社会的现实背景中时，情况就有所不同。因为改革开放以来直到“单独二孩”“全面二孩”政策实施前，我国社会特别是城市一直实行着以“一对夫妇只生育一个孩子”为主要内容的计划生育政策，农村社会中则主要实行着“一孩半”[①]的生育政策。正是由于生育政策的客观限制，绝大部分女性在其育龄期中，最多可能只会（实际上是只能）生育一两个孩子（我国总和生育率自 20 世纪 90 年代以来一直处于 2.1 的更替水平以下，21 世纪后更是一直处于 1.8 以下[②]就是一个证明）。在这种政策的影响下，广大“育龄妇女”，特别是城市“育龄妇女”的生育行为往往不会从 20 多岁一直延续到 49 岁，大部分人的生育行为通常都只会发生在 35 岁之前。因此，当她们生育了一个或者两个孩子后，她们的生育行为就基本上停止了。这就是我们的生育意愿调查所面临的一种特定的社会现实。正是这种特定的现实使得我们所选择的生育意愿调查对象基本上不应该是处于育龄末期（45~49 岁）的女性，也不应该是处于育龄后期（35~44 岁）的女性，而应该主要是育龄中期（25~34 岁）和育龄前期（15~24 岁）的女性。

正是从这一分析中，我们可以进一步得出结论：相比于年龄范围相对更大的“育龄人口”，处于育龄前期和育龄中期的青年人口才是我国具体国情条件下最合适的生育意愿调查对象。或者说，青年人口才是最有价值的生育意愿调查对象，也是对于预测生育行为和生育水平来说最不容易产生偏差结果、

---

① 即如果第一孩为女孩，则可以按计划生育第二个孩子的政策。

② 国家卫生计生委计划生育基层指导司、中国人口与发展研究中心：《人口与计划生育常用数据手册（2015）》，中国人口出版社 2016 年版，第 120 页。

误导我们认识的一类调查对象。遗憾的是，大量生育意愿调查并没有注意到这一点。如果以“育龄人口”的年龄标准来衡量，表 3-1 的 41 项重点调查中，符合条件的项目数量为 22 项，只有总数的一半多一点。如果按更合适的“青年人口”年龄标准来衡量，那么，这 41 项重点调查中，符合条件的项目数量就只有 9 项，仅占全部调查项目数量的 22%，即 1/5 多一点。这一情况说明，目前这些生育意愿调查结果所反映的实际上是包含从 15 岁到 60 岁甚至更高年龄的对象的生育意愿，而没有顾及调查对象中相当大的一部分人实际上只是对生育问题有看法，没有生育的意愿和能力。这些调查结果都可能会因所调查对象的年龄不合适而存在一定的偏差。

总的结论是，从年龄上看，生育意愿调查的最重要对象应该是育龄人口，特别是处于生育高峰期的青年育龄人口。因为只有这些人口才是可能将生育意愿转变为生育行为并最终影响到总体生育水平的潜在人群，“在一定程度上可以认为，只有处于婚育年龄的青年群体的生育意愿才具有对现实生育结果的影响力和对生育状况发展趋势的预测意义。这也正是我们关注青年人群生育意愿的价值所在”[①]。当然，目前随着“全面二孩”生育政策的实施，现实社会中许多处于育龄后期甚至育龄末期的妇女也有再生一个孩子的愿望和行动。因此，对于调查二孩生育意愿来说，目前及今后一段时期中，整个育龄人口都是合适的生育意愿调查对象。

第三节　调查对象的性别

从表 3-1 所统计的调查对象中不难看出，接近 40%（共 15 项）的生育意愿调查所选择的调查对象都是女性，包括“妇女”、“育龄妇女”或“已婚妇女”等。越是大型的调查、越是与生育政策制定相关的调查越是如此。究其原因，可能与客观上人类生育过程中的“十月怀胎”“一朝分娩”等都是由女

① 风笑天：《青年个体特征与生育意愿：全国 12 城市 1786 名在职青年的调查分析》，《江苏行政学院学报》2009 年第 4 期，第 62—68 页。

性来具体承担有关。本章前面关于“育龄人口”（育龄妇女）的年龄范围的讨论，实际上也主要是强调女性承担和完成生育这一过程的生理规定性。正是由于这种客观的生育过程及其生理规定性，所以比较多的生育意愿调查以“育龄妇女”作为对象既是可以理解的，也是有其理由的。

但是，在肯定这种以“育龄妇女”为调查对象的正当性的同时，我们还应该意识到，从严格的、科学的意义上看，这种做法其实也是有比较大的问题的。一个根本的问题是，生育子女并非只是育龄妇女个人的事情，生育决策更不是仅仅由女性说了算。虽然人口学有“育龄妇女”这个概念，现有生育意愿调查中也比较多地以“育龄妇女”为对象，生育意愿研究中也特别看重“育龄妇女”的意愿，但这些很可能都只是由于生育发生在“育龄妇女”这一群体身上的缘故。众多研究者以“育龄妇女”作为调查对象的现象则反映出，在许多研究者的潜意识中，可能存在着一种错误的认识，这就是仅仅把生育看成女性的事情，或者看成至少主要是女性的事情。所以，在他们看来，女性的生育意愿是影响生育行为和生育结果的最重要因素。似乎只要弄清楚“育龄妇女”想生几个，就可以弄清楚人们最终的生育行为和生育结果了。

笔者认为，这种看法是片面的。尽管生育的实际承担者的确都是女性，但生育的决策和实现却并不是完全由女性所决定的，女性的生育意愿在决定最终的生育行为和生育结果中所起到的作用其实并没有那么大。因为社会中的生育行为和生育结果是由夫妻双方及他们所构成的家庭来决定的。生育子女并不是一种只属于女性个体的意愿和行为，而是一种属于男女两性构成的婚姻及家庭的意愿和行为。正是由于生育是一件属于男女两性所结成的婚姻和家庭来承担及完成的事务。因此，仅仅调查育龄妇女所得到的生育意愿结果，就不可能全面反映出对实际生育行为同样有影响的丈夫一方的意愿，因而其结果也不能真正反映出可能发生的生育行为和生育结果。换句话说，无论是作为个体的妻子还是丈夫，虽然都具有自己的生育意愿，但却都无法单独取代由丈夫和妻子共同组成的家庭的生育意愿。最终真正影响人们生育行为的恰恰是这种在夫妻双方个人生育意愿基础上形成的“家庭的生育意愿”。

比如，当我们仅以女性作为调查对象进行生育意愿调查时，有的女性可能会考虑到生育对自己工作或职业发展的影响而表达不想多生孩子的意愿，但其丈夫可能会因为觉得多一个孩子会使家庭生活更美满，或者认为对子女成长有好处，而有生育两个孩子的意愿。这两种不同的意愿最终会在双方多次的商讨、沟通甚至辩论后达成一致，形成整个家庭的、对生育行为和生育结果产生决定性影响的生育意愿。这种意愿既可能与女性个体的意愿相同，也可能与之不同。

所以，仅仅将女性作为调查对象，其结果往往只是反映出“作为个体”的广大女性对于生育孩子的想法和意愿。实际上并不能全面地、准确地反映具体承担生育任务的育龄夫妇和育龄家庭的生育意愿。正是从这种意义上笔者认为，比较合适的生育意愿调查对象是“育龄夫妇”，而不仅仅是“育龄妇女”。也可以说，那些以“育龄夫妇”作为对象的生育意愿调查，比起那些仅以“育龄妇女”作为对象的生育意愿调查来，其结果在认识和预测人们的生育行为及生育结果方面会更有价值，也更具有实际意义。

第四节 调查对象的政策身份

这里所说的政策身份，主要指的是调查对象是否符合生育政策的条件。由于我国社会，特别是城市社会在改革开放直至2013年底以前的这三十多年中，一直实施着以“一对夫妇只生育一个孩子”为主要内容的计划生育政策。所以，被调查者是否符合生育两个孩子的政策，同样也是生育意愿调查中会对调查结果产生影响的一个因素。因为同样的调查问题，对于具有不同政策属性的调查对象来说，其含义、影响、效果是不同的。

例如，许多生育意愿调查的对象中，既包括按照当时政策可以生育两个孩子的“双独”育龄夫妇、农村一孩为女孩的育龄夫妇、少数民族育龄夫妇等，同时也包括当时不能生育两个孩子的“单独”育龄夫妇、“双非”育龄夫妇、农村一孩为男孩的育龄夫妇等。因此，同样的生育意愿调查问题，如“你希望生育几个孩子？”对他们来说意义并不一样。这也就是说，由于现实中的人们所具有的政策身份是不同的，因此对他们来说，同一项生育意愿调查实际上意味着两件不同的事情。对于前一部分被调查对象来说，上述调查问题的意义相对更大些（因为他们可以在最多生两个孩子的背景下表达他们的意愿，即既可以选择生一个孩子，也可以选择生两个孩子，当然还可以选择不生孩子），而对后一部分被调查者来说，调查问题的实际意义就小得多（他们只能在最多生一个孩子的背景下表达他们的意愿，即选择生一个或是一个也不生）。

正是由于上述原因，研究者选择调查对象时除了要考虑其年龄、性别等生理条件以外，十分重要的一点，还要注意其是否符合生育政策的规定。调查对象是否符合生育政策是非常关键的一条。如果不符合，往往很难调查到他们真正的想法。因为他们头脑中客观存在着生育政策的限制和影响。比如，2013 年后对符合政策条件可以生育两个孩子的对象进行的二孩生育意愿调查，与对那些不具备这种特征和条件的育龄夫妇进行的二孩生育意愿调查，实际上是具有本质差别的两种调查。前者可以直接询问被调查对象的生育意愿，也有较大的可能性获得他们真实的生育意愿；而后者则无法直接询问被调查对象的生育意愿（往往需要在问题前面加上“假如没有生育政策的限制”这样的语句），也只有较小的可能性获得他们真实的生育意愿。这就是我们的生育意愿调查所面临的社会现实。

因此，相对来说，在 2014 年以前开展的对“双独夫妇”的二孩生育意愿调查，就比对“单独夫妇”“双非夫妇”的同类调查具有更好的现实性，调查结果的意义和价值相对也更大。因为前者符合政策规定，没有外在限制，可以说出真实想法；但对“单独夫妇”或“双非夫妇”的调查对象来说，他们就缺乏这种条件。2013 年底实施“单独二孩”政策后对“单独夫妇”的调查，以及 2016 年开始实施“全面二孩”政策后对所有育龄夫妇的调查，也就具有了这种现实性。当然，还应特别说明的是，即使是实施“全面二孩”政策后对所有育龄夫妇进行的生育意愿调查，所得到的结果也同样只能是在“全面二孩”政策下的生育意愿。这也就是说，只是所有育龄人口在有“最多能生育两个孩子”政策条件下的生育意愿，而不是在没有任何政策限制，可以任意生育多个孩子条件下的生育意愿，当然也不是在鼓励多生育孩子条件下的生育意愿。

第五节　调查对象与调查目的

除了上述与调查对象自身属性相关的因素外，还有一个与生育意愿调查对象的选择相关的问题值得探讨，这就是调查的目的与调查对象的关系。之所以提出这一点，是因为从目前的生育意愿调查来看，许多调查的研究者实际上没有很好地区分两种不同的调查目的。或者说，是将两种不同的调查目的混为一谈，导致在调查对象的选择上出现偏差。

应该明确的一个主要的区分是：研究者进行调查究竟是为了了解人们的生育意愿，还是为了了解人们的生育观念？一些研究者往往把对人们生育观念的调查也看作生育意愿的调查，或者说混同于生育意愿调查。但实际上这二者是有着重要差别的。最主要的差别在于，二者的测量指标不同，适用的调查对象范围不同。

先从测量指标来分析。一些调查中用来测量生育意愿的指标是“理想的子女数量”，另一些调查中用的是“你想生育的孩子数量”。这两种测量指标也就是文献中通常概括的“理想子女数”和“假设条件下的意愿生育子女数”。需要指出的是，“理想子女数”实际上测量的并不是人们的生育意愿，而只是人们的生育观念。

笔者认为，生育意愿与生育观念二者尽管密切相关，但却并不相同。生育意愿主要是人们对于生不生孩子、生几个孩子、什么时候生等问题的主观期望或愿望，更直接地说，生育意愿反映的是人们想不想生孩子、想生几个孩子、想生男孩还是女孩、想什么时候生等方面的想法，而生育观念则反映的是人们对于应该或是不应该生孩子、应该生几个孩子、是生男孩好还是生女孩好、应该什么时候生孩子等问题的看法或观点。“理想子女数”测量的正是这种看法或观点，而不是“假设条件下的意愿生育子女数”所测量的人们的想法。正是从这一点来分析，现有的一些调查与其说是在调查人们的生育意愿，倒不如说是在调查人们的生育观念。或者说，许多名为生育意愿的调查，实际上只是对人们生育观念的调查。这种对人们生育观念的调查所关注的及实际所得到的，也往往只是人们对生育意愿所包含内容的看法和观点，而非人们实际的意愿。

再从调查的适用范围来分析。两种不同目的的调查所适应的调查对象范围有着明显的差别。如前所述，对于那些以了解人们的生育意愿为目的的调查来说，调查对象的年龄是最重要的变量，研究者至少应该将调查对象的年龄限定在育龄阶段，最好是将女方年龄限定在 40 岁或者 35 岁以前，而对于以了解不同群体人们的生育观念为主要目的的调查来说，这种年龄的限制就可以取消。这也就是说，对于那些超出生育年龄的人进行生育意愿的调查，通常是得不到合情合理、有价值的结果的。这种调查即使有结果，这结果的意义也不大。但是，每个年龄段的人却是都可以有对于生育问题的看法、认识或态度的，即生育观念的。因此，通过调查，我们可以了解不同年龄的群体之间在有关生育问题的看法上、认识上或态度上的差异，可以比较不同群体在有关生育问题的看法上、认识上或态度上的不同特点，还可以分析和探讨形成这种差异、特点的各种原因。

完全类似地，如果进行生育意愿调查的目的是把这种针对育龄妇女进行调查得到的结果作为预测社会中人们的生育行为、生育结果的依据，那么，研究者就应该同时将育龄妇女的丈夫也纳入调查对象中，否则调查结果就会出现较大偏差。但是，如果研究者是以了解“育龄女性”的生育观念为调查目的，即为了反映“育龄妇女”对生孩子相关问题的看法、认识或态度，那么，仅仅针对“育龄妇女”进行调查是完全可以的，无可厚非的。

总而言之，对于真正以了解人们生育意愿为目的的调查来说，调查对象的年龄、性别及政策身份等，都是对调查结果有影响的重要因素，也是研究者必须认真区分、仔细挑选的。但对于以了解人们“生育观念”为目的的调查来说，调查对象的约束条件就少得多，选择范围就大得多，也可以说，调查可以对任何属性、任何范围的人们进行。

第六节　小　　结

本章通过选择国内最重要的生育意愿调查样本，对国内生育意愿调查中的调查对象进行了系统考察。结果表明，目前国内生育意愿调查的对象主要涉及三类人群，即普通城乡居民、育龄人口、青年。笔者结合生育意愿调查的本质属性和我国实行计划生育政策的现实状况，分析了不同类型调查对象的合适性及其可能的影响，并总结为以下几点。

第一，生育意愿调查中，被调查对象的年龄是最重要的因素。没有任何年龄限制的普通城乡居民并不是生育意愿调查的合适对象。对于最近三十多年的中国社会来说，只有育龄人口，特别是35岁以下的青年育龄人口才是生育意愿调查最恰当的调查对象。

第二，由于生育本质上是家庭中由夫妻双方共同决策并实施的行为，因此，仅以具体承担怀孕、生产任务的女性作为生育意愿调查对象的做法也不全面，更为合适的做法是以育龄夫妇作为调查对象。

第三，除了年龄和性别因素外，调查对象所具有的计划生育政策属性也会对调查结果产生一定影响。对具有不同政策身份的对象进行同一调查时，所得到的结果的含义和价值实际上有所不同。

第四，无论是包含了不应该包含的对象，还是缺少了本应该包含的对象，所有不恰当的调查对象选择都会导致生育意愿调查结果形成一定的偏差，这些偏差会对我们的认识产生误导，也会对生育政策制定和调整产生影响。

第五，要认真区分生育意愿调查与生育观念调查。因为两种不同目的的调查所适用的调查对象是不同的。生育意愿调查的合适对象是育龄夫妇，而生育观念调查的对象范围则可以不受年龄、性别等条件的限制。

调查对象选择对调查结果的影响主要表现在两方面：一是由于包含了不应包含的调查对象，导致调查结果被扭曲；二是由于缺少了应该包含的调查对象，导致调查结果不全面。从本章的分析看，生育意愿调查在调查对象选择方面既存在“包含了不应包含”的错误（如超出育龄的普通城乡居民），也存在“缺少了应该包含”的错误（如仅调查育龄妇女而不是育龄夫妇）。这两种错误都会造成不恰当的结果，会误导我们的认识，甚至会导致我们在制定和调整生育政策方面形成较大的偏差。本章提出并分析生育意愿调查对象问题的意义，正是希望更清楚地认识到现有生育意愿调查结果所可能存在的偏差，以便于我们更加客观地看待现有具体调查的经验结果，也便于我们从更深的层面认识这些结果所具有的价值和政策含义。

第 四 章

生育意愿调查与“单独二孩”政策实施效果评价

或许很少有一项社会政策的实施像新的生育政策的实施那样，牵动着亿万民众和整个社会的神经。2013 年底我国计划生育政策的调整，引起了学术界和整个社会的极大关注。在这种关注的背后，一方面是政策的目标人群对与他们的家庭和个人生活密切相关的生育问题的不同反应；另一方面则是各级政府和学术界对目标人群所具有的各种反应和行为结果的某种期待。2014 年初开始，“单独二孩”政策相继在全国除新疆、西藏、港澳台以外的 29 个省区市具体实施。这一新的生育政策实施的效果如何，成为各级政府和学术界较为关注的焦点问题之一。2015 年 2 月，初步答案揭晓：据国家卫计委统计，截止到 2014 年底，全国符合“单独二孩”政策条件的 1100 万对夫妇中，申请生育二孩的数量为 106.9 万对。①

对于这样一种现实结果，政府相关部门、社会舆论、学术界主要有两种不同的看法和评价。众多媒体、学者及政府相关部门都普遍认为，相对于符合政策条件的人口及此前的预测和估计,“单独二孩”政策在全国各地普遍“遇冷”。正如有学者所指出的，“实施‘单独二孩’政策一年来的实践表明，申请生育二孩的夫妇数量明显低于预期”“截至 12 月 31 日，全国提出再生育申请的单独夫妇仅有 100 万对，比例仅占符合条件单独二孩夫妇的 9%，不到预计出生年出生 200 万的二分之一，与原先的预测相差甚远。也就是说，出现了单独二孩申请遇冷的现象”②。各家媒体报道几乎一致地反映出二孩申请

---

① 白剑峰：《我国会遭遇“生育危机”吗》，《人民日报》2015 年 2 月 11 日，第 14 版。

② 马小红、顾宝昌：《单独二孩申请遇冷分析》，《华中师范大学学报（人文社会科学版）》2015 年第 2 期，第 20、25 页。

数量过少。2014 年 12 月在复旦大学召开的面向未来的中国人口研究暨第三次生育政策研讨会上，参加会议的人口研究领域的专家、学者几乎一致认为“单独二孩”政策“遇冷”①。

然而，国家卫计委及部分学者则认为，从政策实施一年的结果来看，接近 107 万对的申请情况“基本符合预期”，或者说，“单独二孩”政策的实施情况总体上基本“正常”。②“从现在全国‘单独’夫妇申请再生育的数量来看，至少到目前为止，‘单独二孩’政策的开局基本符合预期”③，“在总体上和全国层面上符合预期，未出现明显‘遇冷’的迹象”④。

同样的一种结果，何以得出两种截然不同的评价和判断？106.9 万对的申请人数对于“单独二孩”生育政策来说，究竟是其“遇冷”的证据，还是其“正常”的体现？在政策“遇冷”或者“正常”的评价和判断背后，究竟存在什么样的重要内涵？我们该怎样客观看待和正确评价“单独二孩”政策实施的效果？这些就是本章所要探讨的主要问题。

第一节 两种不同评价的证据与分析逻辑

笔者认为，之所以对于同一种客观结果，会有两种截然不同的看法，原因在于这两种不同看法的参考框架是不同的。或者说，是由它们所使用的证据、所采取的分析逻辑的不同所造成的。

“遇冷”说的证据，主要来自这样三个数字：一是国家卫计委公布的全国符合“单独二孩”政策条件的人口（夫妇对数）有 1100 万；二是此前国家卫计委及一些专家学者所预测的近几年年均新增“单独二

① 乔晓春：《从“单独二孩”政策执行效果看未来生育政策的选择》，《中国人口科学》2015 年第 2 期，第 26—33、126 页。

② 白剑峰：《我国会遭遇“生育危机”吗》，《人民日报》2015 年 2 月 11 日，第 14 版。

③ 翟振武、李龙：《“单独二孩”政策的回顾与展望》，《人口与计划生育》2015 年第 3 期，第 9 页。

④ 翟振武：《“单独二孩”申报符合预期》，《经济日报》2015 年 1 月 20 日，第 9 版。

孩”人口 200 万；三是政策实施一年后，全国总的申请夫妇数量仅为 106.9 万对，而其分析逻辑，则主要是用这 106.9 万对申请人数直接与总体目标人群 1100 万对进行比较，或者以 106.9 万对申请夫妇数量与此前官方公布的“年均新增单独二孩人口 200 万”进行比较。因此，无论是相对于庞大的符合“单独二孩”政策的人口，还是相对于 200 万新增人口，这 106.9 万对申请数量都“明显偏少”。特别是与符合政策条件的 1100 万对夫妇相比，申请生育二孩的比例（不足 10%）更是“显著偏低”，足以说明“单独二孩”政策明显“遇冷”。

不仅是“遇冷”说的学者以这样的证据和逻辑进行分析，就是大众媒介上对全国各地“单独二孩”政策“遇冷”的报道，采取的也都是类似的证据和分析逻辑，即都是以当地申报人数占总的符合条件的人口的百分比进行比较的。表 4-1 是笔者收集的大众媒介上报道的部分省市截止到 2014 年底申请比例的结果统计。

表 4-1　媒介报道的全国部分省市二孩生育申请数及比例（一）

省市	符合单独二孩政策人数/万对	申请生育二孩人数/对	申请比例
北京	45	30 305	6.73%
上海	37	20 500	5.54%
河北	63.2	34 880	5.52%
黑龙江	40	6 484	1.62%
吉林	8.84	7 004	7.92%
辽宁	82.0	21 722	2.65%
河南	100	31 202	3.12%
湖北	47.3	35 403	7.48%
重庆	59.2	46 552	7.86%
四川	128	106 429	8.31%
甘肃	4.84	4 619	9.54%

资料来源：http://news.163.com/14/0226/00/9LVHHS3T0001124J.html;http://news.xinhuanet.com/politics/2015-01/12/c_127377376.htm; http://news.xinhuanet.com/local/2015-01/13/c_1113976015.htm; http://news.xinhuanet.com/ttgg/2015-04/18/c_1115013364.htm; http://news.hexun.com/2015-04-14/174943179.html; http://news.365jilin.com/html/20150122/2107391.shtml; http://www.chinanews.com/gn/2014/03-27/6002446.shtml; http://liaoning.nen.com.cn/system/2015/04/08/017202296.shtml; http://news.xinhuanet.com/health/2014-02/05/c_119215814.htm; http://henan.sina.com.cn/news/m/2015-03-04/detail-iawzuney0436137.shtml; http://www.cq.chinanews.com/A/20141115/456853.shtml; http://www.cq.gov.cn/today/news/2015/3/25/1362713.shtml; http://life.jschina.com.cn/system/2015/04/09/024287166.shtml; http://news.ifeng.com/a/20141109/42426534_0.shtml; http://news.china.com.cn/live/2015-03/20/content_31925461_3.htm; http://www.gs.xinhuanet.com/news/2015-02/23/c_1114417373.htm

看到这样一大串全部低于10%的百分比，人们很容易得出与学者的分析完全一样的结论：“单独二孩”政策在全国各地普遍“遇冷”。

再来看看“正常”说的证据和分析逻辑。相对来说，“正常”说的证据和分析逻辑比“遇冷”说要复杂一些。它的证据主要来源于这样六个数字：一是2014年底，全国符合“单独二孩”政策数量为1100万对；二是2013年国家卫计委在全国6.4万户家庭进行的生育意愿抽样调查的结果表明，“‘单独’且已育一孩的家庭期望生育二孩的比例在60%左右”；三是根据上面两个数字计算所得出的“单独二孩”政策新增出生人口的总量约为660万人；四是根据以往研究结果，二孩生育的时间分布通常是4~5年；五是将新增人口总量660万平均分到4年或5年，得出每年大约新增出生人口130多万人（660万除以5得到）至160多万人（660万除以4得到）；六是按2014年3月至11月底共9个月的申请数量为98万对（或者按2014年3月至12月底共10个月的申请数量为106.9万对）计算出月平均增加量，然后计算出一年12个月总的申请数量大约是120万~140万对。[①]

而“正常”说的分析逻辑，则是通过将最初的1100万对政策覆盖数量一步步分解，最终得到“每年平均新增出生人口130万~160万人”（或者“最多不超过200万新增人口”或者“每年新增人口约为100万~200万”）的预测结果。然后，将实际一年的申请人数120万~140万对与预测结果进行对比，同样十分显然的是，这样计算得到的“实际一年的申请人数”120万~140万对，完全落入其预测的结果（即年平均新增单独二孩人数130万~160万人或小于200万人或100万~200万人）之中。所以说，“单独二孩”政策的开局是“非常正常”，符合预期的。

将两种看法的证据和分析逻辑进行比较，不难发现，二者的出发点是一样的，即都是在“有1100万对单独一孩夫妇”的前提下进行分析的，而且二者基本的分析逻辑也是相同的，即都是将“现实的申请结果”与“某种标准”进行比较。二者之间的差别主要体现在对“现实的申请结果”的理解上有一定不同，特别是在所采用的“衡量和比较的标准”上有明显的不同。

---

① 翟振武、李龙：《“单独二孩”政策的回顾与展望》，《人口与计划生育》2015年第3期，第8—10页；翟振武：《“单独二孩”申报符合预期》，《经济日报》2015年1月20日，第9版。

“遇冷”说所理解的“现实的申请结果”就是106.9万对，其“衡量和比较的标准”就是1100万对。其分析逻辑是直接将“申请人数106.9万对”与“政策覆盖人数1100万对”进行比较。其所关注的、看到的、比较的，是截止到2014年12月底的申请人数与最初公布的符合政策条件的总体人数之间的巨大差距。

然而，“正常”说所理解的“现实的申请结果”则是120万~140万对，其“衡量和比较的标准”是130万~160万对（或100万~200万对或最多不超过200万对）。其分析逻辑则是将这种补充完善后的一年申请数量120万~140万对，与经过两次缩小后的预期年均新增单独二孩人数130万~160万（或100万~200万或最多不超过200万）进行比较。其所关注的、看到的、比较的，是调整补充后的申请人数与考虑了相关因素后得到的年均出生预测数之间的高度相近性。

现在的问题是：一方面，用来进行比较的“现实的申请结果”究竟应该是106.9万对，还是120万～140万对；另一方面，也是更重要的，究竟“比较和衡量的标准”又应该是什么？是1100万对符合政策条件人口？还是130万~160万（或者不超过200万或者100万~200万）预期年均新增单独二孩人口？面对这两方面的不同，我们必须回答：哪一种证据和比较的逻辑更为合理？

首先，关于“现实的申请结果”。笔者认为“正常”说的120万~140万对更为合理。虽然国家卫计委公布的截止到2014年12月底的申报人数是106.9万对，但应该看到，这实际上只是对于少数从2014年1月开始实施政策的省区市来说的一年的申请人数，而不是相对于所有省区市来说的实施政策一年的申请人数。因为绝大部分省区市都是从3月，还有少数是从5月才开始正式实施这一政策的。因此，到12月底，统计数字106.9万对所反映的实际上只是少部分省区市12个月、大部分省区市9个月及少部分省区市7个月合计的申请数量。正因为考虑到这一点，“正常”说通过按前8个月的情况来补充后4个月的申请人数（当然也可以按前9个月的情况来补充后3个月的申请人数），从而得到了相对更符合实际的“一年的”申请数量。

其次，关于“比较和衡量的标准”。如果以政策目标人口总体1100万对为标准，毫无疑问，区区106.9万对的申请数量仅占不足10%的申请比例，显然是政策明显“遇冷”的证据；而如果以政策实施之初提出的“每年新增出生人口数大概是100万到200万”(或者最多不超过200万或者130万~160万）的预期为标准，则可以说120万~140万对，甚至106.9万对的申请人数接近“基本正常”。那么，究竟该以什么作为比较和衡量标准？这是一个根本性的问题。

笔者认为，作为政策实施效果衡量标准的，应该是后者，即政策实行之初所提出的预测，而不应该是政策所覆盖的目标人口。因为，评价“单独二孩”政策是否“遇冷”，或者是否“正常”，应该是相对于事前对政策实施效果的某种预期而言的。如果以符合政策的人口总体1100万对作为衡量和比较的标准，实际上就意味着一种这样的预期：即政策的目标人口百分之百都会申请。或者说等于默认了这样一种前提：即一旦政策实施，所有符合政策条件的人都会去申请，都会去生二孩，并且是马上都去申请，马上就去生育。实际上这也可能是一些人思想中的确存在的一种潜意识，正因为有了这样一种潜意识，在不知不觉中，也就有了一种潜在的预期。一旦现实的结果与这种预期相差很大，人们认识上的第一个反应自然就是政策“遇冷”了。

但在实际中，这种前提是不存在的。现实生活中符合政策条件的人们既不可能所有的人都去申请，也不可能所有人马上都去申请，更不可能所有的人马上都去生孩子。客观的同时也是最正常的现实是：一旦政策开始实施，所有符合条件的人中，只会有一部分人去申请，其中只会有更少的人马上去申请，而马上就去怀孕生孩子的人就更少了。当我们意识到这一点，意识到符合政策条件的人口总体一定是大于申请再生育的人数，而申请再生育的人数也一定是大于马上申请的人数，更大于马上生育的人数时，再来看待实际的申请结果，看待106.9万对的数字，或许思想中的认识和感觉就会不一样了，也许就不会觉得特别意外，觉得是政策“遇冷”，而会觉得是情理之中、理应如此的了。

综上所述，“遇冷”说的分析逻辑是直接将符合政策条件的总体人口（即1100万对）与目前提出申请的人数（即106.9万对）相比较，[①]或者是将申请

① 马小红、顾宝昌：《单独二孩申请遇冷分析》，《华中师范大学学报（人文社会科学版）》2015年第2期，第20—26页。

获批的人口（如 70 万）与全国每年的出生人口（1600 万）进行比较，[①]以说明申请者之少，比例之低。并希望通过这种对政策“遇冷”的说明，来揭示当时人们的生育意愿不高，甚至是很低的现实。但笔者认为，这样的比较既不利于揭示出社会现实中的人们在生育观念、生育意愿、生育条件等方面所具有的差别，也不利于揭示人们的生育意愿早已发生改变的状况，反而容易引发和强化前述的那种不正确的潜意识，导致社会舆论和社会大众形成一种过于简单的思维，即一种把所有符合政策条件的人都看作在生育观念、生育意愿、生育条件等方面完全一样的总体成员的错误认识。所以，在这一点上，笔者赞同“正常”说的分析思路和比较方式，即要将符合政策条件的人口总体进一步划分成愿意再次生育的和不愿意再次生育的；能够再次生育的和不能够再次生育的；急于再次生育的和不急于再次生育的等。然后再来评估目前申请的人数与现实中各种条件限制和影响下可能有的申请人数之间的差距，得出有关政策是否“遇冷”或是否“符合预期”的结论。

第二节　与政策效果评价相关的几个数字

一、关于符合政策条件的人口数量

符合政策条件的人口数量，既是预测申请人数和新增人口数量的基础数据，同时也是评价政策效果的基础数据。截至 2020 年，在所有关于政策实施效果的报道、学术论文及官方发言中，对于符合“单独二孩”政策条件的人口数量，用的都是同一个数字：截至 2014 年 7 月，全国共有符合“单独二孩”条件的夫妇 1100 万对，这一数字最早见于国家卫计委 2014 年 7 月 10 日举行的新闻发布会。国家卫计委计划生育基层指导司司长杨文庄在回答中央电视台记者关于“中国有多少符合单独二孩条件的育龄夫妇”的问题时指出：“据

① 陈友华、苗国：《意料之外与情理之中：单独二孩政策为何遇冷》，《探索与争鸣》2015 年第 2 期，第 48—53 页。

我们统计，目前我国符合单独两孩政策条件的夫妇一共有1100多万对。”①

由于这一数字是评价政策效果的一个重要的基本数据，因此它的可靠程度值得特别注意。现有文献显示，这一数字是有关专家根据以往人口普查、人口抽样调查的数据进行统计推算得到的。用有的学者的话说，是根据国内多家机构预测的结果。但对于这一预测的结果，已有参与预测的专家指出，这个数字本身也可能不准，即认为这一预测数字本身是很值得怀疑的，因为预测的主要依据是2005年全国1%人口抽样调查数据。但问题在于，与历次全国人口普查一样，2005年全国1%人口抽样调查数据本身是存在问题的，突出地表现在对独生子女数量与比例的高估，而且“利用2005年人口小普查数据进行生育预测，在数据上具有一定的局限性”②。同时，专家还列举了具体实例说明“全国各地实际调查摸底数普遍小于甚至远小于先前的测算数。例如，2013年末南京市人口计生委对全市户籍人口‘单独二孩’对象进行了普查，结果只有5万多对，远小于依据2005年全国人口变动抽样调查的预测数”；因此，“全国1100万‘单独二孩’的目标人群，可靠性令人存疑”③。在讨论政策实施效果时，也应该对符合政策条件的人口数量进行讨论。如果情况的确如上述专家所言，这一基本数字有较大偏差，那么对于政策实施效果的评价自然会出现偏差。特别是如果全国实际符合“单独二孩”政策的人口明显小于1100万对，或许就不能说是政策“遇冷”了，因为实际上并没有那么多符合条件的潜在人口。

不仅全国符合政策条件的人口数字存在这样的问题，各省区市摸底统计的符合政策条件人口数字也同样如此。据笔者了解，各省区市所统计的本地符合“单独二孩”政策的人数，也同样是由当地卫计委或他们聘请的人口学专家利用人口普查数据、人口抽样调查数据或当地计生部门现有的全员人口数据库进行统计推算得到的。这种预测的结果也可能存在问题，它同样也会对各地政策实施效果的评价产生影响。一个具体的例子是，湖北符合“单独

---

①《2014年7月10日国家卫生计生委例行新闻发布会文字实录》，2014年7月10日，http://www. nhc.gov.cn/xcs/s3574/201407/f8a362e80bd4412fa70d862bdff183b3.shtml。

② 任远：《“单独二孩”实施效果与改革策略》，《探索与争鸣》2015年第2期，第54页。

③ 陈友华、苗国：《意料之外与情理之中：单独二孩政策为何遇冷》，《探索与争鸣》2015年第2期，第49页。

二孩”政策条件的人口就出现了 63 万、48 万和 37 万三个不同的数字。[①]这也从一个方面反映了要真正弄清楚符合政策条件人口的复杂性和困难程度。虽然复杂和困难，但由于其重要性，还是应该尽可能弄准确。实际上，既然全国和各省区市都进行了自己的摸底统计，那么，将全国的统计预测数与各地摸底统计的预测数进行比较，也可以作为相互检验的方法之一。

二、关于政策效果预期中的生育意愿比例

尽管笔者在上文的比较中，赞同“正常”说的分析思路，但笔者同时也指出，在“正常”说的分析逻辑中，存在着一个重要的认识误区，那就是其关于生育意愿比例的假定。如前所述，“正常”说的分析中有一个重要的假定：即根据全国生育意愿调查的结果，在符合“单独二孩”政策条件的 1100 万对夫妇中，有 60%左右的人希望生育二孩。正是依据这一生育意愿比例的假定，其推算出打算生育二孩的夫妇数量总体为 660 万。笔者认为，“正常”说的这一假定，理由可能不够充分，其依据也可能不够可靠。因此，其依据 660 万预测的“估计每年新增 100 万~200 万出生婴儿”的判断仍然可能在一定程度上偏离了现实。

“正常”说的生育意愿比例假定主要依据的是 2013 年国家卫计委委托中国人口与发展研究中心在全国城乡开展的生育意愿调查的结果。[②]客观地说，这一生育意愿调查是目前有关我国城乡育龄人口，特别是关于“单独二孩”政策覆盖人口生育意愿的较为重要的调查结果之一。其样本设计、抽样过程、样本加权调整等较为合理。但笔者认为，这一调查结果依旧不能很好地成为现实社会中城乡居民生育意愿状况的可靠依据。最主要的原因是，这一调查是在“单独二孩”政策实施之前进行的，也就是说，是在现实社会中实行“一

① 分别见《2014 年 7 月 10 日国家卫生计生委例行新闻发布会文字实录》，2014 年 7 月 10 日，http://www.nhc.gov.cn/xcs/s3574/201407/f8a362e80bd4412fa70d862bdff183b3.shtml；《湖北已有两万“单独二孩” 调查显示 5 成家庭不愿生二胎》，2015 年 10 月 29 日，http://news.cnhubei.com/xw/wuhan/201510/t3432065.shtml；石智雷、杨云彦：《符合“单独二孩”政策家庭的生育意愿与生育行为》，《人口研究》2014 年第 5 期，第 30 页。

② 庄亚儿、姜玉、王志理等：《当前我国城乡居民的生育意愿——基于 2013 年全国生育意愿调查》，《人口研究》2014 年第 3 期，第 3—13 页。

对夫妇只生育一个孩子”的计划生育政策这一限制条件下进行的。

在“有生育政策限制的条件下”去了解“没有生育政策限制条件下”人们的生育意愿，这种看似有点悖论的现实，给我们以深刻的提醒：这种在政策实施前进行的生育意愿调查所得到的结果，并不具有预测政策实施后人们实际生育行为的现实性。这是因为，由于“单独二孩”政策尚未提出，因此，调查中关于人们生育意愿的提问方式及提出的具体问题等，往往都不具有现实性（问卷中的调查问题是：“如果政策允许，你是否打算再要孩子？”），即被调查者依旧是在一种“假设的”情景下，而不是在一种具有真实性的现实情境下来做出回答的。这种回答的可靠程度往往得不到保证。因为“一个人对设想的情况同对实际遇到的情况作出的反应并不相同”[①]；人们在假设条件下的回答，与他们在真的面临这种条件时所做出的行为之间，是存在差别的。“尤其是对一些类似‘在……情况下，你将怎么做？’这样的问题，我们在用调查结果去推断未知的现象时，一定不要忘记这只是被调查者所说的”[②]。因此，我们在看待这样的生育意愿调查所得到的结果时，应该有一种清醒的认识，不能简单地将其作为“将来可能发生的现实”来看待。换句话说，该调查中所得到的60%的二孩生育意愿的比例，并不能作为目标人口总体中潜在的、希望生育二孩的人口比例。

那么，面对预测政策目标人口中具有二孩生育意愿人口的比例这一任务，我们需要另找途径。笔者认为，比较可靠的途径或方式是参考和依据一些“具有现实性”的同类调查的结果。这里所说的“具有现实性”，指的是调查对象在现实的生育政策面前，并不受其限制。换句话说，就是在现行计划生育政策条件下，调查对象依旧符合生育第二个孩子的要求。比如，城市中的“双独夫妇”、农村中头胎是女孩的夫妇等。对这些对象进行二孩生育意愿调查时，就不用在问卷中设置“如果政策允许”或者“假设国家取消生育政策的限制”之类的前提条件。他们对于二孩生育意愿的回答相对来说会更加接近其真实的意愿。

文献检索结果表明，到目前为止，这种具有现实性的生育意愿调查结果

① 〔南〕布里舍里奇：《社会学原理》，贾春增、陆文祺、王森译，东方出版社1986年版，第28页。

② 风笑天：《社会研究：科学与艺术》，北京大学出版社2015年版，第77页。

共有四项：一是对北京“双独夫妇”生育意愿的调查；二是对江苏六个市县符合生育两个孩子条件者生育意愿的调查；三是对全国五大城市“双独夫妇”生育意愿的调查；四是对湖北符合“单独二孩”条件的夫妇的调查。这四项调查的生育意愿结果又是如何呢？它们与上述调查结果之间的差别明显吗？详见下表 4-2。

表 4-2　具有现实性的生育意愿调查中关于二孩生育意愿的结果

调查地点	调查时间	调查对象	样本规模	二孩生育意愿		
				愿意生二孩	不愿意生二孩	没想好
北京①	2006	城市双独夫妇	249	26.1%	44.2%	29.7%
	2008	农村双独夫妇	339	36.3%	34.2%	29.5%
	2011	双独夫妇	178	29.8%	43.3%	27.0%
	2013	双独夫妇	222	43.0%	29.1%	27.8%
江苏②	2006	有一孩符合二孩条件者	3 457	11.1%	68.8%	20.1%
	2010	有一孩符合二孩条件者	4 437	42.5%	57.5%	
五大城市③	2008	双独夫妇	314	27.1%	62.1%	10.8%
湖北④	2014	符合二孩条件者	10 030	23.3%	57.3%	19.5%
		符合单独二孩者	6 958	21.5%	59.2%	19.3%

注：表中百分数由四舍五入计算得到，相加与 100%有误差

表 4-2 的结果表明，尽管四项调查的地点、对象、时间都不完全相同，

① 马小红：《趋同的城乡生育意愿对生育政策调整的启示——基于北京市城乡独生子女生育意愿的比较研究》，《人口与发展》2011 年第 6 期，第 80—85、79 页；马小红、顾宝昌：《单独二孩申请遇冷分析》，《华中师范大学学报（人文社会科学版）》2015 年第 2 期，第 20—26 页。

② “江苏生育意愿和生育行为研究”课题组、郑真真：《低生育水平下的生育意愿研究》，《江苏社会科学》2008 年第 2 期，第 170—177 页；李建新、李娜：《中国放开现行计生政策的可行性——基于江苏省不同政策群体生育理想、生育意愿的调查》，《探索与争鸣》2012 年第 7 期，第 6—10 页。

③ 风笑天：《生育二胎：“双独夫妇”的意愿及相关因素分析》，《社会科学》2010 年第 5 期，第 58—66、188—189 页。

④ 石智雷、杨云彦：《符合“单独二孩”政策家庭的生育意愿与生育行为》，《人口研究》2014 年第 5 期，第 27—40 页。

但大多数结果却比较一致：当人们符合政策条件、具有二孩生育的现实性时，他们中明确希望生育二孩的比例大部分在 25%~45%。事实表明，这种具有现实性的同类调查结果与上述不具有现实性的生育意愿调查结果之间的差别是十分明显的。其比例远没有 2013 年国家卫计委调查中 60%的比例那么高。换句话说，以国家卫计委调查中 60%的二孩生育意愿进行推算，结果会明显偏离社会中的现实。

实际上，这种明显偏低的生育意愿的现实，也是“遇冷”说的研究者多次提醒、反复强调的一个重要问题。他们所指出的政策“遇冷”的背后，实际上是想提醒社会、学界和政府相关部门，目前人们的生育意愿并没有许多生育意愿调查中所得到的结果那么高。正如有学者指出的，“正常”说在推断潜在的二孩生育人口比例时所犯的错误，正是“简单地将生育意愿调查得到的比例当成了实际的生育比例”[①]，特别是将那种“不具有现实性”的生育意愿调查结果当成了实际会发生的结果。也可以说，“遇冷”说的研究者是希望人们明白：“‘我国育龄妇女生育意愿强烈’的判断有误”[②]。

三、关于“单独二孩”年均新增人口的预期

笔者认为，首先应该对“单独二孩”政策所产生的“年均申请人数”的预期与“年均新增出生人口”的预期进行区分。这二者之间虽然有着直接的、紧密的联系，但并不完全相同。特别应该意识到，“年均申请人数”一定是大于“年均新增出生人口”的，而对于评价政策实际效果，特别是探讨政策带来的社会影响来说，“年均新增出生人口”更有意义。

其次，还应该对现有的具体“预期”结果进行一定的分析。笔者认为，当时国家卫计委和一部分学者所提出的“每年最多不超过 200 万新增人口”或者“每年新增人口约为 100 万~200 万”的预期，也有不妥的方面。其原因是，如果按照前面“正常”说关于“根据以往研究结果，二孩生育的时间分布通常是 4 年到 5 年”的分析思路，我们假定为 5 年，那么，所谓“每年最

① 郭志刚：《清醒认识中国低生育率风险》，《国际经济评论》2015 年第 2 期，第 111 页。

② 陈友华、苗国：《意料之外与情理之中：单独二孩政策为何遇冷》，《探索与争鸣》2015 年第 2 期，第 49 页。

多不超过200万新增人口”，实际上就相当于说“在1100万对目标中，最多不超过1000万对人口会生育二孩”（由200万乘以5年得到）；而所谓“每年新增人口约为100万~200万”的含义，实际上也就是“在1100万对目标中，总的新增人口约为500万~1000万”（由100万~200万乘以5年得到）。

笔者认为，对于这样的两组数字，从预测的角度来说，都存在一定问题。虽然前者的正确性会非常高，但其意义和价值却并不大。因为，说1100万人口中有“不超过”1000万对的人口会生育二孩，这种预测的准确性肯定会在90%以上。但问题的关键在于，这样的“正确预测”在一定程度上相当于什么也没有说。因为它只是划定了最高的一个端点，至于在从0到这个最高的端点之间这么大的范围内，实际结果究竟会落在哪一点，它却没有办法指出和说明；而对于后者，一方面500万~1000万的区间范围相对来说还是有些过大，它表明其预测的精确程度不够高；另一方面，也是更重要的，就是这种预测的结果偏离现实情况的可能性比较大，或者说，其结果“偏向错误的一端”的可能性比较大。这是因为，如果1100万目标人口中，确实像上述几项具有现实性调查所得到的结果那样，只有25%~45%的人希望生育二孩，那么，总体中有可能生二孩的人口也就只会处在275万~495万。显然，“新增人口在500万~1000万”的预测就形成了某种“方向性的错误”。因而，它也会在比较大的程度上误导人们的认识。

另外，“正常”说的推导中，以5年中的“年均申请人数”作为与现实中第一年的申请数量进行比较的预期目标，也有些不妥。已有研究者指出，5年中，不同年份申请人数分布不均才是正常的、合适的。并且研究者同时指出，这是有调查数据支持的。正是利用国家卫计委2013年调查数据，该研究者推算出第一年的申请数量应该占到总的申请数量的一半。[①]当然，正如笔者前面已经指出的，在推算总的二孩申请数量时，不能依据60%的生育意愿比例。因此，这种依据“第一年申请数量占到总的申请数量一半”的方法计算出的预测数值，也不可能是该研究者所指出的330万，而应该小于330万（很可能是275万~495万的一半，即138万~248万）。

---

① 乔晓春：《从“单独二孩”政策执行效果看未来生育政策的选择》，《中国人口科学》2015年第2期，第26—33、126页。

四、关于不同地区的申请比例

如果说上述分析主要围绕的是有关全国层面的政策效果评价问题的话，我们还可以从各地申请状况及其比例上，来进一步分析“单独二孩”政策是否“遇冷”的问题。对于同样实施“单独二孩”政策的省区市来说，政策是否“遇冷”，它们所给出的答案，不仅互不相同，而且相互之间相差还非常大。前面表 4-1 展现的是申请人数占符合条件人数的比例相对较低的省市，下面表 4-3 展现的则是另一些申请的百分比相对比较高的省市。

表 4-3 媒介报道的全国部分省市二孩申请数及比例（二）

省市	符合单独二孩政策人数/万对	第一年申请人数/对	第一年申请占符合人数的比例	达到 100%申请率所需年数/年
广东	14.59	105 527	72.3%	1.4
福建	9	36 183	40.2%	2.5
天津	10.19	28 023	27.5%	3.6
山东	120	310 700	25.9%	3.9
海南	0.766	1 459	19.1%	5.2

资料来源：http://gz.ifeng.com/zaobanche/detail_2014_03/27/2045382_0.shtml/from_ralated；http://news.xinhuanet.com/local/2015-04/27/c_1115094949.htm；http://news.cnwest.com/content/2015-04/18/content_12354805.htm；http://hainan.sina.com.cn/news/m/2015- 01-31/detail-iavxeafs0626425.shtml

表 4-3 的结果表明，即使采用“申请人数占符合政策条件人数的百分比”的方式，政策“遇冷”的判断也只是在一定的意义上成立。因为在表 4-1 显示“单独二孩”政策在全国大部分省市“遇冷”的同时，在表 4-3 所展示的另一些省市中并没有“遇冷”，特别是在广东、福建两省中，第一年的申请比例就分别超过两省全部符合条件人数的 70%和 40%，可见政策在这两个省显得特别“热”。同时，按第一年的申请量计算，表 4-3 中 5 个省达到 100%申请率的时间基本上都在 1~5 年。这一结果启示我们：一方面，在看待和评价全国总体申请结果和趋势的同时，还要认真分析和认识不同地区的这种明显不同的申请结果和趋势；另一方面，还要积极开展调查研究，综合分析并客观评价同一种政策在不同省区市的不同效果问题，总结这种差别的原因，并从理论上探索和发现生育政策及各地区生育文化与人们的生育观念、生育意愿、生育行为之间的各种关系。

第三节 “单独二孩”政策实施效果评价的进一步探讨

一、现有两种评价的小结

“遇冷”说的学者看到的是现实中人们生育意愿的普遍较低的现象，试图通过政策“遇冷”来说明这一现实；虽然“遇冷”说的判断标准和比较方式不太合适，但其真正的目的和价值，在于指出目前 106.9 万对夫妇申请的结果，实际上是现实社会中人们生育意愿总体比较低的一种必然反映，在于指出这一结果并不是一种意外，而是一种必然。

“正常”说的学者较好地区分了目标总体人口中的各种现实情况，其判断政策是否“遇冷”或者是否“符合预期”的标准和逻辑相对合适。但由于其过于相信在政策限制影响下进行的并不具有现实性的生育意愿调查结果，没有注意到这种生育意愿调查结果与人们实际生育意愿、生育行为和最终生育结果之间的可能差距，使得其所做出的预测相对夸大了可能的新增人数，出现了一定的偏差。

二、政策实施效果评价的真正意义

笔者认为，讨论和争辩“单独二孩”政策是否“遇冷”、是否“符合预期”，其目的和意义并不在于具体的结论本身，而是在于通过讨论进一步认清中国社会中已经客观存在的某种现实。换句话说，要通过对当时二孩申请状况的分析讨论，认清我国相当长一段时期中人们具有的生育意愿和可能形成的生育现实，这或许才是我们讨论政策是否“遇冷”、是否“正常”的最重要价值和意义所在。有学者指出，“对单独二孩调整申请结果是否符合预期的争论看起来只是对第一年结果的评价，但本质上还是对人口形势判断和未来发展战略的争论”[①]。的确，无论是“遇冷”说，还是“正常”说，客观上都已经用自己的方式，或直接或间接地向我们揭示出这样的一种现实。

目前处于生育年龄的这一代人，其生育意愿已经和他们的父辈大不相同，

① 郭志刚：《清醒认识中国低生育率风险》，《国际经济评论》2015 年第 2 期，第 112 页。

他们的生育意愿已经下降到非常低的水平。即使是在没有生育政策限制的情况下，他们中的大部分人也会因为对生育的经济成本、子女教育、家庭生活等方面的种种考虑而放弃生育二孩。他们中真正希望生育两个孩子的只是相对少的一部分（很可能只是30%~40%或者更低，而不是60%或者更高）；在愿意生二孩的这一部分人中，排除掉由于年龄、身体条件等客观原因不能生育二孩者，最终真正能够实现和完成生育第二个孩子的一定是更小的一部分。这就是目前及其今后相当长一段时期中我国社会中的年青一代的生育现实，也是国家制定和调整生育政策所面临的一种客观现实。这一客观现实不仅是我们认识 “全面二孩”政策效果的基础，也是我们今后决定进一步放开的生育政策实施或不实施、早实施或晚实施，以及政策实施效果会如何的基础。

三、正确评价“单独二孩”政策效果所面临的两项具体任务

笔者认为，2015 年时，“单独二孩”政策的实施刚刚一年，要正确评价政策的效果，还需要更多对符合政策条件对象的调查结果。政府相关部门、学术界和研究者的任务，除了尽可能弄清楚符合政策条件的总人数是多少以外，更重要的是尽可能准确地弄清楚符合政策条件的人口总体中，由于考虑经济成本、子女教育、家庭生活等因素而主动放弃再次生育的那一部分有多大？由于自身年龄、身体条件等客观原因而不能再次生育的那一部分有多大？最终剩下的既真正希望再次生育，同时又能够再次生育的那一部分实际又有多大？所有这些，都需要拿出更多、更准确、更有说服力的经验调查证据和数字结果。因为只有弄清楚上述各个部分的人口规模和比例，我们才能更准确地衡量和评价生育政策的实际效果，也才能更科学地评价目前政策调整的方向是否正确、政策调整的力度是否足够、今后生育政策的完善路径又该如何等问题。

从这一目的出发，至少应该在下列两个方面积极努力。

首先是要在目前实施的生育政策的条件下，积极开展具有现实性的生育意愿调查。尽管学术界已经进行了很多次的生育意愿调查，但是，应该认识到，以往的绝大部分调查所得到的要么是一种在假设情境下的生育意愿调查

结果；要么是一种理想意义上的生育态度或看法。这二者离人们真实的生育意愿都有着一定的距离，而以往对符合政策条件人口的调查结果（如江苏调查、北京双独调查、五大城市双独调查等），一方面调查地点有一定局限性，另一方面有的调查对象数量很少，研究结果的推广受到一定限制，因而其结论也相对较少地受到学术界和政府部门的注意。因此，现在应该充分利用当下生育政策的条件，开展较大规模的具有现实性的生育意愿调查，以获得更大范围、涉及面更广、更少受政策限制的影响、更可能接近真实情境的生育意愿调查结果。依据这种更客观、更科学的经验调查结果，弄清楚现实社会中育龄人口的生育意愿，尽可能减少生育意愿调查结果与人们实际生育行为之间的差距，为今后进一步放开生育政策的后果预测提供基本参考和基础数据。

其次是要追踪调查和系统收集二孩申请者的生育结果数据，以便掌握申请者规模与实际生育者规模之间的比例关系，这样才能更好地估计和预测生育政策的实际效果。江苏的追踪调查表明，即使是没有政策条件限制的生育意愿调查结果，也与最终人们实际的生育行为有一定距离。①所以，在相对更大范围的“单独二孩”生育政策条件下，对已申请再次生育人口的追踪和调查，对于了解和认识人们生育意愿与生育行为之间的关系，了解和认识影响人们实际生育行为的各种因素，特别是了解和认识当前这一代育龄人口的特定生育行为，预测更大规模的“全面二孩”育龄人口的生育结果将会有特别重要的意义。同时，要通过统计和分析较长时期的生育统计数据及“单独二孩”政策实施以来申请者、实际生育者的年龄分布数据，切实掌握在政策允许的社会现实中，育龄女性再次生育的年龄分布及其上限，这一点对于今后进行“全面二孩”政策的实际目标人群估算及对未来政策实施效果的估计都有着十分重要的参考价值。

---

① 郑真真：《生育意愿研究及其现实意义——兼以江苏调查为例》，《学海》2011 年第 2 期，第 10—18 页。

第 五 章

“全面二孩”生育政策实施效果究竟如何

“单独二孩”政策实施不久，国家就于2016年1月1日起在全国实施了涉及面更为广泛的“全面二孩”政策。这既在一定程度上反映出“单独二孩”政策对提升我国人口出生率的效果相对有限，同时也反映出国家对于调整人口结构、着眼人口长期均衡发展的高度重视。应该说，“全面二孩”政策相比于“单独二孩”政策来说，其覆盖面更广，意义更为重要，其承载的责任也更为重大。“全面二孩”政策的效果如何？是否达到了政策所期望的目标？这是一个关乎我国人口发展趋势、人口结构变化状况及未来生育政策进一步调整方向的重要问题。

然而，相对于2013年底“单独二孩”政策出台后，相当长一段时期内学术界、政府相关部门对政策实施效果的高度关注、热烈讨论甚至不断争论的状况，“全面二孩”政策自2016年初实施以来，社会舆论、政府相关部门及学术界对政策实施效果的讨论则显得冷清了许多。不仅政府部门在每年例行的新闻发布会上的介绍相对简单，学术界对这一问题的研究、探讨也十分有限。特别是现有这些研究所依据的主要是2016年和2017年的相关数据，而结合2018年、2019年相关数据的研究则尚未见到。因此，本章希望在分析现有官方评价及学术界研究结果的基础上，结合最近两年国家统计部门给出的人口出生数据，对上述问题进行一定的探讨。

第一节 政府相关部门对政策效果的评价

每年年初例行的新闻发布会上，国家相关部门的发言人往往会公布该年人口出生的相关信息，同时也会对相关的人口出生信息进行一定的解读和说明。如果可以把这种政府发言人提供的信息解读和说明看作官方的评价的话，那么，我们就可以先来看看政府相关部门每年给出了什么样的人口出生信息及是如何评价“全面二孩”政策效果的。

2017 年初，国家卫计委计划生育基层指导司司长杨文庄对 2016 年的人口出生情况只给出了两项数字信息：即全国出生人口 1786 万，二孩及以上占比超过 45%。[①]针对这一结果，杨文庄表示，2016 年的出生人口比“十二五”时期（2011~2015 年）年均[②]增加了 140 万以上，“政策效果非常明显”。同时他也认为，实施“全面二孩”政策，“目前看还是完全符合预判的”。[③]

2018 年初，国家统计局人口和就业统计司司长李希如对 2017 年全国出生人口及其相关信息的介绍较为详细和全面：不仅有出生人口总数、一孩数量、二孩数量及比例，还有相比于上一年增加或减少的人数及比例。“2017 年二孩数量进一步上升至 883 万人，比 2016 年增加了 162 万人；二孩占全部出生人口的比重达到 51.2%，比 2016 年提高了 11 个百分点”“2017 年一孩出生人数 724 万人，比 2016 年减少 249 万人”。对于 2017 年的出生结果，李希如的评价是，“二孩出生人数比 2016 年明显增加，比重继续上升，‘全面两

---

① 相关报道的原文中还有一个数字，即“二孩人数超过 800 万”。但笔者认为此说法有误，即这个 800 万的数字是不可靠的。因为，如果“1786 万出生人口”中“二孩及以上占比超过 45%”的话，那么，“二孩及以上人数”就是 803.7 万（1786×45%=803.7）。其中，如果“超过 800 万”都是二孩的话，那三孩及以上的人数就几乎为零了。这显然是不可能的。所以，真实的情况只能是“二孩及以上人数超过 800 万”。

②《2017 年我国二孩出生人数比 2016 年明显增加》，2018 年 1 月 20 日，http://www.xinhuanet.com/politics/2018-01/20/c_1122289485.htm。

③《2016 年中国出生人口达 1786 万 二孩及以上占比超 45%》，2017 年 1 月 23 日，http://www. xinhuanet.com//politics/2017-01/23/c_1120364891.htm。

孩'政策效果持续显现""是政策效果完整显现的第一年"。[①]

但2019年初发布的2018年出生人口信息中，与"全面二孩"政策效果相关的数据却只有出生人口总数一项，即"全年出生人口1523万人，比2017年减少200万人"，而没有与出生孩次相关的任何信息。同时，这一年也是发布的相关信息最少的一年。对于2018年的出生结果，李希如的评价是："'全面两孩'政策在2016年、2017年集中释放，2018年政策集中释放效应弱化，二孩生育趋于平稳，受此影响，2018年二孩生育率下降，使整体生育水平略低于上年。"[②]即报告重点放在了解释2018年生育率下降的原因上。

2020年初，国家统计局人口和就业统计司司长张毅发布的2019年人口出生信息中，除了当年的出生人口总数外，还给出了与出生孩次有关的信息："全年出生人口1465万人，比2018年减少58万人""从生育孩次看，出生人口中二孩及以上比重明显高于一孩，2019年二孩及以上比重达59.5%，比上年提高2.1个百分点"。其根据上述结果给出的政策效果评价是："这说明'全面两孩'政策持续发挥作用。"[③]

纵观2016~2019年政府相关部门发言人的评价，不难发现，总的基调十分一致：即"政策效果非常明显""目前看还是完全符合预判的"（2016年）；"政策效果持续显现"（2017年）；"二孩生育趋于平稳"（2018年）；"政策持续发挥作用"（2019年），而得出这种评价的依据则主要是以下几个：①政策实施以来我国出生人口总数明显增加。比如，2016年"出生人口比'十二五'时期（2011~2015年）年均增加了140万以上"。②出生率有大幅提高。比如，2016年、2017年出生率分别为12.95‰和12.43‰，与"十二五"时期相比，分别提高了0.84个千分点和0.32个千分点。③出生人口中二孩及以上出生人数和比重明显高于一孩。比如，2019年二孩及以上人口比重达59.5%。④二孩出生数量增加，占比超过50%。比如，2017年二孩出生数量上升至883万

---

①《李希如：2017年我国"全面两孩"政策效果继续显现》，2018年1月20日，http://www.stats.gov.cn/tjsj/sjjd/201801/t20180120_1575796.html。

②《李希如：人口总量平稳增长 城镇化水平稳步提高》，2019年1月23日，http://www.stats.gov.cn/tjsj/sjjd/201901/t20190123_1646380.html。

③《张毅：人口总量增速放缓 城镇化水平继续提升》，2020年1月19日，http://www.stats.gov.cn/tjsj/sjjd/202001/t20200119_1723861.html。

人，二孩占全部出生人口的比重达到 51.2%。

仔细分析上述政府相关部门对“全面二孩”政策实施效果的评价和依据，笔者认为，虽然评价是乐观的，但其依据却并不是那么的可靠。因为，在这四种评价依据中，前三种或许都存在一定的局限。也可以说，前三种都只能在一定程度上反映政策的效果。

首先是出生人口总数增加。放开二孩生育导致出生人口增加，这似乎正是政策有效果的体现。但应该看到，只有当这种增加主要是因二孩出生人口增加所导致时，才可能说“全面二孩”政策有效果，否则就可能得出错误的结论。比如，2016 年出生人口总量虽然比 2015 年增加了 130 万，但这种增加却并不都是并且也主要不是二孩增加的贡献。实际上当年出生的人口中，增加最多的是一孩，而不是二孩（二孩只增加了 70 万，一孩却增加了 90 万，三孩及以上减少了近 30 万）。所以，仅以出生人口数量增加为标准，并不能准确评价政策的效果。退一步说，即使从出生人口总数来看，2016 年和 2017 年的确比“十二五”期间的年均出生总数 1644 万人分别增加了 142 万人和 79 万人。但是，2018 年和 2019 年相比于“十二五”期间的年均 1644 万人却不仅没有增加，反而分别减少了 121 万人和 179 万人；从“全面二孩”实施四年（2016~2019 年）平均来看，年均出生人口也仅达到 1624 万人，还是比“十二五”期间的年均 1644 万人减少了 20 万人。所以，就算以年出生人口的数量为标准，也只能说与“全面二孩”政策之前的水平相当。

其次是出生率提高。这一指标实际上也不是衡量政策效果的有效指标。因为一方面，出生率不仅与出生人口的数量有关，还与当年的人口总数有关；另一方面，即使在当年人口总数保持不变的条件下，也只有当这种出生人口提高是因二孩出生增加所导致时，才能说二孩政策有效果。另外，只从出生率上看，也呈现出与出生人口总数完全一样的结果：即 2016 年和 2017 年出生率均高于“十二五”期间的水平（分别高出 0.84 个千分点和 0.32 千分点），而 2018 年和 2019 年则均低于“十二五”期间的水平（分别下降 1.17 个千分点和 1.63 个千分点）。从四年平均来看，出生率为 11.70‰，依然低于“十二五”期间 12.11‰的水平（下降了 0.41 个千分点）。所以，就算从年均出生率来看，不仅不能说比“全面二孩”政策之前的水平有所提高，相反还有所降低。

再次是二孩以上人数和比重超过一孩。这一指标也不是评价政策效果的好的指标。一方面，因为“全面二孩”政策的效果主要针对的是二孩数量及其比例，而“二孩及以上”的人数和比例中，将“二孩”“三孩及以上”这二者混在了一起，不便于了解二孩人口有多少、占多大比例，三孩及以上的人口有多少，占多大比例，只有区分了这二者，该指标才能用来衡量“全面二孩”政策的实施效果；另一方面，“二孩及以上人数和比重超过一孩”，还是一个不可靠的、相对的指标，因为它始终受到“一孩的数量和比重”的影响，当一孩人口数量不同时，同样的二孩及以上人口数量所占的比例也是不同的。

最后，真正重要的是其中第四个依据，即二孩出生人口的数量和比例，特别是政策实施后二孩出生数量的增加情况。这可以说是评价“全面二孩”政策效果的重要指标，而二孩的比例则因其会受到出生人口总数、一孩人口数量、三孩及以上人口数量的制约和影响，因此这一相对统计量的价值会有所降低。十分遗憾的是，“全面二孩”政策实施以来的四年中（2016 年~2020 年），国家相关部门只在 2017 年公布了二孩的确切人数，2016 年、2018 年、2019 年都没有公布确切的二孩数量。这样，我们并不清楚这两年二孩生育的数量究竟是上升了还是下降了。因此，总体上看，由于其依据的指标存在较大局限，政府相关部门对政策效果的评价还不够令人信服。

第二节 学术界对政策效果的分析和评价

学术界对“全面二孩”政策实施效果的探讨和评价有两种不同的视角及方式。一种是宏观的视角或整体的视角，即通过统计或计算全国的人口出生数量、人口出生率、各孩次的数量及其比例等来对政策实施后的人口出生整体结果进行评价；另一种则是从微观的视角，或者说个体的视角，即通过调查育龄人群，特别是“全面二孩”政策目标人群在政策实施前后生育意愿、生育行为的变化情况来对政策实施效果进行评价。

从宏观角度进行探讨的研究主要有下列几项。

任远主要针对2016年全国出生人口统计数据进行了分析。他认为："基本上说，'全面两孩'政策后比2014年实施'单独二孩'政策以前的每年出生人口增加200万左右。生育政策改变对于生育增长的效果实际上是不高的，基本上是低于前几年学界和政府关于'全面两孩'政策调整后对生育增长影响的主要研究判断。"即认为政策效果不够理想，而其用来评价的标准也是年出生人口数量，特别是相比"全面二孩"政策之前所增加的数量。同时他还认为："不应将2016年及未来2~3年出生人口增长完全归因于'全面两孩'政策的生育效应。"①

原新和高瑗同样针对2016年全国出生人口的相关数据，以2013年二孩政策调整以前的数据作为对照，分别从出生人口规模从递减转为递增、出生人口中二孩及以上比例大幅上扬两个方面进行了分析和论述。研究得出了"单独二孩"和"全面二孩"这两项"生育政策效果正在逐渐展现"的结论，②他们认为政策基本上是有明显效果的。

宋健在有关中国生育率转折点的论文中，也对"全面二孩"政策实施效果进行了一定的探讨。其同样是依据2016年全国出生人口相比于2013年前的出生人口"呈现回升态势"，以及出生人口中二孩及以上比例明显增加这两个特点，认为"二孩生育政策的效果已经初步显现。"③

杨竞则基于2016年末陕西1‰人口变动抽样调查数据，对推行"全面二孩"政策后陕西人口结构变化进行了分析，并以此对"全面二孩"政策实施效果进行了评价。其研究结论是，全省2016年"比2015年多出生2.26万人，说明全面二孩政策对提高出生率起到了一定作用，但是效果还不是十分明显"。④可以看出，该研究对政策效果进行评价所依据的同样是年出生人口相

① 任远：《"全面两孩"政策的实施效果和计划生育制度的发展转型》，《人口与计划生育》2017年第7期，第26页。

② 原新、高瑗：《调整生育政策与出生人口变化》，《人口与计划生育》2017年第6期，第20页。

③ 宋健：《转折点：中国生育率将往何处去——基于欧洲的经验与启示》，《探索与争鸣》2017年第4期，第70、72页。

④ 杨竞：《"全面二孩"政策实施效果及发展预测》，《中国统计》2017年第7期，第22页。

比于“全面二孩”政策出台之前所增加的数量。

穆光宗在论文中主要针对2017年全国人口出生统计数字进行了解读。虽然他认为“全面二孩”政策对生育行为的影响小于预期，对改善低生育率作用较小、效果不尽如人意，但其并未给出实际的例证和具体的说明。其在论文中唯一有依据的说明是：“2017 年出生人口和出生率的双重下降说明，生育政策的放宽对生育行为的有利影响并不像预期的那么大，生育反弹的政策效应已经释放得差不多了。”[①]从其评价的结论中可以看出，其所依据的是年出生人口和出生率两个指标及其变化。

石人炳等则分别采用二孩出生人口数量及其比例和二孩总和生育率作为评价指标，利用2013~2017年出生人口统计资料，以2013年的出生人口作为参照和比较对象，分析“单独二孩”“全面二孩”政策实施前后的变化情况，以此对两项政策实施的效果进行分析和评价。该研究得出结论，“无论是基于出生数量指标的判断还是基于生育水平指标的判断，生育政策调整的近期效果是明显的。”[②]应该说，在现有研究中，该项研究的评价思路和方法更为可取，探讨也更为严谨。略有遗憾的是，该研究一方面受资料的限制，其利用“二孩总和生育率”指标所进行的分析仅局限在湖北、湖南两省范围，对于全国范围的政策效果来说，其结论是否同样适用还有待检验；另一方面其分析的只是2016年、2017年两年的数据，因而政策效果评价的范围也仅局限在“全面二孩”政策实施的前两年。

从微观角度进行探讨的研究则仅有以下两项。

钟晓华利用2016年3~4月对广东15个城市1017户“双非夫妇”的再生育意愿进行调查，通过询问被调查者在“全面二孩”政策实施前后的二孩生育意愿，来评价“全面二孩”政策的实施效果。其研究结果表明，“受访夫妇的再生育意愿从政策实施之前的34.5%提高到政策实施之后的40.4%”，从而其得出结论，“‘全面二孩’政策的实施有限地激发了政策对象的再生育

---

① 穆光宗：《“全面二孩”政策实施效果如何》，《人民论坛》2018年第14期，第47页。

② 石人炳、陈宁、郑淇予：《中国生育政策调整效果评估》，《中国人口科学》2018年第4期，第123—124页。

意愿”，但政策实施“并没有引起人们生育决策的较大改变，更不会引发人口堆积现象。”[①]考虑到其研究样本抽取采取的是非随机的配额抽样和方便抽样相结合的方式，同时对政策前生育意愿的测量采取的是回忆的方式，因而其研究所得结果的参考意义相对有限。

李翔和赵昕东于2019年3月通过线上与实地调查相结合的方式，对福建地区的常住育龄人群（15~49岁）进行调查。其研究结果显示：“全面二孩政策放开对二孩生育意愿影响效果显著，即相比未受该政策影响的家庭而言，处于该政策下的家庭二孩生育意愿会显著提高。其次，对于生育计划的估计结果同样显示出处于二孩政策下的家庭相比未受该政策影响的家庭有明确的二孩生育计划，并且均十分显著。总的来说，在全面二孩政策放开以后，受政策的影响还未生育二孩的家庭会更明确自己的生育计划。”[②]但同样有些遗憾的是，该研究一方面采用了科学性较差的线上调查方式，导致调查样本的偏差较大。比如，样本中本科及以上文化程度的比例高达83.8%，显然形成了十分严重的样本偏差，从而造成研究所依据的数据质量不高；另一方面研究者对调查细节的介绍不够，如线上样本是多少？实地样本是多少？线上问卷如何发放?回收率是多少？实地问卷如何发放？回收率又是多少？都没有清楚介绍。因此，其研究结论的可靠性有待商榷。

从以上分析中可以看出，学术界从宏观角度进行的探讨，主要依据的是人口出生数量、人口出生率、二孩及以上人口的比例这三个指标，仅有一项研究依据的是二孩出生人口数量及其比例和二孩总和生育率这两个的指标。同时，由于现有研究都局限于对2016年和2017年出生人口相关数据的分析，尚没有一项研究结合2018年和2019年人口出生数据进行分析。因而，目前学术界从宏观角度对“全面二孩”政策效果的评价结论具有一定的局限性，而从微观角度调查人们二孩生育意愿来对政策效果进行评价的研究则由于其调查方式和方法都存在较大的问题，因而所得结论难以形成对政策实施效果的可靠评价。

---

① 钟晓华：《“全面二孩”政策实施效果的评价与优化策略——基于城市“双非”夫妇再生育意愿的调查》，《中国行政管理》2016年第7期，第130页。

② 李翔、赵昕东：《全面二孩政策效果是否显著?——基于福建地区二孩生育意愿的调查研究》，《东南学术》2019年第4期，第128页。

第三节 基于2016~2019年二孩出生人口数量的分析与评价

前述两个部分的分析表明，由于评价依据的局限，目前对“全面二孩”政策实施效果的评价结论还缺乏足够的说服力。要改变这种状况，需要从两方面提高评价依据的质量：一是要将主要的分析集中在二孩出生人口数量上，因为这是评价“全面二孩”政策实施效果的最为重要的指标，而“政策调整对二孩之外的其他孩次生育情况理论上没有影响”①；二是要补充和结合2018年、2019年这两年的二孩出生数据进行全面分析，而不能仅依据政策实施前两年的数据进行评价。

此外，还需要有基础的比较标准或者说参照标准。根据“单独二孩”“全面二孩”政策实施的实际情况，比较理想的参照标准是2013年以前的二孩出生状况。我们可以把2013年的二孩出生数量作为基本比较的对象，它代表着即使没有二孩政策，每年的出生人口中也会有因为农村“一孩半”政策、少数民族生育政策所出生的二孩人口。那么，2013年以前的这个数字大约是多少呢？根据国家统计局相关发言人介绍，“十二五”期间（2011~2015年）全国每年平均出生人口为1644万，而“在2013年以前，二孩出生比重在全年出生人口占比始终保持在30%左右”②。因此，根据这两个数字可以计算出，2013年以前每年全国的二孩出生人口大约为500万左右。假定在2014~2019年的两个二孩政策实施期间，这一出生人数不发生大的变化，那么，只要统计出每年的二孩出生人数，减掉500万人，就可以看出新的二孩政策的效果有多大了。

根据这种思路，首先需要汇总每年的二孩人口统计信息。但是，由于

---

① 石人炳、陈宁、郑淇予：《中国生育政策调整效果评估》，《中国人口科学》2018年第4期，第117页。

②《2016年中国出生人口达1786万 二孩及以上占比超45%》，2017年1月23日，http://www.xinhuanet.com//politics/2017-01/23/c_1120364891.htm。

2016~2019 年政府相关部门每年公布的人口出生数据中，只有 2017 年报告了二孩方面的相关数据。因而，整理出一张根据国家统计部门公布的信息汇总的、反映 2016~2019 年连续四年全国出生人口状况，特别是区分二孩等不同孩次分布状况的简要统计表就成为进行有效分析的首要工作。笔者通过收集国家统计部门发言人每年公布的相关数据资料，经过一定的计算和整理，得出 2016~2019 年的汇总结果（表 5-1）。同时，为了将“全面二孩”政策实施以来人口出生状况与“单独二孩”政策实施前后的人口出生状况进行比较，表 5-1 中也列出了 2013 年至 2015 年的相应数据。

表 5-1 “单独二孩”与“全面二孩”政策时期人口出生与孩次分布统计①

年份	出生总人数/万人	一孩出生人数/万人	一孩比例	二孩出生人数/万人	二孩比例	“三孩+”出生人数/万人	“三孩+”比例	“二孩+”出生人数/万人	“二孩+”比例	二孩与“三孩+”之比
2013	1640	1056	64.4%	511	31.2%	73	4.5%	584	35.6%	87.5/12.5
2014	1687	972	57.6%	606	35.9%	109	6.5%	715	42.4%	84.8/15.2
2015	1655	886	53.5%	652	39.4%	117	7.1%	769	46.5%	84.8/15.2
2016	1786	973	54.5%	721	40.4%	92	5.2%	813	45.5%	88.7/11.3
2017	1723	724	42.0%	883	51.2%	116	6.7%	999	58.0%	88.4/11.6
2018	1523	649	42.6%	（773.5）	（50.8%）	（100.5）	（6.6%）	874	57.4%	88.5/11.5
2019	1465	593	40.5%	（772）	（52.7%）	（100）	（6.8%）	872	59.5%	88.5/11.5

注：“二孩+”表示二孩及以上；“三孩+”表示三孩及以上

首先需要说明的是，国家统计部门每年公布的相关数据中，查不到 2018 年、2019 年两年的二孩人数及其比例、三孩以上人数及其比例，以及二孩人数与三孩及以上人数之比，因而也无法计算。表 5-1 中此处的结果（即表 5-1

① 除 2013 年出生总人口数转引自石人炳、陈宁、郑淇予：《中国生育政策调整效果评估》，《中国人口科学》2018 年第 4 期，第 114—125、128 页；2013 年、2014 年、2015 年的其他数据均来源于国家卫计委计划生育基层指导司负责人就 2015 年出生人口数答健康报、中国人口报记者问，以及根据其中的数据计算所得（http://www.gov.cn/zhengce/2016-01/21/content_5034880.htm）；2016 年至 2019 年数据则分别来自 http://www.xinhuanet.com//politics/2017-01/23/c_1120364891.htm；http://www.stats.gov.cn/tjsj/sjjd/201801/t20180120_1575796.html；http://www.stats.gov.cn/tjsj/sjjd/201901/t20190123_1646380.html；http://www.stats.gov.cn/tjsj/sjjd/202001/t20200119_1723861.html。

括号中的数字），为笔者估算所得。估算的方法是，先估算出 2018 年、2019 年两年的二孩及以上人口中，二孩人数与三孩及以上人数之比；再根据这种比例计算出这两年的二孩人数和三孩及以上人数。

之所以先估算 2018 年、2019 年两年的二孩及以上人口、二孩人数与三孩及以上人数之比，是因为笔者观察到，在“单独二孩”实施后的 2014 年和 2015 年两年中，这种比例关系基本一致；同样，在“全面二孩”实施后的 2016 年和 2017 年两年中，这种比例关系也基本一致。因此笔者猜测，或许在相同的政策下，这一比例是一个相对稳定的指标。由此笔者假定，2018 年和 2019 年的这种比例关系也与 2016 年、2017 年的基本一致。于是笔者先分别计算出 2016 年、2017 年“二孩及以上”数据中“二孩人数”与“三孩及以上人数”所占的比例，得出结果 2016 年二孩与三孩及以上人数占比分别为 88.7%与 11.3%；2017 年为 88.4%与 11.6%。接着用这两年二者之间比例的平均值（即 88.5%与 11.5%）来作为 2018 年、2019 年二者之间这一比例的估计值。再用这一比例估计值计算出二孩与三孩及以上这两部分的具体人数，得到表 5-1 中的数据 773.5 万与 100.5 万，以及 772 万与 100 万。最后再用这两组数字，计算出这两年二孩出生人口、三孩及以上出生人口在出生总人口中所占的比重。

首先，表 5-1 的结果表明，如果仅看每年的出生总人数，那么，“全面二孩”政策实施的前两年（2016~2017 年）与政策实施前相比，的确有非常明显的增加。但再看政策实施的后两年（2018~2019 年），则又比政策实施前有非常明显的减少。所以，仅凭出生人口总数不能得出“全面二孩”政策效果明显的评价。

其次，表 5-1 的结果表明，如果仅从二孩比例来看，政策效果似乎是十分明显的：“单独二孩”实施以前的 2013 年，二孩比例为 31.2%；“单独二孩”政策实施期间，这一比例达到了 40%左右；而到了“全面二孩”时期，这一比例则上升到了 50%以上。但我们并不能只依据二孩比例的提升就得出政策效果明显的结论，甚至我们也不能用这一比例来作为评价政策效果的指标。因为我们从另外两列数据来看，就可以知道二孩比例这种相对量的价值并不高。

一列是出生总人数。由表 5-1 中可见，2016~2019 年的出生总人数呈下降趋势，特别是 2018 年、2019 年两年中，下降非常明显。另一列是与出生总人数及二孩比例都密切相关的一孩人数，从表 5-1 中可见，2016~2019 年的一孩人数同样也是呈明显下降趋势。从 2016 年的 973 万人，下降到 2019 年的 593 万人，四年中整整下降了 380 万。这两列数据，实际上都可以在一定程度上解释二孩比例显著提高的原因：即对于同样的二孩出生人数，当出生总人数越少时，其比例就会越大；当一孩出生人数越少时，其比例也会越大。因此，我们不能单看二孩比例的提高，还要同时看出生总人数及一孩人数的变化。

事实上，我们真正应该关注的是既不受该年出生总人数影响也不受该年一孩人口数影响的该年二孩出生人数，特别是要关注这一数量相比于政策实施以前所出现的增量，这才是“全面二孩”生育政策效果评价的关键指标。只有依据这一指标，评价的结果才会更加可靠。比如，如果用出生总人数做标准，2017 年并不是最高的年份；如果用二孩及以上比例超过一孩比例的数值做标准，2017 年也不是超过数值最大的年份。但是，如果用二孩出生人口的数量做标准，2017 年无疑是 2016~2019 年中“全面二孩”政策效果最明显的一年。这种效果明显主要就体现在该年出生的二孩人数达到了四年中的最高。二孩出生人数不仅比二孩政策前的 2013 年增加了 372 万人，比“单独二孩”政策时期的 2015 年增加了 231 万人，还比“全面二孩”政策时期四年中出生人口最多的 2016 年增加了 162 万人。

最后，表 5-1 的统计数据清楚地表明，二孩出生人数从二孩政策前 2013 年的 511 万人，到“单独二孩”政策时期两年平均每年 630 万人左右，人数增加了 120 万人左右。这个增量可以看成“单独二孩”政策实施的效果。到了“全面二孩”政策时期（2016~2019 年），情形相对复杂了一些。虽然从表 5-1 中的数据可以看到，“全面二孩”时期四年平均每年二孩数量大约在 790 万，即在“单独二孩”政策实施效果的基础上又增加了 160 万人，但这一增量的得出是以“单独二孩”政策实施效果为年均增加 120 万人保持不变为前提的，实际的情形中每年政策实施效果的这一数值可能是变动的，不可能始终都是 120 万。比如，在 2016 年时这一数值或许相对较高，而在 2017 年则有所下降，再到 2018 年、2019 年就可能更低。这样，相对于 2013 年 511 万二孩出生数量所增加部分中，属于“全面二孩”政策实施效果的部分的比例可能就会相对增加（即可能会越来越多于 160 万）。

表 5-1 中 2016~2019 年四年的二孩出生数量不仅相对于 2013 年来说有了明显提高，而且相对于 2014~2015 年“单独二孩”时期来说，也有了明显提高的结果，我们可以得出“全面二孩”政策有明显效果的结论。当然，在得出这样结论的时候，还是应该注意，由于没有实际的统计数据，表 5-1 中最近两年的二孩、三孩及以上出生人数及其比例只是一种估计值。因而，可能会对效果评价的准确性带来一定影响。特别是如果这种估算与实际统计结果之间有大的偏差，那么评价的可靠性也存在问题。

第四节 “全面二孩”政策效果评价的进一步思考

从上述对“全面二孩”政策实施效果评价的结论及其所存在的各种局限中，笔者意识到有几个与政策效果评价相关的问题值得进一步讨论。

一、政策实施效果的区分及其评价标准

如同政策的目标有长期目标和近期目标的区分一样，政策效果也可以分为长期效果与近期效果。不同的研究首先应在这方面明确界定，研究结果之间才便于相互比较。由于“全面二孩”政策的长期目标相对概括和笼统（如促进人口长期均衡发展、完善人口发展战略等），同时，政策的长期效果的显现除了受到政策实施时间的客观限制外，还受到相对更多也更复杂的因素的影响，且需要假定的条件也相对较多。因此，目前更为现实的做法是把评价的重点放在政策的近期效果上，即通过对政策实施初期相关人口出生数据的密切关注和认真分析，切实弄清政策的近期效果，以便为今后进一步的政策调整和长期效果的评价提供及时的参考依据。

对于“全面二孩”政策近期效果的评价来说，关键是要明确评价的指标或标准。前述分析表明，“全面二孩”政策实施效果评价的最重要标准，既不是人口出生总数，或者人口出生率，也不是二孩及以上出生人口的比例，或者二孩出生人口的比例，而是政策实施后二孩出生人口的数量变化，特别是相对于政策实施以前所出现的增量。但更精确地看，这种政策效果的评价标

准，则应该是在全部二孩出生人口中真正由“全面二孩”政策所导致的二孩出生数量及其相对于政策预期目标而言的二孩比例。这也就是说，要精确评价政策实施效果，一方面要在全部二孩出生人口中，区分出并减掉由少数民族生育政策所产生的二孩人口、由农村“一孩半”政策所产生的二孩人口及由“单独二孩”政策所产生的二孩人口以后，得出完全因为“全面二孩”政策产生的二孩人口数量。只有将所有这些细节剥离开来，一条条弄清楚，才能看清二孩政策的真正效果，也才能正确判断和估计二孩出生总的增量中，究竟是哪个部分的增量所导致，不至于被二孩比例的增加这一表象所迷惑和误导。另一方面，这种二孩出生人口的比例也不是相对于每年出生人口总数而言的比例，而应该是相对于政策目标人群而言的比例，或者更准确地说，是相对于政策预期目标而言的比例。

二、政策目标与政策实施效果评价

正是由于政策实施的效果是相对于政策的目标来说的，因而弄清楚政策目标就成为评价政策实施效果的十分重要的一步。虽然目前所有的研究结果都对“全面二孩”政策的实施做出了“有明显效果”“近期效果明显”或“效果不十分明显”这样的评价。但实际上，包括本章前述分析结论在内的这种类型的评价，都只是完成了对政策实施效果的粗略评价，而没有达到政策效果评价的理想标准。因为从这种类型的评价中，人们并不能很好地区分什么样的效果是“明显的效果”，什么样的效果又是“不十分明显的效果”。

仔细分析目前所有对政策效果的评价结果，不难看出，现有评价都是以政策实施之前的某种指标为标准得出的。比如，有的是以出生总人口数量为标准，有的以二孩以上出生人口的比例为标准，还有的以二孩出生人口数量或二孩出生人口的增加数量为标准等。然而，更为科学也更为客观的评价应该是以“政策的预期目标”为标准。具体地说，应该以“全部政策目标人口中所预期（或期望）的二孩出生人数或比例”为标准。

当然，要以全部政策目标人口中预期（或期望）生育二孩的人数或比例为标准，就涉及这样几个方面的问题：一是“全面二孩”政策目标人口的总规模有多大；二是在这些政策目标人口中，政策预期的二孩生育数量或比例是多少；三是2016~2019年的二孩出生人口中，真正属于“全面二孩”政策目标人群所产生的二孩数量又是多少。其中，第一个问题的答案是进行这种评价的基础；第二个问题的答案是政策的预期目标；第三个问题的答案则是政策目标人口的实际生育结果。将第三个问题的答案与第二个问题的答案进行比较，就可以清楚地了解到政策实施的效果。这才是“全面二孩”政策效果评价的合适逻辑。

实际上，对于第一个问题，人口学者翟振武等已经进行了估算。他们基于2014年全国1‰人口变动情况抽样调查等人口统计数据，使用分人群分要素回推预测方法，测算了从2016年开始全面放开二孩生育将会形成的目标人群及由此产生的新增出生人口。其研究结果显示：2016年“全面二孩”政策的目标人群约为9101.9万人，其中40岁及以上的占49.6%。[①]如果可以将其研究结果作为“全面二孩”政策目标人口的估计值，那么，2016年时处于39岁及以下的政策目标人口大约就有4600万人。

对于第二个问题，则主要靠政策制定者提出。政策的预期目标可以是纯粹主观的，如希望政策目标人口中有80%的人生育二孩，那么，只要确定了政策目标人口的规模，这种预期目标自然也就确定了。另外，政策预期目标也可以是相对客观的，即可以基于对“全面二孩”政策目标人口生育意愿的调查结果，同时参考“单独二孩”政策目标人口的实际生育结果进行判断、估计来确定，而目前学者之所以没有这么做，或许主要受两方面因素的制约：一是国家提出“全面二孩”政策时并没有制定相应的预期目标，因而无法进行上述的比较；二是受制于现有出生人口数据资料的不足，因而无法确定现有二孩出生人口中真正由“全面二孩”政策所导致的人口数量。这是一个更为复杂、需要更多的统计数据支持才能准确回答的问题。

三、政策效果评价与统计资料的可得性

上述分析表明，对于“全面二孩”政策实施效果的科学评价来说，虽然涉及政策目标人口的规模、政策的预期目标等多方面的因素，但非常关键的

① 翟振武、李龙、陈佳鞠：《全面两孩政策下的目标人群及新增出生人口估计》，《人口研究》2016年第4期，第47页。

一个因素则是国家政府部门所提供的、与政策实施相关的出生人口统计信息的可得性。从目前情况看，对政策评价效果不甚理想的一个重要原因，也正是“政策调整前后的全国相关数据难以获得”[①]。即使是同样的研究者、同样的研究设计、同样的研究方法，也会因为统计资料的可得性的不同，而导致有的能得出较好的评价研究结果和结论，有的则不能。比如，石人炳等正是因为可以得到湖北、湖南两省的出生人口统计资料，因而可以采用更为有效的“二胎总和生育率”指标来对这两个省的政策实施效果进行评价。但他们却因为得不到全国的同类数据资料而无法采用这一方法对全国的政策实施效果进行评价。

正是由于与政策实施效果相关的统计数据比较缺乏，学者只能依据新闻发布会上的有限的信息进行推算，或者利用其他调查数据进行估计。这无疑会增加政策实施效果评价的难度和质量。因此，政府相关部门应该提供相对更多、更详细的统计数据，这是评价政策效果十分重要的甚至是必不可少的条件。可以考虑的改进措施是，国家统计部门在每年的新闻发布会上应该尽可能全面、详细地介绍出生人口的基本信息，特别是社会和学术界普遍关心，同时也是评估政策实施效果必不可少的出生孩次信息。例如，2016~2019 年的四年中，2017 年公布的信息最为全面，特别是公布了二孩出生人口的相关信息。笔者认为，既然 2017 年公布了二孩人口的确切数量和比例，说明国家统计局的现有统计系统中是可以区分出孩次信息的。那么，无论是 2016 年，还是出生人口下降明显的 2018 年和 2019 年，也都是可以得出并报告二孩出生人数的。

当然，如果新闻发布会上不便于全面详细介绍的话，则应该在国家统计局网站上给出相对详细的统计数据，以便于社会了解相关情况，同时更便于学术界开展相应研究。因为对于国家生育政策的调整及其后果评价来说，尽可能提供全面的、高质量的数据资料无疑也是政府统计部门的一项重要职责，但只有及时地、尽可能准确地弄清楚现有二孩生育政策的实际效果，才能更好地为国家考虑和制定未来生育政策的调整方向提供有价值的参考。

---

① 石人炳、陈宁、郑淇予：《中国生育政策调整效果评估》，《中国人口科学》2018 年第 4 期，第 120 页。

四、政策目标的内涵与政策效果评价的全面性

实际上，无论是“单独二孩”政策，还是“全面二孩”政策，政策目标的内涵都不仅仅只有增加出生人口数量这一个方面。除了通过提高人口出生率、改善我国人口总体的年龄结构以外，降低过高的出生人口性别比也是其中一个重要的内涵。出生人口性别比是反映、衡量和影响社会人口总体性别结构的重要指标，而“资料显示，我国出生人口性别比持续偏高已三十余年，从1982年第三次人口普查时的107.63升至2004年的121.2的历史最高记录，之后，出生人口性别比一直徘徊在120左右”[①]。尽管“2009—2013年统计显示我国出生性别比连续五年下降，但下降程度非常有限，2013年仍达到117.6，出生人口性别比严重偏高的态势并未得到根本改变”[②]。

在这种形势下，两项二孩生育政策的出台，在积极提升出生人口数量的同时，也肩负着尽快降低出生人口性别比的重任。从2014年至2020年的相关统计数据看，政策调整在这方面的确也发挥了较大的作用。两项二孩政策实施后，全国出生人口的性别比逐年下降。短短7年时间，就有效地将出生人口性别比从2013年的117.6，降低到2020年的110.5，具体数据可见表5-2。

表5-2 2013~2020年我国出生人口性别比

年份	出生人口性别比
2013	117.6
2014	115.9
2015	113.5
2016	113.4
2017	111.9
2018	—
2019	110.1

① 石人炳、陈宁：《单独二孩政策实施对出生人口性别比的影响研究》，《华中师范大学学报》2015年第2期，第27页。

② 石人炳、陈宁：《单独二孩政策实施对出生人口性别比的影响研究》，《华中师范大学学报》2015年第2期，第27页。

续表

年份	出生人口性别比
2020	110.5

资料来源：2013~2019 年数据见国家统计局社会科技和文化产业统计司编《中国妇女儿童状况统计资料 2020》，中国统计出版社 2020 年版，第 4 页，原表中没有 2018 年数据；2020 年数据见《2020 年我国卫生健康事业发展统计公报》，2021 年 7 月 13 日，http://www.nhc.gov.cn/guihuaxxs/s10743/202107/af8a9c98453c4d9593e07895ae0493c8.shtml

所以说，从降低出生人口性别比的目标来看，两项二孩政策取得了明显的效果。全国出生人口性别比得到了明显改善，并进一步趋于正常的性别比水平。从长远的意义上看，两项二孩政策在促进我国人口结构的性别比正常化、减少未来婚姻择偶市场的性别失衡，促进社会的和谐稳定方面，发挥了十分积极的作用，这也是我们在评价两项二孩政策的效果时所不应忽视的。

中篇　育龄人口二孩生育意愿及其影响因素

第　六　章

政策潜在人口的结构特征与二孩生育意愿

第一节　分析政策潜在人口问题的意义

人口要素是整个社会结构要素的基础，也是社会发展和变迁的基础条件之一。一个国家生育政策的每一次改变，首先影响到的也是社会中人口的结构特征、规模特征及其发展趋势。2013 年底，我国执行了三十多年的计划生育政策进行了重要的调整：夫妻一方为独生子女的夫妇可以按政策生育第二个孩子。“单独二孩”生育政策的出台，在带给众多“单独夫妇”可以生育两个孩子的机会的同时，也给广大家庭和整个社会带来了巨大影响，“它不仅会对国家的经济发展、人口结构、劳动力供给等等带来积极的改变，同时也会给中国社会带来一些新的社会问题，形成一些新的考验和挑战”[①]。

生育政策潜在人口的规模和结构特征，是预测和分析政策实施效果及其影响的基础资料。对于“单独二孩”生育政策的潜在人口规模，国家卫计委已有基本的统计估计，即 1100 万对夫妇。[②]然而，对于这一生育政策潜在人口的城乡分布和年龄结构特征，目前学术界尚未有专门的探讨。对于“全面二孩”生育政策的潜在人口，目前同样是只有关于其规模总量的估计和

① 风笑天：《“单独二孩”：生育政策调整的社会影响前瞻》，《国家行政学院学报》2014 年第 5 期，第 57 页。

②《2014 年 7 月 10 日国家卫生计生委例行新闻发布会文字实录》，2014 年 7 月 10 日，http://www.nhc. gov.cn/xcs/s3574/201407/f8a362e80bd4412fa70d862bdff183b3.shtml。

探讨，[1]尚未有关于其城乡分布和年龄结构分布的分析。这一状况对于探讨“全面二孩”政策的实施及其效果预测来说，无疑是一种缺陷。因为对于生育问题来说，我国社会的城乡之间无论是在人们的生育观念、生育意愿方面，还是在社会整体的经济基础、文化规范、社会保障方面，均有着明显的差别。这些差别都会对人们的生育行为产生重要影响；同样地，育龄女性总体的年龄结构分布也会对生育政策实施效果带来影响。因为育龄女性的具体年龄段的不同，其主观的生育意愿和实行生育的客观生理条件也不一样。

因此，了解和认识社会中生育政策潜在育龄人群的规模、结构及他们的生育意愿，对于“全面二孩”生育政策的实施来说，是十分重要的一环。在这方面，总体性的大规模生育意愿调查发挥着重要的作用。这种大规模的总体性调查除了为政策制定提供基本数据以外，也为政府和学术界对政策实施过程及效果进行评价提供了参考。本章的目标，正是希望利用两项大规模生育意愿调查（2013 年全国调查和 2014 年湖北调查）的结果，对不同生育政策潜在人口的城乡分布、年龄分布特征及其生育意愿问题进行探讨。

第二节　分析所依据的数据

本章所用数据分别来自两项大规模调查，即 2013 年全国调查和 2014 年湖北调查。两项调查的基本情况如下。

2013 年 8 月，国家卫计委在全国除西藏、新疆、港澳台之外的 29 个省区市组织开展了生育意愿调查（以下简称 2013 年全国调查）。调查对象为“20~44 岁有偶人群”，样本规模为 63 451 人。研究者通过利用 2010 年全国第六次人口普查的数据进行“事后加权”处理，构成了全国 20~44 岁有偶人群的良好的代表样本。该调查的主要目的，是了解目前城乡居民的生育意愿，特别是“单独一孩”育龄夫妇再次生育的意愿，以便依据这种生育意愿为生

① 翟振武、张现苓、靳永爱：《立即全面放开二胎政策的人口学后果分析》，《人口研究》2014 年第 2 期，第 3—17 页；乔晓春：《实施“普遍二孩”政策后生育水平会达到多高？——兼与翟振武教授商榷》，《人口与发展》2014 年第 6 期，第 2—15 页。

育政策的调整提供依据和参考。正如调查者在研究报告中所说，“在启动实施全国性的‘单独二孩’政策之前，需要了解全国及各地居民生育意愿的最新情况，符合‘单独二孩’政策人群的比例，希望生育二孩的比例，计划生育二孩的时间分布以及相关的技术服务需求等情况”，以便通过“对单独1孩人群及他们的生育意愿做出估计，为完善生育政策提供数据支持”。①

2014年6月，由湖北省卫生和计划生育委员会与中南财经政法大学人口与区域研究中心联合对湖北省符合“单独二孩”政策的家庭生育意愿进行了调查（以下简称2014年湖北调查），调查对象为“符合二孩生育政策并且目前只有一个孩子的群体”，且女方处于19~45岁，样本规模为10 030人。研究者通过从湖北省全员人口数据库中筛选出370 548户符合条件的调查对象，采取分层、多阶段、与规模成比例的方式抽取到有代表性的省级样本。该调查的主要目的，则是“为更好掌握‘单独二孩’政策放开后城乡居民的生育意愿与生育行为，进一步指导完善生育政策”②，也可以说是“为了及时把握‘单独二孩’政策的影响”③。

由于这两项调查中，一项是“单独二孩”政策实施前进行的调查，一项是“单独二孩”政策实施后进行的调查，且两项调查正好处于“单独二孩”政策实施前后半年左右的时间，再加上两项调查都是大规模的、总体性调查，两项都是采用抽样、问卷的方式进行，测量指标也十分接近，因而具有很强的相似性和很好的可比性；同时，由于二者调查范围的不同（一项覆盖全国范围、一项覆盖全省范围）、调查时间节点的不同，二者之间又具有明显的差异性。这些相似性和差异性，为我们进行比较和分析提供了很好的条件。

---

① 庄亚儿、姜玉、王志理等：《当前我国城乡居民的生育意愿——基于2013年全国生育意愿调查》，《人口研究》2014年第3期，第4页。

② 石智雷、杨云彦：《符合“单独二孩”政策家庭的生育意愿与生育行为》，《人口研究》2014年第5期，第29页。

③ 张勇、尹秀芳、徐玮：《符合“单独二孩”政策城镇居民的生育意愿调查》，《中南财经政法大学学报》2014年第5期，第14页。

第三节 生育政策潜在人口的重要结构：城乡与年龄

2013 年全国调查虽然给出了调查样本中“农业户籍占 72.4%，非农户籍占 27.6%”的城乡结构比例，但那只是对于所有“20~44 岁有偶人群”来说的总体结构。从这种总体结构中，既看不出“20~44 岁现有一孩单独家庭”（即“单独二孩”生育政策潜在人口）的城乡结构比例，也看不出属于“20~44 岁现有一孩双非家庭”（即“全面二孩”生育政策潜在人口）的城乡结构比例。同样地，虽然研究报告中得出了不同年龄组的妇女计划生育第 2 个孩子的比例差异明显、随年龄上升希望生育第 2 个孩子的意愿呈下降趋势的结论，但对调查总体中属于不同年龄组妇女的比例究竟分布如何，却没有进行深入分析和报告。所以，笔者首先希望从 2013 年全国调查的原始数据中，统计整理出上述两方面的结构比例数据，并分析这种结构对政策实施效果的可能影响。

一、一孩育龄夫妇中不同生育政策潜在人口的比例和结构

生育政策的调整需要针对明确的育龄对象，因此了解政策潜在对象的规模和比例就是最为基本的任务。2013 年全国调查的报告显示，我国的育龄夫妇中，“双独”“单独”“双非”夫妇的比例分别为 4%、11%和 85%。[①]虽然我们从这一结果中，可以清楚地了解到“双非”夫妇的比例占了绝大多数。但应该意识到，这只是“全国 20~44 岁育龄夫妇”总体的结构分布。由于这一总体比例中并没有区分城乡变量，即没有考虑具有不同经济发展程度的城乡社区、具有不同生育意愿的城乡育龄夫妇，所以一方面我们无法了解这三种类型的夫妇在城市和农村的具体比例及分布是怎样的；另一方面，由于城市“单独一孩”家庭、农村一孩为男孩的“单独一孩”家庭才是“单独二孩”生育政策的潜在受惠对象，而城市“双非一孩”家庭及农村双非一孩为男孩的家庭是“全面二孩”生育政策的潜在受惠对象，因此，有必要进一步揭示出在城乡和第一孩性别结构这两个特征下，三类家庭更详细的分布情况。为此，

① 庄亚儿、姜玉、王志理等：《当前我国城乡居民的生育意愿——基于 2013 年全国生育意愿调查》，《人口研究》2014 年第 3 期，第 6 页。

我们利用 2013 年全国调查的原始数据进行统计整理，得到下列结果（表 6-1）。

表 6-1　全国城乡[①]育龄夫妇的独生子女特征分布

夫妇类型	非农业户籍	农业户籍	总体
“双独夫妇”	10.7%	1.5%	4%
“单独夫妇”	18.9%	7.9%	11%
“双非夫妇”	70.5%	90.6%	85%
n	17 490	45 961	63 451

资料来源：2013 年全国调查数据
注：由于百分比是经过四舍五入计算得到，相加与 100%有偏差

按表 6-1 的方式对总体进行区分后，可以更好地认识到三类家庭在城乡不同人口总体中的比重。表 6-1 的结果表明，“双独夫妇”在农业户籍人口中微乎其微，而在非农业户籍人口中达到 10.7%；“单独夫妇”在农业户籍人口中不足 10%，而在非农业户籍人口中则接近 20%。这种具有明显差异的分布，清楚地表明了最近几十年来我国城乡实行不同生育政策带来的人口学后果。这种后果同时也构成了今天实行新的生育政策时城乡社会所面临的两种不同的现实。

然而，育龄夫妇的独生子女特征，只是区分其是否为各种生育政策潜在对象的一个标准。对于目前我国城乡社会中处于育龄阶段的夫妇来说，[②]除了上述独生子女特征外，还由于他们所具有的城乡户籍特征及现有一孩的性别特征等方面的不同，在现实中被划分为能够生育第二个孩子与不能够生育第二个孩子的四种不同类型：即当时能够生育第二个孩子的“双独一孩夫妇”“单独一孩夫妇”“农村一孩为女孩的夫妇”，以及当时还不能生育第二个孩子的“双非一孩夫妇”。一个重要的问题是：在全国城乡现有一孩的育龄夫妇中，这四种类型的夫妇的比例各占多少？分布又如何呢？利用 2013 年全国调查数据，我们得到了下列结果（表 6-2）。

① 为方便起见，2013 年全国调查中的农业户籍与非农户籍、2014 年湖北调查中的农村家庭与城市家庭，本书统称为城乡家庭。

② 由于我国少数民族中实行的生育政策与汉族不同，同时，根据 2013 年全国调查结果，样本中接近 95%的对象是汉族。因此，本书的讨论不涉及少数民族人口的生育政策及其相关问题，特此说明。

表 6-2 城乡一孩育龄夫妇的独生子女特征及其比例

夫妇类型	非农业户籍		农业户籍				合计
			第一孩为男孩		第一孩为女孩		
双独一孩	9.5%	[3.6%]	1.9%	[0.7%]	2.1%	[0.5%]	4.8%
单独一孩	19.2%	[7.3%]	10.2%	[3.9%]	12.3%	[2.9%]	14.1%
双非一孩	71.3%	[27.1%]	88.0%	[34.0%]	85.5%	[20.0%]	81.1%
n	14 096	[38.0%]	14 302	[38.6%]	8 652	[23.4%]	37 050

资料来源：2013 年全国调查数据

注：中括号中的内容为占总体的百分比；由于百分比是四舍五入计算得到，相加与 100%有误差

表 6-2 的百分比结果表明，2013 年，在城市（即非农业户籍）一孩育龄夫妇中，大约 9.5%为“双独一孩夫妇”，19.2%为“单独一孩夫妇”，71.3%为“双非一孩夫妇”；其结构比例与表 6-1 的结果几乎完全一样。但在农村一孩育龄夫妇中，“双独一孩夫妇”的比例大约只有 2%，“单独一孩夫妇”大约占 10%，都大大低于城市一孩育龄夫妇，而“双非一孩夫妇”的比例则超过 85%，显著高于城市一孩育龄夫妇的比例。与表 6-1 中的分布相比也有一定差别，主要表现在“单独一孩夫妇”的比例相对更高，而“双非一孩夫妇”的比例相对略低。不过，农村第一孩为男孩的育龄夫妇与第一孩为女孩的育龄夫妇在独生子女特征的结构分布上也仅仅只有很小的差别。

表 6-2 中更重要的结果是带方括号的百分比（即每一类对象占总体的百分比），它较好地反映了 2013 年城乡一孩夫妇总体中的独生子女特征分布。我们可以将表 6-2 中带方括号的百分比划分为四类，每一类分别对应于一种生育政策：表 6-2 中第一行的三个百分比，代表“双独二孩”生育政策的潜在受惠对象；第二行前两列中的百分比，代表“单独二孩”生育政策的潜在受惠对象；第三行前两列中的百分比，代表“全面二孩”生育政策的潜在受惠对象；而第三列中的百分比，则代表农村“一孩半”政策的受惠对象（其中双独一女夫妇部分与双独二孩夫妇部分重叠）。

这种方括号中百分比分布的结果较好地显示了当时一孩育龄夫妇总体中，符合不同生育政策的潜在受惠人群的结构和比例，从中我们可以得出以下重要的分布结果。

在城乡一孩育龄夫妇这一总体中，“双独二孩”生育政策的潜在受惠人口

比例大约只占总体的4.8%，且其中3/4在城市，说明“双独二孩”生育政策的潜在受惠人口非常少，且主要集中在城市；“单独二孩”政策的潜在受惠人口比例大约占总体的11.2%，其中大约65%在城市，农村户口的比例仅为35%左右，它同样说明“单独二孩”政策的潜在受惠人口只是现有一孩总体中很小的一部分，且大部分集中在城市；农村“一孩半”政策的潜在受惠人口比例大约占到了总体的23.4%，比前两者的总和还要多；“全面二孩”生育政策的潜在受惠人口比例则大约占到了总体的61.1%，其中农村人口略多于城市人口，说明现有一孩育龄夫妇中，“双非一孩家庭”占到了绝对的大部分。表6-2结果所表明的这种大约为“5%、10%、25%、60%”的比例结构，是本书研究的一个重要发现。

二、不同生育政策潜在人口的年龄结构

生育与女性的年龄有着非常大的关联。对于符合生育政策的育龄人口来说，育龄女性的年龄结构分布在一定的程度上影响着育龄夫妇的再生育意愿，也制约着育龄夫妇的生育行为。我们先看看不同夫妇类型中妻子年龄分布情况，见表6-3。

表6-3　不同夫妇类型中妻子的年龄分布

妻子年龄	夫妇类型			合计
	双独一孩	单独一孩	双非一孩	
20~24岁	5.9%	9.7%	6.8%	7.2%
25~29岁	35.4%	29.4%	19.9%	22.0%
30~34岁	43.0%	36.6%	22.9%	25.8%
35~39岁	10.5%	16.7%	24.0%	22.3%
40~44岁	5.2%	7.7%	26.5%	22.8%
n	954	2 729	15 868	19 551

资料来源：2013年全国调查

注：百分比由四舍五入计算得到，相加与100%有误差

表6-3的结果表明，“双独一孩”育龄女性中，接近80%（78.4%）处于25~34岁；“单独一孩”育龄女性处于这一年龄段的比例也达到66.0%；但“双

非一孩”育龄女性处于这一年龄的比例仅为40%多一点（即42.8%），她们处于35~44岁的比例则达到50%左右（50.5%），远高于“单独一孩”和“双独一孩”育龄女性。这一结果说明，符合“双独二孩”及“单独二孩”政策条件的育龄女性大部分正处于生育高峰年龄；相比之下，“双非一孩”育龄妇女中则有一半左右女性已经超过了最佳生育年龄。

这一结果对于预测“全面二孩”政策实施后可能的人口学后果及相应的社会影响具有很好的参考作用。它揭示出，实行“全面二孩”政策后，由于年龄的原因，申请再次生育的女性的比例，有可能会比符合“单独二孩”政策、“双独二孩”政策女性中的申请比例有所降低，特别是最终能够再次生育的比例也会由于生理年龄的原因而有所降低。

为了更深入了解城市和农村中现有一孩育龄女性的年龄结构，我们进一步控制了城乡变量，得到表6-4的结果。

表6-4 控制城乡变量后不同夫妻类型中妻子的年龄分布

户口性质	妻子年龄	夫妇类型			合计
		双独一孩	单独一孩	双非一孩	
农业户籍	20~24岁	13.4%	17.0%	9.6%	10.5%
	25~29岁	42.0%	34.7%	25.2%	26.6%
	30~34岁	29.9%	31.5%	23.6%	24.6%
	35~39岁	8.2%	11.1%	19.9%	18.7%
	40~44岁	6.5%	5.7%	21.8%	19.7%
	n	231	1 357	10 557	12 145
非农业户籍	20~24岁	3.5%	2.5%	1.3%	1.7%
	25~29岁	33.3%	24.1%	9.4%	14.5%
	30~34岁	47.2%	41.6%	21.4%	27.7%
	35~39岁	11.2%	22.2%	32.1%	28.2%
	40~44岁	4.8%	9.6%	35.9%	28.0%
	n	723	1 372	5 311	7 406

资料来源：2013年全国调查

注：百分比由四舍五入计算得到，相加与100%有误差

表 6-4 最右边一列的合计结果表明，在城乡两部分潜在人口中，现有一孩育龄女性的年龄分布情况有非常显著的差异。其特征是：总体上，农村一孩育龄女性相对年轻（超过 60%处于 20~34 岁），而城市一孩育龄女性则相对高龄化（接近 60%的人处于 35~44 岁）。

进一步分析发现，在农业户籍人口中，符合“双独二孩”和“单独二孩”政策的育龄女性处于 20~34 岁的生育高峰年龄段的比例均达到 80%以上，而符合“全面二孩”政策的育龄女性处于这一年龄段的比例在 60%左右。换句话说，符合“全面二孩”政策的农村育龄女性中，有 40%左右（38.4%）的人处于 35~44 岁的生育末期。

在非农业户籍（城市）人口中，不同夫妇类型的年龄分布差异较大。符合“双独二孩”政策的育龄女性 84%处于 20~34 岁的育龄高峰期；符合“单独二孩”政策的育龄女性中，处于这一年龄段的比例也接近 70%（68.2%）；而符合“全面二孩”政策的“双非一孩”育龄女性中，则只有 30%左右（32.1%）的人处于这一年龄段，其有接近 70%（68%）的人则是处于 35~44 岁的生育末期，说明城市中符合“全面二孩”政策的“双非一孩”女性的总体年龄偏大。因此，即使放开“全面二孩”政策，城市中因此而增加的新生人口数量也会受到这一年龄结构分布状况的影响和限制。

第四节　政策潜在人口的二孩生育意愿

一、“假设”的结果与“现实”的结果

各种生育政策潜在人口的生育意愿，是影响和制约人们生育行为及其总体生育结果的另一个重要因素，也是两项调查共同关注的目标。只不过 2013 年全国调查得到的是“单独二孩”政策实施前的生育意愿；而 2014 年湖北调查得到的则是“单独二孩”政策实施后的生育意愿。由于 2013 年全国调查的特定时间和当时计划生育政策的特定内涵，研究者无法直接在调查中询问被调查者的生育意愿。即研究者在调查中不可能直接询问“你想生几个孩子？”

或“你希望生几个孩子？”，研究者所采取的测量策略是以“间接的”和“假设的”两种方式来进行。其“间接的”测量方式是询问被调查对象的“理想子女数”（即“你认为理想的家庭应该有几个孩子？”）；其“假设的”测量方式是询问：“如果政策允许，你打算要几个孩子？”（即“如果政策允许，你是否打算再要孩子？”）。相比之下，2014 年湖北调查则可以很方便地采取“直接的”和“现实的”方式进行测量。其询问的具体问题是：“你是否打算生育第二个孩子？”“你们符合可以生两个孩子的政策，是否再要第二个孩子？”

2013 年全国调查所得出的一个重要结果，是“现有 1 孩的单独家庭希望生育第 2 个子女的比例为 60.8%”①。这也是当时国家卫计委及一些学者用以预测全国符合“单独二孩”生育政策人口规模时所依据的主要数字。②但问题是，这一数据实际上是“假设条件下”单独一孩家庭希望生二孩的比例，而非真实条件下的比例。这种假设条件下的生育意愿与人们在现实条件下的生育意愿是否有差别？我们利用这两项调查的数据进行分析，结果见表 6-5。

表 6-5　两项调查中一孩单独育龄人群的二孩生育意愿

二孩生育意愿	2013 年全国调查中一孩单独夫妇	2013 年全国调查中湖北一孩单独夫妇	2014 年湖北调查中一孩单独夫妇
想生二孩	50.4%	38.8%	21.5%
	[60.9%]	[55.7%]	[26.6%]
不想生二孩	32.4%	30.9%	59.2%
	[39.1%]	[44.3%]	[73.4%]
没考虑好、说不好	17.2%	30.3%	19.3%
n	5235	216	6958

资料来源：2013 年全国调查数据；2014 年湖北调查数据
注：中括号中的百分比为将“没考虑好、说不好”的百分比按“想生”和“不想生”的比例进行分配后的结果

表 6-5 的结果中，第一列和第二列结果之间的百分比差别主要体现在湖

① 庄亚儿、姜玉、王志理等：《当前我国城乡居民的生育意愿——基于 2013 年全国生育意愿调查》，《人口研究》2014 年第 3 期，第 10 页。

②《2014 年 7 月 10 日国家卫生计生委例行新闻发布会文字实录》，2014 年 7 月 10 日，http://www.nhc.gov.cn/xcs/s3574/201407/f8a362e80bd4412fa70d862bdff183b3.shtml；翟振武：《“单独二孩”申报符合预期》，《经济日报》2015 年 1 月 20 日，第 9 版。

北“想生二孩”的比例低于全国比例 10 个百分点左右（11.6 个百分点），以及湖北“没考虑好、说不好”的比例高于全国 10 个百分点以上（13.1 个百分点）。造成这种差别的原因，既可能与湖北特定的育龄人口结构及其生育意愿有关，也可能与湖北子样本的规模较小，百分比分布的误差相对较大有关。如果假定“没考虑好、说不好”的人群与明确表示“想生二孩”和“不想生二孩”的人群的比例相同（即将“没考虑好、说不好”的百分比按“想生二孩”和“不想生二孩”的比例进行分配），那么，“想生二孩”与“不想生二孩”的比例则分别为 55.7%与 44.3%，略低于全国“想生二孩”的比例（见方括号中的百分比）。

再看看 2014 年湖北调查的结果，在 6958 个符合“单独二孩”政策的调查对象中，只有 21.5%的人明确回答“想要二孩”，有 59.2%的人明确回答“不想要二孩”，19.3%的人回答“没考虑好、说不好”。同样将“没考虑好、说不好”的比例按“想生二孩”和“不想生二孩”的比例进行分配，最终得到“想生二孩”的比例与“不想生二孩”的比例分别为 26.6%与 73.4%。将这一结果与前面两项结果进行对比，可以看出，这一调查中“想生二孩”的比例不仅远低于 2013 年全国调查中的比例，也远低于 2013 年湖北子样本的比例。尽管我们不能排除由于这两个湖北样本并不相等及全国调查中湖北子样本规模较小等因素对二者结果之间的差别所造成的影响，但这种显著的差异仍然提示我们：政策实施前进行的生育意愿调查，有可能高估人们的生育意愿。

实际上，2014 年国家卫计委对全国进行的同类调查，其结果也支持了这一结论。国家卫计委 2014 年初开展的专项调查显示，符合政策的目标人群（即夫妇一方为独生子女，且已生育一孩的以“80 后”为主的人群）中，39.6%有再生育打算。[①]这一调查结果也说明，2013 年政策实施前调查所得到的 60%的人“想生二孩”的比例有些偏高。

二、“单独一孩”家庭的女性年龄与二孩生育时间

对于比一般的生育意愿更接近生育行为和生育结果的生育计划来说，育

① 《2015 年 7 月 10 日国家卫生计生委例行新闻发布会文字实录》，2015 年 7 月 10 日，http://www.nhc.gov.cn/xcs/s3574/201507/43685ecd0edb4b71b260306af9b7e924.shtml。

龄女性的年龄无疑是一个十分重要的影响因素。两项调查都关注了政策潜在人口的再次生育计划。并且，2013 年全国调查的结果显示，“现有 1 孩单独家庭中，妇女年龄对生育下一个孩子的时间有明显影响，妇女年龄越大，计划‘明年生育’的比例越高，20~24 岁的妇女计划明年生育的比例为 9.5%，而 35~39 岁组的相应比例已上升到 30.4%”，其具体结果见表 6-6。①

表 6-6 单独一孩家庭中女性年龄组与计划生育第二个孩子的时间交互统计（一）

计划生育二孩的时间	女性年龄组					总体
	20~24 岁	25~29 岁	30~34 岁	35~39 岁	40~44 岁	
明年	9.5%	17.0%	26.2%	30.4%	25.0%	20.8%
后年	10.5%	12.6%	10.3%	12.8%	3.6%	11.1%
大后年	14.5%	9.8%	6.8%	4.1%	1.8%	8.5%
未确定	65.5%	60.6%	56.7%	52.7%	69.6%	59.5%
n	200	452	439	148	56	1295

资料来源：2013 年全国调查

那么，对于政策实施后的 2014 年湖北调查来说，其结果与表 6-6 结果之间有无差别呢？下面是按照 2013 年全国调查的分组，对湖北 2014 年调查结果的统计，详见表 6-7。

表 6-7 单独一孩家庭中女性年龄组与计划生育第二个孩子的时间交互统计（二）

计划生育二孩的时间	女性年龄组				总体
	19~24 岁	25~29 岁	30~34 岁	35~39 岁	
已怀孕	4.1%	6.7%	10.0%	11.7%	7.1%
明年	10.6%	13.3%	18.1%	20.0%	14.1%
后年	8.8%	12.3%	9.5%	8.3%	10.7%
大后年	9.1%	7.4%	7.0%	0	7.4%
未确定	67.3%	60.4%	55.4%	60.0%	60.7%

① 庄亚儿、姜玉、王志理等：《当前我国城乡居民的生育意愿——基于 2013 年全国生育意愿调查》，《人口研究》2014 年第 3 期，第 11 页。

续表

计划生育二孩的时间	女性年龄组				总体
	19~24 岁	25~29 岁	30~34 岁	35~39 岁	
n	339	732	359	60	1490
Chi-square=32.967 df=12 p=0.001					

资料来源：2014 年湖北调查

注：因样本中 40~45 岁的对象只有 7 人，故没有统计；表中百分比由四舍五入计算得到，相加与 100%有误差

由于湖北调查是在政策实施之后进行的，所以有一部分对象已经怀孕。如果我们将“已怀孕”和“计划明年生育”两项结果相加，再与表 6-6 中的结果进行对比，可以看出，无论是总体的百分比分布，还是每一年龄组的百分比分布，两表的结果都十分接近，并没有表现出大的差异。总的特征是：随着育龄女性的年龄增高，计划一两年内怀孕生育的比例明显提高；35 岁以上女性，计划在 3 年后再怀孕生育的比例显著降低；同时，两次调查中，都有大约 60%的人未确定具体的生育时间。这是一个值得重视和深入研究的结果。因为，如果说 2013 年的调查结果中，在生育具体时间上出现 60%的“不确定”，还可以通过被调查者当时是在一种假设情景下做出回答，他们由于对“能不能生”第二个孩子都不知道，因而对于“何时生”的问题，回答“不确定”可能是“最正常、最合适”的来解释的话，那么，2014 年湖北调查的结果，就不能用这一原因来解释了。因为此时“单独二孩”政策已经实施，这种假设的因素并不存在。那么，为什么在现实允许生育第二孩的情况下，潜在人口中还是有这么高的比例回答“不确定”呢？笔者分析，“生不生”是一种决定，而“何时生”则是一种比单纯做决定更为现实的行动计划和具体安排。因此，在这种对一个家庭来说十分重大的事件面前，2014 年湖北调查的方式或许产生了一定的影响作用。因为 2014 年湖北调查是采用电话调查的方式进行的，当被调查者在电话中被问到“何时生二孩”的问题时，可能会有很多人难以给出明确的答案。换句话说，这种特定的调查场景可能是比较多的人给出“没确定”答案的重要原因。另外，这种“不确定”的回答或许同样在很大程度上反映出被调查者对“生还是不生”这一根本问题的不确定。当然，夫妻双方（特别是女方）年龄、第一个孩子的年龄、夫妻双方的职业性质、祖辈能否提供照料孩子的支持等因素，也可能对他们生育计划产生影响。主要原因究竟是什么，还值得今后的研究进行综合的探讨。

第五节 总结与讨论

本章利用两项大规模调查的数据，对不同生育政策潜在受惠人口的分布及其生育意愿进行了探讨。研究结果表明以下几点。

（1）在两项调查的城乡一孩育龄夫妇中，“双独二孩”、“单独二孩”、农村“一孩半”及“全面二孩”生育政策的潜在受惠人口比例大约分别占 5%、10%、25%和 60%。这种比例结构揭示出，当时正在实施的三项二孩生育政策（即“双独二孩”、“单独二孩”、农村“一孩半”），总共覆盖到现有一孩育龄夫妇的 40%左右，而“全面二孩”政策，则将覆盖到现有一孩育龄夫妇总体中 60%左右的对象。

（2）符合“双独二孩”及“单独二孩”政策条件的育龄女性大部分正处于 25~34 岁的生育高峰年龄；相比之下，“双非一孩”育龄妇女中则有一半左右已经超过了生育高峰年龄。它揭示出，即使已放开实行“全面二孩”政策，由于年龄的原因，“双非一孩”育龄妇女申请再次生育的比例，可能也会比当时符合“单独二孩”政策、“双独二孩”政策女性中的申请比例低。

（3）总体上，农村一孩育龄女性相对年轻（超过 60%处于 20~34 岁），而城市一孩育龄女性则相对高龄化；同时，在符合“全面二孩”政策的农村“双非一孩”育龄女性中，只有 40%左右处于 35~44 岁的生育末期，而符合“全面二孩”政策的城市育龄女性中，则有接近 70%的人处于这一年龄段。同样说明城市中符合“全面二孩”政策的育龄女性总体年龄偏大。

（4）关于“单独一孩”夫妇的二孩生育意愿，2014 年湖北调查的结果为 26.6%，国家卫计委 2014 年的同类调查结果为 39.6%，都远低于政策实施前全国调查得到的 60.8%的结果。

（5）随着育龄女性的年龄增高，计划一两年内怀孕生育的比例也不断提高，特别是 35 岁以上女性，计划在 3 年后怀孕生育的比例显著降低；但同时，大约 60%的人未确定具体的生育时间。

本章研究的结果提出了一些值得进一步探讨的问题。

首先，一孩育龄夫妇总体中所呈现的“5%、10%、25%、60%”的比例结构，对于我们了解和认识各种生育政策所对应的潜在受惠人口规模，预测各种生育政策的实施后果和社会影响，具有重要的政策价值。它揭示出，“双独二孩”政策、“单独二孩”政策、农村“一孩半”政策，总共也只覆盖到现有一孩育龄夫妇中 40%左右的对象，而“全面二孩”政策，则覆盖到现有一孩育龄夫妇总体中 60%左右的对象。这一结果不仅对于我们全面认识“单独二孩”生育政策实施效果及其社会影响具有重要价值，同时对于实施“全面二孩”生育政策的人口学后果及其社会影响也具有十分重要的参考价值。

其次，政策实施后的 2014 年湖北调查结果提示我们，即使是在湖北这样的省域农村人口中，育龄夫妇的再次生育意愿也是比较低的（大约只在 25%~30%）。虽然国家卫计委在 2014 年进行的同类调查中，得到的结果（接近 40%）略高于湖北的这一比例，但总的来说，目前对符合二孩生育条件的对象的各种调查结果中，二孩生育意愿的比例基本上都在 25%~40%。这一情况说明，随着中国的改革开放，以及“一对夫妇只生育一个孩子”生育政策的长期实施，目前这一代育龄人口的生育意愿已经不再和上一代育龄人口相同。可以说，已经形成了一种与目前低生育水平相对应的低生育文化。对于这种新的低生育文化的探讨和分析，将是今后一段时期中一项重要的任务。

最后，两项调查结果之间的差异提示我们，应该反思我们的生育意愿测量方法。生育意愿的基本含义是人们对自身生育行为和结果的一种主观想法或期望。其中“意愿生育数量”是其最基本的方面。在国外调查中，研究者往往采用的是“the number of children desired”，所表达的正是“所希望生育的孩子数量”。其含义直接明确，且不存在任何假设条件，而在我国最近几十年的生育意愿调查中，生育意愿的测量就存在着具体指标的问题。可以说以往生育意愿调查的测量方法都没有错，但也可以说都不准确，即测量的效度都不够高。说没有错，是因为在实行“一对夫妇只生育一个孩子”的计划生育政策条件下，的确没有办法做到像国外学者那样，用最直接、最确切的方式和指标来进行测量；说不准确，则是因为无论研究者采用间接的“理想子女数”来进行测量，还是采用有假设条件来测量，其结果都离人们实际的生育意愿有一定距离。因此，重视和加强对符合政策条件人口的生育意愿调查，更好地探讨影响人们生育意愿的各种因素，将是这一领域中另一项重要的任务。

第七章

城市育龄人群的年龄结构与二孩生育意愿

经过严格实施以“一对夫妇只生育一个孩子”为主要内容的计划生育政策，我国人口快速增长的势头得到了有效控制，但同时也带来了人口老龄化加速等一些新的问题。在此背景下，国家于2013年底开始调整现行生育政策，启动“一方是独生子女的夫妇可生育两个孩子”的政策。这一政策受到整个社会的极大关注。围绕“单独二孩”政策的实施、政策的社会影响、政策的效果等问题，学术界进行了积极的探索和讨论。2015年，党的十四届五中全会又决定在全国开始全面实施一对夫妇可生育两个孩子的政策，即“全面二孩”政策。围绕这一政策的实施，影响范围更大的一孩育龄夫妇二孩生育问题再次吸引了全社会的普遍关注，也牵动了整个社会的敏感神经。

在有关“单独二孩”政策实施效果及其进一步实施“全面二孩”生育政策的讨论中，学者既注意到符合“单独二孩”政策的育龄人群申请再次生育比例不高的现实，也关注于探索和回答诸如“符合单独二孩、全面二孩条件的人口规模有多大”“放开二孩生育后实际产生的人口增量会有多大”这样的问题。[①]因为“生育政策潜在人口的规模和结构特征，是预测和分析政策实施效果及其影响的基础资料”[②]。然而，人所具有的自然属性和社会属性则启示

① 翟振武、张现苓、靳永爱：《立即全面放开二胎政策的人口学后果分析》，《人口研究》2014年第2期，第3—17页；乔晓春：《从“单独二孩”政策执行效果看未来生育政策的选择》，《中国人口科学》2015年第2期，第26—33、126页。

② 风笑天：《生育政策潜在人口的结构及其二孩生育意愿——对两项大规模调查结果的分析》，《江苏行政学院学报》2015年第5期，第54页。

我们，仅仅关注有多少人口符合生育二孩的政策条件是不够的，还应该进一步分析这些符合条件的人口所实际具有的生育潜力。

这种生育潜力最重要的构成因素包括两方面：即育龄女性的年龄结构与育龄人群的生育意愿。前者回答的是有多少人从生理条件上适合或可能再次生育的问题，这是生育潜力的客观方面；后者回答的则是有多少人愿意或希望再次生育的问题，这是生育潜力的主观方面。只有在认清有多少人口符合生育政策条件的同时，也认清了他们中有多少人能够再次生育及有多少人愿意再次生育，我们才能真正认清新的生育政策所可能产生的人口效果，也才能在此基础上进一步探讨政策调整可能带来的社会影响。特别是在“全面二孩”政策在全国落地并开始实施的背景下，探讨和认识符合新政策的育龄人口的生育潜力具有更加重要的意义和价值。

本章的主要目标，就是希望利用大规模实地调查所得到的数据资料，探讨和回答下列问题：城市社会中符合不同生育政策条件的育龄人群的规模如何？他们所具有的年龄结构和生育意愿又是怎样的？这种特定的年龄结构和生育意愿的结合预示着什么样的生育潜力？它又可能会给我们的社会带来哪些新的影响？

第一节　二孩生育意愿文献回顾

由于生育政策背景的限制，20 世纪 80 年代以来的生育意愿调查和研究，绝大部分针对的都是普通城乡居民或城乡育龄人口。调查所涉及的都是在“只能生一个”的条件下“希望生几个”的问题。直到 21 世纪初，这种情况才开始有所改变。有几项针对双独育龄人群的生育意愿调查中，开始涉及“可以生两个”条件下的二孩生育问题。[①]2013 年底“单独二孩”政策在全国启动实施后，学术界又有了专门针对符合“单独二孩”生育政策条件人群的生育

① 风笑天：《生育二胎：“双独夫妇”的意愿及相关因素分析》，《社会科学》2010 年第 5 期，第 58—66、188—189 页。

意愿调查。通过中国知网文献检索，这类调查目前也只有以下五项。

国家卫计委于 2014 年 5 月针对“单独二孩”政策目标人群在全国 29 个省区市开展了单独夫妇及其子女的信息核查。由于人口流动性、上门调查难度大等原因，最终只核查了 581.6 万对单独一孩夫妇。尽管相对于 1100 万对单独一孩人群来说，其只覆盖了一半左右的目标人群，但依旧是目前规模最大、范围最广的目标人群调查结果。但是，该研究在简要分析了目标人群的城乡比例与整体的年龄结构后，将主要的关注点集中在目标人群中已怀孕者的情况及各地二孩申请比例和审批情况。对于城市一孩育龄人群的年龄结构、他们的生育意愿，文中则完全没有涉及，同时该调查也没有涉及更为广泛的“双非一孩”育龄人群。[①]

张勇等利用湖北省卫生和计划生育委员会2014年6月对符合“单独二孩”政策的目标人群所进行的生育意愿调查数据，对 4661 个已有一孩的城镇单独家庭的二孩生育意愿进行了研究。结果发现，在“单独二孩”生育政策放开的情况下，湖北省符合政策家庭不愿生育二孩的比重达到 60%左右。研究从经济压力、少生优生观念和时间压力等方面，对城镇单独一孩家庭不愿生育二孩的影响因素进行了分析，得出了一些有意义的结果。[②]但是，该研究一方面同样只以符合政策的单独一孩、双独一孩家庭为研究对象，缺少对双非一孩家庭的调查；另一方面该研究的样本来自中部一个省，所涉及的地域范围相对有限，难以反映东、西部不同经济发展地域、不同社会文化背景中育龄人群的生育意愿状况。

牛亚东等于 2014 年采用入户和电话调查方式对武汉市 1093 户符合“单独二孩”政策家庭进行了生育意愿调查，描述了单独一孩育龄夫妇的理想子女数量、理想子女间隔及二孩生育意愿，并对影响二孩生育意愿的因素进行了回归分析。其研究结果对于了解省会中心城市单独家庭的二孩生育意愿及

① 刘鸿雁、黄匡时：《全国“单独两孩”政策实施效果研究——基于单独夫妇及其子女信息核查数据的分析》，《中国人口科学》2015 年第 4 期，第 23—31、126 页。

② 张勇、尹秀芳、徐玮：《符合“单独二孩”政策城镇居民的生育意愿调查》，《中南财经政法大学学报》2014 年第 5 期，第 14—19 页。

其相关影响因素有较好的帮助。[①]但是，该研究的对象也仅仅是符合政策的单独一孩夫妇，不仅缺少了双独一孩夫妇的对照比较，也缺少规模更大、社会影响也更大的双非一孩育龄人群的各方面信息。另外，该研究的调查方式不统一（入户和电话调查）、具体操作过程也不清晰，难以评估其资料的质量。

贾志科和风笑天利用 2014 年 3~5 月在江苏南京、河北保定两城市对五类特定行业 18~35 岁的 1028 名城市在职青年进行问卷调查所得数据，选取其中 558 对已婚青年夫妇，以双独一孩夫妇和双非一孩夫妇为参照，对单独一孩夫妇的二孩生育意愿状况进行了描述和比较分析，并探讨了影响城市青年夫妇二孩生育意愿的相关因素。[②]一方面，由于该研究的调查对象仅集中在五类特定行业，因而难以反映城市多种不同职业育龄人群的生育意愿状况；另一方面该研究只调查了两个城市，样本的规模也相对较小，因而对于全面反映不同类型城市各类育龄人群的情况来说缺乏较好的代表性。

汤兆云于2014年8月在福建省泉州市两区两县对561对单独一孩夫妇进行了调查研究，描述了单独一孩夫妇的二孩生育意愿，分析了主要的影响因素，并在此基础上对未来一段时期内的生育政策调整方向和内容进行了探讨。[③]该研究一方面是只关注于符合生育政策的单独一孩夫妇，完全没有涉及双非育龄人群；另一方面其样本仅来自一个城市，其中还包括了城乡两部分对象，导致真正属于城市育龄人群的对象只有不足400人，样本规模有些偏小。

文献回顾的结果表明，一方面，现有的、在"单独二孩"生育政策实施后开展的生育意愿调查，所针对的对象基本上都只是单独一孩育龄夫妇，没有涉及比例更大、影响也更大的双非一孩育龄夫妇；另一方面，现有的研究都只关注了被调查对象的生育意愿，即生育潜力的主观方面，而相对忽视了育龄女性的年龄结构，更没有将育龄女性年龄结构与其生育意愿结合起来进行分析。再加上有的研究中所存在的调查城市的单一性、调查方式的特殊性及样本

① 牛亚东、张文斌、张栋等：《单独家庭生育二孩意愿的分析——基于武汉市 1093 户单独家庭的调查数据》，《人口与发展》2015 年第 3 期，第 13—18 页。

② 贾志科、风笑天：《城市"单独夫妇"的二胎生育意愿——基于南京、保定五类行业 558 名青年的调查分析》，《人口学刊》2015 年第 3 期，第 5—15 页。

③ 汤兆云：《"单独夫妇"二孩生育意愿及未来生育政策的调整——基于福建省泉州市的调查数据》，《中共福建省委党校学报》2014 年第 12 期，第 64—70 页。

规模偏小等缺陷，使得它们在回答该文研究的问题方面存在着明显的不足。因此，设计一项覆盖面相对广泛、内容既涉及育龄女性年龄结构又涉及她们的生育意愿、样本规模相对较大，特别是将符合不同生育政策的育龄人口都包括于其中的生育意愿调查就具有了必要性。这也成为本书研究的主要动因之一。

第二节　研究样本与数据

本章所用数据资料来自笔者主持的2015年全国12个城市育龄人群生育意愿调查。研究的对象为全国城市2015年现有一孩的育龄人群。根据城市大部分女性结婚、生育年龄的一般状况，并兼顾到实地调查的可行性，研究将调查对象界定为“目前城市中在上幼儿园、小学及初中的孩子的父母”。根据这种界定，预计孩子的年龄为3~15岁，其父母主体的年龄大致在24~49岁。

调查样本的抽取采用多阶段随机抽样的方法，按照“城市——城区——学校——年级——班级”的步骤进行。城市样本的抽取按地区分布（东部、中部、西部）和城市类型（直辖市、省会城市、大中城市、县级市）两个维度进行，以尽可能涵盖不同经济发展水平、不同人口规模、不同社会文化的城市类型。最终抽取到北京、上海、重庆等12个不同类型的城市。研究总共抽取到幼儿父母、小学生父母及初中生父母8687名。调查采用自填问卷的方式进行，具体实施由12所大学社会学及相关专业的教师组织研究生或高年级本科生作为调查员完成。由于该研究采取的是通过孩子抽取父母的方式，因而在母亲的年龄分布中，有些已经超出了生理生育年龄的上限（49岁）。因此，本章分析中，仅选取了妻子年龄在23~49岁的育龄人群，样本规模为5297人。样本基本情况见表7-1。

表7-1　被调查对象基本情况统计表

基本情况	选项	占比
性别	男	31.9%
	女	68.1%

续表

基本情况	选项	占比
性别	n	5297
女方年龄	22~29 岁	8.2%
	30~34 岁	29.6%
	35~39 岁	40.7%
	40~44 岁	18.7%
	45~49 岁	2.8%
	n	5297
文化程度	初中及以下	13.0%
	高中和中专	26.3%
	大专	23.8%
	本科	30.4%
	研究生	6.4%
	n	5288
独生子女身份	独生子女	21.5%
	非独生子女	78.5%
	n	5294

注：由于占比是四舍五入计算得到，相加与 100%有误差

第三节　三类育龄女性的比重及年龄结构

育龄女性的年龄，既是影响其生育意愿、生育决策、生育计划和生育行为的生理基础，同时也是形成其生育意愿的心理基础。已有研究表明，不同年龄的育龄女性，在生育意愿、生育计划等方面有显著差别。[①]因此，了解城

① 石智雷、杨云彦：《符合“单独二孩”政策家庭的生育意愿与生育行为》，《人口研究》2014 年第 5 期，第 27—40 页。

市一孩育龄女性的年龄分布就成为我们首要的任务。下面表 7-2 是样本中三类不同属性的育龄女性年龄分布结果。

表 7-2　不同夫妇类型中妻子的年龄分布

妻子年龄	夫妇类型			合计
	双独一孩	单独一孩	双非一孩	
22~29 岁	11.9%	11.3%	6.7%	8.2%
30~34 岁	61.2%	40.4%	21.9%	29.6%
35~39 岁	23.6%	39.4%	43.3%	40.7%
40~49 岁	3.3%	9.0%	28.2%	21.5%
平均年龄/岁	32.9	34.4	36.8	35.9
n	454	1240	3581	5275
占总体的百分比	8.6%	23.5%	67.9%	100%

注：由于百分数是四舍五入计算得到，相加与 100%有误差

表 7-2 最下面一行的百分比结果首先表明，三类不同的育龄女性在总体中的规模和比重有很大差别。双独一孩育龄女性在全部一孩育龄女性中所占的比例不足 10%，单独一孩育龄女性所占比例也只接近总体的 25%，而双非一孩育龄女性的比例则接近总体的 70%。这一调查结果与 2013 年国家卫计委在全国调查的同类结果（9.8%、18.5%、71.7%）非常接近。[①]三类一孩育龄女性的这种结构与比例分布，既是我们认识城市一孩育龄女性总体结构状况的基础，同时更是我们在当前“全面二孩”政策背景下预测城市一孩育龄女性总体生育潜能的基础。这一结果启示我们，城市中“双独二孩”“单独二孩”两项政策所涉及的一孩育龄女性，只占全部一孩育龄女性的 30%左右，而“全面二孩”政策所涉及的双非一孩育龄女性则占全部一孩育龄女性的 70%左右。所以，十分明显的是，后者的生育意愿和再次生育状况将会对我国人口总体的变化产生更大影响。

表 7-2 上面部分的结果其次表明，三类不同的育龄夫妇中，双独一孩

① 风笑天：《生育政策潜在人口的结构及其二孩生育意愿——对两项大规模调查结果的分析》，《江苏行政学院学报》2015 年第 6 期，第 54—61 页。

夫妇的妻子年龄相对最为年轻，单独一孩夫妇的妻子次之，双非一孩夫妇的妻子年龄相对最年长。表 7-2 下面关于三者的平均年龄统计结果也证明了这一点。特别是，若以 35 岁为界，则小于 35 岁的妻子在双独一孩夫妇中比例高达 73.10%，在单独一孩夫妇中，这一比例为 50%多一点（51.7%），而在双非一孩夫妇中，这一比例则连 30%都不到（28.6%）。相反地，大于 35 岁的妻子的比例分布，在三类不同的育龄夫妇中则正好颠倒了过来。当我们从高龄生育方面考虑，分别将 35 岁、40 岁作为两个关键的分界点，那么，三类不同的育龄女性处于这两个分界点之上的比例则分别约为 27%与 3%、48%与 9%、71%与 28%。“双非一孩”育龄女性高年龄的比例显著高于前两类女性。

这一结果启示我们，双非一孩育龄女性不仅在规模比例上相对更大，同时她们的年龄结构也相对更加年长。这种规模比例和年龄分布的综合结构预示着两种可能的前景：一种前景是，双非一孩育龄女性整体中可能有相对更大的一部分或许会受生理条件限制而放弃二孩生育。这一前景与笔者关于“如果放开实行‘全面二孩’政策，由于年龄的原因，申请再次生育的女性的比例有可能会比符合‘单独二孩’政策、‘双独二孩’政策女性中的申请比例有所降低，特别是最终能够再次生育的比例也会由于生理年龄的原因而有所降低”[①]的研究结论相一致。但与此同时，也有另一种可能的前景，这就是，如果双非一孩育龄夫妇再次生育的比例与双独一孩和单独一孩育龄夫妇的比例相似，那么，双非一孩育龄女性整体上则会产生出在绝对数量上比双独一孩夫妇和单独一孩夫妇要多的、赶在生理生育期结束前去努力“抢生”第二个孩子的高龄产妇。这是一个值得特别重视的可能前景。

从图 7-1 中，我们可以更加直观也更加综合地看到城市一孩育龄女性中，三类不同的群体各自的规模、在总体中的大致比重及她们年龄结构的分布状况。

① 风笑天：《生育政策潜在人口的结构及其二孩生育意愿——对两项大规模调查结果的分析》，《江苏行政学院学报》2015 年第 6 期，第 57 页。

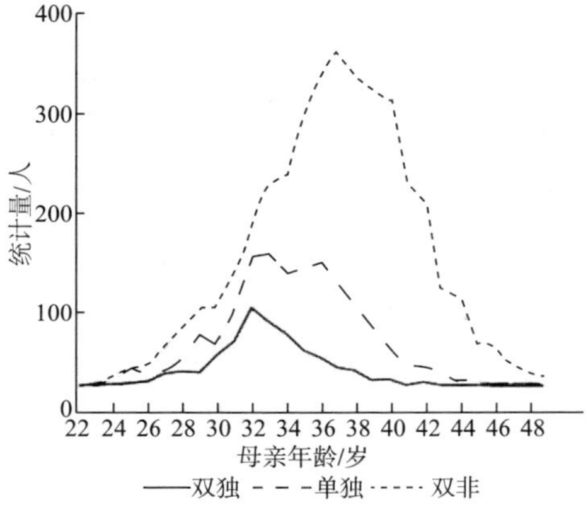

图 7-1　城市一孩育龄女性的年龄分布图

第四节　三类育龄人群的二孩生育意愿

在讨论三类育龄人群的生育意愿调查结果之前，需要指出一个重要的区别：本书研究在进行实地调查时，中央关于实施“全面二孩”的决策尚未提出。因此，调查对象中有些是符合当时的生育政策、可以生育二孩的；有些则是不符合当时的生育政策、不能生育二孩的。对这两种不同的对象进行生育意愿调查时，提问的方式不可能相同。对于前者，我们采取的是直接提问：“就你个人的心愿来说，你想生第二个孩子吗？”答案只有“想再生一个”和“不想再生”两个。对于后者，我们所提的问题则是：“如果过几年国家开始实行‘全面二孩’生育政策，所有夫妻都可以生育两个孩子，那样的话，你是否想再生一个孩子？”列出的备选答案有四个，分别是“想再生一个”“如果不超过 40 岁就再生一个”“说不好、不确定”“就算不限制也不想再生”（四种回答的百分比分别为 17.3%、18.2%、24.4%、40.0%）。

为了便于与前者的结果进行比较，我们将后者回答“如果不超过 40 岁就再生一个”的人中年龄在 39 岁及以下者，作为“想再生一个”进行统计，将年龄在 40 岁及以上者作为“就算不限制也不想再生”进行统计，得到“想再生一个”的比例为 30.4%，“就算不限制也不想再生”的比例为 45.2%；再将回答“说不好、不确定”的人数按照“想再生一个”和“就算不限制也不想再生”的比例进行分割，最终得到表 7-3。

表 7-3　城市三类一孩育龄人群的生育意愿

生育意愿	双独一孩	单独一孩	双非一孩
想再生一个	46.5%	50.1%	42.8%
不想再生	53.5%	49.9%	57.2%
n	417	1114	3424

表 7-3 的结果表明，虽然符合当时生育政策的两类育龄人群的二孩生育意愿，略高于当时不符合政策的双非一孩育龄人群在假设条件下的生育意愿；但三类育龄人群之间的差别不太大。实际上，国家卫计委 2014 年对符合“单独二孩”政策的育龄人群进行的二孩生育意愿调查，所得到的想生二孩的比例也为 40%左右（39.6%）。[①]因此，可以认为，三类一孩育龄人群的二孩生育意愿基本上都在 40%~51%。这种 40%~51%的二孩生育意愿比例还是相对客观、值得注意的。特别是考虑到本调查样本的综合性特征，这一比例可能比现有那些对单一城市调查的结果更能准确地反映城市一孩育龄人群的二孩生育意愿状况。因此，对于预测生育政策实施效果及分析政策可能的社会影响所具有的参考价值也更大一些。

第五节　三类育龄人群的年龄结构与生育意愿的交互分析

只有反映生育潜力客观方面的年龄结构与反映生育潜力主观方面的生育意愿相结合，才能形成对生育结果起作用的生育潜力。因此，为了更好

---

①《2015 年 7 月 10 日国家卫生计生委例行新闻发布会文字实录》，2015 年 7 月 10 日，http://www.nhc. gov.cn/xcs/s3574/201507/43685ecd0edb4b71b260306af9b7e924.shtml。

认识城市一孩育龄人群的年龄结构与其生育意愿之间的关系，我们对二者进行交互统计。考虑到双独一孩、单独一孩育龄人群总体规模较小，同时二者在当时都属于符合政策可以生育二孩的人群，故将二者数据合并起来作为一类进行统计。

表 7-4　不同类型一孩育龄人群中“想生二孩”比例与女方年龄的交互统计

育龄人群	女方年龄				
	22~29 岁	30~34 岁	35~39 岁	40~44 岁	45~49 岁
双独一孩与单独一孩	65.0%	51.9%	42.4%	34.4%	
双非一孩	74.2%	61.9%	45.3%	16.9%	12.4%

注：①双独一孩与单独一孩育龄人群中，女方年龄在 45~49 岁的总共只有 8 人，故并入 40~44 岁中进行统计；②双非一孩育龄人群“想生二孩”与“不想生二孩”比例的计算方式与前面表 6-4 中的计算方式相同

表 7-4 的结果显示，无论是当时符合生育政策的双独一孩与单独一孩人群，还是当时不符合政策的双非一孩人群，都呈现出女性年龄越大，二孩生育意愿越低的趋势。但值得注意的是，虽然 40 岁以下各个年龄组中，双非一孩育龄人群的二孩生育意愿都略高于双独一孩与单独一孩育龄人群，但在 40 岁以上年龄组中，其比例则明显低于后者。这一结果的含义是什么？是反映双非一孩育龄人群相对较低的高龄生育比例吗？笔者分析，这或许是由于在对双非一孩育龄人群进行调查时，调查问题所给出的答案中已考虑了现实的因素的缘故，即由于答案中有一项“如果年龄不超过 40 岁就再生一个”，这一答案实际上已对那些表示想生育二孩，但没有考虑年龄因素的被调查者提前进行了区分，因而所剩下的比例代表的是那些真正想生二孩，即使年龄超过 40 岁也要生的人。如果根据这种分析，也可以反过来看待前者相对较高的比例。笔者估计，在双独一孩与单独一孩 34.4%的想生二孩人群中，一旦明确地将“不超过 40 岁”的年龄因素考虑进去，情况或许也会发生分化，其中的一部分人也可能就会放弃生育二孩，真正坚定想生二孩的比例可能也会随之下降。

如果将 35 岁以上作为高龄育龄人群，那么，通过将两类育龄人群中高龄女性的年龄分布结果与其生育意愿进行交互统计，就可以得到想生二孩的高龄女性的生育潜力。再依据各年龄组的总人数，可以计算出生育潜力对应的人数。根据这种人数，可以计算出该年龄组想生二孩的女性在全部一孩育龄

人群总体中所占的比重，而依据这种比重，我们可以预估和比较两类高龄育龄人群规模和结构，详见表 7-5。

表 7-5 两类高龄育龄人群的生育潜力及其在总体中所占的比重

育龄人群		女方年龄		
		35~39 岁	40~44 岁	45~49 岁
双独一孩与单独一孩	该年龄女性的比例（a）	35.2%	7.5%	
	其中想生二孩的比例（b）	42.4%	34.4%	
	生育潜力（c）$=a\times b$	14.9%	2.6%	
	生育潜力对应的人数（n）	62	28	
	占总体比例（n/N）	1.3%	0.6%	
双非一孩	该年龄女性的比例（a）	43.3%	24.5%	3.7%
	其中想生二孩的比例（b）	45.3%	16.9%	12.4%
	生育潜力（c）$=a\times b$	19.6%	4.1%	0.5%
	生育潜力对应的人数（n）	743	121	19
	占总体比例（n/N）	15.0%	2.4%	0.4%

表 7-5 的结果表明，双独一孩与单独一孩家庭中，想生二孩的高龄育龄女性总共只占一孩育龄女性总体的 1.9%（即 1.3%加 0.6%）；而双非一孩家庭中，想生二孩的高龄育龄女性在总体中的比例则达到 17.8%（即 15.0%加 2.4%加 0.4%）。后者几乎是前者的 10 倍。这一结果提示我们，“全面二孩”政策实施后，由于双非一孩父母整体年龄相对年长，二孩生育意愿与双独一孩、单独一孩父母相近，因而未来高龄孕产妇的人数将会比“双独二孩”“单独二孩”政策下的高龄孕产妇人数有明显的增加。

第六节 总结与讨论

本章基于“全面二孩”政策出台的背景，利用对全国 12 个城市 5297 名一孩育龄人群的抽样调查数据，分析了双独一孩、单独一孩、双非一孩这三类不同政策属性的育龄女性在规模、年龄结构和生育意愿等方面的分布状况，并对育龄女性的年龄结构与其生育意愿之间关系进行了探讨，研究的主要结论如下。

（1）城市一孩育龄夫妇中，属于双独一孩、单独一孩及双非一孩人口的比例分别约为 8.6%、23.5%和 67.9%。这一结果与 2013 年国家卫计委在全国调查中所得到的 9.8%、18.5%和 71.7%的结果十分接近，反映出 2015 年城市一孩育龄人口在不同政策属性上的基本结构。这种比例结构揭示出，城市实施的两项二孩生育政策（即“双独二孩”“单独二孩”政策），总共只覆盖到当时一孩育龄夫妇的 30%左右，而“全面二孩”政策，则将覆盖到现有一孩育龄夫妇总体中 70%左右的对象。这是一个对人口预测来说十分重要的结果。

（2）双非一孩育龄女性不仅在规模上比例相对较大，同时她们的年龄结构也相对更年长。她们中处于 35 岁以上的比例达到了 70%左右，远远高于双独一孩和单独一孩育龄女性的同类比例。这种规模和年龄的综合结构预示着两种可能的前景：一种前景是，双非一孩育龄女性中可能有相对更大的一部分或许会受生理条件限制而无法或放弃生育二孩；另一种前景是，双非一孩育龄女性中或许会产生出相对更多的赶在生理生育期结束前去努力“抢生”第二个孩子的高龄产妇。

（3）三种不同类型的一孩育龄人群的二孩生育意愿都在 40%~51%，这一比例还是相当可观的。同时，无论是当时符合生育政策的双独一孩与单独一孩人群，还是不符合政策的双非一孩人群，都呈现出“女性年龄越大，二孩生育意愿越低”的趋势。双非一孩家庭中，想生二孩的高龄女性在总体中的比例接近 20%（17.8%），几乎是双独一孩和单独一孩家庭同一比例的 10 倍。这一结果提示我们，“全面二孩”政策的实施，可能会使高龄产妇人数有一个比实施“双独二孩”“单独二孩”政策时期更高的增加。

本章研究的结果提出了几个值得进一步探讨的问题。

首先是不同身份的一孩育龄女性所具有的不同心态和生育行为问题。应该意识到，虽然实行“全面二孩”政策后，所有一孩育龄夫妇都可以合法生育第二个孩子，但是，目前城市一孩育龄人口中实际上却存在着三种身份不同、性质不同、心态也不同的人口：即符合“双独二孩”政策的一孩育龄人口、符合“单独二孩”政策的一孩育龄人口及符合“全面二孩”政策的一孩育龄人口。

而之所以区分三者，其意义在于：符合“双独二孩”政策者从一开始就不受政策限制，他们从一结婚开始就知道自己可以生育两个孩子，就可以主动考虑和提前决定生不生二孩。在兼顾到他们的构成、他们的社会生活经历等因素所具有的影响的前提下，他们的生育意愿、生育计划及生育行为等结果，可以看作一种相对自然的结果，或者说是一种常态的结果，而符合“单独二孩”政策的育龄人口，则是在这一政策公布后才突然被告知可以生育第二个孩子的，“这种事先的不可知性，以及再次生育的突然性和被动性，会给这些准备生育第二个孩子的单独父母们带来极大的不适应。因为他们不可能做好、实际上也并没有做好生育第二个孩子的心理准备”①。他们的生育意愿、生育计划及生育行为，很可能与前者不同。但却可以给我们预测“全面二孩”政策的效果和影响提供重要参考。因为可以预计的是，发生在“单独一孩”育龄夫妇中的各种生育现象，很可能也会同样发生在规模更大的“双非一孩”育龄夫妇中。因为他们也是像“单独一孩”育龄夫妇那样，是突然“被告知”可以生二孩的。当然，由于他们的构成、他们的社会生活经历等因素可能与“单独一孩”育龄夫妇有一定的差别，因而他们的生育意愿和生育行为或许也会表现出这样或那样的不同。

其次是“全面二孩”政策放开可能产生的更为突出的高龄孕产妇问题。从调查结果来看，虽然2015年调查中双非一孩育龄人群中希望生育二孩的高龄人口比例并不太高，但由于其人口规模和比重远大于城市社会中的单独一孩和双独一孩育龄人群，因此，可以预计，“全面二孩”政策落地所形成的高龄孕产妇的绝对数量仍然会比以前和目前有大幅增长。这种较大规模的高龄孕产妇人群的出现，是实行计划生育政策以来我国社会中从没有出现过的特殊情况。它对城市社会中现有医疗卫生和保健系统，特别是对那些与孕产妇、胎儿及妇女生育相关的医疗卫生部门和岗位将形成新的冲击，也将对这类医疗部门和人员配置提出新的要求。在这方面，需要引起政府相关部门和社会的高度重视，要提前开展调查研究，制订出有效的应对方案，切实保障和具体帮助那些希望生育二孩的高龄女性安全、顺利地实现她们的生育意愿。

再次是生育意愿的调查结果与实际生育行为的关系问题。调查表明，符

① 风笑天：《“单独二孩”生育政策对年轻家庭亲子社会化的影响》，《东南大学学报（哲学社会科学版）》2015年第4期，第7页。

合政策条件的双独一孩、单独一孩夫妇中，大约有接近一半的人希望生育二孩。但更为重要的问题是，在实际行动中，人们生育第二孩的比例会不会真的有这么高呢？本次调查中，我们对符合二孩条件者提出了“你们是否提出了生育二孩申请”的问题。调查给出的却是反差较大的结果：在符合政策条件者中，分别只有 12.5%的双独一孩夫妇和 14.4%的单独一孩夫妇提出了生育二孩的申请。这样看来，生育意愿终究只是一种愿望。就愿望来说，许多人或许会回答想生两个孩子。但是要提出生育申请，则在很大程度上意味着要将这种愿望付诸行动，而这种行动又会产生出一系列结果，其中既包括有利的结果，也包括不利的结果。因此，许多人虽有这种愿望，但一旦考虑到这些结果，特别是不利的结果时，其愿望很可能就仅仅只成为愿望，而不会成为行为。这样来看，现在调查中询问人们的生育意愿时，他们的回答可能会高于实际真正想生的比例，即现实生活中，人们真正要将生育二孩的想法付诸实践，将生育意愿变成实际行动的比例会明显小于口头回答的比例。这样的结果也再次支持了国内外学者关于人们的“生育意愿—生育决定—生育行为”是一个逐步递减的过程的结论。

最后，需要说明的是，由于本书研究对调查对象的界定及其对抽样方式的相应选择，导致研究结果中既没有涉及农村一孩育龄人群的情况，也没有涉及城市 0~2 岁儿童父母的情况。因此，读者在分析和应用本书研究的相关结果及研究结论时，应对此所可能带来的局限保持清醒的认识。

第　八　章

城市两类育龄人群二孩生育意愿的影响因素

第一节　研究背景与问题

育龄人群的生育意愿是影响人们生育行为和社会生育水平的重要因素，也是政府相关部门和学术界十分关注的社会现实。在我国实行以“一对夫妇只生育一个孩子”为主要内容的计划生育政策后，近几年，国家先后出台了“单独二孩”和“全面二孩”生育政策，使得育龄人群面临的政策环境发生了巨大的变化。二孩政策的逐步放开有利于国家逐步调控人口总体结构、增加未来劳动力的补充、改善人口老龄化进程。但这些宏观目标的实现，最终都将依赖于微观层面具体承担生育任务的育龄人群的生育意愿和生育行为。因此，准确全面地了解育龄人群的二孩生育意愿、认识影响育龄人群二孩生育意愿的相关因素就显得特别重要。

正是在这一大的背景下，现有一孩育龄夫妇的生育意愿及其影响因素问题再次引起学术界和政府相关部门的重视，针对育龄人群二孩生育意愿的调查也不断开展。在前面第六章中，我们对“单独二孩”政策实施前后国内两项大规模生育意愿调查的数据进行了分析，对不同生育政策潜在受惠人口的分布及其二孩生育意愿进行了探讨。结果表明，一方面，在城乡一孩育龄夫妇中，“双独二孩”、“单独二孩”、农村“一孩半”及“全面二孩”生育政策的潜在受惠人口比例大约分别占 5%、10%、25%和 60%。这种比例结构揭示出，前期实施的三项二孩生育政策总共只覆盖到现有一孩育龄夫妇的 40%，而2016年开始实施的“全面二孩”生育政策，其受益人群范围最广，覆盖到现有一孩育龄夫妇总体中60%左右的对象。另一方面，不同政策受惠人口的年龄结构又存在着明显的差别，符合“双独二孩”及“单独二孩”政策条件的育龄女性大部分正处于25~34岁的生育高峰年龄，比例接近80%；而相比之下，符合“全面二孩”政策的育龄妇女中，则有一半左右已经超过了生育高峰年龄。特别是城市符合“全面二孩”政策的一孩育龄女性中，有接近70%（68%）的人处于35~44岁的育龄后期，说明城市中符合“全面二孩”政策的育龄女性总体年龄偏大。

第七章的研究结果也显示，双非一孩育龄女性群体与双独一孩、单独一孩育龄女性群体在年龄结构上有着显著的差别：单独一孩与双独一孩育龄女性中，年龄在22~34岁的比例分别达到51.7%和73.1%，而“双非一孩”育龄女性中，处于这一年龄段的比例只有28.6%，她们处于35岁及以上的比例达到了71.5%，远远高于双独一孩和单独一孩育龄女性的同类比例。张晓青等在山东的调查也得到类似结果：单独一孩育龄妇女与双非一孩育龄妇女“最突出的差异表现在年龄结构方面”，单独一孩育龄妇女25~34岁的占76.6%，而“双非一孩”育龄妇女中，35~49岁的占63.2%。[①]

对于在年龄结构上有着如此明显不同的两类育龄群体来说，影响他们二孩生育意愿的各种因素是否也会有所不同呢？特别是目前社会舆论中比较普遍的经济条件因素、祖辈帮助因素、一孩性别因素等，是否会对两类不同的育龄人群有着不同的影响呢？本章的目标，正是希望利用2015年对全国12个城市不同类型一孩育龄夫妇的调查数据，对上述问题进行探讨，以便弄清楚年龄结构明显不同的两类育龄群体在二孩生育意愿上的影响因素，从而为更好地认识“单独二孩”“全面二孩”政策的实施效果及其相关的影响因素，为建立促进二孩生育的政策配套措施，以及为下一步生育政策调整方向的制定提供参考。

① 张晓青、黄彩虹、张强等：《“单独二孩”与“全面二孩”政策家庭生育意愿比较及启示》，《人口研究》2016年第1期，第89页。

第二节　育龄人群二孩生育意愿影响因素的文献回顾

根据笔者在中国知网上的检索，从 2013 年底“单独二孩”政策启动实施以来，发表在核心期刊上、针对符合“单独二孩”“全面二孩”政策育龄人群进行的生育意愿调查结果共有以下几项。

石智雷和杨云彦利用湖北省卫生和计划生育委员会 2014 年 6 月对符合“单独二孩”政策的目标人群进行生育意愿调查所得数据，对湖北省城乡符合“单独二孩”政策家庭的基本情况及生育意愿进行了描述和分析，得出了“农村居民二孩生育意愿略高于城市；育龄妇女年龄越大，二孩生育意愿越低；文化程度越高，城市育龄妇女的二孩生育意愿越弱，农村育龄妇女二孩生育意愿反而越强”“在符合‘单独二孩’政策但不打算要二孩的家庭中，50%的家庭是因为经济压力大”等一系列重要结论。[①]张勇等同样利用这一调查数据，对其中 4661 个城镇单独一孩家庭的二孩生育意愿进行了研究。结果发现，“妻子年龄、妻子学历、妻子职业、一孩的性别、夫妻二人迁移经历都会对家庭的二孩生育意愿产生影响”[②]。但是，该研究一方面只以符合“单独二孩”政策的家庭为研究对象，缺少对双非一孩家庭的调查；另一方面该研究的样本来自中部一个省，难以反映东、西部不同经济发展地域，不同社会文化背景中育龄人群的生育意愿状况及其相关影响因素。

牛亚冬等 2014 年采用入户和电话调查方式，对武汉 1093 户符合“单独二孩”政策家庭进行了生育意愿调查，描述了该市“单独一孩”育龄夫妇的理想子女数量、理想子女间隔及二孩生育意愿，并对影响二孩生育意愿的因素进行了分析。其研究表明，一孩年龄、妻子年龄、祖辈支持等因素对二孩生育意愿有显著影响。[③]但是，该研究的对象也仅仅是符合政策的单独一孩夫

---

① 石智雷、杨云彦：《符合“单独二孩”政策家庭的生育意愿与生育行为》，《人口研究》2014 年第 5 期，第 27 页。

② 张勇、尹秀芳、徐玮：《符合“单独二孩”政策城镇居民的生育意愿调查》，《中南财经政法大学学报》2014 年第 5 期，第 19 页。

③ 牛亚冬、张文斌、张栋等：《单独家庭生育二孩意愿的分析——基于武汉市 1093 户单独家庭的调查数据》，《人口与发展》2015 年第 3 期，第 13—18 页。

妇，缺少了规模更大、社会影响也更大的双非一孩育龄人群。此外，该研究的样本抽取方式、调查实施方式等具体操作过程也不清晰，难以评估其资料的质量。

贾志科和风笑天 2014 年 3~5 月在江苏南京、河北保定两城市对五大类行业中 558 名 35 岁以下的已婚青年夫妇进行了调查。虽然对双独一孩、单独一孩、双非一孩三类夫妇的二孩生育意愿进行了比较，得到了不同城市、不同行业、不同文化程度、不同政治面貌的对象在二孩生育意愿上有差别的结论。但该研究的对象在年龄和职业上存在明显的局限，同时影响二孩生育意愿的多种不同的因素也没有进行分析。①

卿石松和丁金宏 2014 年 7 月通过对上海夫妻匹配数据的分析，探讨了独生属性对生育意愿的影响。结果表明，“夫妻独生属性与生育意愿没有显著的关系”“高学历、高收入，有商品房的家庭更倾向于生育 2 个孩子，而年龄较大、受教育程度低的被调查者则不愿意生育二孩”②。该研究对夫妻匹配数据的利用，更全面地反映了育龄家庭的二孩生育意愿状况。但由于该研究的调查对象只是到婚姻登记处登记结婚的新婚夫妻，在年龄上未能很好反映一孩育龄夫妇的整体状况，因而无法代表整个育龄期的夫妻。其研究结论的适用范围受到局限。

汤兆云于 2014 年 8 月在福建省泉州市两区两县对 561 对“单独一孩”夫妇进行了调查研究，描述了“单独一孩”夫妇的二孩生育意愿，分析了主要的影响因素，并在此基础上对未来一段时期内的生育政策调整方向和内容进行了探讨。③该研究一方面只关注符合生育政策的单独一孩夫妇，完全没有涉及双非一孩育龄人群；另一方面其样本仅来自一个城市，其中还包括了城乡两部分对象，导致真正属于城市育龄人群的对象只有不足 400 人，样本规模有些偏小。研究结论的推广性受到局限。

---

① 贾志科、风笑天：《城市“单独夫妇”的二胎生育意愿——基于南京、保定五类行业 558 名青年的调查分析》，《人口学刊》2015 年第 3 期，第 5—15 页。

② 卿石松、丁金宏：《生育意愿中的独生属性与夫妻差异——基于上海市夫妻匹配数据的分析》，《中国人口科学》2015 年第 5 期，第 92 页。

③ 汤兆云：《“单独夫妇”二孩生育意愿及未来生育政策的调整——基于福建省泉州市的调查数据》，《中共福建省委党校学报》2014 年第 12 期，第 64—70 页。

韩雷和田龙鹏2014年9月对湖南省湘潭市城乡育龄妇女的生育意愿进行了调查，描述了育龄妇女的二孩生育意愿及其不想生二孩的原因。其结果表明，“农村比城镇人口更想生二孩，单双独家庭比普通家庭更想生二孩”；而“不想生二孩的主要原因是成本太高，占比达到 56.3%”[①]。由于该研究的关注点主要集中于对现状的描述，因而并没有对影响育龄人群二孩生育意愿的因素进行分析。

张晓青等 2015 年在山东省城乡进行了调查，并对单独一孩和双非一孩育龄家庭的生育意愿及其影响因素进行了比较分析。其结果显示，“两类政策家庭的二孩生育意愿和理想子女数基本相同，且愿意生育二孩的主观因素、地区差异及户口性质、文化程度、现有 1 孩性别等对两类家庭生育意愿的影响是类似的”“现有 1 孩性别、年龄、地区因素、主观因素等对两类家庭二孩生育意愿均具有显著的影响；‘全面二孩’政策家庭更主要从一个孩子的风险性方面考虑二孩生育，‘单独二孩’政策家庭则更多从自身养老和精神需求的角度做出二孩生育选择”。[②]该研究结果对于比较两类政策目标人群的生育意愿差别及其影响因素具有较好的参考价值。只是由于该调查的样本中包含城乡两部分育龄人口，而城乡两类人口不仅在生育意愿现状方面有所不同，更重要的是在影响其生育意愿的经济条件、价值取向、生活方式等方面也存在巨大差别，因而该研究结果对于了解和分析城市两类育龄女性的生育意愿及其影响因素来说依然存在一定局限。

风笑天和李芬利用 2015 年全国 12 个城市抽样调查数据，对符合“双独二孩”“单独二孩”政策的 1487 名一孩育龄人群提出二孩生育申请的状况及其影响因素进行了分析。研究结果表明，“育龄人群对现有子女数是否满意、第一孩的性别、生活城市的类型、女方的年龄、双方祖辈对他们生二孩的愿望、丈夫的文化程度等等，都是对符合条件人群提出二孩生育申请有影响的

---

① 韩雷、田龙鹏：《“全面二孩”的生育意愿与生育行为——基于 2014 年湘潭市调研数据的分析》，《湘潭大学学报（哲学社会科学版）》2016 年第 1 期，第 51 页。

② 张晓青、黄彩虹、张强等：《“单独二孩”与“全面二孩”政策家庭生育意愿比较及启示》，《人口研究》2016 年第 1 期，第 87 页。

因素。”[①]那么，对于当时不符合条件、现在符合“全面二孩”条件的双非一孩育龄夫妇来说，影响他们生育意愿的因素是否也与上述结果相同或相似呢？显然，尽管该研究探讨的主题是影响单独一孩、双独一孩育龄夫妇生育决策的因素，但对于本章探讨两类育龄人群生育意愿的影响因素来说，无疑具有一定的借鉴意义。

钟晓华利用2016年3~4月开展的广东省城市双非一孩夫妇再生育意愿调查所得资料，研究了政策公布前后影响双非一孩夫妇生育意愿的因素，得出了受访者的性别、受教育程度、家庭收入、妻子年龄、妻子工作强度、地区因素等对其二孩生育意愿有显著影响的结论。[②]这是与本章研究问题最为接近的研究。然而比较遗憾的是，该研究可能由于人力、财力等原因，研究的样本存在较大不足。这一方面体现在其采用的是配额抽样和方便抽样两种非随机抽样的方法上，另一方面也体现在每一个城市的样本量过小上（平均每个城市不到 70 人）。样本的缺陷无疑影响了其结论的适用性和可靠性。

另一项比较接近的研究是中国人民大学人口与发展研究中心中国家庭生育决策机制研究课题组2016年4月在全国6个省12个市组织的调查。调查对象包括城乡 20~49 岁在婚育龄妇女及其配偶。靳永爱等利用其中规模为3190人的城市一孩育龄妇女样本，探讨了“生育偏好和生育计划的影响因素有什么差异？生育偏好和生育计划相偏离的原因是什么”的问题。研究结果表明，“生育偏好受到家庭成长环境和居住模式的影响，与公婆同住、自己有兄弟姐妹更倾向于形成生育两个及以上孩子的偏好”“现实限制性因素对生育计划有重要影响，年龄越大、经济收入越低、没有父母或公婆帮忙照料孩子，女性再生育一个孩子的可能性更小。但这些因素对女性的生育偏好并没有影响”。[③]由于该研究关注的重点是生育偏好与生育计划之间的差距，而非

① 风笑天、李芬：《生不生二孩？城市一孩育龄人群生育抉择及影响因素》，《国家行政学院学报》2016年第1期，第99页。

② 钟晓华：《“全面二孩”政策实施效果的评价与优化策略——基于城市“双非”夫妇再生育意愿的调查》，《中国行政管理》2016年第7期，第127—131页。

③ 靳永爱、宋健、陈卫：《全面二孩政策背景下中国城市女性的生育偏好与生育计划》，《人口研究》2016年第6期，第35—36页。

生育意愿的影响因素，所以研究者没有对研究对象中的单独一孩、双独一孩和双非一孩育龄人群进行区分，也没有对影响两类一孩育龄人群生育意愿的因素进行对比分析。

现有文献回顾表明，目前虽然已经发表了一批有关育龄人群生育意愿及其影响因素的研究，但是，一方面，现有的生育意愿调查，大部分针对的对象都只是符合二孩政策的单独一孩、双独一孩育龄家庭，较少涉及在育龄人群中比例更大、对中国人口发展影响也更大、与“全面二孩”政策最为相关的双非一孩育龄家庭；另一方面，现有二孩生育意愿调查大部分是包含城乡两部分育龄人群在内的，很少有集中探讨在经济、文化、心理等方面与农村育龄人群有着差别的城市育龄人群的生育意愿研究。更为重要的是，现有的二孩生育意愿研究绝大多数都没有对在年龄结构上存在显著不同的单独一孩、双独一孩育龄人群与双非一孩育龄人群进行区分。因此，现有这些调查的结果虽然为我们提供了育龄人群二孩生育意愿的基本资料，使我们对单独一孩、双独一孩育龄人群与双非一孩育龄人群在生育意愿方面的现状和异同有所了解，但对于在年龄结构上存在如此重大差别的两类育龄人群二孩生育意愿的影响因素是否有所不同等问题却仍然还不清楚，而这正是本书研究重要性的一个很好说明。本章的主要目标，就是利用笔者 2015 年在全国 12 个城市进行的生育意愿调查所得数据，对影响两类育龄人群二孩生育意愿的因素进行探讨。本章在分析中，同样是选取了总样本中妻子年龄在 23~49 岁的育龄人群，分析所用的样本规模为 5297 人。

第三节　单独一孩、双独一孩育龄人群二孩生育意愿的影响因素

育龄人群二孩生育意愿的影响因素是多方面的。为更好地比较与两类育龄夫妇二孩生育意愿相关的因素，笔者采用二元 logistic 回归分析方法，分别对单独一孩、双独一孩与双非一孩这两类育龄夫妇的总体进行统计分析。分

析的因变量均为二孩生育意愿，即想生或不想生，为二分变量；对于影响因素，笔者在参考已有研究结果及本书研究前期定性访谈的基础上，重点考察了以下七个方面，分别是：生育需求是否满足（二分变量，满足=0，不满足=1）、生活的城市类型（二分变量，中心大城市①=0，普通大中小城市=1）、现有一孩的性别（二分变量，男=0，女=1）、妻子的年龄、夫妻受教育程度、家庭经济条件（以夫妻月收入的对数表示）、双方祖辈中支持生二孩的人数等（连续变量）。由于"现有一孩年龄"这一变量与母亲年龄变量之间有较强的相关，二者的皮尔逊相关系数为 0.626，故略去；同时，夫妻双方文化程度之间也存在很强的相关，二者的皮尔逊相关系数为 0.711，故只选取了丈夫的文化程度。表 8-1 是双独一孩、单独一孩育龄人群二孩生育意愿的 logistic 回归分析结果。

表 8-1 城市双独一孩、单独一孩育龄人群二孩生育意愿的 logistic 回归分析

变量	模型		
	B	SE B	Exp(B)
对现有孩子数量是否满意（满意=0）	1.791***	0.147	5.997
第一个孩子的性别（男=0）	−0.173	0.122	0.841
城市类型（中心大城市=0）	0.167	0.144	1.182
双方祖辈有几人希望你们生二孩	0.300***	0.046	1.350
夫妻月收入对数	−0.117	0.108	0.890
女方年龄	−0.077***	0.017	0.926
男方受教育年限	0.078**	0.028	1.081
常数项	−0.079	0.678	2.033
样本量（n）	1378		
卡方值	300.446***		
自由度	7		

为 $p<0.01$；*为 $p<0.001$

① 包括直辖市和省会城市。

表 8-1 的结果表明，在本书研究所考虑的七个变量中，一孩性别（第一个孩子的性别）、城市类型、夫妻月收入对数三项不显著，其他四个变量分别在不同程度上显著，说明这四个变量对于符合“双独二孩”“单独二孩”条件的一孩育龄人群是否希望生育二孩有影响作用并可推断到总体。从回归系数 B 一栏中，可以看到，女方年龄一项系数为负，说明女方的年龄越大，希望生育二孩的可能性越小，这与现有一些研究的结果相一致。其他三项呈显著性的 B 值均为正值，说明对于符合“双独二孩”“单独二孩”条件的一孩育龄人群希望生育二孩的可能性来说，它们的影响都是正向的，即那些对现有子女数越不满意、男方文化程度越高、双方四个祖辈中希望他们生二孩的祖辈越多，他们希望生育二孩的可能性越大。

从表 8-1 中优势比 Exp(B)一栏的具体结果中，我们可以看出四个因素具有的影响力的大小。首先，对现有子女数量不满意的一孩育龄夫妇希望生育二孩的发生比是对现有子女数量满意者的 5.997 倍。这一结果说明，对自身生育现状的不满意，是一孩育龄人群希望再生一个孩子的最重要原因。其次，双方四个祖辈中，希望一孩育龄夫妇生育二孩的祖辈每多一位，就会导致这些育龄夫妇希望生育二孩的发生比比原来提高 0.350 倍。这一结果再次提示我们，在相对年轻的城市一孩育龄人群的背后，还有着相对年长、受传统思想和文化影响相对更深的祖辈，他们的生育观念，特别是他们对年轻育龄夫妇生育二孩的期望和要求，或许会在一定程度上影响到育龄夫妇的二孩生育意愿和生育行为。再次，女方年龄每增加一岁，育龄夫妇希望生育二孩的发生比就会是原来的 0.926 倍（即略有减少）。这一结果说明女性的年龄会对育龄夫妇的二孩生育意愿产生一定的负面影响。最后，男方受教育年限每提高一年，育龄夫妇希望生育二孩的发生比比原来提高 0.081 倍（即略有正向影响）。这一结果也在一定程度上提示我们，尽管受教育程度与生育意愿和生育行为之间，总体上或许是一种负向的相关关系，但这种负向的相关关系或者有特定的区间限制，或者并不是线性的。对于子女数从 1 到 2 的区间来说，这种关系或许并不存在，或者会表现出不同的特征。

第四节　双非一孩育龄人群二孩生育意愿的影响因素

再来看看双非一孩育龄夫妇二孩生育意愿影响因素的 logistic 回归分析结果（表 8-2）。

表 8-2　城市双非一孩育龄人群二孩生育意愿的 logistic 回归分析

变量	模型		
	B	SE B	Exp(B)
对现有孩子数量是否满意（满意=0）	1.800***	0.109	6.050
第一个孩子的性别（男=0）	−0.037	0.104	0.964
城市类型（中心大城市=0）	0.456***	0.109	1.578
双方祖辈有几人希望你们生二孩	0.404***	0.035	1.498
夫妻月收入对数	0.202*	0.088	1.224
女方年龄	−0.184***	0.014	0.832
男方受教育年限	0.056**	0.020	1.057
常数项	2.432**	0.900	11.379
样本量（*n*）	2359		
卡方值	925.065***		
自由度	7		

*为 $p<0.05$；**为 $p<0.01$；***为 $p<0.001$

表 8-2 的结果表明，在同样考虑的七个变量中，只有一孩性别一项不显著，其他六个变量分别在不同程度上显著，说明这六个变量对于符合“全面二孩”条件的双非一孩育龄人群是否希望生育二孩具有影响作用并可推断到总体。从回归系数 B 一栏中可以看到，显著项中只有女方的年龄一项系数为负，说明女方的年龄越大，希望生育二孩的可能性越小，这与表 8-1 研究的结果相一致。其他五项的 B 值均为正值，说明对于符合“全面二孩”条件的双非一孩育龄人群希望生育二孩的可能性来说，它们的影响都是正向的，即如果对现有子女数量不满意、生活在普通大中小城市、夫妻月收入高、男方文化程度高、双方四个祖辈中希望他们生二孩的祖辈多，则他们生育二孩的

可能性就大。

从表 8-2 中优势比 Exp(B)一栏的具体结果中，我们可以看出六个因素具有的影响力的大小。第一，对现有子女数量不满意的一孩育龄夫妇希望生育二孩的发生比是对现有子女数量满意者的 6.050 倍。差别是最大的。这一结果再次说明，对自身生育现状的不满意，是一孩育龄人群希望再生一个孩子的最重要原因。第二，生活在普通大中小城市希望生育二孩的发生比，是生活在中心大城市希望生育二孩发生比的 1.578 倍。这一结果说明普通大中小城市育龄人群更有可能生育二孩。第三，与表 8-1 类似，育龄人群双方四个祖辈中，希望一孩育龄夫妇生育二孩的祖辈每多一位，就会导致这些育龄夫妇希望生育二孩的发生比比原来提高 0.498 倍。第四，与表 8-1 结果有所不同的是，经济因素在这里产生了显著影响，夫妻月收入对数每提高 1 个单位，就会导致这些育龄夫妇希望生育二孩的发生比比原来提高 0.224 倍。第五，与表 8-1 结果相似，女方年龄每增加 1 岁，育龄夫妇希望生育二孩的发生比会是原来的 0.832 倍（比表 8-1 结果中的 0.926 更低）。这一结果说明女性的年龄会对双非一孩育龄夫妇的二孩生育意愿产生相对更大的负面影响。第六，男方受教育年限每提高一年，育龄夫妇希望生育二孩的发生比会比原来提高 0.057 倍（即略有正向影响）。这一结果也与表 8-1 结果相同。

对比表 8-1 结果与表 8-2 结果，不难看出，两类育龄人群二孩生育意愿的影响因素既有相同的方面，也有不同的方面。对现有子女数量是否满意、祖辈是否支持他们生育二孩、女方年龄大小、男方文化程度高低等，对两类育龄人群二孩生育意愿都具有影响；但夫妻月收入对数和生活的城市类型两个因素，只对双非一孩育龄人群的二孩生育意愿有影响，对单独一孩、双独一孩育龄人群没有影响。这一结果值得探讨。

笔者分析认为，经济因素（即夫妻月收入对数）之所以在两类育龄人群中的影响不一样（即在单独一孩、双独一孩育龄夫妇中没有影响，而在双非一孩育龄人群中具有影响），很可能是因为单独一孩夫妇特别是双独一孩夫妇在日常生活中获得一方或双方祖辈经济上支持的可能性和实际比例会比较大，因而对于多生一个孩子来说，经济方面对他们的影响相对较小。在双非一孩育龄人群中，由于双方祖辈所面对的子女数目相对更多，所以双非一孩夫妇在日常生活中所能够获得的来自祖辈的经济支持的可能性和实际比例相比之下就会小得多，也相对有限得多。这样一来，在同样多增加一个子女的抚育费用面前，他们所感受到的压力就比前者更大。因此，在单独一孩、双独一孩育龄夫妇那里没有显著影响的经济因素，在双非一孩育龄夫妇那里就具有显著影响了。

至于所生活的城市类型对两类育龄人群二孩生育意愿影响不一样的问题，或许可以从不同类型城市的生活成本与两类育龄人群的经济状况的角度结合起来进行分析。一方面，从上述关于经济条件对两类育龄人群不同影响的分析中可以看出，多生育一个孩子，对两类育龄人群经济生活的相对影响是不同的。或者说，由于单独一孩、双独一孩育龄夫妇从祖辈处得到的经济援助的可能性比双非一孩育龄夫妇相对更大，因此其经济条件相对会比后者更好。另一方面，与此相应的是，中心大城市的生活成本也会比普通大中小城市的生活成本相对更高。因此，再生育一个子女的抚育成本也会更高。这样一来，即使在同样的经济条件下，对于经济条件相对较差的双非一孩育龄人群来说，在中心大城市和在普通大中小城市再生育一个孩子，所需要考虑的实际问题显然也是不一样的。

第五节　研究结论与讨论

本章的研究结果表明，一方面，在二孩生育意愿的影响因素上，两类育龄人群具有一定的共性，即无论是对于双独一孩、单独一孩育龄夫妇，还是对于双非一孩育龄夫妇来说，对目前只有一个孩子的现状不满意，是他们想生二孩的最主要影响因素。同时，是否得到祖辈的支持、女方年龄的大小、丈夫文化程度的高低等，也都是影响他们是否想生育二孩的相关因素。

但另一方面，两类育龄人群之间在二孩生育意愿的影响因素上也还存在一定的差别。这种差别主要体现在两个方面：一是所生活的城市类型；二是夫妻收入水平的高低。对于双独一孩、单独一孩育龄夫妇来说，无论是居住在直辖市、省会城市这样的中心大城市，还是居住在普通的大中小城市，也无论夫妻收入水平的高低，都不会影响到他们对二孩生育的意愿（即这两个方面的因素与他们的二孩生育意愿无关)；但对于双非一孩育龄夫妇来说，这两方面都成为对他们二孩生育意愿有显著影响的因素，即生活在中心大城市、夫妻收入水平较低的双非一孩育龄人群，比那些生活在普通大中小城市、夫妻收入水平比较高的双非一孩育龄人群更不愿意生育二孩。

现有关于二孩生育意愿影响因素的研究结果一般认为，家庭经济条件、育龄夫妇时间精力、祖辈能否提供支持是影响育龄人群二孩生育意愿的三大影响因素。比如，国家卫计委 2015 年全国育龄夫妇生育意愿调查结果表明："因为经济负担、太费精力和无人看护而不愿生育第二个子女的分别占到 74.5%、61.1%、60.5%。"①但是，本章研究的结果与现有结果之间存在一些不同，这些不同在一定程度上体现出本章研究结论所具有的启发意义。这种启发意义可以从以下几个方面看出。

首先，本章研究不仅通过经验数据印证了现有的某些关于一孩育龄人群二孩生育意愿影响因素的结论和观点（如祖辈支持等因素），更重要的是在现有的经济条件、个人精力、祖辈支持等影响因素之外，提出了另一个可能被人忽视，但却可能是更为重要的影响因素：这就是对现有子女数目的不满意（或不满足）。这可以说是本章研究的一个重要的发现。本章研究的这一结论启示我们，目前影响一孩育龄人群二孩生育意愿的根本原因，或许既不是经济条件，也不是个人精力或者祖辈支持，而是育龄夫妇内心所具有的生育需求。其含义可以用一句简单的话来表述，那就是：真正想生二孩的人，其他的因素都不重要了（或者说其他的问题也就都不是问题了）。所以，真正了解育龄人群的生育需求，既是我们了解和认识人们的生育意愿状况的基础，也是估计人们生育行为和社会生育水平的重要保证。

其次，通过对两类育龄人群二孩生育意愿影响因素进行对比分析，本章研究第一次揭示出经济条件、城市类型这两个因素对两类一孩育龄人群二孩生育意愿的影响并不相同的现实。它启示我们，对于以"单独二孩"政策为背景进行的生育意愿调查中所得到的一些结论，当放到"全面二孩"背景中时，情况可能会发生变化。因为单独一孩、双独一孩育龄夫妇与双非一孩育

---

①《2017 年 1 月全面两孩政策工作进展专题新闻发布会文字实录》，2017 年 1 月 22 日，http://www.nhc.gov.cn/xcs/s3574/201701/7ea4318bf0f7450aaf91d184e02e5dcf.shtml。

龄夫妇不仅在规模上明显不同，更重要的是在年龄结构、家庭背景、生活经历、思想观念等方面也都有着明显的差别。正是这些差别使得一些在单独一孩、双独一孩育龄夫妇看来似乎并不是问题的问题，在双非一孩育龄夫妇那里却成为问题。当然，由于本章研究的调查时间同样处于“单独二孩”政策已经实施，而“全面二孩”政策尚未实施的时段，因此单独一孩、双独一孩育龄夫妇已知并可以实际生育二孩的，而双非一孩育龄夫妇此时尚不能生育二孩。这种对两种政策背景中不同结果的比较，还从另一个层面提示我们，除了探讨影响两类育龄人群二孩生育意愿的上述因素外，或许还可以进一步探讨“全面二孩”政策的发布和实施本身对双非一孩育龄人群的影响问题，即将政策发布和实施也看成一个重要的影响因素。当然，实际情形究竟如何，政策发布和实施对育龄人群的生育意愿究竟有没有影响，还有待今后进一步的深入研究。

最后，将本章研究中单独一孩和双独一孩育龄夫妇二孩生育意愿影响因素的结果与笔者关于同一类对象生育抉择（即提出正式生育二孩申请）的影响因素的研究结果[①]两相对照，不难发现，在这里不显著的两个因素——一孩性别、城市类型，在那里却影响显著，即在被问到想不想生二孩时，不管一孩是男孩的育龄夫妇，还是一孩是女孩的育龄夫妇，回答是一样的；同样地，不管是中心大城市的育龄夫妇，还是普通大中小城市的育龄夫妇，回答也都是一样的。但当正式提出生育申请时，这两类不同的类别之间就出现了明显的差异，即回答“想不想”时那两类表态一致的育龄人群，在实际去做的时候却发生了分化，出现了不一致的结果：那些第一个孩子为女孩的一孩育龄人群相对于那些第一孩为男孩一孩育龄人群、那些生活在普通大中小城市的一孩育龄人群相对于那些生活在中心大城市的一孩育龄人群来说，他们提出生育二孩申请的可能性会更大。这一对比的结果提示我们，人们从回答想不想，到他们实际会不会去做之间，存在着一定的差距。这一差距也从一个侧面为我们正确认识和预测“全面二孩”生育政策的效果提供了新的参考。

---

① 风笑天、李芬：《生不生二孩？城市一孩育龄人群生育抉择及影响因素》，《国家行政学院学报》2016 年第 1 期，第 94—101 页。

第九章

“假设的”与“现实的”二孩生育意愿

第一节　研究背景与问题

生育意愿对于预测人们的生育行为及社会的生育水平有着重要的参考价值。然而，在我国近几十年的社会现实中，具有刚性的生育政策的客观存在，一直是研究者在调查和研究育龄人群生育意愿的过程中既无法回避同时又必须认真考虑的一个因素。无论是从 1979 年开始实施的、以严格控制人口增长速度为目标的“一对夫妇只生育一个孩子”的生育政策，还是从 2013 年底开始实施的“单独二孩”政策、2016 年开始实施的“全面二孩”政策，它们在影响育龄人群生育意愿的同时，也给研究者调查、了解和研究人们的生育意愿带来重要影响。

在这一大的背景下，一个值得探讨的问题是：随着生育政策的调整和改变，人们的生育意愿会发生变化吗？换句话说，对处于不同生育政策下的同一类人群进行生育意愿调查时，其调查结果之间会不会有所不同？特别是，在“全面二孩”政策实施后，双非一孩育龄人群的生育意愿究竟如何？他们中想生育二孩的比例究竟有多大？在这一政策实施前调查城市双非一孩育龄人群的二孩生育意愿，与政策实施后调查他们的二孩生育意愿，二者的结果之间会不会存在明显的差异？或者说，从假设条件下调查得到的二孩生育意愿，到现实条件下调查得到的二孩生育意愿，二者之间的距离究竟有多远？另外，从测量方法的角度，我们还可以提出进一步的问题：对同一人群在不同背景条件下分别采用“理想子女数”“意愿生育子女数”“二孩生育意愿”等不同测量方式，其结果又会有什么不同吗？弄清楚这些问题，不仅可以帮助我们提高对现有大量生育意愿调查结果客观效度的认识，同时也可以为今后更准确地调查和了解育龄人群的生育意愿提供参考，而利用两项大规模抽样调查所得资料对上述问题进行探讨，正是本章研究的主要目标。

第二节　相关文献的回顾

2013 年底“单独二孩”政策启动以来，国内学术界虽然已经发表了一大批育龄人群生育意愿现状及其影响因素的调查研究成果，但是，一方面，现有的生育意愿调查，大部分针对的对象只是符合“单独二孩”政策的单独一孩育龄家庭，较少涉及在育龄人群中比例更大、对中国人口发展影响也更大、与“全面二孩”政策最为相关的双非一孩育龄家庭；另一方面，现有的二孩生育意愿调查大部分是包含城乡两部分育龄人群在内的，单独探讨在经济、文化、心理等方面与农村育龄人群有着较大差别的城市育龄人群的生育意愿研究相对较少。笔者对中国知网上的相关文献进行了查阅，结果表明，从研究的主题和内容上看，现有研究中仅有三篇论文的内容涉及本章研究所关注的上述问题。

张晓青等 2015 年在山东省城乡对育龄夫妇二孩生育意愿及其影响因素进行了抽样调查，并对单独一孩与双非一孩育龄家庭的生育意愿及其影响因素进行了比较分析，得到了单独一孩育龄家庭中，明确表示希望生育二孩的比例为 60%以上，而双非一孩育龄家庭中，明确表示希望生育二孩的比例则不足 40%等结论。[①]尽管其研究结果对于比较两类政策目标人群的生育意愿差别及其影响因素具有一定的参考价值，但对于回答本章研究的问题来说，却存在以下两方面的局限。

① 张晓青、黄彩虹、张强等：《“单独二孩”与“全面二孩”政策家庭生育意愿比较及启示》，《人口研究》2016 年第 1 期，第 87—97 页。

一是由于单独一孩夫妇与双非一孩夫妇在年龄上差别较大，双非一孩育龄女性高年龄的比例显著高于单独一孩、双独一孩育龄女性（如风笑天和李芬的研究表明，城市双独一孩、单独一孩、双非一孩三类不同的育龄夫妇中，“‘双独一孩’夫妇的妻子年龄相对最为年轻，‘单独一孩’夫妇的妻子次之，‘双非一孩’夫妇的妻子年龄相对最年长。”“若以35岁为界，则小于35岁的妻子在‘双独一孩’夫妇中比例高达73%，在‘单独一孩’夫妇中，这一比例为50%多一点，而在‘双非一孩’夫妇中，这一比例则连30%都不到。相反的，大于35岁的妻子的比例分布，在3类不同的育龄夫妇中则正好颠倒了过来”[①]）。因此，造成两类育龄人群二孩生育意愿差别的主要原因很可能是不同（年龄）育龄人群的影响，而不是政策变迁的影响。

二是二者之间的差别所体现的，更可能是在同一项生育政策面前，享有权利者与不享有权利者之间的差别，而不是同一类群体在先没有生育二孩的权利与后来有生育二孩的权利之间的差别。这也即是说，造成上述两类家庭二孩生育意愿存在显著差别的原因，除了笔者指出的两类家庭育龄人口在年龄上存在明显的差异外，是否还与两类育龄人口面对同一种生育政策时的身份不同（即符合政策的状况不同）有关系？即是否由于单独一孩家庭当时的生育意愿中，生育二孩是“现实的”，而双非一孩家庭当时的生育意愿中，生育二孩则只能是一种“假设的”情景的原因所造成的。由于该文作者在研究中所关注的，主要是两类不同的育龄人群在同一时间点（同一种政策下）的生育意愿状况及其影响因素，因而其研究结论无法回答同一人群在两种不同政策背景下生育意愿的异同问题。

与本章研究的目标比较接近的一项研究是钟晓华对“单独二孩”与“全面二孩”政策家庭生育意愿的比较研究。其利用2016年3~4月对广东省1017户城市双非一孩夫妇再生育意愿的调查数据，研究了“全面二孩”政策公布前后影响双非一孩夫妇生育意愿的因素，得出了受访者的性别、受教育程度、家庭收入、妻子年龄、妻子工作强度、地区因素等对其二孩生育意愿有显著影响的结论。该作者采取回顾性提问的方法，收集到政策实施前后两个时间

① 风笑天、李芬：《再生一个？城市一孩育龄人群的年龄结构与生育意愿》，《思想战线》2016年第1期，第91页。

点的资料，以此验证“全面二孩”政策对城市双非一孩家庭的生育意愿产生显著正向影响的假设。其研究结论具有一定的启发意义。但是，该研究的局限也同时值得注意，其主要局限来自以下三个方面。

一是由于该研究的样本抽取采用的是配额抽样和方便抽样这两种非随机抽样的方法，因此样本对总体的代表性存在先天不足。同时，每一个城市平均抽取不到 70 人的样本量也显得相对过小。样本在这两方面的缺陷无疑会影响到研究结论的适用性和可靠性。

二是该研究用来测量二孩生育意愿的两个问题，即“您和您的配偶是否有生育第二个孩子的意愿？”和“请您回忆，在一年之前，您和您的配偶是否有生育第二个孩子的意愿？”[①]都属于双重含义的问题（即在一个问题中同时询问了两个不同的问题）。其提问方式默认了所有的育龄夫妇相互之间在二孩生育意愿上都是一致的。因此，对于现实中那些夫妇之间在二孩生育意愿上不一致（即一方想生，另一方不想生）的情况并没有考虑，也无法测量。因而，其调查测量得到的数据存在一定的不足。

三是其统计分析中将“暂时不想生”归为“完全不想生”的做法，也会影响到研究结果和结论的正确性。因为“暂时不想生”与“完全不想生”并不是程度上的差别，而是本质上的差别。在被调查对象中，一部分人年龄相对较轻，他们或许正在抚育第一个幼年的孩子，或许他们每天忙于照料这个 0~3 岁的孩子已经十分勉强了，的的确确顾不上考虑生第二个孩子的问题。所以，他们可能会回答“暂时不想生”，但等他们度过了生养幼儿的时期，即当他们的第一个孩子稍大一些，他们中肯定还会有一部分人希望生育也会去生育第二个孩子的。因此，这种处理方式可能会降低样本中希望生二孩的比例，从而影响到对研究假设的验证效果，以及其所得出的“再生育意愿不强”的结论的正确性。比较合适的处理方式是将“暂时不想生”这一部分人按回答“肯定生”和“肯定不生”两部分对象的比例进行分割。那样的话，其结果可能会更接近实际的状况。

与本章研究目标最为接近的研究是笔者利用 2013 年全国调查与 2014 年

---

① 钟晓华：《“全面二孩”政策实施效果的评价与优化策略——基于城市“双非”夫妇再生育意愿的调查》，《中国行政管理》2016 年第 7 期，第 128 页。

湖北调查的结果，对“单独二孩”政策实施前后，育龄人群生育意愿的“假设”结果与“现实”结果之间差别的探讨。笔者的研究结果表明，2013 年时，全国调查中湖北单独一孩育龄夫妇“想生二孩”与“不想生二孩”的比例分别为 55.7%与 44.3%；而 2014 年当“单独二孩”政策实施后湖北卫生和计划生育委员会进行调查时，“想生二孩”的比例与“不想生二孩”的比例则分别为 26.6%与 73.4%。尽管我们不能排除这两个湖北样本并不相等、全国调查中湖北子样本规模较小等因素对二者结果之间的差别所造成的影响，但这种显著的差异仍然提示我们：政策实施前进行的生育意愿调查，有可能高估人们的生育意愿。实际上，同样是国家卫计委对全国进行的同类调查，其结果也支持了这一结论。国家卫计委 2014 年初开展的专项调查显示，符合政策的目标人群中，39.6%有再生育打算。①这一调查结果也说明，2013 年政策实施前调查所得到的 60%左右的人“想生二孩”的比例有些偏高。②

笔者的这一研究及其结论对回答本章研究的问题有着很好的参考作用，但也存在一个明显的不足：那就是，笔者当时所针对的对象只是符合“单独二孩”政策的潜在育龄人群，完全没有涉及“全面二孩”政策的潜在育龄人群。既然现有的大量研究结果表明，符合“单独二孩”政策的潜在育龄人群（即单独一孩育龄夫妇）与符合“全面二孩”政策的潜在育龄人群（即双非一孩育龄夫妇）在年龄上有着非常显著的差别，而不同的年龄段又意味着不同的人生经历、不同的生活背景、不同的社会观念等。因此，现有的（包括笔者上述研究在内的）那些在“单独二孩”潜在育龄人群身上成立的结论，在“全面二孩”政策育龄人群身上是否同样成立，目前依然还是个未知数。

综合来看，文献回顾的结果表明，现有的二孩生育意愿研究大多数都没有对在年龄结构上存在显著不同的单独一孩、双独一孩育龄人群与双非一孩育龄人群进行必要的区分。现有一些调查的结果虽然为我们提供了育龄人群二孩生育意愿的一些基本资料，使我们对单独一孩、双独一孩育龄人群与双

---

① 《2015 年 7 月 10 日国家卫生计生委例行新闻发布会文字实录》，2015 年 7 月 10 日，http://www.nhc. gov.cn/xcs/s3574/201507/43685ecd0edb4b71b260306af9b7e924.shtml。

② 风笑天：《生育政策潜在人口的结构及其二孩生育意愿——对两项大规模调查结果的分析》，《江苏行政学院学报》2015 年第 6 期，第 59 页。

非一孩育龄人群在生育意愿方面的现状和异同有了一定的认识及了解，但是，对于城市双非一孩育龄人群在生育政策调整前后的二孩生育意愿是否相同，或者说这部分育龄人群在“假设条件下的”二孩生育意愿，与其在“现实条件下”的二孩生育意愿之间有没有差别，如果有差别，二者之间的“距离”又有多远，特别是目前城市双非一孩育龄人群中希望生育第二个孩子的比例究竟会有多大等问题，答案却依然还不清楚，而这一状况也正是对本章研究所具有的意义和重要性的一个很好说明。

第三节　研究设计与数据来源

要很好地回答随着生育政策的改变，同一类人群的生育意愿是否发生了变化的问题，或者说新的政策的实施对育龄人群的生育意愿有什么影响的问题，必须具备几个重要的前提：一是在政策改变前和改变后所调查的两组对象完全相同，即要对同一群人进行前后两次调查；二是前后两次调查所用的测量工具和调查方式相同；三是前后两次调查之间除了“新的生育政策”这一个与人们生育意愿相关的因素以外，没有出现其他影响人们生育意愿的重要因素。因此，为了尽可能保证这一点，前后两次调查之间相隔的时间不能太长。

根据上述前提条件的限定，理想的研究设计是进行标准的实验研究，即选取两组完全相同的对象，一组对象中实施新的生育政策（实验组），另一组对象不实施这一政策（对照组）。在政策公布之前对两个组的对象进行一次生育意愿调查（前测），然后在政策公布之后，对他们进行第二次生育意愿的调查（后测）。通过比较两组对象前后两次生育意愿调查的结果，就可以看出新的政策的实施（自变量）对研究对象生育意愿（因变量）所产生的效果。遗憾的是，要在现实社会中进行如此严格的实验研究，除了在保证两组相同样本和进行两次同样内容的重复调查上有着实际操作的困难外，更关键的困难在于国家生育政策实施与否是一件不可能由研究者控制的事件。因此，研究者只能采取其他方式来进行替代。

从目前情况看，主要有两种方式可选择。一种是对同一组对象在同一时间点询问前后两个时间点的生育意愿，分别作为前测和后测。比如，在政策实施后，对一组被调查对象进行调查，同时询问他们在政策实施前和政策实施后两个时间点的生育意愿。这种方法的好处是满足了“同一组调查对象”的要求。但其主要的问题是：一方面，被调查者在政策实施前是否存在有关二孩生育的意愿（即是否考虑过生育二孩的问题）并不能确定；另一方面，被调查者现在被问到这一问题时所做的回答，与政策实施前被问到这一问题时的回答是否相同也无法确定，即被调查者能否对自己一年前的二孩生育意愿进行客观准确的说明也不能确定。

另一种方式是分别在政策实施前和政策实施后两个不同的时间点，对属于同一个总体的两个相似样本进行同样的调查，以此作为前测和后测，然后对测量结果进行比较分析。即政策实施前，对某一总体的一个样本进行一次调查（前测）；政策实施后，又对同一总体的另一个样本进行同样的调查（后测），然后比较两次调查的结果。这一策略因为在测量的时间点上分别处于政策实施前和后，因而相对来说更能够客观反映政策实施的影响，能够更好比较政策实施前后人们生育意愿所发生的变化。但这种做法所存在的主要问题和风险是，两个样本之间可能存在较大的差异。如果差别较大，那么比较的结果即便有差别，也可能只是由于样本的不同所造成，而非政策的影响所造成。因而，采用这种方法的关键在于保证两个样本的相似性。

笔者 2015 年曾在全国 12 个城市围绕“单独二孩”政策对育龄人群进行过生育意愿的调查。调查对象中，既包括当时符合生育政策的单独一孩、双独一孩育龄人群，也包括当时不符合生育政策的双非一孩育龄人群。2015 年底国家公布“全面二孩”政策后，笔者又于 2016 年在湖北 5 个城市对同一类育龄人群进行过同样内容的调查。因此，本章中，笔者采用了后一种设计策略：即在国家公布“全面二孩”政策之前及在该政策公布之后，对同一总体中尽可能相同的两组对象进行同样内容的两次调查来获得资料，进行比较分析。为了避免这种方式的可能局限和风险，必须尽可能保证两个样本的相似性。下面简要介绍两次调查的基本情况，同时对两个样本的结构和分布情况进行比较，以便了解可能的差别。

一、本章研究的两项调查和两个样本

2015 年调查[①]的调查对象为目前城市中在上幼儿园、小学及初中的孩子的父母。根据这种界定，预计孩子的年龄为 3~15 岁，其父母主体的年龄大致在 24~49 岁。调查样本的抽取采用多阶段随机抽样的方法，按照“城市——城区——学校——年级——班级”的步骤进行。城市样本采用按地区（东部、中部、西部）和城市类型（直辖市、省会城市、大中城市、县级市）两个维度进行随机抽取，以尽可能涵盖不同经济发展水平、不同人口规模、不同社会文化的城市类型。所抽取的 12 个调查城市名单详见表 1-1。

在 12 个城市总共抽取幼儿父母、小学生父母及初中生父母 8687 名。调查采用自填问卷的方式进行，具体由 12 所大学社会学及相关专业的教师组织研究生或高年级本科生作为调查员完成。调查发出问卷 8687 份，收回有效问卷 7778 份，有效回收率为 89.5%。

2016 年调查的城市集中在我国中部的湖北，分别抽取了省会城市武汉、大城市黄石、中等城市荆州、小城市仙桃、云梦县城。调查对象全部为小学生父母，在 5 个城市总共抽取小学生父母 1762 名[②]。调查也是采用自填问卷的方式进行，具体由 5 所大学社会学专业的教师组织研究生或高年级本科生作为调查员完成。调查发出问卷 1762 份，收回有效问卷 1528 份，有效回收率为 86.7%。

显然，上述两个调查的原始样本在构成对象上有着较大的差别。为了更好地针对“全面二孩”政策人群进行比较，同时尽可能保证用于比较的两个样本具有高度相似性，我们先从 2015 年 12 个城市的调查数据中，去掉 3 个直辖市的数据（因为 2016 年湖北调查的城市中没有直辖市）；其次去掉了 2015 年调查中幼儿园孩子的父母及初中生父母的数据，仅保留小学生父母的数据（因为 2016 年调查对象中只有小学生父母）；最后再分别从两个样本中都抽出双非一孩育龄人群（即夫妻双方都不是独生子女、目前只生育了一个孩子、妻子年龄在 23~49 岁的育龄人群）。这样，最终用于比较分析的两个样本都是本

---

① 有关 2015 年调查的详细介绍可参见第一章，此处介绍相对简略。

② 其中仙桃市在 2、4、6 年级多抽取了一部分学生，为保证各城市样本结构的一致性，在最终的数据和样本中，分别从这 3 个年级中各随机删除了 34 份问卷和数据结果。

次研究所主要关注的双非一孩育龄的小学生父母。两个样本的规模分别为1382 人和 582 人。表 9-1 就是这两个样本基本特征的比较。

表 9-1　两个调查样本的基本特征比较

样本特征		2015 年 9 个城市调查	2016 年 5 个城市调查
被调查对象性别	男	34.7%	33.3%
	女	65.3%	66.7%
被调查对象城乡背景	城市	49.3%	51.1%
	农村	50.7%	48.9%
夫妇中女方年龄/岁	均值	36.3	35.4
	标准差	3.8	4.1
现有一孩的年龄/岁	均值	9.6	9.1
	标准差	0.5	1.7
夫妻收入之和/元	均值	9487.5	9419.1
	标准差	7104.9	6388.5
夫妻受教育年限之和/年	均值	26.9	26.2
	标准差	5.2	5.2

从表 9-1 中不难看出，两个样本在上述各种基本特征上的结构比例和均值等都非常接近。因此，可以在一定的程度上将二者看作同一样本进行比较。

二、变量测量

对于二孩生育意愿的概念，笔者采用了四种不同的指标，力图从多个不同的角度进行更全面的测量，同时也便于从方法上比较不同测量指标的在政策影响下的效果。这四种指标是：生育现状满意度、理想子女数、意愿生育子女数、二孩生育意愿。

首先，从对生育现状满意度的角度进行了解。虽然这种测量只是一种感受上、态度上的测量，但“一般来说，如果对现有孩子个数感到满意，则可以在一定程度上说，其生育意愿得到了满足；而如果对现有孩子个数感到不满意，则可以较肯定地认为，其生育意愿未得到满足”[①]。按照一般的逻辑，当符合新的生育政策时，那些生育意愿未满足者，更可能去生育第二个孩子。因此，这一指标可以从反面来测量人们的二孩生育意愿。

其次，从理想子女数的角度进行了解。问卷中所用的具体问题是“你认为（或依你的看法）幸福美满的家庭最好有几个孩子”。其主要测量的是人们对理想子女数量的看法，即英文文献中的“ideal number of children”。这是一种相对间接的二孩生育意愿测量。其逻辑依据是，如果人们的理想子女数是两个孩子，则他们更可能去生育第二个孩子。

再次，从一般的意愿生育子女数的角度来进行了解，即询问“你希望生几个孩子”。一般情况下，这是最直接、最有效的生育意愿测量方式，相当于英文中的“fertility desire”；只不过在政策实施前的调查问题中，加上了“假设”条件句“如果没有计划生育政策的限制”。显然，那些回答希望生育两个孩子的人，更有可能去生育第二个孩子。

最后，围绕二孩政策的现实，直接从二孩生育意愿的角度来进行了解，即询问“你是否想生育第二个孩子”。此问题比一般的生育意愿测量更为具体，指向性也更为明确，更接近生育打算，相当于英文文献中的“fertility intention”。当然，政策实施前的问题中也同样加上了相应的“假设”条件句“如果国家开始实行‘全面二孩’生育政策”。这一指标应该是最需要重视的测量指标。

第四节 研究结果与分析

首先来看看“全面二孩”政策实施前后两个双非一孩育龄样本的对象对现有子女数目的满意状况统计（表 9-2）。

① 风笑天：《独生子女父母的生育意愿》，《人口研究》1991 年第 5 期，第 30 页。

表 9-2　“全面二孩”政策实施前后两项调查中对现有子女数目满意状况的统计

对现有孩子数目是否满意?	2015 年全国 9 个城市调查		2016 年湖北 5 个城市调查	
	人数	占比	人数	占比
非常满意	321	23.5%	122	21.0%
比较满意	483	35.3%	217	37.4%
不太满意	450	32.9%	163	28.1%
很不满意	114	8.3%	78	13.5%
合计	1368	100.0%	580	100.0%

表 9-2 的结果表明，两次调查的比例分布十分相似，特别是，如果将“非常满意”和“比较满意”合并为“满意”，将“不太满意”和“很不满意”合并为“不满意”两类后，两次调查“满意”的比例都是 60%左右（58.8%与 58.4%），“不满意”的比例都是 40%左右（41.2%与 41.6%），即政策实施前后两项调查的结果几乎完全一样。这一结果说明人们心里对自身生育现状的满意状况不会受政策变化的影响。这一结果给我们的另一点提示是：如果双非一孩育龄夫妇对现有孩子个数感到不满意，则可以较肯定地认为，其生育意愿未得到满足的思路来分析，这一结果是否意味着城市双非一孩育龄人群中具有生育两个孩子这种生育意愿的比例（想生二孩的比例）也会在 40%左右？

其次，来比较一下“全面二孩”政策实施前后两个样本的对象的理想子女数目的统计结果（表 9-3）。

表 9-3　“全面二孩”政策实施前后两个样本的理想子女数比较

理想子女数	2015 年全国 9 个城市调查		2016 年湖北 5 个城市调查	
	人数	占比	人数	占比
一个	192	14.5%	104	18.0%
两个	1113	83.8%	465	80.6%
其他	23	1.7%	8	1.4%
合计	1328	100.0%	577	100.0%

注：其他包括 0 个和 3 个及以上，表 9-4 同

表 9-3 的结果与表 9-2 结果既有相同之处，也有不同的地方。政策实施前后两次调查结果的比例分布状况基本相同，这是与表 9-2 相同的地方。这一结果说明用理想子女数来测量时，政策的影响也不大。具体到生育二孩的意愿时，表 9-3 的结果与表 9-2 结果之间相差明显：理想子女数为两个孩子的比例在表 9-3 的两项调查中都达 80%以上，似乎是表 9-2 结果的两倍（如果把表 9-3 结果中对现状“不太满意”和“很不满意”作为想生育二孩看待的话）。这一结果一方面再一次与现有的大量采用“理想子女数”的调查结果表现一致（即两个孩子的百分比在 80%左右）；同时也再一次提示我们，应该审慎地看待不同生育意愿测量指标所具有的效度。本章后面将对此进行一些讨论。

再次，我们比较一下“全面二孩”政策实施前后两个样本的对象所具有的意愿生育子女数（表 9-4）。

表 9-4　“全面二孩”政策实施前后两个样本的对象所具有的意愿生育子女数

你希望生几个孩子？[①]	2015 年全国 9 个城市调查		2016 年湖北 5 个城市调查	
	人数	占比	人数	占比
一个	259	19.3%	212	37.3%
两个	1038	77.3%	352	61.9%
其他	46	3.4%	5	0.9%
合计	1343	100.0%	569	100.0%

注：占比一列数据为四舍五入计算得到，相加与 100%有误差

表 9-4 的结果表明，与现有大量生育意愿调查的结果相一致的是，两次调查中育龄人群的意愿生育子女数量基本上都集中在一孩和两孩，希望生育其他数量孩子的比例非常小。但是，与前面表 9-2、表 9-3 结果中政策实施前后两次调查结果的分布基本相同的情形有所不同的是，政策实施前后两次调查得到的意愿生育子女数的分布比例出现了明显差别：政策实施前，希望生一个和希望生两个的比例为 19.3%和 77.3%（这一比例与表 9-3 的比例相似）；

① 根据调查时不同的政策背景，问卷中所加的修饰语有所不同。2015 年的修饰语为“如果没有计划生育政策限制”，2016 年的修饰语为“综合考虑你们各方面的实际情况”。

而政策实施后，二者的比例则变为 37.3%和 61.9%，即政策实施前表示希望生两个的比例明显高于政策实施后的比例，而政策实施前表示希望生一个的比例则明显低于政策实施后的比例。它至少提示我们，用“意愿生育子女数”来测量人们的生育意愿时，“假设的情景”与“现实的情景”之间存在着距离。当人们不符合生育政策时，二孩生育意愿会比较高（接近理想子女数），而当他们真正符合生育政策、可以生二孩时，二孩生育意愿则会明显降低，但此时的比例还是高于前面表 9-2 结果中对生育现状不满意的比例。

最后，我们再来看看“全面二孩”政策实施前后两个样本的对象所具有的二孩生育意愿统计（表 9-5）。

表 9-5 “全面二孩”政策实施前后两个样本的对象具有的二孩生育意愿统计

二孩生育意愿	2015 年全国 9 个城市调查		2016 年湖北 5 个城市调查	
	人数	占比	人数	占比
想再生一个（想生二孩）	256	26.0%	190	34.2%
如果不超过 40 岁（年轻一点）就再生一个	259	26.3%	145	26.1%
就算不限制也不想再生（不想生二孩）	470	47.7%	220	39.6%
合计	985①	100.0%	555	100.0%

注：括号中为 2016 年调查问卷中的答案表述，下同；占比列百分比由四舍五入计算得出，相加与 100%有误差

表 9-5 的结果表明，政策实施前后调查育龄人群的二孩生育意愿，其结果同样出现了差别。这一结果与表 9-4 的情形一致。但是，与表 9-4 中那种政策实施前希望生育两个孩子的意愿相对较高（77.3%）、政策实施后这一意愿相对降低（61.9%）不同的是，当直接询问育龄人群的二孩生育意愿时，政策实施后想生二孩的比例不是比政策实施前的比例降低，而是略有提高，不想生二孩的比例则略有降低。

如何理解这两个不一致的结果呢？笔者认为，关键在于政策实施前后育龄人群对第二个答案（如果不超过 40 岁就再生一个）的理解实际上是不同的。

① 将 340 位回答“说不好、不确定”的人数按其他三类的比例计入。

换句话说，两次调查中选择第二个答案的人的实际状况和再生育意愿其实是不同的。政策实施前，这一回答可以说是一种假设条件下的选择，因为当时回答者并不知道什么时候政策会调整，也不清楚到政策调整时自己的年龄会是多少。因而，此时选择这一答案的人中，或许主要是想生二孩者；而当政策实施后，回答者自己的年龄是已知的，此时再选择“如果不超过40岁就再生一个”答案的人，或许主要就是那些事实上觉得自己年龄偏大、不准备再生一个的人了。

所以，笔者根据这一分析，对调查结果进行了校正。把2015年调查结果中回答“如果不超过40岁就再生一个”一项的比例按妻子实际年龄小于40岁和大于等于40岁进行分解，再分别计入想生二孩和不想生二孩两类中，最终得到想生二孩的比例为47.6%，不想生二孩的比例为52.4%；同理，把2016年调查结果中回答“如果不超过40岁就再生育一个”的人按妻子年龄小于35岁和大于等于35岁进行分解，[①]分别计入想生和不想生二孩两类中，最终得到想生二孩的比例为41.6%，不想生二孩的比例为58.4%。再对两项调查的结果进行比较，可以看出，政策实施前想生育二孩的比例依然相对较高，实施后的比例相对较低；同时，二者之间的差别相比意愿生育子女数之间的差别要小。可以说，随着二孩生育意愿测量指标的现实性越来越强，调查结果也逐渐向实际的二孩生育意愿回归和靠拢，想生二孩的比例与对目前生育现状不满意的比例也越来越接近。这一结果意味着，40%左右或许是我们应该相信的城市双非一孩育龄人群的二孩生育意愿比例。

第五节　研究结论与相关问题讨论

本章利用“全面二孩”生育政策实施前后两次大规模抽样调查所得的数

---

① 如果严格按上述分析的理解，那么2016年调查中所有选择这一答案的人都应被视作不想生二孩，但考虑到其中一部分年龄较轻的人有可能在最近的几年内还会选择生育二孩，故将年龄小于35岁者按想生育二孩统计。这样考虑所可能形成的偏差是会提高生育二孩的比例，即实际想生育二孩的比例会在34%~42%，特此说明。

据，对城市双非一孩育龄人群在“全面二孩”生育政策实施前后的二孩生育意愿进行了对比分析。研究结果表明以下几点内容。

（1）无论是“全面二孩”政策实施前，还是政策实施后，城市双非一孩育龄人群中，都有40%左右的人对现有子女数目不满意。

（2）用理想子女数来测量人们的生育意愿时，一方面得到的二孩生育意愿达80%以上，这与现有大多数同类调查的结果相似；另一方面，“全面二孩”政策实施前后得到的理想子女数的结果基本一致，说明政策变化对这一指标的影响也不大。

（3）当用意愿生育子女数来测量时，“全面二孩”政策实施前后的结果之间产生了明显的差别，政策实施前希望生一个的比例明显低于政策实施后的比例，而希望生两个的比例则明显高于政策实施后的比例。这一个结果提示我们，用“意愿生育子女数”来测量人们的生育意愿时，“假设的情景”与“现实的情景”之间存在着距离。

（4）直接测量二孩生育意愿时，“全面二孩”政策实施前后调查结果同样出现了差别。想生育二孩的比例依然是政策实施前相对较高，政策实施后比例相对较低。同时，二者之间的差别相比意愿生育子女数之间的差别要小，揭示出随着测量指标的现实性越来越强，调查结果也逐渐向实际的生育意愿回归和靠拢，研究得到的想生二孩的比例大约在40%，与样本中对现有子女数量不满意的比例非常接近。

（5）总的来看，政策实施前具有“假设”性质的生育意愿调查结果，与政策实施后具有“现实”特征的生育意愿调查结果之间的距离，会随着测量指标的不同而有所不同：现有子女数目的满意程度及理想子女数这两项指标由于具有较强的主观看法、态度和认知的色彩，因而在政策的变动面前并不敏感，即在政策实施前后的测量结果之间不存在差别；而更加接近生育意愿内涵的“意愿生育子女数”，以及接近生育计划内涵的“二孩生育意愿”，则由于其所具有的现实性特征，因而对政策的变动相对敏感，即“全面二孩”政策实施前的测量结果与政策实施后的测量结果之间会产生明显差别。这是本章研究最重要的一个发现。

从本章研究的上述结论出发，笔者认为以下几个问题值得进一步探讨。

首先是目前城市双非一孩育龄人口的二孩生育意愿现状究竟如何的问

题。这是关系到正确认识"全面二孩"生育政策实施效果和预测全国人口出生状况的重要一环。本章研究从四个不同的角度，对这一问题进行了测量和分析，研究所得到的"全面二孩"生育政策实施前后四种指标、总共八个测量结果中，出现了 40%、50%、60%、80%，这四种反映城市双非一孩育龄人群二孩生育意愿的结果（即前述表 9-2~表 9-5 中的 40%、40%；80%、80%；80%、60%；50%、40%）[①]。那么，哪种结果相对接近现实呢？笔者前述的分析表明，40%是其中最为可靠的回答。这也即是说，目前城市双非一孩育龄人群中，大约有 40%的人会生育第二个孩子。

其次是四种不同的测量指标的效度问题。从前面对四种指标、八种结果的含义及其各自可靠性的分析中，我们不难看出，"理想子女数"相对来说是四个指标中效度最差的生育意愿测量指标。它离人们实际的生育意愿最远，因而不是用来测量人们生育意愿的好的指标。"生育现状满意度"虽然不是对生育意愿的直接测量，但其从反面的测量结果或许更加接近人们内心所具有的那种希望再次生育的意愿，因而是测量生育意愿的一个十分重要的参考指标。"意愿生育子女数"和"二孩生育意愿"都具有很好的测量生育意愿的表面效度，同时二者都对政策实施与否十分敏感，因而在政策实施前和实施后，它们的测量结果会有所不同。或者说，二者从"假设的"到"现实的"之间都会存在一定距离。相比较而言，"二孩生育意愿"的测量由于更接近生育计划，因而其偏差相对较小，会更加接近人们实际的生育行为。这也是笔者得出上述二孩生育比例大约为 40%的主要依据。

再次是"全面二孩"生育政策实施的影响或效果问题。本章研究的结果表明，对于属于观念、感觉、态度性质的测量指标，如本章研究中的"生育现状满意度""理想子女数"等，政策实施的影响或效果不明显，或者说它们对政策实施不敏感；而对于"意愿生育子女数""二孩生育意愿"这类相对现实的测量指标来说，它们对政策实施十分敏感，即政策实施前后的结果会有所不同。并且，一般来说，政策实施前的测量结果往往高于而不是低于政策实施后的测量结果，这也是本章研究的另一个重要发现。这一结果一方面与

① 为便于讨论，均取近似值，特此说明。

笔者针对“单独二孩”政策效果所得出的政策实施前育龄人群二孩生育意愿较高，政策实施后二孩生育意愿较低的结论相一致；另一方面又揭示出一定的差别，即“全面二孩”政策实施前后二者之间的距离比“单独二孩”政策实施前后二者之间的距离要相对更小。它对于我们正确认识和评价“全面二孩”政策实施后，城市双非一孩育龄人群二孩生育意愿的状况和趋势，具有较好的参考价值。

最后需要说明的是，由于本章研究所依据的两项调查在地域范围分布上相差较大，因而用于分析和比较的两个样本在有些方面可能存在与结果相关的偏差。本章根据二者比较的结果所得到的结论也将会因二者之间这种差别的大小而出现相应的误差。这是读者在看待本章研究结论时应特别注意的一点。如果 2016 年的调查能够重复 2015 年调查的 12 个城市，那么研究结论的可靠性显然就会更好。

第 十 章

城市两代父母生育意愿的变迁

第一节 研究问题与相关文献回顾

在社会的发展变化过程中，各种社会构成要素都在发生着变化。作为社会最重要构成要素之一的人口要素同样如此。我国自 1978 年改革开放以来，整个社会发生了翻天覆地的变化。几乎与国家的改革开放完全同步的是，1979 年我国开始实行以"一对夫妇只生育一个孩子"为主要内容的计划生育政策。这一生育政策的实施，在有效地控制我国人口的整体规模、减缓我国人口增长速度的同时，也从观念层面指引着、影响着社会中育龄人口的生育观念和生育意愿，从制度层面约束着育龄人口的生育计划和生育行为，而同样作为一种客观的社会存在，人们的生育意愿虽然会受到生育政策的影响，但却不会因为刚性的生育政策的强力约束而自动改变或消失。它始终会以某种方式存在于社会大众的内心，存在于人们的日常生活中。这种育龄人口内心存在的生育意愿不仅会在整个社会的价值观念、社会心理等方面顽强地表现出来，还会实际影响着他们的生育决策和生育行为。

笔者曾经指出，一个社会的整体生育水平直接受到两个因素的影响：一是国家的生育政策，二是人们的生育意愿。[①]2013 年以来，随着我国政府相

① 风笑天：《城市青年的生育意愿：现状与比较分析》，《江苏社会科学》2004 年第 4 期，第 175—181 页。

继实施“单独二孩”“全面二孩”生育政策，以严格控制人口规模和人口增长速度为主要目标的“一对夫妇只生育一个孩子”生育政策在持续了三十多年后正式结束。这一政策的结束标志着我国社会在生育政策层面已经发生了极为重要的变化。那么，影响社会整体生育水平的另一个因素——育龄人口的生育意愿，是否也同样发生了变化？发生了怎样的变化？特别是经过几十年的社会发展，在改革开放之初第一次面临独生子女政策的那一代父母（包括独生子女父母和非独生子女父母）与他们当时的子女、现在的新一代父母之间，在生育意愿上又有着什么样的异同？这种发生在两代人身上的生育意愿变迁及其特征揭示出什么样的文化内涵？它对我们的人口预测与人口政策制定又有着怎样的启示？本章的目标，正是希望利用两代人生育意愿调查的数据资料，对上述问题进行分析和探讨。

对中国知网文献的检索结果表明，国内现有的关于生育意愿的调查研究中，绝大部分是对不同时期育龄人群生育意愿状况和相关因素的截面调查结果。这些研究所描述和探讨的主要是一时一地育龄人群的生育意愿问题。真正涉及生育意愿变迁，特别是不同代际生育意愿变迁的研究尚不足十项。在现有的这几项与生育意愿变迁相关的研究中，研究者通常采用以下两种方式之一来进行探讨。

一种方式是对产生于不同时间点的多个调查结果按时间顺序进行对比分析，以此来描述和总结育龄人口生育意愿的变迁状况。这方面的代表性研究主要有风笑天和张青松对改革开放前二十年（1979~1999 年）中我国城乡居民生育意愿发展变化趋势的描述性研究[①]，侯佳伟等对 1980~2011 年三十多年中所发表的 227 项生育意愿调查结果所进行的生育意愿变迁分析和研究[②]，以及张原和陈建奇利用“中国居民健康和营养调查”中 1991 年、1993 年、1997 年、2000 年、2004 年、2006 年、2009 年和 2011 年数据，对时间跨度为 20

① 风笑天、张青松：《二十年城乡居民生育意愿变迁研究》，《市场与人口分析》2002 年第 5 期，第 21—31 页。

② 侯佳伟、黄四林、辛自强等：《中国人口生育意愿变迁：1980—2011》，《中国社会科学》2014 年第 4 期，第 78—97、206 页。

年的 2099 个样本所进行的生育意愿变迁及其决定因素的研究等。[①]这种研究方式的主要关注点，同时也是其最大的优点，在于能够很好地反映一个社会中，人们的生育意愿随时代的发展而发生变化的趋势和变迁过程。但是，这种方式对于回答在时间上属于两代人的研究对象所具有的生育意愿差别及其变迁问题，则存在一定的局限。虽然研究者可以从这些具体的研究中，去寻找在时间上属于两代人的调查结果进行比较和研究，但一方面由于达到两代人时间跨度的调查结果相对较少，另一方面更由于这些不同的调查结果之间往往会在调查对象、调查地点、调查方法、调查样本构成等方面存在显著的差别，因而它们很难构成真正意义上可以进行比较的两代人样本。

另一种研究方式是在同一时间点对不同年龄段的人群进行生育意愿调查，并对调查对象按年龄或出生时间划分为十年一代的不同的代际，来进行比较分析，以此反映生育意愿的代际变迁。这方面的研究主要有李波平和向华丽利用武汉城市圈 4424 个育龄妇女抽样调查数据，对 20 世纪 60 年代、20 世纪 70 年代、20 世纪 80 年代三个不同代际出生的育龄妇女的生育意愿所进行的分析；[②]李建新和骆为祥利用江苏生育意愿和生育行为研究调查数据，从意愿生育子女数、意愿子女性别、意愿生育年龄等三个维度，考察不同代际（“60”后、“70”后、“80”后）育龄妇女生育意愿和生育观念差异的研究等。[③]这种研究方式的主要关注点往往是对属于不同年龄段的人们所具有的生育意愿进行比较，以此来反映生育意愿的变迁趋势和相关特征。但是，一方面这种按十年一代划分出的代际人群并不是真正意义上的两代人；另一方面，也是更重要的，就是这种研究通常都是在一个时间点上对不同年龄段的人所进行的横剖调查，因而其数据资料所反映的，实际上只是出生于不同年代的人们（即“60”后、“70”后、“80”后）在调查时点的生育意愿状况，而不是不同代际的人们分别在不同年代的生育意愿状况。尽管有个别研究，如仲长

---

① 张原、陈建奇：《变迁中的生育意愿及其政策启示：中国家庭生育意愿决定因素实证研究（1991—2011）》，《贵州财经大学学报》2015 年第 3 期，第 79—91 页。

② 李波平、向华丽：《不同代际育龄妇女生育意愿及影响因素研究：以武汉城市圈为例》，《人口与经济》2010 年第 3 期，第 13—20 页。

③ 李建新、骆为祥：《生育意愿的代际差异分析：以江苏省为例》，《中国农业大学学报（社会科学版）》2009 年第 3 期，第 21—30 页。

远对北京一个社区在年龄上相差 20~30 岁的两组对象进行的生育意愿调查，[①]其虽然可以对在年龄上属于两代人的样本和调查数据进行比较分析，但这种调查数据所反映的，实际上也只是目前 50~60 岁的年长一代与目前 30 多岁的年青一代在当下的生育意愿，而不是目前 50~60 岁的年长一代在他们 30 多岁时的生育意愿，与目前 30 多岁的年青一代的生育意愿。此外，特别需要指出的是，在这种方式的研究中，由于作为年长的那一代人通常早已超过了生育的生理年龄，因此，目前所调查的生育意愿对他们来说已经不具有转变为生育行为的实际意义，顶多只能成为此时他们对生育意愿问题的一种看法或观点了。

上述文献回顾的结果表明，由于目前尚没有那种由在年龄上属于两代人的两组对象所构成的样本，并且这两个样本又分别是在前后两个不同的时间（即在他们处于相同的年龄段）接受了同样的生育意愿调查的研究结果，因此可以说，目前尚没有一项真正意义上的两代人生育意愿的调查结果，也没有一项研究分析和回答了两代人生育意愿的异同及变迁问题。努力弥补这一缺陷，正是本章研究所具有的意义和价值的最好说明。

第二节　研究设计与资料来源

要有效地探讨和回答本章所关注的中心问题，最理想的研究设计是在二十多年前，对城市育龄人群的一个样本进行生育意愿调查（父母代调查）；同时，在二十多年后，对当时接受调查的那一批父母所生育的子女在他们与其父母辈同样的年龄段进行同样的生育意愿调查（子女代调查）。然后对两次调查的结果进行比较分析，然而，由于时间和空间等条件的限制，这种研究设计在实践中很难实施。这也正是目前关于两代人生育意愿变迁研究缺乏的主要原因。

为了在现实条件下尽可能达到上述研究设计的效果，有三个关键的前提条件需要得到保证：一是要创造出在时间和空间属性上接近真正的“父母代”和“子女代”的两个样本；二是要保证“父母代”的调查发生在他们已经是

① 仲长远：《当代城市青年生育意愿初探：对北京市石景山区模式口社区两代人生育意愿的对比调查》，《青年研究》2001 年第 7 期，第 5—11 页。

父母而“子女代”当时正好是子女的年代，对“子女代”的调查则要发生在“子女代”已成为父母的年代；三是要保证前后两次调查在调查的地点、调查的方式、测量的工具等方面完全一致。

根据这三个关键的前提条件，笔者进行了如下的研究设计。

首先，以笔者1988年在湖北五个市镇对1293位小学生父母进行的生育意愿调查作为本章研究中的“父母代”调查；其次，在2016年，也即是“父母代”调查完成28年后（此时，当年6~13岁的小学生已经成为目前34~41岁的小学生父母），[①]在完全相同的五个市镇同样对小学生父母进行同样的生育意愿调查，将其作为本章研究中的“子女代”调查，即以来自同一地域、前后相隔28年、同为小学生父母所构成的两个样本来达到第一个和第二个前提条件的要求；最后，按照与28年前“父母代”调查完全一样的抽样方式、测量问题和调查方法，对“子女代”进行调查，以此来达到第三个前提条件的要求，然后用这样获得的两代人生育意愿的调查资料来进行对比分析。下面，先对两代人调查的基本情况做一简要介绍。

一、两代人调查介绍

1988年调查[②]的调查对象为城市在校小学生的父母。调查样本的抽取过程如下。首先抽取城市。城市的抽取主要考虑了两个方面的因素：一是城市规模，尽可能包括特大城市、大城市、中等城市、小城市、县城；二是城市类型，尽可能兼顾到省会中心城市、重工业城市、轻工业城市、县级市、县

① 根据国家统计局2011年的统计，全国不同受教育程度妇女平均一孩生育年龄分别是小学及以下24.0岁、初中24.7岁、高中26.9岁、大专及以上29.4岁（国家卫生计生委计划生育基层指导司、中国人口与发展研究中心：《人口与计划生育常用数据手册（2012）》，中国人口出版社2013年版，第152页）；考虑到本章研究调查的对象是城市的中青年居民，其总体受教育程度会明显高于全国城乡所有年龄段居民的平均水平，故取其一孩生育年龄为28岁（实际调查样本统计的结果表明，调查对象及其配偶的受教育程度分布均为初中及以下占22%、高中占33%、大专及以上占45%，按上述生育一孩平均年龄计算，得到结果为27.5岁，与笔者所确定的28岁非常接近）。

② 为节省篇幅，对于1988年的调查，此处只做最基本的介绍。全面而详细的介绍可见风笑天：《独生子女：他们的家庭、教育和未来》，社会科学文献出版社1992年版，第253—268页。

城的镇（即当时实施“一对夫妇只生育一个孩子”政策的行政区域）。综合上述两方面因素，最终抽取了省会中心城市武汉、重工业大城市黄石、轻工业中等城市沙市（现荆州市）、县级市仙桃、县级镇云梦县城关镇五个调查点。

其次抽取小学生。方法是先从每一个样本城市的全部城区中，按简单随机方式抽取 3 个城区；[①]在每个抽中的城区中，依据所有小学名单，采用简单随机抽样方式，抽取 1 所小学；在抽到的小学中，分别简单随机抽取 1 个低年级（即 1~3 年级）和 1 个高年级（即 4~6 年级），3 所小学总共抽取 1~6 年级各一个；在每个抽中的年级中，简单随机抽取一个整班（50 名左右的学生），这样，每个城市总共抽取到 6 个年级的 6 个班 300 名左右的学生，他们的父母就构成该城市小学生父母的样本。

最后，在 5 个市镇总共抽取小学生父母 1342 名。调查采用自填问卷的方式进行，由笔者本人作为调查员完成。调查发出问卷 1342 份，收回有效问卷 1293 份，有效回收率为 96.3%。

2016 年的调查[②]从调查对象的确定、调查城市的抽取一直到学校抽取和小学生父母的抽取，所有方面都与 1988 年的调查完全相同。即同样抽取武汉、黄石、荆州、仙桃、云梦县城关镇五个市镇。调查对象的抽样方法同样是：先从每一个样本城市的全部城区中，按简单随机方式抽取 3 个城区；在每个抽中的城区中，依据所有小学名单，采用简单随机抽样方式，抽取 1 所小学；在抽到的小学中，分别简单随机抽取 1 个低年级（即 1~3 年级）和 1 个高年级（即 4~6 年级），3 所小学总共抽取 1~6 年级各 1 个；在每个抽中的年级中，简单随机抽取一个班（50 名左右的学生），这样，每个城市总共抽取到 6 个年级的 6 个班 300 名左右的学生，他们的父母就构成该城市小学生父母的样本；[③]最终，在 5 个城市总共抽取小学生父母

① 1988 年云梦县城关镇由于只有三所小学，故没有按上述方式抽样，而是直接抽取这三所小学。

② 2016 年调查的详细情况参见第一章，此处只做简要介绍。

③ 2016 年云梦县城关镇由于只有实验小学和城关小学两所小学，故没有按上述方式抽样，而是直接抽取这两所小学。同时，城关小学的学生中一半左右是农村户籍的学生，不属于本次研究的调查对象，而这些学生的父母基本上都在外出打工，问卷也无法收回。因此，从发出的 420 份调查问卷中扣除了这一部分，共 100 人。

1762 名。[①]调查也是采用自填问卷的方式进行，具体实施由 5 所大学社会学专业的教师组织研究生或高年级本科生作为调查员完成。调查发出问卷 1762 份，收回有效问卷 1528 份，有效回收率为 86.7%。

表 10-1 是两次调查获得的两代小学生父母样本基本情况比较。

表 10-1　两次小学生父母调查中样本基本情况的比较

基本情况		1988 年调查 （父母代）	2016 年调查 （子女代）
父母双方年龄/岁	均值	37.3	36.9
	标准差	3.8	4.3
	n	1221	1493
现有子女数目/个	1	56.9%	66.4%
	2	34.0%	31.4%
	3 个及以上	9.1%	2.2%
	n	1293	1507
父母双方受教育年限之和/年	均值	20.0	26.1
	标准差	5.1	5.3
	n	1239	1505
父母双方职业类型[②]	企业工人	45.0%	15.3%
	干部及行政人员	21.9%	16.4%
	科教文卫人员	12.7%	14.3%
	商贸服务业人员	12.7%	27.7%
	个体经营者	2.5%	20.9%
	其他职业	5.2%	5.3%
	n	2488	2597

注：由于百分比经四舍五入计算得到，各项相加与 100%有误差

表 10-1 的结果表明，两代小学生父母的平均年龄几乎没有什么差别，两次调查样本的均值都在 37 岁左右，标准差也相差不大，说明他们在年龄上是

① 其中仙桃在 2、4、6 年级多抽取了一部分学生，为保证各城市样本结构的一致性，在最终的数据和样本中，分别从这 3 个年级中各随机删除了 34 份问卷和数据结果。

② 1988 年调查中列出的职业共 12 类，2016 年调查中共 15 类，此处为合并后的结果。

同一类人。这一结果首先保证了前后两次调查的样本在调查对象的年龄上具有很好的相似性。同时，两代父母现有子女数目的比例分布也比较相似，大部分家庭中都是只有一个孩子，主要的差别在于“父母代”家庭中一孩家庭的比例比“子女代”家庭低 9.5 个百分点，且 3 个及以上孩子的比例明显多于“子女代”家庭，这也比较好地反映出两代家庭在子女数量上的客观状况。

表 10-1 结果还表明，我国社会近几十年来所发生的巨大变迁，在两代小学生父母身上留下了明显的印记。他们的受教育程度发生了明显的变化，它很好地反映出 1999 年我国高等教育扩招后，“子女代”父母受教育程度普遍提高的现实。变化更大的是两代父母的职业，1988 年的城市小学生父母中，企业工人是占绝对多数的职业类型，其他各类职业的比重都不太大，2016 年的这一代父母中，一方面是企业工人的比重急剧下降，另一方面则是个体经营者与商贸服务业人员比例的大幅上升。这显然是改革开放以来我国社会的职业结构中，第二产业劳动人口比例下降、第三产业劳动人口比例大大提升的客观反映。

二、变量测量

生育意愿通常包括数量、性别和时间三个维度，[①]其中最重要的是数量。因此，本章研究也主要围绕期望生育的子女数量进行探讨。与现有大部分生育意愿调查仅采用“理想子女数”或者“假设条件下的意愿生育子女数”指标来测量期望子女数量的做法有着明显不同的是，本章研究采用了多个不同的指标，力图从几个不同的角度对期望生育的子女数量进行测量，以便能了解到更真实、更详细、更全面的信息。本章研究的这几项指标如下。

第一，对现有子女数量是否满意。“一般来说，如果对现有孩子个数感到满意，则可以在一定程度上说，其生育意愿得到了满足；而如果对现有孩子个数感到不满意，则可以较肯定地认为，其生育意愿未得到满足。”[②]按照这一逻辑，当人们符合新的、可以生育两个孩子的生育政策时，那些目前只生

① 顾宝昌：《论生育和生育转变：数量、时间和性别》，《人口研究》1992 年第 6 期，第 1—7 页。

② 风笑天：《独生子女父母的生育意愿》，《人口研究》1991 年第 5 期，第 30 页。

育了一个孩子且生育意愿尚未满足者，更可能去生育第二个孩子。因此，这一指标在一定程度上可以从反面来反映人们的生育意愿。

第二，“理想子女数”，即英文文献中的“ideal number of children”。问卷中所用的具体问题是“你认为（或依你的看法）幸福美满的家庭最好有几个孩子”，这是最常见的生育意愿测量指标。这一问题表面上询问的是人们对“幸福美满的家庭”与孩子数目之间关系的看法，实质上是一种间接的生育意愿测量。其逻辑依据是，人们心目中认为的幸福美满家庭的孩子数目，往往就是他们所希望生育的孩子数目。

第三，对代表“生一个”和“生两个”的两种看法所持的态度。问卷中，将两种生育意愿的看法列出，询问被调查者对这两种看法的赞同程度。由于这两种看法分别代表着生一个和生两个的生育意愿，故从被调查者的态度中，我们也可以间接地测量到他们自己实际的生育意愿。

第四，只生育一孩的原因。对那些只有一个孩子的父母询问这一问题，以此来从侧面了解他们的生育意愿是否满足。一般来说，父母自愿只生一个孩子的，其生育意愿往往是得到满足的；而如果是由于政策的规定，或由于其他条件的限制而只生了一个孩子的，则其生育意愿往往并未得到满足。

第五，二孩生育意愿。对那些只有一个孩子的父母询问“你是否想再生育一个孩子（或生育第二个孩子）”。此问题比一般的生育意愿测量更为具体，指向性也更为明确，更接近生育打算，相当于英文文献中的“fertility intention”。由于 1988 年时这一问题不具有现实性，因此在问题中加上了相应的“假设”条件句，即“假定国家改变生育政策，可以生两个”。

第三节　研究结果与分析

一、两代父母对现有子女数目的满意状况比较

由于两个样本中的对象在接受调查时，有的只有一个孩子（即独生子女父母），有的有两个甚至更多的孩子（即非独生子女父母），而父母现有的孩

子数目与他们的生育意愿有着密切的联系，因此为了更好地认识和分析两代人生育意愿的异同及其可能的原因，笔者在统计分析中，除了进行两代父母总体的比较外，还将两代父母的样本都按现有子女数目进一步细分为“一孩父母”和“多孩父母”两类进行比较分析。两代父母对现有子女数目的满意状况比较如表 10-2 所示。

表 10-2　两代父母对现有子女数量的满意状况比较

对现有子女数量是否满意	1988 年调查（父母代）			2016 年调查（子女代）		
	一孩父母	多孩父母	合计	一孩父母	多孩父母	合计
满意	48.7%	90.0%	66.5%	60.2%	61.2%	60.5%
不满意	51.3%	10.0%	33.5%	39.8%	38.8%	39.5%
n	714	539	1253	992	498	1490

表 10-2 中两项合计栏的结果表明，虽然时间上相隔了将近三十年，但两代小学生父母对现有子女数目的满意情况总体上相差并不大（相差大约 6 个百分点）。那么，这一结果是否能够说明两代父母在“对现有子女数量的满意”程度上没有大的变化呢？笔者认为，现在还不能下这样的结论。对于这种总体上相差不大的状况，需要进行更深入的分析。

仔细比较两代父母内部不同类别之间的统计结果，不难看出，虽然两代父母总体上对现有子女数目的满意状况差别不大，但实际上，二者内部不同类别之间的情况却是很不一样的。1988 年的调查中，多孩父母对现有子女数量的满意状况，与那些由于政策原因只生育了一个孩子的父母（即独生子女父母）之间有着非常明显的差别：其对现有子女数量满意的比例高出一孩父母 41.3 个百分点。这也是造成父母代总体结果中满意比例比 2016 年总体结果高出 6 个百分点的主要原因。但 2016 年的调查中，两类父母之间的这种差别却消失了，二者满意的比例均在 60%左右，这是一个很大的变化。

为什么会发生这样一种变化？这一变化说明了什么？笔者分析，这一变化的出现，可能与两个时代的父母所面临的生育政策有显著的不同有关。对于上一代父母来说，他们现有的子女数量在一定程度上是当时“独生子女”政策的一种客观后果，而他们对现有子女数量的满意状况，则是对这种客观后果的一种主观反映。它向我们揭示出，上一代父母中，因为政策限制而只能生育一个孩子的独生子女父母，一半以上不满意，说明他们当时的生育意愿尚未得到满足；而当时已经生育了两个（及以上）孩子的父母，可以说已经“逃脱”了“独生子女”政策的限制，其生育意愿基本上得到了满足，因而其满意比例高达 90%。这一正一反两种结果都反映出一个现实：上一代父母中，大部分人都希望生育两个孩子，而不是一个孩子。

当下一代父母 2016 年接受调查时，“全面二孩”政策已经开始实施，所有一孩父母都可以合法地生育他们的第二个孩子。此时，两类父母所面临的政策环境一样了，在生育政策面前他们是平等的。此时，40%左右的独生子女父母回答对现有子女数目不满意，这在很大的程度上意味着他们依旧具有希望生育两个孩子的生育意愿。但这一比例比上一代独生子女父母的比例下降了 10 个百分点以上，说明这一代独生子女父母中，希望生育两个孩子的比例有所下降。此外，那些已经生育了两个（及以上）孩子的父母中，同样有接近 40%的人对现有子女数量不满意，这一结果一方面与父母代中仅有 10.0%的结果形成明显对照，另一方面其内涵也值得进一步探讨：是后悔多生了孩子？还是希望生育更多的孩子？抑或二者兼而有之？为探索这一问题，笔者对这些不满意者的理想子女数、意愿生育子女数、二孩生育意愿（就你个人的心愿来说，你想生第二个孩子吗？）进行了统计，结果表明，这部分父母中，理想子女数为一孩和三孩及以上的各占 5%；意愿生育子女数为一孩和三孩及以上的分别占 7%和 5%；而二孩生育愿意中不想生二孩的则占了 70%。这些结果或许可以在一定程度上说明这些已经生育了两个及以上孩子的父母中，的确有一部分觉得两个还不够，但或许更多的是觉得只生一个孩子就够了。当然，还有一种可能，这些不满意的夫妇实际上并不是对数量不满意，而是因性别单一不满意，即生了两个男孩的希望有个女孩，生了两个女孩的希望有个男孩。

如果将表 10-2 中“一孩父母”不满意的比例及“多孩父母”满意的比例均看作具有生育两个孩子的生育意愿比例，那么，我们可以通过下列计算得出两代父母中，具有希望生育两个孩子这种生育意愿的比例分别如下。

父母代：(714×51.3%+539×90%)/1253=67.9%。

子女代：(992×39.8%+498×61.2%)/1490=47.0%。

这一结果再一次说明，父母代中大部分家庭（接近 70%）具有生育两个孩子的生育意愿，而相比之下，子女代家庭中，具有这一生育意愿的比例不到一半（47.0%）。两代父母之间相差 20.9 个百分点。

二、两代父母“理想子女数”测量结果的比较

两代父母“理想子女数”测量结果的比较，如表 10-3 所示。

表 10-3　两代父母　“理想子女数”比较

理想子女数	1988 年调查（父母代）			2016 年调查（子女代）		
	一孩父母	多孩父母	合计	一孩父母	多孩父母	合计
一个	27.6%	9.3%	19.8%	20.1%	3.2%	14.4%
两个	69.2%	86.5%	76.6%	78.3%	92.4%	83.0%
其他①	3.2%	4.2%	3.6%	1.7%	4.4%	2.6%
n	731	547	1278	981	497	1478

注：表中百分比由四舍五入计算得到，相加与 100%有误差

第一，表 10-3 中两栏合计的结果表明，总体上两代父母“理想子女数”的分布结构大体相同，即都有 80%左右为两个孩子，15%~20%为一个孩子，多孩和无孩的比例都非常低。这一结果说明，如果以“理想子女数”来衡量，两代父母总体上都倾向于生育两个孩子，并且两代父母之间的差别并不大。用变迁的语言来描述，则可以说两代父母的生育意愿改变不大（甚至还可以说略有向传统意愿回归的倾向）。这一结论显然与表 10-2 的结论有所差别。实际情况究竟如何？笔者将在后文的结论与讨论部分对此进行详细分析。

第二，与表 10-2 中不同代际内部两类父母之间的结果分布互不一样（父母代内部两类之间结果差别大、子女代内部两类之间结果差别小）有所不同的是，表 10-3 中不同代际内部两类父母之间的结果，在不同回答的比例分布上十分相似（即父母代两类之间的比例分布与子女代两类之间的比例分布十分相似）。这种相似的比例分布中的一个重要特点是，一孩父母“理想子女数”

① 包括 0 个和 3 个以上。

为一孩的比例明显高于多孩父母。其含义是，如果说 1988 年父母代中人们给出“理想子女数”为一个孩子的回答，还可能是出于响应政府号召或受制于政策压力的话，那么，按政策可以生育二孩的这一代独生子女父母中，的确是有些人真的只想生育一个孩子了。

三、两代父母对两种生育意愿典型看法的态度比较

两代父母对两种生育意愿典型看法的态度比较，如表 10-4 所示。

表 10-4　两代父母对两种生育意愿典型看法的态度比较

典型看法		1988 年调查（父母代）			2016 年调查（子女代）		
		一孩父母	多孩父母	合计	一孩父母	多孩父母	合计
不管从哪方面说，一个孩子已经足够了	同意	49.6%	53.3%	51.1%	52.7%	48.4%	51.4%
	不同意	50.4%	46.7%	48.9%	47.3%	51.6%	48.6%
	n	672	471	1143	968	438	1406
从多方面考虑，一个家庭有两个孩子才是最理想的	同意	82.8%	88.4%	85.2%	54.4%	54.5%	54.4%
	不同意	17.2%	11.6%	14.8%	45.6%	45.5%	45.6%
	n	685	522	1207	971	451	1422

注：表中百分数由四舍五入计算得出，相加与 100%有误差

第一，表 10-4 中两项合计栏的结果表明，两代父母总体上对生一孩的态度是相同的，赞成的和不赞成的比例都接近一半，赞成的比例略多一点。但对于生两个孩子，二者的态度则明显不同。父母代赞成的比例显著地高于子女代赞成的比例（二者相差 30.8 个百分点）。

第二，表 10-4 两项调查中两类对象比较的结果表明，无论是对生一个孩子的态度，还是对生两个孩子的态度，两次调查中的两类父母都是相近的。即父母代一孩父母与多孩父母之间不存在明显的差别，子女代一孩父母与多孩父母之间也不存在明显的差别。这是两代父母之间的共同点。但是，在父母代中，他们对于生一个与生两个的态度之间差别很大；而子女代中，两类父母对于两种不同态度之间的差别则几乎消失了。这一结果说明，在父母代中，生育二孩的需求很大；而子女代中，二孩的生育需求已经明显下降，无论是已经生育了两个及以上孩子的非独生子女父母，还是目前只生育了一个

孩子的独生子女父母，他们对于生育二孩的态度基本相同，即都有40%以上的人不同意两个孩子最理想的看法。

如果将表10-4中不同意“不管从哪方面说，一个孩子已经足够了”的看法与同意“从多方面考虑，一个家庭有两个孩子才是最理想的”的看法均作为有生育两个孩子的意愿的话，那么，我们同样可以通过下列计算得出两代父母中，具有希望生育两个孩子生育意愿的比例。

父母代：（1143×48.9%+1207×85.2%）/2350=67.5%。

子女代：（1406×48.6%+1422×54.4%）/2828=51.5%。

这一结果再次揭示出，生育两个孩子，是父母代的生育意愿体现（其比例为67.5%，同样接近70%），而在子女代中，对生育两个孩子的态度和看法，已经与上一代父母有了很大的不同，其比例只有一半左右（51.5%）。

四、两代独生子女父母只生育一个孩子的原因比较

两代独生子女父母只生育一个孩子的原因比较，如表10-5所示。

表10-5　两代独生子女父母只生育一个孩子的原因比较

只生一个孩子的主要原因①	1988年调查（父母代）独生子女父母	2016年调查（子女代）独生子女父母
国家政策规定只能生一个	75.0%	32.2%
我们结婚时就计划只生一个	13.6%	21.0%
工作学习忙，时间精力有限	5.9%	19.8%
家庭经济紧张，养不起	3.1%	16.2%
生理原因（如身体不好等）	1.9%	3.7%
双方老人不能帮我们带孩子		6.6%
其他	0.6%	0.5%
n	699	884

注：表中百分比由四舍五入计算得出，相加与100%有误差

表10-5的结果表明，总体上两代独生子女父母中只生育一个孩子的原因

① 2016年调查中“计划过两年再生”“正在怀孕过程中”两项回答者略去未计入；“孩子多了不利于培养成才”一项并入“我们结婚时就计划只生一个”统计。

有着显著的不同。“父母代”独生子女父母中，绝大部分人（75.0%）只生育一个孩子的主要原因是国家政策规定只能生一个。真正主动选择只生育一孩的不到 15%（即回答我们结婚时就计划只生一个的比例），其他相关因素影响的比例也只占 11.5%，而“子女代”独生子女父母的情况则大不相同。由于国家计划生育政策的限制而没能生育二孩的只占 32.2%（即回答国家政策规定只能生一个的比例）。主动选择只生育一孩的比例提高到 20%以上，同时，考虑其他相关因素而主动放弃生育二孩的比例大幅度增加，从“父母代”独生子女父母的 11.5%跃增到接近 50%。笔者认为，如果独生子女父母主要是由于政策限制而只生了一个孩子，则其具有生育二孩或多孩意愿的可能性更大，而如果是因为其他原因，特别是主动不要第二个孩子的，则说明其生育意愿倾向于生育一孩的可能性更大。因此，表 10-5 的这一结果同样说明，“父母代”的独生子女父母大部分倾向于生育二孩，而“子女代”的独生子女父母则在各种客观现实因素的影响下，大部分倾向于只生育一个孩子。

五、两代独生子女父母的“二孩生育意愿”测量结果比较

两代独生子女父母的“二孩生育意愿”测量结果比较，如表 10-6 所示。

表 10-6　两代独生子女父母具有的二孩生育意愿比较

二孩生育意愿	1988 年调查（父母代）独生子女父母	2016 年调查（子女代）独生子女父母
想再生一个（想生二孩）	33.7%	34.8%
如果不超过 40 岁（年轻一点）就再生一个	29.1%	24.1%
就算不限制也不想再生（不想生二孩）	37.2%	41.2%
n	707	955

注：表中百分比由四舍五入计算得出，相加与 100%有误差

表 10-6 的结果表明，两代独生子女父母的二孩生育意愿总体分布十分一致，只在具体百分比上有很小的差别。这是否说明两代独生子女父母的二孩生育意愿并没有变迁呢？笔者认为目前还不能下这样的结论。这里的关键是，两代父母对第二项答案“如果不超过 40 岁（年轻一点）就再生一个”的理解实际上是不同的。换句话说，两代父母中选择第二项答案的人的实际状况和

他们的再生育意愿其实是不同的。

我们知道，育龄人群的年龄，特别是育龄女性的年龄，是影响和制约她们生育意愿和生育行为的一个重要因素。这也是笔者在调查问卷中设立第二项答案的逻辑依据。虽然年龄因素对两代父母来说都具有同样的影响，但是，我们不能忽视的是，两代独生子女父母在回答想不想生育二孩的问题时，他们所面临的生育政策是不同的：父母代独生子女父母是在当时不能生育二孩的前提下，来回答这一问题的（问卷中是假设国家放开二孩生育）。正是由于对国家会不会放开、什么时候会放开二孩生育的不可知，他们并不清楚到政策真正放开时自己的年龄会是多少。因而，当时他们选择这一答案，实际反映的是一种“想生二孩”的意愿；而对于子女代独生子女父母来说，他们在回答想不想生二孩的问题时，国家政策已经明确，所有父母都可以生育二孩，而且当时回答者自己的实际年龄也是已知的。因此，此时再选择“如果不超过 40 岁（年轻一点）就再生一个”这种答案的人，或许一部分是那些本来想生育二孩，但觉得自己年龄已经偏大、实际上也有些偏大的人，而另一部分则可能是那些实际年龄并不偏大（如年龄小于 35 岁），只是拿年龄当作借口，实际不想再生一个的人。

根据这一分析，笔者对两次调查的结果进行了校正。把 1988 年调查结果中回答“如果不超过 40 岁（年轻一点）就再生一个”一项的比例，按妻子实际年龄小于 40 岁和大于等于 40 岁进行分解，分别计入“想生二孩”和“不想生二孩”两类中，最终得到“想生二孩”的比例为 61.4%，“不想生二孩”的比例为 38.6%；同理，把 2016 年调查结果中回答“如果不超过 40 岁（年轻一点）就再生一个”的人，按妻子年龄大于等于 35 岁和小于 35 岁进行分解①，分别计入“想生二孩”和“不想生二孩”两类中，最终得到“想生二孩”的比例为 40.8%，“不想生二孩”的比例为 59.2%。校正后的结果如表 10-7 所示。

① 如果同样按 40 岁为界进行分解，则子女代中“想生二孩”的比例会更低，“不想生二孩”的比例会更高。

表 10-7　两代独生子女父母具有的二孩生育意愿比较（校正后）

二孩生育意愿	1988 年调查（父母代）独生子女父母	2016 年调查（子女代）独生子女父母
想再生一个（想生二孩）	61.4%	40.8%
就算不限制也不想再生（不想生二孩）	38.6%	59.2%
n	707	955

再对两项调查的结果进行比较，可以看出，年龄相差近三十岁的两代独生子女父母，实际的生育意愿的确发生了明显的变化，想生和不想生两个孩子的比例，由“父母代”分别占 61.4%与 38.6%，变为“子女代”的分别占 40.8%与 59.2%，两代人之间的比例正好颠倒了过来。这一结果同样与前述的父母代中大部分人倾向于生两个，子女代中大部分人倾向于生一个的结果相一致。

第四节　研究结论与相关问题讨论

本章利用对同样地点抽取的、在时间上相隔 28 年的两个相似样本的调查结果，对城市两代小学生父母的生育意愿进行了对比分析。结果表明以下几点内容。

（1）两代父母对现有子女数量的满意状况总体上差别不大，但二者内部不同类别之间的情况却很不一样。父母代中，多孩父母对现有子女数量满意的比例，高出一孩父母 40 个百分点以上。但子女代中，两类父母之间的差别却消失了。统计计算的结果表明，父母代中，接近 70%的人都希望生育两个孩子，而子女代中，生育两个孩子的意愿则不到 50%。

（2）总体上两代父母“理想子女数”的分布结构大体相同，都有 80%左右为两个孩子，15%~20%为一个孩子，多孩和无孩的比例都非常低。这一结果说明，如果以“理想子女数”来衡量，两代父母都倾向于生育两个孩子，并且两代父母之间的差别不大。显然，这一结果与前述结果有所差别。需要进一步讨论。

（3）对两种生育意愿典型看法的测量表明，两代父母总体上对生一孩的态度是相同的，赞成的和不赞成的比例都接近一半。但对于生两个孩子，二者的态度则是不同的。父母代赞成的比例显著地高于子女代的比例。统计计算的结果同样表明，上一代父母中，生育二孩的需求很大；而下一代父母中，二孩的生育需求已经明显下降。

（4）两代独生子女父母只生育一个孩子的原因有着显著的不同。父母代中，绝大部分人是因为国家政策规定只能生一个，即国家计划生育政策的限制。真正主动选择只生一孩的不到 15%，其他相关因素影响的比例也只占 11.5%；而子女代中，只有 32.2%的人是由于计划生育政策的限制，超过 20%的人是主动选择只生一个孩子，考虑其他相关因素主动放弃生育二孩的比例则大幅度增加到 46.8%。这一结果也反映出父母代中大部分倾向于生二孩、子女代中小部分倾向于生二孩的现实。

（5）对两代独生子女父母二孩生育意愿的测量结果表明，父母代中想生和不想生二孩的比例，分别占 61.4%与 38.6%；而到了子女代，这两种意愿的比例则分别为 40.8%与 59.2%，即两代人之间是否愿意生育二孩的比例正好颠倒了过来，这是一个相当显著的变化。

综合上述五个指标的比较分析结果，可以得到下列结论：改革开放初期的那一代小学生父母与他们的下一代即当前的小学生父母之间，在生育意愿上已经发生了显著的变迁。这种变迁的突出特征和趋势是：生育两个孩子是上一代父母最为集中的生育意愿（其比例在 67.9%），而新的一代父母在生育意愿上，虽然希望生育两个孩子的依然占有相当的比例，但是，希望只生育一个孩子的则相对更多。这种变迁是改革开放以来的几十年中，整个中国社会的结构、社会的文化所发生的巨大变迁在育龄人口生育意愿上的一种反映，也是社会的生育观念、生育文化逐渐从传统向现代转变的一个缩影。

从上述结果和结论出发，还有以下几个问题值得进一步探讨。

首先是两代父母之间在生育意愿上的明显变迁何以发生的问题，即新一代父母的生育意愿为什么会与上一代父母有着明显的不同？特别是为什么两代人中的大部分人都认为“幸福美满的家庭有两个孩子最理想”、父母一代大部分人实际也希望生育两个孩子的情况下，新一代父母中大部分人的实际生育意愿却只是一个孩子？这种变迁的深层内涵又是什么？可以说，探讨和揭示两代父母的生育意愿从“生两个”到“生一个”这一变迁背后所蕴含的观念变迁、文化变迁、社会变迁，是一项重要的任务。

笔者认为，这首先要从我国社会的历史变迁给两代父母带来的不同人生经历进行分析。上一代父母所经历的是20世纪五六十年代中国社会那种以计划经济为标志、生产力相对低下、物质生活相对贫乏、社会价值取向相对单一的社会现实和社会生活。他们的生育观念和生育意愿也是在整个社会的生育观念、生育文化从20世纪五六十年代那种生育多个孩子向20世纪70年代生育两三个孩子转变的过程中，在20世纪70年代末实施“一对夫妇只生育一个孩子”的生育政策后逐渐形成的。特别是20世纪70年代初期以来以“一个不少、两个正好、三个多了”，以及“晚、稀、少”等为主要内容的计划生育政策的宣传和影响，使得20世纪70年代末、20世纪80年代初期时，城市一代父母在生育子女的数量意愿上，大部分人都倾向于生育两个孩子，而且其生育观念与生育意愿也高度一致。所以，无论是上述指标中的哪一个，所测得的结果基本一致（当然，不同类型的城市中，这种生两个孩子倾向所占的比例会有所不同，小城市和城镇的父母中或许还有一定比例希望生育三个及以上孩子的）。

然而，出生在改革开放后的新一代父母所经历的，则是一种与上一代父母完全不同的社会现实和社会生活。市场经济的发展、生产力水平的提高、社会物质生活的丰富、社会价值取向的多元化，构成了他们所面临的生存环境。他们对于生育问题也具有与上一代父母完全不同的人生体验。特别是在2016年接受调查时，新的“全面二孩”政策已经在“单独二孩”政策实施后快速开始实施，这构成了他们所面临的特定的生育政策环境，也形成了他们目前所面对的一种与其父母一代完全不同的生育文化氛围。正是在这些因素的共同影响下，一些在上一代父母那里并没有成为影响其生育两个孩子的因素或问题，如经济状况、时间精力、祖辈支持等，以及一些在上一代父母那里并不被看重的因素，如家庭生活质量、子女教育质量等，在下一代父母那里开始成为对生育第二个孩子产生动摇、犹豫直至放弃的重要原因。

此外，新一代父母大部分转变为倾向于生育一个孩子的另一个原因，可能是生育观念惯性作用的影响。应该看到，经过了几十年的政策宣传和普遍实践，无形之中，社会所营造的生育文化氛围渐渐发生了改变，新的一代人所具有的生育观念也在这种生育文化氛围的影响下悄悄发生了改变，而这种生育观念一旦形成，往往会具有一定的惯性（就像从多生到少生变化过程中同样有惯性一样）。所以，尽管现在政策上已经发生了改变，已经可以生育两个孩子，但由于长期以来只生一个孩子的生育观念惯性作用的影响，新一代父母依旧大部分倾向于只生育一个孩子。

总之，两代父母生育意愿变迁的主要原因，是改革开放以来我国社会结构、社会经济、社会文化、社会价值观念所发生的变迁，而只有把两代父母的生育意愿变迁放到改革开放以后我国社会的巨大变迁中，我们才能理解这种从生两个到生一个的变迁何以会发生。这正如米尔斯所言，“无论是个人生活还是社会历史，不同时了解这二者，就不能了解二者之一”①。本章研究结果揭示出，两代父母不同的生活经历，使他们形成了不同的生育观念和生育意愿，这也是整个社会的变迁在他们身上留下的一种烙印。

其次是本章研究的结论对于人口预测和人口政策制定来说所具有的实践意义问题。本章研究结果的一个重要启示是：当我们面对的育龄人口，已经由当年大部分希望生两个孩子的父母一代，转变为大部分只希望生育一个孩子的年轻一代时，我们对育龄人口生育意愿变化趋势的判断、对将来生育水平的预期及在这些判断和预期基础上进行的生育政策制定等，就不能以传统的、经验的“人人都希望生两个孩子”的方式来考虑，而应该实事求是地面对现实，特别是要清醒地认识到在这种不同代际的育龄人口身上所发生的巨大变迁及其影响。

对此，可以列举笔者自身的一个例子来说明。笔者根据 1988 年的调查曾得出结论：生育两个孩子而不是一个孩子，是绝大部分独生子女父母的生育意愿，“如果政策改变，允许生两个孩子，则较年轻的独生子女母亲中，将会有相当的一部分人继续生第二胎，其比例将随着母亲年龄的降低而接近甚至超过 75%”②。这一结论对于父母代的独生子女父母来说或许是正确的。然而，时过境迁，当研究结论所述说的对象变为子女一代的父母时，结论的正确性就

① 〔美〕赖特·米尔斯：《社会学想象力》，见赖特·米尔斯、塔尔考特·帕森斯主编《社会学与社会组织》，何维凌、黄晓京译，浙江人民出版社 1986 年版，第 4 页。

② 风笑天：《独生子女父母的生育意愿》，《人口研究》1991 年第 5 期，第 33 页。

将受到质疑，即从上一代父母调查中所得到的这一结论，并不一定适用于他们的下一代。2016 年调查结果表明，目前的独生子女父母的生育意愿与其父母一代相比，已经发生了巨大的变化，尽管他们中依旧会有一部分人去生育第二个孩子，但这一部分人的比例却是无法达到和接近父母代的比例的。因为他们中有超过一半的人已经从期望和追求生育两个孩子，转变为只生育一个孩子了。

再次是不同生育意愿测量指标的效度和测量结果的偏差问题。不同的测量指标能够反映生育意愿的不同侧面，不同的指标，也具有不同的测量效度。虽然多个指标的测量相对于一个指标的测量来说，具有更加全面综合的特点。但是，如果多个指标的测量结果互不一致，就存在着辨别、判断和挑选的问题，即要从各种测量结果中，分辨出哪些反映了现象的本质特征，哪些存在较大偏差，从而对各种测量结果进行正确的取舍。

表 10-2 至表 10-7 的结果表明，不同生育意愿测量指标所得结果互不一样。比如，按理想子女数的结果，两代人基本上无差别，都是 80%左右想生二孩；但是，按对现有子女数量是否满意的结果，则两代人希望生二孩的比例相差 20.9 个百分点；按对两个典型看法的评价结果，两代人希望生二孩的比例的相差 16 个百分点；按只生育一孩的原因，两代人相差 42.8 个百分点，按二孩生育意愿的结果，则两代人相差 20.6 个百分点。面对两代人之间的这些不同的测量结果和差别，我们需要进行判断和辨别，即要辨别哪一种指标和测量结果相对可靠？哪一种指标的偏差相对较大？

笔者分析认为，由于“理想子女数”主要测量的是人们对于生育问题的观念和看法，而不是人们对于自身生育目标和生育行为的想法及愿望。因而，对于反映人们的生育意愿来说，其效度相对较低，是偏差较大、区分度也较小的一种指标。虽然“人们心目中幸福美满家庭的孩子数目，往往就是他们所希望生育的孩子数目”这一逻辑或许并没有错，但如果忽视了在生育问题面前，人们除了受生育政策的制约以外，还会受到众多社会现实因素的影响这一客观事实，那么，这一逻辑也将不成立。对于只生育一孩的原因的测量，一方面由于其在内涵上与生育意愿有一定的差别，另一方面由于这一指标的关注点并不在于生几个孩子的意愿，而是在于没生多个孩子的原因。因而，其测量效度也不高，只能在相对有限的程度上间接反映人们的生育意愿。所以，上述两项指标的偏差相对较大，而相对来说，对现有子女数量是否满意、对两种生育意愿典型看法的态度、二孩生育意愿这三项指标的内涵更加接近生育意愿的本意，测量效度相对较高，是相对可靠的测量指标。因此，本章研究结论所依据的也正是这三项指标的测量结果，而事实上，这三项测量的结果也十分的一致。

最后需要说明的是，由于育龄人群的生育意愿，特别是在当前“全面二孩”政策背景条件下一孩父母的二孩生育意愿，不仅与夫妻双方的年龄有关，或许还与现有一孩的年龄有关。因此，从这方面来审视，本章研究所选取的两代父母样本都集中在小学生父母，没有涉及 0~6 岁的幼儿父母及 13~15 岁的初中生父母。这种对调查对象的选择状况有可能会对研究的结果和结论产生一定影响，值得注意。同时，表 10-2 结果中，有接近 40%的多孩父母表示对生育现状不满意。本章对这一结果的分析和解释也还缺乏足够的说服力，这同样值得今后的研究进一步探讨。

第 十 一 章

城市一孩育龄人群的二孩生育动机

第一节　研究背景与问题

“单独二孩”和“全面二孩”这两项二孩生育政策的提出，是我国政府根据全国人口的总体规模、年龄结构及发展状况，为缓解人口老龄化的压力、应对低生育率陷阱所做出的具有深远影响的政策调整。它同时也意味着我国社会持续了多年的以“一对夫妇只生育一个孩子”为主要内容的控制人口增长的生育政策正式结束。正是在这种背景下，有关育龄人口的二孩生育意愿和生育行为及最终的全国人口生育水平变化和提高，很快成为学术界和政府相关部门关注的焦点。

作为生育观念一部分的生育动机（或生育目的），通常指的是人们生育子女的基本原因或初始想法。通俗地说，就是人们对于“为什么要生育孩子”这一问题的回答。正如有学者指出的，“生育动机反映了人们对为什么要生育子女、子女价值的看法和判断”。[①]“生育动机也即是生育目的，指人们生养孩子是为了达到什么目标，是出于何种目的而考虑生育的。”[②]由于生育动机在“生育动机—生育意愿—生育抉择—生育计划—生育行为”的整个生育环节中处于最前端，因而它会影响到后续的每一个环节的结果，特别是会对人们的生育意

① 刘爱玉：《流动人口生育意愿的变迁及其影响》，《江苏行政学院学报》2008 年第 5 期，第 71 页。

② 庄渝霞：《不同代别农民工生育意愿及其影响因素 基于厦门市 912 位农村流动人口的实证研究》，《社会》2008 年第 1 期，第 145 页。

愿产生直接影响。正如有学者所言，“在逻辑关系上生育动机决定生育意愿……两者通常密切相关。”[①]因此，研究和分析育龄人群的生育动机，对于研究人们的生育意愿、生育行为及其生育率水平的变化都具有十分重要的意义。

在当前我国实施“全面二孩”生育政策，努力提高育龄人群二孩生育水平的大背景中来探讨育龄人口的生育动机时，有一点值得特别注意，那就是城乡之间在生育政策环境、生育文化等方面所存在的明显差异。从政策环境方面看，由于全国绝大部分农村地区多年来实行的是“一孩半政策”（即第一孩是女孩的隔几年后可以按政策生育第二个孩子），而城市一直实行的是“一对夫妇只生育一个孩子”。因此，相比于城市育龄人群来说，农村育龄人群中符合二孩生育政策的潜在人口比重相对较小，而从生育观念和生育文化方面看，农村居民的意愿生育数量又始终比城市居民要高。这一点在现有的各项生育意愿调查结果中都得到了一致的证明。[②]因此，当符合二孩生育政策时，农村育龄人群中生育二孩的比例会相对较大，而城市育龄人群中生育二孩的比例则相对比较小。上述两个方面的特征和差别，导致城市中有相对高比例的符合二孩生育政策人口与相对低比例的二孩生育意愿，这一状况对“全面二孩”政策的实施效果形成了严重挑战。因此，重点探讨和分析城市一孩育龄人群的二孩生育动机，以提高城市一孩育龄人群的二孩生育意愿，并在此基础上为建立促进二孩生育的各项配套措施提供有针对性的政策建议，就更是一项重要的任务。本章研究的目标，就是希望利用两次大规模抽样调查所得的数据，对这一问题进行初步探讨。

第二节　相关文献回顾

国内现有的生育动机研究主要出现在20世纪90年代至今。笔者在中国

① 周长洪：《生育观念的概念逻辑模型》，《南京人口管理干部学院学报》2007年第2期，第6页。

② 风笑天、张青松：《二十年城乡居民生育意愿变迁研究》，《市场与人口分析》2002年第5期，第21—31页。

知网上选取核心刊物，以关键词中包含“生育动机”或“生育目的”进行检索，共得到58篇论文，除去其中属于纯理论探讨的文献及综述性质的文献，共得到经验研究论文23篇。通过对这23篇论文逐一进行阅读，发现一些文献虽然论及生育动机，却没有具体数据结果；另一些研究主要是定性的个案分析，反映范围受到限制；还有一些研究调查质量较差，结果不太可靠。去掉这些研究后，最终得到10篇既包含生育动机这一主题的经验调查数据，同时调查质量又相对较高的研究文献。这些文献中的调查全部发生在21世纪初至今，反映了国内学术界对生育动机研究的基本状况，它们的基本情况及研究结果如下。

庄渝霞利用厦门市2002年、2003年两次流动人口抽样调查资料，对912位农民工的生育动机进行了研究。调查中所用的问题是：“你认为生养孩子的主要目的是什么？”研究者共列出了八个选项，即传宗接代、养儿防老、提高家庭收入、增加家庭乐趣、孩子事业有成增添家庭荣誉、增进夫妻感情、体现个人能力与成功、人生无憾和圆满。研究结果表明，被调查者最主要的四项回答是传宗接代（24.5%）、增加家庭乐趣（19.8%）、养儿防老（18.3%）、人生无憾和圆满（12.6%），四项合计达到75.2%。[①]

沈毅在2005年对苏南四个镇716名流动人口的生育意愿进行调查中，也询问了被调查者的生育动机。研究者列出的答案共七项，即养老送终、增加经济收入、传宗接代、“面子”上的需要、夫妻感情上的需要、家里父母或其他长辈的压力及其他。研究结果表明，被调查者最主要的三项生育动机分别是养老送终（31.1%）、夫妻感情上的需要（29.2%）、传宗接代（22.5%），三项合计达到82.8%。[②]

刘爱玉利用2007年全国五个城市流动人口的调查数据，对1066位流动人口的生育意愿变迁及其影响进行了研究。其中，研究者用六个答案来描述流动人口的生育动机：传宗接代；没有孩子，老了就没有人照顾；孩子可以

---

① 庄渝霞：《不同代别农民工生育意愿及其影响因素 基于厦门市912位农村流动人口的实证研究》，《社会》2008年第1期，第145页。此处百分比是笔者根据文中三个代际的人数和对应的比例计算得到。

② 沈毅：《苏南流动人口生育意愿研究——以吴江流动人口为例》，《市场与人口分析》2005年第5期，第45页。此处百分比系笔者根据文中所给数据计算得到。

增强夫妻感情；提供劳动力，增加经济收入；期望孩子实现自己没有实现的理想；没有男孩，在人前会抬不起头。结果表明，被看重的前三位因素是传宗接代（20.0%），没有孩子，老了就没有人照顾（19.9%）及孩子可以增强夫妻感情（16.3%），“可以看出，生育的首要目的是养老保障和家庭延续”[①]。

徐映梅和李霞 2009 年在湖北三个城市对 2742 名农村妇女的生育意愿进行了调查，结果表明，在调查所列出的七项答案中（即传宗接代、家庭和睦、养儿防老、喜欢孩子、消除社会压力、增加家庭劳动力、其他），被调查者选择的前四项分别是家庭和睦（32.1%）、传宗接代（24.6%）、喜欢孩子（21.7%）和养儿防老（15.8%），合计达到 94.2%。[②]

李艳华利用 2007 年全国社情民意调查数据中湖北 1798 位农村居民的数据，描述分析了湖北农村居民的婚育状况。其中，专门对他们的生育目的进行了统计分析。研究者将生育目的分为九项，即养老送终、精神慰藉、家庭稳定、传宗接代、顺其自然、家族兴旺、增加劳动力、继承财产、舆论压力。调查结果中前四项分别是，养老送终（32.00%）、精神慰藉（29.22%）、家庭稳定（14.56%）、传宗接代（14.17%），其百分比合计达到 89.95%。[③]

郭志仪等利用 2007 年甘肃、河南两省城乡居民生育意愿调查数据，分别对甘肃、河南两省居民生育意愿和生育目的进行了研究。在调查中，研究者将生育目的分为精神慰藉、养老送终、家庭稳定、传宗接代、增加劳动力、家族兴旺、顺其自然、舆论压力、继承财产九项。其研究结果表明，在被问及夫妻生育孩子的原因时，甘肃 1102 名被调查者列出的最重要的四种原因是：养老送终（39.7%）、精神慰藉（19.3%）、传宗接代（18.3%）、家庭稳定（12.8%），四项合计达到 90.1%，选择其他几项答案的比例非常少。[④]而河南调查的结果也基本如此，被调查者选择最重要的也是上述四项，

① 刘爱玉：《流动人口生育意愿的变迁及其影响》，《江苏行政学院学报》2008 年第 5 期，第 71 页。

② 徐映梅、李霞：《农村外出妇女的生育意愿分析——基于鄂州、黄石、仙桃三地数据》，《南方人口》2010 年第 2 期，第 55 页。

③ 李艳华：《湖北省人口婚育状况调查分析》，《西北人口》2010 年第 1 期，第 77 页。

④ 郭志仪、祝伟：《甘肃省居民生育意愿与生育目的的调查研究》，《西北人口》2009 年第 5 期，第 45 页。

其百分比分别为41.2%、18.4%、12.7%、11.7%，合计达到84%。[①]

汤兆云和郭真真2010年对泉州621位城乡居民进行了生育意愿调查，其对于生育目的（即为什么要生育子女）设置了九个回答选项：即养老、精神慰藉、传宗接代、家庭稳定、家庭兴旺、增加劳动力、继承财产、舆论压力、其他。调查结果表明，养老（26.6%）、家庭兴旺（18.0%）、增加劳动力（17.4%）和传宗接代（16.9%）是主要的生育动机。[②]

谭宇和李楠利用2010年对湖北恩施1082名少数民族居民抽样调查数据，对生育目的进行了研究，其所用的调查问题是"您认为生育子女的主要目的是什么？"答案包括传宗接代、家庭和睦、养儿防老、喜欢孩子、消除外界压力、增加家庭劳动力、其他共七项。研究结果表明，少数民族人口认为生育目的主要集中在：传宗接代、家庭和睦、养儿防老和喜欢孩子。四项比例超过了95%。[③]

张晓青等利用2015年对山东城乡15 679个单独一孩家庭和双非一孩家庭的育龄夫妇所进行的生育意愿调查数据，对两类家庭二孩生育意愿的状况及其相关因素进行了分析探讨。其研究结果表明，从愿意生育二孩的主要原因看，不论是单独一孩家庭还是双非一孩家庭，均表现为"两个孩子更利于孩子成长和家庭幸福"所占比例最高，其次是"将来年老有更好的保障"，再次为"想儿女双全"，排在第四位的是"考虑到一个孩子有一定的风险"。对单独一孩家庭而言，上述四个原因所占比例依次为：54.7%、15.1%、12.6%、8.8%；对双非一孩家庭而言，上述四个原因所占比例依次为：49%、20.5%、14.2%、10.1%。可见，近一半的育龄夫妇是为了两个孩子相伴成长和相互照应而愿意生育二孩，养儿防老、儿女双全等传统生育文化对生育观念的影响正在逐渐淡化。[④]这是现有研究中少有的涉及二孩生育动机的研究。

---

① 郭志仪、张岩：《河南省居民生育意愿现状分析》，《西北人口》2009年第2期，第47页。

② 汤兆云、郭真真：《经济水平对生育意愿的影响分析——一项经验研究：基于621份调查问卷的数据》，《人口与发展》2012年第3期，第30页。

③ 谭宇、李楠：《少数民族不同群体生育目的的实证研究》，《求索》2011年第5期，第78页。

④ 张晓青、黄彩虹、张强等：《"单独二孩"与"全面二孩"政策家庭生育意愿比较及启示》，《人口研究》2016年第1期，第90页。

文献回顾表明，现有研究对于回答本章研究的核心问题来说，还存在以下几方面的不足。

首先，或许是由于二孩政策开始实施至今只有短短几年时间的缘故，目前学术界绝大部分生育动机研究所关注的基本上都是一般的生育动机，即一般意义上的“为什么生育孩子？”。仅有一项研究涉及特定生育政策下的二孩生育动机。即“为什么要生第二个孩子？”的问题。尽管对一般生育动机的调查研究也可以用来反映育龄人群的生育意愿变化，以及分析育龄人群的生育行为。但对于目前我国二孩生育政策这一特定社会背景来说，这种一般性的生育动机显然无法凸显出二孩生育动机所具有的特殊性。因为“为什么生育孩子”的问题与“为什么生育第二个孩子”的问题在内涵上有着明显的不同。前者更具一般性，带有普遍性特征；而后者则具有非常明显的特殊性和针对性。对于在“全面二孩”政策背景下，了解育龄人群的生育意愿和预测育龄人群的生育行为来说，这种特定的二孩生育动机无疑具有更加突出的重要性。这也是本章研究特别关注和研究二孩生育动机的根本原因。

其次，现有的生育动机研究在对象上也存在一定局限。目前的研究对象主要有两类：一类是从农村到城市的流动人口；另一类是单纯的农村居民或者是混合在一起的城乡居民。专门针对城市育龄人群的生育动机研究则基本没有。然而，城乡经济二元结构的现实及城乡社会不同的文化传统和生活方式，无疑都会导致城乡育龄人口在生育动机上存在明显的差别。因此，一方面那些将城乡两部分育龄人口混合在一起的生育动机调查常常会因为样本中城乡人口比例的不同而导致结果的各不相同；另一方面，单独对农村育龄人口或者流动人口进行的生育动机调查更是无法准确反映城市育龄人口的生育动机。因此可以说，对于城市育龄人口的生育动机，特别是二孩生育动机，我们目前还了解甚少。这也是现有生育动机研究所存在的一个重要不足。

最后，现有研究虽然在所用的生育动机测量指标及具体的调查问题上都相当的一致，但实际调查中还存在一个比较普遍的不足，那就是研究者所列出的答案中，缺少了类似于“没有具体目的或动机，结婚生子是很自然的事”这样的答案。因为在现实生活中，许多人对于结婚以后生儿育女往往并没有十分明确的目的或动机，而是认为这是一件十分自然的事，想都不用想的事。

由于调查时没有提供这样的答案，无形之中就相当于强迫那些本来并没有明确生育动机的被调查者去选择他们实际并不具有的某种动机或目的，因而在反映育龄人口的生育动机时同样会产生偏差。

正是针对现有研究的上述局限或不足，本章研究首先在调查内容上既询问一般性的生育动机（即为什么生孩子），更询问特定的二孩生育动机（即为什么生育第二个孩子）；其次，在研究对象上集中聚焦于“全面二孩”政策影响最大的城市一孩育龄人群；最后，在所提供的答案中，也补充了“没有具体动机或目的”这一类型的答案。笔者希望通过上述努力，达到尽可能全面客观地了解城市育龄人群生育动机，特别是二孩生育动机的目的。

第三节　数据来源与变量测量

本章所使用的数据来自笔者 2015 年和 2016 年进行的两次大规模抽样调查[①]。这里只对调查对象、样本抽取、资料收集方法等做必要的说明。

一、调查对象与样本设计

两次调查的对象都是城市现有一孩育龄人群。根据城市大部分女性结婚、生育年龄的一般状况，并兼顾到实地调查的可行性，2015 年的研究中，将调查对象界定为“目前城市中在上幼儿园、小学及初中的孩子的父母”。2016 年的研究中，仅抽取了“目前城市中在上小学的孩子的父母”。2015 年的调查抽取了全国不同地区、不同规模、不同性质的 12 个城市（即北京、上海、重庆、吉林长春、江苏南京、甘肃兰州、河南新乡、福建厦门、广西桂林、湖北汉川、广东四会、四川简阳），有效样本规模为 7778 人。2016 年的调查在湖北抽取了武汉、黄石、荆州、仙桃及云梦县城关镇五个市镇，有效样本规模为 1528 人。

由于两项调查采取的是通过孩子抽取父母的方式，因而样本中有少数儿

① 两次调查的详细介绍参见第一章，此处只做简要介绍。

童已经有兄弟姐妹，还有一些孩子的母亲的年龄已经超出了女性生理生育年龄的上限（49 岁）。所以，根据本章研究的目标，研究中仅选取了两项调查样本中那些“调查时只有一个孩子、母亲年龄小于或等于 45 岁”的调查对象。这样，本章分析实际所用的两个样本规模分别为 5201 人和 958 人。两个分析样本的基本情况见表 11-1。

表 11-1　两个样本中被调查对象的基本情况统计

基本情况		2015 年调查样本	2016 年调查样本
性别	男	31.9%	34.6%
	女	68.1%	65.4%
	n	5201	958
女方年龄	22~30 岁	11.4%	11.5%
	31~35 岁	35.6%	42.4%
	36~40 岁	39.5%	38.4%
	41~45 岁	13.5%	7.7%
	n	5201	958
文化程度	初中及以下	12.8%	15.8%
	高中和中专	26.1%	30.7%
	大专	24.0%	22.6%
	本科	30.7%	26.3%
	研究生	6.5%	4.6%
	n	5193	955
独生子女身份	独生子女	21.8%	26.7%
	非独生子女	78.2%	73.3%
	n	5198	947

注：表中百分比由四舍五入计算得到，相加与 100%有误差

表 11-1 的结果显示，两个样本在几个基本特征上的总分布都大体相近，只有 2015 年样本中，女方年龄在 40 岁以上的比例稍高于 2016 年样本，其原因主要是 2015 年样本中包含了初中生父母。

本章研究所采用的两个样本数据，在调查时间上正好处于二孩生育政策的两个不同时期。2015 年调查时，国家刚刚开始实行“单独二孩”政策一年。这一政策是我国实行了多年的独生子女政策的第一次改变。由于是生育政策的首次调整，因此对于城市一孩育龄人群的二孩生育意愿测量来说，此时的反应可能更加灵敏。到 2016 年调查时，“全面二孩”政策已开始实施，这是生育政策的第二次调整，也是涉及对象范围更大的调整。因而，对二孩生育意愿的测量来说，其对城市育龄人群的代表性会更加广泛，对现实的反映也更加全面。采用这样两次调查的数据，既可以对不同生育政策背景下的结果进行比较，也可以通过不同结果的相互印证，来增加我们对研究结论可靠性的信心。

二、一般生育动机与二孩生育动机的测量

在两次调查的问卷中，我们都是首先测量被调查者的一般生育动机，采用的具体问题是：“人们生孩子的原因有很多，对你来说，生孩子的最主要原因是什么？”；其次再测量他们的二孩生育意愿，即询问他们：“你是否想生育第二个孩子？”；最后再针对那些想生育二孩的被调查者询问：“你想生育第二个孩子的最主要原因是什么？”。

对于一般生育动机的测量，我们在前人研究的基础上，列出的 10 项具体答案如下：①有孩子老年才有所依靠；②有了孩子人的一生才完美；③有孩子才能传宗接代；④没孩子会被人看不起，受歧视；⑤孩子是家庭幸福和快乐的源泉；⑥没考虑过，结婚生孩子是很自然的事；⑦孩子可增强夫妻感情；⑧孩子将来经济上可给家庭带来帮助；⑨满足父母的愿望；⑩其他（请写明）。

对于本章重点关注的二孩生育动机，笔者在设计时更加重视。因为以前这类生育动机的测量文献很少。因此，为尽可能全面地反映被调查者的原始想法，笔者除了参考现有一般生育动机的研究结果外，还在研究的初步探索阶段进行了较为广泛的个案访谈，以收集和了解社会现实中一孩育龄人群对于二孩生育的真实想法和动机。在总结个案访谈结果的基础上，问卷中共列出了 13 项具体原因（另加上 1 项其他原因）供被调查者选择回答。这 14 项答案的具体表述是：①孩子可以有个伴，有利于孩子成长；②希望生一男一

女，儿女双全；③主要想要个男孩；④主要想要个女孩；⑤第一个孩子就不会被娇生惯养；⑥多一个孩子将来我们养老更有保障；⑦多一个孩子就更加保险；⑧就可以传宗接代，姓父母双方的姓；⑨生养第一个孩子没经验，有些遗憾；⑩多一个孩子家里更热闹；⑪主要为了满足爱人的愿望；⑫主要为了满足父母的愿望；⑬更多地享受育儿的快乐；⑭其他（请写明）。

第四节　一般生育动机的现有研究结果

为了将城市一孩育龄人群一般生育动机的测量结果与现有研究中以其他人群为对象的众多调查结果进行比较，需要先对现有研究的结果进行总结。因此，我们将前述几篇论文中每一项调查结果排在最前面的三项生育动机进行汇总，得到表 11-2。

表 11-2　文献中一般生育动机的前三项结果统计

文献作者	养儿防老	传宗接代	家庭稳定	精神慰藉	增强夫妻感情	增加劳动力
庄渝霞	√	√	√			
沈毅	√	√			√	
刘爱玉	√	√			√	
徐映梅和李霞		√	√	√		
郭志仪和祝伟	√	√		√		
郭志仪和张岩	√	√		√		
李艳华	√		√	√		
汤兆云和郭真真	√		√			√
谭宇和李楠	√	√	√			
合计（占比）	8（29.6%）	7（25.9%）	5（18.5%）	4（14.8%）	2（7.4%）	1（3.7%）

注：养儿防老一项中包括养老送终，老年有依靠及没有孩子，老了就没人照顾等不同说法；家庭稳定一项中包括家庭和睦、家庭兴旺、增加家庭乐趣等不同说法；精神慰藉一项中包括喜欢孩子等说法；增强夫妻感情一项包括夫妻感情上的需要等说法

表 11-2 的结果表明，现有的九项调查结果中，育龄人口最主要的生育动机排名前两位的是养儿防老和传宗接代，其次是家庭稳定和精神慰藉。这一结果反映出现有研究中以流动人口、农村人口为主的被调查者的生育动机相对来说还是比较传统的。

那么，城市一孩育龄人群的一般生育动机是否会与此有所不同呢？下面的表 11-3 就是本章研究对城市一孩育龄人群进行两次调查所得到的一般生育动机统计结果。

表 11-3 城市一孩育龄人群的一般生育动机统计

人们生孩子的原因有很多，对你来说，生孩子的最主要原因是什么	2015 年调查	2016 年调查	合计平均
有孩子老年才有所依靠	2.8%	2.4%	2.7%
有了孩子人的一生才完美	32.0%	25.9%	31.1%
有孩子才能传宗接代	1.3%	0.9%	1.2%
没孩子会被人看不起，受歧视	0.3%	0.3%	0.3%
孩子是家庭幸福和快乐的源泉	42.9%	55.7%	44.9%
没考虑过，结婚生孩子是很自然的事	18.4%	11.7%	17.4%
孩子可增强夫妻感情	0.7%	1.1%	0.8%
孩子将来经济上可给家庭带来帮助	0.1%	0.1%	0.1%
满足父母的愿望	0.9%	1.0%	0.9%
其他（请写明）	0.7%	1.0%	0.7%
n	5145	930	6075

注：表中百分比由四舍五入计算得出，相加与 100%有误差

首先，表 11-3 的结果表明，两次调查的生育动机整体分布十分一致。在研究所列出的总共 10 项具体生育动机中，被调查者的回答都非常集中地体现在三个方面，即孩子是家庭幸福和快乐的源泉；有了孩子人的一生才完美；没考虑过，结婚生孩子是很自然的事，三者合计的比例超过了 90%。这一结果揭示出，看重孩子对于家庭幸福的价值、对于夫妇人生圆满的价值，是当前城市一孩育龄人群最为主要且最为明确的生育动机；而传统的生育动机，如养儿防老、传宗接代等，则已经退到不重要的位置上。

其次，表 11-3 的结果还表明，样本中有接近 20%（17.4%）的育龄人群在生育孩子方面并没有十分明确的动机。或者说，这些育龄人群具有结婚后生儿育女是天经地义的，理所当然的观念。相当一部分人没有明确的生育目的，是本章研究得出的一个与以往研究有所不同的重要结果。这一结果对于那种认为人们生育一定有某种明确的、具体的生育动机或目的的观点和理论提出了挑战。它揭示出现实中许多育龄夫妇在孩子来到之前或许并没有十分明确的想法和动机。因此，如果实际调查中研究者不给予回答者这样一个回答选项的话，就意味着强迫他们在所列出的各种具体的回答类别中进行选择，这无异于把研究者事先列出的、回答者并没有的生育动机强行分派到他们头上，其结果必然对现实情况形成反映偏差。

最后，将表 11-3 的结果与前面表 11-2 中的结果进行对比，不难看出，目前的城市一孩育龄人群的生育动机发生了巨大的变化。养儿防老、传宗接代等传统生育动机明显下降，已成为次要的动机，而看重孩子对于家庭幸福、人生圆满的价值等生育动机则明显上升，成为主要的动机。这种生育动机上的差别和变化既在一定程度上预示着目前城市一孩育龄人群的生育意愿与流动人口、农村人口中一孩育龄人群有着明显不同，同时也在一定程度上体现出他们所具有的二孩生育意愿的观念基础。

第五节　城市一孩育龄人群的二孩生育动机分析

在二孩生育动机调查的答案中，我们一方面尽可能地将一般生育动机中的答案，如养儿防老、传宗接代等放进去。同时，也充分考虑到对于一孩育龄人群来说，二孩生育动机与一般生育动机之间的差别，考虑到它所具有的十分鲜明的针对性，即要完全针对生育第二个孩子的目的，或者说，完全针对“为什么要生育第二个孩子？”的问题来设计答案。因此，问卷中所列的答案与一般生育动机的答案又不完全相同。表 11-4 就是两次调查所得到的城市一孩育龄人群二孩生育动机的具体结果。

表 11-4 两次调查中一孩育龄人群想生育二孩的最主要动机统计

二孩生育动机	2015 年调查		2016 年调查	合计平均
	单双独一孩夫妇	双非一孩夫妇		
孩子可以有个伴，有利于孩子成长	72.0%	68.6%	72.1%	70.0%
希望生一男一女，儿女双全	9.2%	12.2%	9.3%	11.0%
主要想要个男孩	1.1%	0.7%	0.8%	0.8%
主要想要个女孩	2.9%	2.7%	5.3%	3.1%
第一个孩子就不会被娇生惯养	2.6%	1.1%	1.0%	1.5%
多一个孩子将来我们养老更有保障	0.8%	1.9%	1.0%	1.5%
多一个孩子就更加保险	1.5%	1.2%	1.3%	1.3%
就可以传宗接代，姓父母双方的姓	0	0.1%	0.5%	0.1%
生养第一个孩子没经验，有些遗憾	0.5%	0.9%	0.5%	0.7%
多一个孩子家里更热闹	2.2%	3.6%	3.5%	3.3%
主要为了满足爱人的愿望	0.8%	1.6%	0.3%	1.2%
主要为了满足父母的愿望	2.1%	1.8%	1.3%	1.8%
更多地享受育儿的快乐	3.8%	2.9%	2.5%	3.1%
其他（请写明）	0.4%	0.8%	0.8%	0.7%
n	758	1763	398	2919

注：表中百分比由四舍五入计算得出，相加与 100%有误差

表 11-4 的结果表明，尽管我们事前充分考虑了各种可能的情况，在问卷中列出了多达 14 项具体的二孩生育动机，但无论是 2015 年调查时符合二孩生育政策且想生育二孩的单独一孩、双独一孩育龄夫妇，还是当时不符合二孩生育政策、但想生育二孩的双非一孩育龄夫妇，或是 2016 年调查时全部都已符合二孩生育政策且想生育二孩的城市一孩育龄夫妇（包括单独一孩、双独一孩育龄夫妇和双非一孩育龄夫妇），却都非常一致且非常集中地指出，他们想生育二孩的最重要原因是“孩子有个伴，有利于孩子的成长”，这一原因的比例达到 70.0%左右；其次是“希望生一男一女、儿女双全”，其比例大约在 11.0%。这样看来，除以上这两项基本原因外，其他结果都只有极少数夫妇选择，每一项的比例平均也都在 5%以内，即对于生育第二个孩子来说，那些因素都是不重要的，或者说都是那些想生育二孩者不看重的。

如果将城市一孩育龄人口的一般生育动机与他们的二孩生育动机进行比较，即将前面表 11-3 的结果与表 11-4 的结果进行比较，可以发现，不仅传统的养儿防老、传宗接代等生育动机不重要，就连那种为家庭幸福、自我人生圆满的生育动机也基本消失，取而代之的则是为了孩子更好成长的生育动机。这一结果或许可以在一定程度上揭示出：目前城市一孩育龄人群的二孩生育动机已经从为家庭幸福生孩子、为自我人生圆满生孩子，变化到为了孩子更好成长生孩子。这种为孩子生孩子的生育动机是本章研究的一个重要发现。

第六节　研究结论与讨论

基于 2015 年和 2016 年两项抽样调查所得的数据，本章描述了在二孩生育政策背景下，城市一孩育龄夫妇的一般生育动机和二孩生育动机。研究结果表明，城市一孩育龄人群最为主要且最为明确的一般生育动机是看重孩子对于家庭幸福的价值、对于夫妇人生圆满的价值，而以往研究中得到的那些重要也传统的生育动机，如养儿防老、传宗接代等，则已经退到不重要的位置。与此同时，还有接近 20%（17.4%）的育龄人群在生育孩子方面并没有十分明确的动机。

研究结果还表明，城市一孩育龄人群的二孩生育动机与他们的一般生育动机之间存在明显差别。与其一般生育动机中最看重孩子是家庭幸福和快乐的源泉、有了孩子人的一生才完美想法不同的是，城市一孩育龄人群生育二孩的最主要动机是“孩子可以有个伴，有利于孩子成长”，具有这一生育动机的比例达到 70.0%左右。第二位的动机则是“希望生一男一女，儿女双全”，其比例大约在 11.0%。除此之外，其他各种因素都是不重要的，或者说都是那些想生育二孩的城市一孩育龄人群所不看重的。这一结果显示出，目前城市一孩育龄人群的二孩生育动机已经从传统的为家庭生孩子、为自己生孩子转变为为孩子生孩子了。

从本章研究得到的上述结论出发，有三个方面的问题值得进一步探讨。

首先是本章研究结果与现有文献中一项涉及二孩生育动机的研究结果（即张晓青等在山东的研究）之间的异同问题。将两项结果进行对比，不难发现，二者之间有一个很大的相同点，即占据绝对重要比例的都是孩子可以有个伴，有利于孩子成长这一动机。但有所不同的是，一方面，山东调查结果的这一比例只有 50%左右，明显低于本章研究的结果；另一方面，“将来年老有更好的保障”的动机在山东调查结果中占有相当高的比例，排在第二位，但在本章研究结果中，这一动机的比例则几乎可以忽略不计。如何看待和解释这两项研究的异同呢？笔者认为，两项研究都一致表明，给孩子一个伴，或者说为孩子生孩子，是一孩育龄人群生育第二个孩子的最主要原因，使我们对这一结论的可靠性有了更加充分的信心，或者说，这一结论较好地反映了当前的社会现实，至于二者之间的差别，笔者分析，主要是由于两项研究的调查对象的不同所导致。本章研究中的调查对象是城市一孩育龄人群，而山东调查的对象则是城乡一孩育龄人群。正是由于农村一孩育龄人群的加入，山东调查中，为孩子生孩子的比例有所下降，而为老年保障生孩子的比例明显上升。

其次是对为孩子生孩子这一生育动机所具有的意义或对其内涵的认识。应该看到，城市一孩育龄人群的二孩生育动机已经从传统的为家庭生孩子、为自己生孩子转变为为孩子生孩子，这是一个巨大的、重要的变化。这种变化一方面意味着，在我国特定的社会变迁背景下，城市一孩育龄人群的二孩生育动机已不再是其一般生育动机的又一次重复和累加，而是具有了一种全新的、完全不同的内涵和目标。他们对“为什么要生育第二个孩子”的回答，已经与他们对“为什么要生孩子”的回答大不相同。它揭示出城市一孩育龄人群在二孩生育政策背景下再次面对生育问题时，其所思所想、所忧所虑、所期所盼的中心和重心都发生了转移。这种转移、这种新的动机启示我们：如果说育龄人群一般的生育动机所看重、所强调的主要是生育子女的质的意义的话，那么，他们的二孩生育动机所看重、所强调的或许更多的是生育子女的量的意义（尽管目前这个量是十分有限的和特定的）。

另一方面，这种变化还折射出改革开放以来，中国社会发生的巨大变迁在这一代城市育龄人群身上留下的深深烙印。与他们的上一代相比，目前城市一孩育龄人群的成长环境、物质生活、精神生活及人生经历等，都已发生了较大的改变。他们的生育观念（包括生育动机和生育意愿）也已经不可避免地发生了改变。对他们来说，不仅传宗接代、养儿防老、增加劳动力这些传统的生育动机早已变得不再重要，就连上一代人中最常见的增强夫妻感情、家庭稳定、精神慰藉等因素，也逐渐淡出他们的生育动机。在他们眼中，所看到的或许只有眼前的孩子；在他们心中，所想到的、考虑的、期盼的或许也都只有眼前的孩子及将要到来的孩子。这种为孩子生孩子的动机背后所揭示的社会生活中“子女中心”现象，可以说是三十多年来实行“一对夫妇只生育一个孩子”政策所影响的。

最后是对为孩子生孩子这一生育动机所具有的政策意义或实践意义的认识。2013 年到 2015 年，在短短两年时间内，国家的生育政策就从“单独二孩”快速升级到“全面二孩”，这在一定程度上反映出国家对增加二孩生育的某种期待，然而，无论是“单独二孩”政策的实施效果，还是最近两年全国出生人口略有减少的现实，或许都在暗示：现有一孩育龄人群的二孩生育水平还没有达到政策所期望的高度。因此，政府相关部门和学术界除了要大力研究及探讨导致一孩育龄人群不想生育二孩的各种原因外，还应该深入研究和探讨一孩育龄人群中那些愿意生育二孩的人的根本动机是什么。在这种意义上，本章研究所得到的结果——给孩子一个伴，是城市一孩育龄人群生育第二个孩子的根本动机，第一次对这一问题给出了明确的回答，这也是本章研究的重要意义所在。它为我们更有效地促进育龄人群生育二孩提供了一条新的思路。

“给孩子一个伴”的生育动机提示我们，要提高现在城市一孩育龄人群的二孩生育意愿和生育行为，除了要在女性就业与二孩生育的关系，家庭支持系统与二孩生育的关系，以及医疗、教育甚至住房等相关政策与二孩生育的关系上进行探讨，制定相应的政策或措施，以解除他们的后顾之忧外，还有一个更为重要的方面，就是要从子女抚育、教养、成长、发展的角度，充分认识“给孩子一个伴”这一生育动机的重要意义。要利用“给孩子一个伴”这一温情的、令人心动的“广告语”，积极开展有针对性的宣传和引导，以逐渐形成一种潜移默化的社会文化环境，帮助育龄人群逐渐转变生育动机，形成新的、有利于生育两个孩子的生育观念和生育文化。这既是促进“全面二孩”政策发挥更大实效的一条重要路径，也将是一项十分艰巨但意义重大的任务，值得政府相关部门认真考虑并积极推行。

第十二章

城市一孩育龄人群为什么不生二孩

第一节 研究背景与问题

“一个社会整体的生育水平直接受到两个方面因素的影响：一是国家的生育政策，二是人们的生育意愿。”[①]2013年以来，“单独二孩”“全面二孩”政策的接连出台，表明我国政府的生育政策开始从严格控制人口增长、稳定低生育率水平的方向，朝着提高人口的生育率水平、调整人口总体结构的方向转变。特别是“单独二孩”政策出台仅仅两年时间，国家就紧接着出台了覆盖面更广、相对更加宽松的“全面二孩”政策，这在一定程度上也表明了国家对增加育龄人口二孩生育的某种期待。

在这种背景下，现有育龄人群的二孩生育意愿和生育行为很快成为当前学术界和政府相关部门关注的焦点。2013年底“单独二孩”政策启动实施后，学术界和政府部门进行了一系列生育意愿的抽样调查。研究者一方面着眼于了解育龄人口的生育意愿，特别是二孩生育意愿；另一方面也开始对人们想生育或者不想生育第二个孩子的各种相关因素进行分析和探讨。现有的一些研究结果表明，目前育龄人群中希望生育二孩的比例大约在30%~50%。[②]这

① 风笑天：《城市青年的生育意愿：现状与比较分析》，《江苏社会科学》2004年第4期，第175页。

② 姜玉、庄亚儿：《生育政策调整对生育意愿影响研究——基于2015年追踪调查数据的发现》，《西北人口》2017年第3期，第33—37、44页；风笑天：《从两个到一个：城市两代父母生育意愿的变迁》，《南京大学学报(哲学·人文科学·社会科学)》2017年第4期，第74—87、159页；风笑天：《二孩生育意愿：从“假设”到“现实”有多远》，《新疆师范大学学报(哲学社会科学版)》2018年第1期，第115—123页。

也意味着，可能有超过一半的育龄人口不愿意生育第二个孩子。如果客观现实的状况与这些调查的结果相符合，那么国家现有的二孩生育政策显然达不到提高生育率水平的预期效果。全国人口的总和生育率水平虽然会因为接近一半比例的二孩生育而有所提高，但其离 2.1 的更替水平依旧会有相当的距离。因此，深入探讨和分析育龄人群不愿意生育二孩的原因，并在此基础上为建立促进二孩生育的配套措施提供有针对性的政策建议，无疑是一项重要的研究课题。

在探讨这一问题时，有两个方面的特征和状况值得注意：一方面，全国城市中之前一直执行的是"一对夫妇只生育一个孩子"（即独生子女政策），而全国大部分省区市的农村实行的则是"一孩半政策"（即第一孩为女孩的育龄夫妇可以按政策合法地生育第二个孩子），因而城市现有的育龄人口中，符合二孩政策的人口比重相对来说比农村更大；另一方面，城市居民的意愿生育数量却又始终低于农村居民。正是这两个方面的特征和状况对"全面二孩"政策的实施效果形成了一种严重的挑战：即较高比例的城市育龄人口有着较低的二孩生育意愿。因此，将不愿意生育二孩原因的探讨重点放在城市一孩育龄人群身上，就具有更加重要的意义，而这也正是本章研究的主要目标。

第二节　相关文献回顾

关于育龄人群不愿生育二孩的主要原因，影响比较大的研究结论是 2017 年国家卫计委通过正式的例行新闻发布会所公布的 2015 年生育意愿调查的结果。在例行新闻发布会上，国家卫计委计划生育基层指导司司长杨文庄指出，根据国家卫计委 2015 年生育意愿调查的结果，育龄人口中，"因为经济负担、太费精力和无人看护而不愿生育第二个子女的分别占到 74.5%、61.1%、60.5%"[①]。其言下之意，这三个方面是导致一孩育龄人群不愿意生育二孩的

① 《2017 年 1 月全面两孩政策工作进展专题新闻发布会文字实录》，2017 年 1 月 22 日，http://www.nhc.gov.cn/xcs/s3574/201701/7ea4318bf0f7450aaf91d184e02e5dcf.shtml。

主要原因。在 2018 年 3 月两会期间接受记者采访时，国家卫计委副主任王培安又一次强调了这一点："很多家庭生二孩积极性不高，面临'想生不敢生'的问题，其主要原因，一是经济负担重，二是没有精力照顾孩子。"①

由于国家卫计委新闻发布会所公布的这一研究结果并没有具体的原始报告，笔者只能根据新闻发布会上的结果进行分析。从其结果的表达方式来看，74.5%、61.1%、60.5%的比例的确都非常高，很容易给人一种印象：这三种因素是人们不生育二孩的主要原因。但实际上，由于新闻发言人并没有对这三项百分比的具体含义和统计方法进行必要的解释和说明（即没有说明这三项百分比是不是调查结果中百分比最高的），因此我们并不能完全依据这三个百分比就得出它们是人们不生育二孩最重要原因的结论。

学术界的调查研究结果又如何呢？笔者对中国知网 2014~2018 年核心刊物的检索结果表明，目前学术界所发表的对育龄人群不生育二孩原因的直接调查结果仅有以下四篇。

姜玉和庄亚儿利用国家卫计委 2015 年全国城乡 5425 位育龄人群（其中农业户口近 70%）生育意愿追踪调查的数据，对"单独二孩"政策出台后我国城乡居民的生育意愿变化情况进行了研究。其中专门对单独家庭和普通家庭育龄人群不生育二孩的原因进行了描述和分析。其结果表明，"无论是单独还是普通一孩家庭，'经济压力大'都是放弃生育二孩的第一大原因"。影响单独一孩家庭生育二孩的第二大原因是"没人帮忙照顾小孩"；而影响普通一孩家庭生育二孩的第三大原因则是"高龄生育风险大"。②

张晓青等利用 2015 年对山东省城乡 15 679 个单独一孩家庭和双非一孩家庭的育龄夫妇所进行的生育意愿调查的数据，也描述了两类家庭不愿意生育二孩的最主要原因。其研究结果表明，"对'单独'家庭而言，排在前四位的依次为'家庭经济情况不允许'、'怀孕、生孩子、养孩子很麻烦'、'生一个孩子有利于孩子培养'、'影响工作和事业发展'，分别占 27.8%、14.7%、

---

①《卫计委副主任谈二孩生育积极性不高：经济负担和无精力照顾是主因》， 2018 年 3 月 10 日，http://cn.chinadaily.com.cn/2018-03/10/content_35825322.htm。

② 姜玉、庄亚儿：《生育政策调整对生育意愿影响研究——基于 2015 年追踪调查数据的发现》，《西北人口》2017 年第 3 期，第 36 页。

14.2%和 13.1%；对‘双非’家庭而言，排在前四位的依次为‘身体原因’、‘家庭经济情况不允许’、‘生一个孩子有利于孩子培养’、‘怀孕、生孩子、养孩子很麻烦’，分别占 49.8%、17.4%、9.9%和 6.4%”[①]。

石智雷和杨云彦利用 2014 年对湖北省城乡 10 030 个符合当时二孩政策（包括双独二孩、单独二孩、农村一孩半及少数民族）家庭的调查数据，描述了育龄人群不想生育二孩的主要原因。其研究结果表明，51.3%的城乡家庭是由于“经济压力”；20.9%的家庭是因为“一个孩子就挺好”；11.2%的家庭是因为“工作太忙”；7.5%的家庭是由于“无人照料小孩”。[②]

韩雷和田龙鹏 2014 年对湖南湘潭 602 名城乡育龄妇女的调查结果表明，育龄妇女“不想生二孩的主要原因是成本太高，占比达到 56.3%，次要原因是不想对孩子分心和工作事业太忙，分别占 13.1%和 10.2%”，另外还有 20.4%的人选择的是其他原因。[③]

从上述几项研究的结果来看，最为一致的结论是：经济压力大是城乡育龄人群不想生育二孩的最主要原因。此外，比较重要但有所差别的原因还包括养孩子费精力、无人帮忙照料、妻子高龄身体不好及一个孩子就很好或有利于孩子成长等。然而，笔者注意到，上述几项研究中都还存在一些不足或错误，影响到其研究结论的正确性或准确性。

首先，现有的四项研究有一个共同特征，即都是以城乡育龄人群整体为对象的研究，而没有一项是单独以城市育龄人群为对象的研究。由于城乡育龄人群在所面临的生育政策及具有的生育观念、生育文化等方面存在的明显差别，因此这种将城乡两部分对象合在一起进行的调查研究，不仅难以突出了解城市育龄人群不愿生育二孩的原因，还会因为不同调查样本中城乡两部分对象比例的不同而导致调查结果的互不相同。

其次，虽然从调查范围和样本规模上看，最有代表性的应该是国家卫计

---

① 张晓青、黄彩虹、张强等：《“单独二孩”与“全面二孩”政策家庭生育意愿比较及启示》，《人口研究》2016 年第 1 期，第 92 页。

② 石智雷、杨云彦：《符合“单独二孩”政策家庭的生育意愿与生育行为》，《人口研究》2014 年第 5 期，第 37 页。

③ 韩雷、田龙鹏：《“全面二孩”的生育意愿与生育行为——基于 2014 年湘潭市调研数据的分析》，《湘潭大学学报（哲学社会科学版）》2016 年第 1 期，第 51 页。

委的两项调查，但十分遗憾的是，不仅前述的国家卫计委新闻发布会的调查结果存在着百分比含义不清的问题，在姜玉和庄亚儿利用国家卫计委 2015 年全国城乡育龄人群生育意愿电话追踪调查数据所得到的“不生育二孩原因”的统计结果（即原文表 3 的统计结果）中，由于答案可以多选、表中百分比又没有进行标准化，因而无法准确显示不同一孩育龄家庭不愿意生育二孩的各种原因的真实比重，即究竟每一种原因的实际比例是多少无法准确判断，也难以比较。

最后，湖北调查和山东调查的质量虽然比较好，但二者都只是对一个省的调查，其结果对于反映全国的状况来说有一定局限性。同时，由于这两项研究都是在“全面二孩”政策实施之前进行的调查，所以，对于当时不符合二孩政策的双非一孩家庭来说，其调查结果还缺乏一定的现实性。至于韩雷和田龙鹏的调查，则由于其一方面只是对一个市的调查结果，涉及的范围较小；另一方面其在问卷中所提供的“不生育二孩原因”的答案数量仅有三项，对于现实中人们不生育二孩的各种各样的具体原因来说，三种答案显然太少，因而其结果不能反映全国的一般情况。

上述文献回顾的结果表明，对于城市一孩育龄人群为什么不想生育二孩的问题，现有的几项研究还没有提供相对准确、相对全面的答案。因此，本章研究希望利用最近两年中进行的两项抽样调查的数据，从四个方面来弥补上述研究的不足：一是在调查对象上集中聚焦于城市一孩育龄人群，以提高研究的针对性；二是在调查范围上尽可能涵盖全国不同地区、不同城市类型，以增强调查结果对城市育龄人群的代表性；三是在时间上充分利用 2016 年“全面二孩”政策实施后进行的一项调查的结果，来增强对双非一孩育龄人群不愿生育二孩的原因的认识；四是在调查问卷中尽可能多地列出反映不同原因的答案类型，以增强对育龄人群不想生育二孩的原因的全面反映。

第三节　样本与数据

本章所使用的数据来自笔者于 2015 年和 2016 年进行的两次大规模抽样调查。2015 年的调查抽取了全国不同地区、不同规模、不同性质的 12 个城市（即北京、上海、重庆、吉林长春、江苏南京、甘肃兰州、河南新乡、福建厦门、广西桂林、湖北汉川、广东四会、四川简阳），调查对象为幼儿园、小学和初中孩子的父母，有效样本规模为 7778 人。2016 年的调查在湖北抽取了武汉、黄石、荆州、仙桃及云梦县城关镇五个样本点，调查对象为小学生父母，有效样本规模为 1528 人。为节省篇幅，有关这两次调查的抽样设计及调查方法，读者可参见第一章中的详细介绍，此处不再重述。

由于两项调查采取的是通过孩子抽取父母的方式，因而样本中孩子母亲的年龄有些已经超出了生理生育年龄的上限（49 岁）。同时，考虑到本章研究所关注的二孩生育行为发生的前提条件，故本章分析中仅选取了两项调查样本中那些“调查时有一个孩子且母亲年龄在 22~45 岁”的调查对象。因此，本章分析实际所用的两个样本规模分别为 5201 人和 958 人。两个样本的基本情况见表 12-1。

表 12-1　两个样本中被调查对象的基本情况统计

基本特征		2015 年调查样本	2016 年调查样本
性别	男	31.9%	34.6%
	女	68.1%	65.4%
	n	5201	958
女方年龄	22~30 岁	11.4%	11.5%
	31~35 岁	35.6%	42.4%
	36~40 岁	39.5%	38.4%
	41~45 岁	13.5%	7.7%
	n	5201	958
文化程度	初中及以下	12.8%	15.8%
	高中和中专	26.1%	30.7%

续表

基本特征		2015 年调查样本	2016 年调查样本
文化程度	大专	24.0%	22.6%
	本科	30.7%	26.3%
	研究生	6.5%	4.6%
	n	5193	955
独生子女身份	独生子女	21.8%	26.7%
	非独生子女	78.2%	73.3%
	n	5198	947

注：表中百分比由四舍五入计算得出，相加与 100%有误差

表 12-1 的结果显示，两个样本在几个基本特征上的总体分布都十分相近，只有 2015 年样本中，女方年龄在 41~45 岁的比例稍高于 2016 年样本，其原因主要是 2015 年样本中包含了初中生父母。

本章研究采用的两项调查，其调查对象所经历的生育政策背景是不一样的。2015 年调查时，国家实行的是“单独二孩”政策。样本中占大部分的双非一孩育龄人口还不符合二孩生育政策。到 2016 年对湖北 5 个城市调查时，“全面二孩”政策已经开始实施，样本中所有一孩育龄人口都可以按政策生育二孩。因此，这样两次调查数据的使用，既可以对不同政策背景下所得到的调查结果进行比较，也可以通过不同结果的相互印证，来增加我们对结论可靠性的信心。

为尽可能准确、全面地反映被调查者不想生育二孩的原始想法，笔者在参考现有研究的同时，结合自己在初步探索阶段所做的个案访谈结果，从主观和客观两方面总共列出了 10 项具体原因（另加上 1 项其他原因）供被调查者选择回答。这 11 项答案如下：①我们觉得一个孩子就很好；②事业和工作太忙，没时间和精力；③双方老人年龄都大了，不能帮忙带孩子；④抚育孩子成本太高，经济压力大；⑤妻子的年龄大了，再生有一定风险；⑥身体不好，不适合再生育；⑦第一个孩子对我们生二孩非常抵触；⑧我们结婚时就计划只要一个；⑨生育和养育孩子太辛苦；⑩不愿意家庭生活水平下降；⑪其他原因（请写明）。

第四节　育龄人群不想生育二孩的原因分析

在两次调查的问卷中，我们都是先询问被调查者的二孩生育意愿，即先询问被调查者“是否想生育第二个孩子？”，然后再对回答“不想生育二孩”的那一部分被调查者询问“为什么不想生育二孩？”。下面表 12-2 是两次调查所得到的结果。

表 12-2　不想生育二孩的原因统计

不想生二孩的原因	2015 年全国 12 个城市调查		2016 年湖北调查
	单双独一孩家庭	双非一孩家庭	全部一孩家庭
我们觉得一个孩子就很好	31.4%	23.0%	30.7%
抚养孩子成本太高，经济压力大	23.4%	27.0%	25.4%
事业和工作太忙，没时间和精力	14.4%	14.1%	21.2%
生育和养育孩子太辛苦	13.6%	10.2%	5.4%
妻子的年龄大了，再生有一定风险	3.8%	10.6%	3.6%
不愿意家庭生活水平下降	3.3%	3.0%	4.5%
双方老人年龄都大了，不能帮助带孩子	2.9%	2.7%	4.2%
身体不好，不适合再生育	2.6%	4.3%	1.8%
我们结婚时就计划只要一个	1.9%	2.5%	1.5%
第一个孩子对我们生二孩非常抵触	1.2%	0.9%	0.3%
其他原因（请写明）	1.5%	1.7%	1.5%
样本规模（*n*）	807	2010	335

注：表中百分比由四舍五入计算得出，相加与 100%有误差

首先，表 12-2 的结果表明，尽管我们列出了 10 项具体原因，但两次调查的三部分结果中，主要的原因都十分集中，分别只有四项、五项和三项，其合计百分比分别达到了 82.8%、84.9%和 77.3%。其他一些原因，如前述国家卫计委公布的结果中的“无人看护”，以及媒体中曾大量报道的“第一个孩子对我们生二孩非常抵触”“不愿意家庭生活水平下降”等原因的比例实际上

都非常低。这一结果说明，虽然现实社会中，双方老人不能帮忙带孩子、第一个孩子反应很强烈等现象的确存在（所以媒体可以发现和报道），但其比例实际上非常小。说明这些原因并不是导致城市一孩育龄人群不想生育二孩的主要原因。

其次，两次调查的三部分结果中的一个突出的共同点是：比重较大的三个原因都是“我们觉得一个孩子就很好”“抚养孩子成本太高，经济压力大”“事业和工作太忙，没时间和精力”，且这三种原因的合计比例都在60%~80%。这一结果反映出这三个方面的因素正是当前城市一孩育龄人群不想生育二孩的最主要原因。此外，三部分结果中“其他原因（请写明）”一项的比例都非常低（不到2%），说明调查结果中没有遗漏掉重要的原因选项。

最后，2015年调查结果中，整体年龄相对年长，且当时还不符合二孩生育政策的双非一孩育龄人群相比整体年龄较为年轻，且当时已经符合二孩生育政策的单独一孩、双独一孩育龄人群不生二孩的主要原因多了一项，即“妻子的年龄大了，再生有一定风险”，这似乎也是城市双非一孩育龄人群在二孩生育方面的一个重要特点。前述文献中姜玉和庄亚儿的研究及张晓青等的研究也都得到了类似的结果。但是在笔者2016年的调查结果中，因这一原因而不生育二孩的比例与2015年符合二孩政策的单独一孩、双独一孩育龄人群的比例相同，而明显与当时不符合二孩政策的双非一孩育龄人群不同。这一结果在一定程度上揭示出，2015年双非一孩育龄人群在“假设可以生二孩”时所具有的“妻子的年龄大了，再生有一定风险”的原因比例或许并不完全可靠。换句话说，当双非一孩育龄人群可以合法生育二孩时，真正由于“妻子的年龄大了，再生有一定风险”的比例并没有他们在假设情境下所表达的那么高。

为了更好地认识城市一孩育龄人群不想生育二孩的主要原因，笔者从表12-2的结果及前述几项研究结果中都抽出比例最高的前三项原因放在一起进行比较，结果详见下列表12-3。

表12-3 不想生育二孩的主要原因比较

结果来源	一个就好	经济压力	没有精力	生养辛苦	年龄身体	无人照顾
笔者2015年单独一孩、双独一孩家庭	31.4%	23.4%	14.4%			
笔者2015年双非一孩家庭	23.0%	27.0%	14.1%			

续表

结果来源	一个就好	经济压力	没有精力	生养辛苦	年龄身体	无人照顾
笔者 2016 年全部	30.7%	25.4%	21.2%			
国家卫计委发布会		24.8%	20.4%			20.2%
姜玉和庄亚儿单独一孩家庭①	18.8%	42.0%				22.3%
姜玉和庄亚儿双非一孩家庭	17.5%	43.6%			21.9%	
张晓青等山东单独一孩家庭	14.2%	27.8%		14.7%		
张晓青等山东双非一孩家庭	9.9%	17.4%			49.8%	
石智雷和杨云彦湖北单独一孩家庭	20.9%	51.3%	11.2%			
韩雷和田龙鹏湖南湘潭	13.1%	56.3%	10.2%			

注：每项调查结果中取百分比最大的前三项原因；各项原因经汇总整理而成，与原文说法有所区别

当我们把所有调查结果中最为重要的三项原因列在一张表中时，可以很直观地看出，“经济压力”“一个就好”“没有精力”是导致各类一孩育龄人群不想生育二孩的最重要原因。换句话说，尽管每一项调查所得到的一孩育龄夫妇不想生育二孩的具体结果互不相同，但总体上看，前三项原因，特别是前两项原因，显然是相对来说较为一致的原因。

进一步将笔者的三项结果与其他七项结果进行比较时，不难看出，笔者的三项结果分布相对一致，而其他七项结果中则只有前两项原因相对一致，其他原因则相对分散。这一比较的结果揭示出：“一个就好”“经济压力”是城乡两类一孩育龄人群不生育二孩的共同原因，而“没有精力”则是城市一孩育龄人群区别于农村一孩育龄人群不想生育二孩的另一个主要原因。此外，尽管“经济压力”仍然是城市一孩育龄人群不愿生育二孩的十分重要的原因，但却已经不是首要的、占比例明显最大的原因了。这可能是本章研究的结果与前述五项结果的另一个较大的差别。

① 原文表 3 的统计结果存在错误。这里为笔者将其百分比还原为 100%之后重新计算得到的结果。另外，原文表 3 中“政策不允许”一项回答可以看作希望生育二孩的，故在重新计算百分比时，笔者将其略去后再进行计算，特此说明。

第五节　研究结论与讨论

本章基于两项调查所得的数据，探讨了在二孩政策的背景下，城市一孩育龄夫妇不想生育二孩的主要原因。研究结果表明，认为生一个孩子就很好、抚养孩子成本高经济压力大及工作忙没有时间精力，是城市一孩育龄人群不想生育二孩的最主要原因，而社会舆论和大众传媒中所提及的没有人帮助带孩子、第一个孩子非常抵触、不愿家庭生活水平下降等原因，实际上比例都非常低，即都不是导致他们不想生育二孩的主要原因。同时，当双非一孩育龄人群可以合法生育二孩时，真正由于“妻子的年龄大了，再生有一定风险”的比例也没有他们在假设情境下所表达的那么高，即相对而言也不是他们不想生育二孩的主要原因。此外，经济压力虽然是城市一孩育龄人群不愿生育二孩的十分重要的原因，但却不是首要的、比例明显最大的原因。认为只生一个孩子就很好才是他们不生育二孩的最主要原因。这也是本章研究结果与现有研究结果的一个主要差别。实际上，在许多采用多元统计分析方法探讨二孩生育意愿影响因素的研究中，其实也揭示出这种现象。比如，在已有研究中，众多客观外在因素都不显著，而主观因素却十分显著，这同样印证了笔者的上述观点。

从本章研究的上述结论出发，下列三个方面的问题值得进一步探讨。

首先是对育龄人群不生二孩的外在原因和内在原因（或者说客观原因和主观原因）的认识问题。

各项调查所得到的育龄人群不愿生育二孩的原因中，经济成本高、时间精力不够、没有老人帮忙、养育孩子辛苦、女方年龄偏大等，可以说都是外在的（或客观的）原因；而认为只生育一个孩子就很好，则是一种内在的（或主观的）原因。本章研究的结果所揭示的现实是，城市不想生二孩的一孩育龄人群中，既有因为经济压力大、工作忙没有时间精力这两项外在原因，也有本身就只想生育一个孩子这种内在原因。而且，这种内在原因的比例排名靠前。其实，这种结果并不是本章研究的唯一发现。表 12-3 结果中就表明，除了国家卫计委新闻发布会公布的那一项调查结果以外，其他所有调查结果中，“一个就好”这一项都是最重要的三项原因之一。

但不仅大众媒介上到处看到的只有经济压力大和工作忙无精力这两条外在原因，就是上述那些得出了认为生一个孩子就很好这一结果的研究者，也都有意无意地忽视了这一原因，在报告中完全不提这一原因。比如，在姜玉和庄亚儿采用的国家卫计委 2015 年追踪调查中，得出了有接近 20%的一孩夫妇之所以不打算生育二孩，就是因为他们觉得“一个就好”。但在研究报告中，研究者对此一个字都没有提及。同样地，在石智雷和杨云彦在湖北的调查结果中，“一个孩子就挺好”这一原因是全部八项答案中仅次于经济原因的第二重要原因（同样占 20%左右的比例），可研究者在报告中也只是将经济因素单独列出来作为小标题，强调经济压力大是导致人们选择放弃生育二孩的主要原因，而对排在第二位的“一个孩子就挺好”这一原因除了用文字重述一遍表格中的数字结果外，没有具体阐述。在张晓青等的山东调查结果中，无论是单独一孩家庭，还是双非一孩家庭，排在第三位的原因都是“生一个孩子有利于孩子培养”；但是，研究者在分析中仅仅指出，“‘单独’家庭不愿意生育二孩的最主要原因是育儿成本高，包括家庭经济收入、育儿影响个人事业发展和个人闲暇时间等；‘双非’家庭不愿意生育二孩的最主要因素为身体原因，其次才是育儿成本因素”[①]，而对“生一个孩子有利于孩子培养”这个排在第三位的原因也未分析。

笔者分析认为，这些现象从一个侧面揭示出现有的一种思维：当要探讨影响二孩生育意愿的原因时，许多人（包括政府官员及研究者）往往只把注意力放在各种外在的、客观的因素上，如生育两个孩子的经济压力、工作忙时间紧精力不够、没有老人帮忙带孩子等，而没有注意到影响育龄人群二孩生育意愿的主观影响因素。这种思维方式反映出研究者心目中有一种潜在的意识或假定，即所有的育龄人群都是希望生育两个孩子的。他们中之所以有一些人不想生育第二个孩子，就是因为那些外在的、客观的因素在影响他们、阻碍他们，也正是这种潜在的意识导致他们相对看重和过分强调各种外在因素的作用，而相对忽视育龄人群的内心意愿对二孩生育行为的影响。上述表 12-3 中的各项调查结果充分表明，这是一种片面的意识或假定。因为现有的一孩育

① 张珧青、黄彩虹、张强等：《“单独二孩”与“全面二孩”政策家庭生育意愿比较及启示》，《人口研究》2016 年第 1 期，第 92 页。

龄人群中，客观上就是存在着这样一部分人，他们在主观上就是只想生一个孩子。对于他们来说，那些外在的原因都不是他们不生育二孩的真正原因。

笔者在研究城市育龄人群的二孩生育意愿时曾经指出，“目前影响一孩育龄人群二孩生育意愿的根本原因，或许既不是经济条件，也不是个人精力或者祖辈支持，而是育龄夫妇内心所具有的生育需求。其含义可以用一句简单的话来表述，那就是：真正想生二孩的人，其他的因素都不重要了（或者说其他的问题也就都不是问题了）”[①]。完全同样地，当人们在观念上、思想上、内心中压根就不想生育两个孩子时，不论他们的经济条件多么好，工作多么轻松，时间多么充分，即不论外在的、客观的条件多么好，他们依旧不会去生第二个孩子。本章研究结果提示我们，虽然经济压力大、时间精力不足等因素的确会对一部分城市一孩育龄人群的二孩生育意愿带来影响，但认为一个孩子就很好这种主观因素同样会对另一部分城市一孩育龄人群形成影响。

其次，本章研究结论对制定促进二孩生育的相关政策所具有的实际意义。

本章研究的结果表明，在导致城市一孩育龄人群不生育二孩的各种因素中，最主要的因素或许既不是经济压力也不是时间精力，而是育龄人群自身的生育动机或生育意愿；更本质地说，是反映在育龄人群生育动机和生育意愿上的生育观念和生育文化。本身就觉得生一个孩子好，内心就不想生二孩，是他们不生二孩的最重要的内因。本章研究的这一结论对“全面二孩”背景下如何提高城市一孩育龄人群的二孩生育率提出了一些新的启示，这就是，要增加城市育龄人群的二孩生育率，除了要从减轻育龄人群的经济压力、减少他们时间精力消耗等方面制定相应政策措施去设法改变以外，还要努力从提高他们生育二孩的内在动机和主观意愿方面采取相应的措施去设法改变。具体地说，除了要注意在女性就业与生育关系，家庭支持系统与二孩生育、医疗、教育甚至住房等相关政策上进行探讨外，还有一个同样重要的方面，就是要通过大力宣传，通过长期的、潜移默化的影响，转变人们的生育观念，形成新的、有利于鼓励育龄人群生育两个孩子的生育文化。这或许就是本章研究结果对于促进二孩生育来说所具有的最重要的实践意义，而真正做到这

---

① 风笑天：《城市两类育龄人群二孩生育意愿的影响因素研究》，《东南大学学报(哲学社会科学版)》2017 年第 3 期，第 81 页。

一点，或许是一项更为艰巨的任务。

同时，本章研究结果也启示我们，为了促进育龄人群的二孩生育水平提高，更好地发挥二孩生育政策的实际效果，还有一些同样重要的问题值得进一步探讨。比如，在不想生育二孩的育龄人群中，哪些人主要是因为经济压力的原因，哪些人主要是因为工作忙的原因，又有哪些人主要是因为生育观念的原因，这些因不同原因而不想生育二孩的人在各种社会特征上又具有什么样的特点等。只有进一步弄清楚这些问题，我们所制定的相关政策和措施才会具有更好的针对性和实用性。

最后，与育龄人群不想生育二孩的原因探讨相关的方法问题。

探讨育龄人群不想生育二孩的原因，可以有两种不同的方法。一种是像本章研究及本章中所列举的其他几项研究那样，通过在调查中直接询问被调查者不想生二孩的原因是什么，并提供若干具体答案供其选择来获得结果；另一种则是将影响二孩生育的各种原因操作化后，通过调查收集经验资料，再通过多元统计分析的方法，找出哪些因素与二孩生育意愿有关，特别是找出哪些因素对二孩生育意愿有积极影响，哪些因素有消极影响。

前一种方式的好处是，在被调查者回答属实的前提下，调查结果非常直接明确。但其不足是：所列答案的穷尽性与适当性对结果的影响很大，容易形成某种偏差。同时，这种直接的测量还有一定的敏感性，相对容易受调查方式影响。后一种方式因为是间接测量，因此相对比较客观，也相对不敏感。但其不足是，一方面研究者选择相关因素有较强的主观性，处理不好可能会造成有些重要因素没放进来、有些不相关的因素却又放了进来的情况；另一方面，由于有些原因不太容易操作，如工作忙、精力不够等，因而在测量的效度上不如前一种方式。

对于采用第一种方式的研究来说，除了上述一般特点外，调查问卷中答案的设计方式、调查结果的统计方式、百分比的表达方式也会对调查结果的正确性产生影响。比如，国家卫计委新闻发布会公布的调查结果中，其表达方式是错误的。因为在一项具体的百分比统计中，不可能出现三个子项目的比例都超过 50%的结果（即不可能出现分项百分比之和大于 100%的情况）。所以，国家卫计委调查的结果究竟如何，实际上是不清楚的。至于为什么会出现这样的百分比结果，笔者分析有两种可能。

一种可能是研究者在问卷中要求每个被调查者从众多原因答案选项中选择最主要的三项，在统计时将每项答案的三个百分比相加，得出每一项原因的总的百分比。比如，对于“经济负担”这项答案，假设有35%的人将其作为第一原因，有20%的人将其作为第二原因，还有20%的人将其作为第三原因，将三项答案上的百分比相加，得到经济压力大这一原因的总的百分比就是75%。但将这种统计的结果直接表示出来显然是错误的，正确的表达方式应该是先将原始总比例进行标准化，即将每一种答案的比例之和除以3（因为每一个人都选择三项，相当于样本中每个人都表达了三次）。这样，国家卫计委调查结果中三种答案的实际比例应该分别为：74.5%/3=24.8%、61.1%/3=20.4%、60.5%/3=20.2%，三者加起来共为65.4%，虽然这一结果同样说明这三项是重要的原因，但还有其他34.6%的原因没有说明。在这34.6%中，是否有更重要的原因（如比重达到甚至超过25%的原因）没有列出或报告，我们不得而知。因此，我们并不能完全依据新闻发布会上的三个百分比得出这三个因素是最重要原因的结论。

另一种可能是，问卷中要求被调查者对所列出的每一种原因答案分别回答是或否，然后直接统计每一项答案中回答“是”的百分比，最终得到这三种比例最高的答案结果。报告者虽然列出了被调查者回答因经济负担、太费精力和无人看护这三种原因的比例分别为74.5%、61.1%、60.5%，但我们并不知道被调查者回答其他原因的百分比是多少，有没有其他原因的百分比同样达到甚至超过60%、70%的。因此，这种方式并不能说明这三种原因就是最重要的原因。如果这三种原因的百分比的确是所有原因的百分比中最高的，那么，正确的表达方式是在这三个百分比的前面加上“回答比例最高的三项原因是”的限定语。

另外，前面表12-3的结果表明，“一个就好”这一原因，在所有调查的结果中都是最重要的原因之一，唯一的例外是国家卫计委新闻发表会公布的调查结果，其主要的原因中并没有这一原因。对于这一“例外”，笔者有一种猜想：是否因为国家卫计委的调查问卷中，根本就没有列出“一个就好”这一原因作为答案，才导致相当比例的具有这种原因的回答者只能选择其他答案，因此被归于其他34.6%的类别中？如果真的如此，那么显然目前的调查结果就并不准确，因为其很可能掩盖了“一个就好”也是人们不生二孩的主要原因的现实。

第十三章

城市一孩育龄人群的生育抉择及影响因素

第一节　研究背景与问题

在“单独二孩”政策实施两年后，2016年中央又实施了“全面二孩”的生育政策。这一重大的生育政策调整，也再次引起了学术界和全社会的普遍关注。特别是由于这一政策所针对的双非一孩育龄夫妇的规模相对更加庞大，因此无论是对这一人群总体规模的预测和估算，还是对其生育意愿状况的认识，或是对这一政策将带来的一系列社会影响和后果的探讨，都很快成为学术界重点关注的问题。

要研究和探讨新的生育政策带来的新增人口规模及其社会影响，除了需要了解现有符合政策条件人口的规模、了解其生育意愿的结构外，还需要进一步了解这些既符合二孩生育政策，又有二孩生育意愿的人口中，实际提出二孩生育申请的比例及其相关影响因素。国内外已有的研究结果表明，人们的生育意愿并不等同于人们的生育行为。在人们的生育意愿与生育行为之间，还存在着一个“生育计划”或“生育打算”的层次。即“生育意愿—生育打算—生育行为”[①]或者“生育意愿—生育计划—生育行为”[②]等，且三者中的

① 茅倬彦、罗昊：《符合二胎政策妇女的生育意愿和生育行为差异——基于计划行为理论的实证研究》，《人口研究》2013年第1期，第84—93页。

② 郑真真：《生育意愿研究及其现实意义——兼以江苏调查为例》，《学海》2011年第2期，第10—18页。

生育倾向呈现出一种逐渐下降递进关系。

值得注意的是，由于我国实行以“一对夫妇只生育一个孩子”为主要内容的计划生育政策已有30多年时间，因而，当2013年底实施“单独二孩”政策及2016年实施“全面二孩”政策时，大量符合政策条件的育龄人口是突然之间面临生育或是不生育第二个孩子的问题的。也可以说，他们是在政策公布后才面临“生不生二孩”的生育抉择的。因此，在正常情况下的“生育意愿—生育计划—生育行为”这三个层次中，又出现了一个新的层次——生育抉择。这一新的层次发生在“生育意愿”与“生育计划”这两个层次之间，即有“生育意愿—生育抉择—生育计划—生育行为”。如果说生育意愿主要是育龄夫妇关于生育问题的主观愿望和想法，那么生育抉择就是育龄夫妇所做出的有关生育的最终决定。因此，生育抉择比生育意愿更接近人们的生育行为。

一般意义上的生育抉择包括生不生、生几个及什么时候生等。对于我国社会实施“单独二孩”“全面二孩”政策的背景来说，这种生育抉择主要体现在生不生第二个孩子及什么时候生这个孩子上。2013年底我国启动实施“单独二孩”生育政策时，符合政策条件的育龄夫妇提出或者不提出生育二孩的申请，可以看成育龄夫妇所做出的生育抉择的一部分。或者说，符合条件的育龄夫妇提出二孩生育申请的状况，具有更多的生育抉择的内涵，是反映育龄夫妇二孩生育抉择的一项具体指标。特别是，相比于众多生育意愿调查所得到的“希望生育二孩的比例”，这种提出生育二孩申请的比例更接近人们实际的生育行为。所以，对符合条件的育龄人群提出再生育申请的状况和比例进行分析研究，具有比普通生育意愿调查结果更好的生育潜力预测效果，而对当时符合“双独二孩”和“单独二孩”政策条件的一孩育龄夫妇提出二孩生育申请的状况进行研究，可以为预测更大范围的符合“全面二孩”条件的育龄人群的生育潜力提供重要的参考。

正是在这一背景下，本章希望利用2015年大规模调查得到的数据资料，探讨和分析以下几个方面的问题：①城市符合“双独二孩”和“单独二孩”政策条件的一孩育龄夫妇中，有多大比例的人提出了生育二孩的申请；②提出二孩生育申请者和未提出申请者各具有什么样的社会特征；③哪些因素与育龄人群提出或者不提出二孩生育的申请有关；④这种对“双独二孩”和“单独二孩”育龄人群提出二孩生育申请状况所得到的研究结果，对于“全面二孩”政策的实施又具有什么样的启示意义。

第二节　文献回顾与数据说明

由于到2015年底时，“单独二孩”政策实施刚刚两年时间，“全面二孩”政策还没有真正落地。因此，与此问题相关的专门研究还十分缺乏。目前除了一些人口学学者利用已有人口统计资料对“全面二孩”政策涉及人口的数量、规模及结构进行了分析和预测外，大部分研究主要集中在对“单独二孩”政策目标人群的二孩生育意愿进行的调查和分析上，[①]很少有研究去调查分析和集中探讨这些符合政策条件人群的特征、他们实际提出申请的情况及其相关影响因素。文献检索结果表明，与本章研究的目标相关、针对申请生育二孩人群进行的研究目前仅有以下两项。

彭希哲等利用上海2014年二孩生育申请的统计数据，并以全国第六次人口普查数据作为参照对象，描述了上海申请生育二孩夫妇的人口、经济与社会特征。研究结果表明，“‘单独两孩’政策敏感群体的主要特征为：原籍地是上海本地、受教育程度较高、第一孩是女孩”[②]。该研究同时还利用长三角社会变迁调查的数据，对“80后”人群的二孩生育意愿影响因素进行了分析，结果表明，是否已生育孩子、原籍地、受教育水平、家庭收入情况对被访者

① 石智雷、杨云彦：《符合“单独二孩”政策家庭的生育意愿与生育行为》，《人口研究》2014年第5期，第27—40页；张勇、尹秀芳、徐玮：《符合“单独二孩”政策城镇居民的生育意愿调查》，《中南财经政法大学学报》2014年第5期，第14—19页；牛亚东、张文斌、张栋等：《单独家庭生育二孩意愿的分析——基于武汉市1093户单独家庭的调查数据》，《人口与发展》2015年第3期，第13—18页；贾志科、风笑天：《城市“单独夫妇”的二胎生育意愿——基于南京、保定五类行业558名青年的调查分析》，《人口学刊》2015年第3期，第5—15页；汤兆云：《“单独夫妇”二孩生育意愿及未来生育政策的调整——基于福建省泉州市的调查数据》，《中共福建省委党校学报》2014年第12期，第64—70页。

② 彭希哲、李赟、宋靓珺等：《上海市“单独两孩”生育政策实施的初步评估及展望》，《中国人口科学》2015年第4期，第2页。

的二孩生育意愿有显著影响。然而，一方面，由于该研究将人口普查数据作为“未申请者”的替代，因此其结论只能近似地反映符合二孩生育政策条件但没有提出申请的人群的特征，却并不是未申请人群的实际代表；另一方面，该研究对“80后”人群二孩生育意愿影响因素的分析，也不能代替对符合条件人群实际提出或没有提出二孩生育申请的影响因素分析。

唐运革等同样从广州“单独二孩”申请登记数据库中随机抽取了 2100 对夫妇的资料，从双方的年龄分布、职业分布、学历分布、户口性质分布、现有子女年龄分布等方面，描述了“单独二孩”登记人群的社会特征，并对女方人流史、目前避孕方法、计划生育下一个孩子的时间等问题进行了了解。其研究结果表明，广州符合“单独二孩”政策的 8 万多个家庭中，申请比例占 26.7%。申请者中，女方年龄在 36 岁及以上的比例为 16%，现有子女平均年龄为 4.7 岁，且 90%的年龄在 0~8 岁。[①]这些结果对于我们了解申请者的社会特征有一定帮助，但一方面由于该研究同样没有调查未提出申请者的情况，因而无法对申请人群与未申请人群的特征进行必要的比较；另一方面，该研究同样没有对影响符合条件者是否提出申请的因素进行分析。

文献回顾结果表明，由于实际调查数据的缺乏，现有相关研究尚未涉及或者未能很好回答本章研究所关注的二孩生育申请状况及其影响因素的问题。因而，对于“全面二孩”政策的实施也缺乏相应的启示作用。正是该研究领域目前存在的这一缺陷，为本章研究的重要性和必要性提供了较好的说明。

本章研究的数据来自笔者于 2015 年在全国 12 个城市进行的抽样调查。调查的基本情况见第一章中的介绍，此处仅做若干补充说明。由于该项研究采取的是通过孩子抽取父母的方式来抽取调查对象，因而，在所抽到的父母中，有一部分已有两个或者更多的孩子；另一部分母亲的年龄已经超出了生理生育年龄的上限（49 岁）。因此，本章仅选取了“生育了一个孩子且孩子母亲的年龄在 23~49 岁”的调查对象。同时，由于样本中既包括当时已经符合政策条件，可以申请生育二孩的双独一孩夫妇和单独一孩夫妇，也包括当

① 唐运革、李飞成、韩立薇：《广州市“单独二孩”登记群体特征分析》，《中国工程科学》2015 年第 6 期，第 83 页。

时不符合政策条件、不能生育二孩的双非一孩夫妇，而双非一孩夫妇当时并不存在提出申请生育二孩的问题。所以，本章研究最终仅选取了双独一孩与单独一孩育龄夫妇中回答了“是否提出了生育二孩的申请”这一问题的对象。有效的调查对象总数为 1487 人，他们就构成了本章分析的样本。

第三节　提出二孩生育申请者的比例及其特征

据国家卫计委 2015 年的统计，截止到 2015 年 6 月，全国 1100 万对符合“单独二孩”政策条件育龄夫妇中，已有 153 万对提出了二孩生育申请，[①]计算结果表明，全国提出申请者占符合条件者的比例为 13.9%。那么，本章研究所调查的当时符合“双独二孩”与“单独二孩”政策的城市育龄人群中，又有多大比例的夫妇提出了二孩生育申请呢？调查结果详见表 13-1。

表 13-1　符合政策条件育龄夫妇提出二孩生育申请情况

申请状况	双独夫妇	单独夫妇	合计
提出了申请	12.5%	14.4%	13.9%
没有提出申请	87.5%	85.6%	86.1%
n	399	1088	1487
Chi-square=0.878　df=1　*p*=0.398			

表 13-1 的结果表明，当时符合二孩生育条件的城市双独一孩与单独一孩育龄夫妇中，同样只有 14%左右（13.9%）的夫妇提出了二孩生育的申请，而且双独一孩与单独一孩育龄夫妇之间也不存在明显差异。这一结果与全国第一年实际统计的申请结果非常接近。这一结果同时也意味着，目前城市符合二孩生育条件的绝大部分育龄夫妇并没有提出二孩生育申请，导致这一现状的原因是什么？这是一个值得探讨的问题。

① 刘鸿雁、黄匡时：《全国“单独两孩”政策实施效果研究——基于单独夫妇及其子女信息核查数据的分析》，《中国人口科学》2015 年第 4 期，第 29 页。

为了探索符合条件者提出或没有提出二孩生育申请的相关因素，笔者先对 2015 年提出申请者与未提出申请者的基本特征进行了初步的比较。比较主要通过对两部分对象在夫妻文化程度、夫妻城乡背景、夫妻总收入、女方年龄、现有一孩年龄、现有一孩性别等特征上的分布情况进行交互统计和卡方检验。统计分析的结果表明，上述各种基本特征中，两类对象在多个方面不存在差别，存在显著差别的只有女方年龄、现有一孩年龄、现有一孩性别三个方面，具体差别情况详见下列表 13-2（为节省篇幅，卡方检验结果差别不显著的方面均未列出）。

表 13-2　二孩申请者与未申请者的基本特征比较

基本特征		提出申请者	未提出申请者	统计检验
女方年龄	23~29 岁	16.4%	11.1%	Chi-square=15.085 df=3 p=0.002
	30~34 岁	53.6%	45.9%	
	（合计）	（70.0%）	（57.0%）	
	35~39 岁	27.1%	36.4%	
	40~49 岁	2.9%	6.6%	
	（合计）	（30.0%）	（43.0%）	
现有一孩年龄	1~5 岁	29.2%	31.5%	Chi-square=10.059 df=2 p=0.007
	6~9 岁	50.0%	39.1%	
	10~16 岁	20.8%	29.5%	
现有一孩性别	男	43.1%	51.6%	Chi-square=4.857 df=1 p=0.028
	女	56.9%	48.4%	
	性别比	[75.7%]	[106.6%]	

注：小括号中内容为该格子中两项合计的百分比；中括号中内容为男孩与女孩性别比；表中百分比由四舍五入计算得出，相加与 100%有误差

表 13-2 的结果表明，提出申请者与未提出申请者在女方年龄分布上的差别特征是，提出申请的夫妇中，女性在 35 岁以下的比例多于未提出申请者 13 个百分点；而在 35 岁及以上年龄段中，则少于未提出申请者同样的百分点。这说明提出申请者的女性年龄主体比未提出者的女性年龄主体相对年轻。

这一结果提示，女方的年龄可能对符合条件者是否提出二孩申请有一定影响。

两类对象现有一孩的年龄分布结果则表明，一孩年龄在 6~9 岁的申请者多于未申请者 10.9 个百分点，而一孩年龄在 10~16 岁的申请者比例则低于未申请者 8.7 个百分点。这一结果说明申请者的现有一孩的年龄相对较小。这一结果也说明现有一孩的年龄也可能对符合条件者是否提出二孩申请具有一定影响。当然，由于一般情况下，现有一孩的年龄与母亲的年龄之间存在着比较密切的相关，因而这一结果也可以在一定程度上再次说明申请者的女方年龄主体比未提出申请者相对年轻。

现有一孩性别的分布结果则表明，提出申请者中，一孩为男孩的比例明显低于一孩为女孩的比例（二者相差 13.8 个百分点）；而未提出申请者中，一孩为男孩的比例与一孩为女孩的比例基本相当（二者相差仅 3.2 个百分点）。方括号中的性别比结果显示，申请者中一孩的性别比明显低于 100，而未申请者中，一孩性别比略高于 100。这同样说明申请者中一孩为男孩者明显少于一孩为女孩者。彭希哲等对上海二孩申请者数据的统计结果也同样表明，在夫妻双方均为初婚的再生育申请者中，第一孩是男孩的占 45%，第一孩是女孩的占 55%[①]（其性别比（男孩比女孩）为 0.818)，与本章研究的百分比结果及性别比结果都十分接近。这种申请者中一孩为女孩的比例明显高于一孩为男孩的比例，同时也高于未申请者中一孩为女孩的比例的结果，提示现有一孩的性别可能会对符合条件人群是否提出二孩申请有一定的影响。

第四节　未申请者为什么没有提出申请

上述表 13-1 的结果中，申请者仅占符合条件人群的 13.9%，这也即是说，绝大部分符合二孩生育条件的育龄夫妇 2015 年并没有提出生育二孩的申请。这些夫妇为什么没有提出申请？是因为他们都不想生二孩吗？如果不是，那

① 彭希哲、李赟、宋靓珺等：《上海市“单独两孩”生育政策实施的初步评估及展望》，《中国人口科学》2015 年第 4 期，第 6 页。

么还有哪些原因导致他们没有提出申请？特别地，他们的二孩生育意愿与他们没有提出申请的行为之间又有什么样的关联呢？我们的调查给出了下列结果，见表 13-3。

表 13-3 未申请者的二孩生育意愿与未提出申请的原因的交互统计

未提出申请的原因	二孩生育意愿				合计
	想生二孩		不想生二孩		
我们不打算生二孩	22.3%	[9.9%]	79.6%	[44.3%]	[54.2%]
家里意见不统一	13.0%	[5.8%]	2.3%	[1.3%]	[7.1%]
还没考虑好	64.7%	[28.7%]	18.1%	[10.0%]	[38.7%]
合计	100%	[44.4%]	100%	[55.6%]	[100%]
n	583		731		1314

注：方括号中的百分比为该类人群占样本总体的百分比

表 13-3 最后一列合计一栏的结果表明，虽然“我们不打算生二孩”是这些育龄人群没有提出申请的主要原因，但这一比例却并不是特别高，刚刚一半多一点，而有超过 45%的人还没考虑好或者家里意见不统一。这一现实结果提示我们，没有提出二孩生育申请的育龄人群中，将来可能还有一部分会转化为申请生育二孩的人群。这也即是说， 13.9%的申请者比例会随着时间的延长而有所提高。根据“想生二孩”一栏中，“还没考虑好”或者“家里意见不统一”二者合计的比例（28.7%+5.8%=34.5%）计算，在符合条件者总体中，笔者预计，将来最多只会增加 30%（即 86%×34.5%）的申请者。换句话说，根据双独一孩和单独一孩育龄夫妇的调查结果，当前符合二孩生育条件的全部育龄夫妇中，最多只有 43.9%的人会提出申请（而这一最高比例只会在所有还没考虑好的、家里意见不统一的育龄夫妇最终都决定生二孩的情况下才能达到）。本章研究的这一结果对于预测“全面二孩”政策实施可能的二孩生育申请比例和再生育人群的规模无疑具有重要的参考价值。

表 13-3 下面合计一行的百分比结果则表明，仅从主观意愿上看，目前未提出二孩申请的育龄人群中，真正属于不想生二孩的只占 55.6%，还是有接近一半（44.4%）的人主观上是想生二孩的。为什么主观上想生二孩、行动上却又不提出生育二孩的申请？特别是为什么有 9.9%的人既明确表示“想生

二孩”，同时又明确表示“我们不打算生二孩”？这种看似矛盾的结果实际上是对社会生活现实的一种反映。这些主观上“想生二孩”的夫妇中，有的是因为还没有考虑好，有的是因为家里意见不统一，有的则可能是考虑到现实的经济、生理、身体条件等其他因素而放弃了生育二孩的意愿。无论是还没考虑好，或是家里意见不统一，抑或最终决定不打算生，都客观地揭示出人们在生不生二孩的抉择面前，受着多方面因素影响和制约，而探索这些影响和制约的因素，正是下面的统计分析的主要任务。

第五节　育龄人群是否提出二孩生育申请的相关因素

为了更好地探讨影响符合二孩生育条件的育龄夫妇是否提出生育二孩申请相关的因素，笔者采用二元 logistic 回归分析方法进行分析。分析的因变量为研究对象“是否提出二孩生育的申请”，为二分变量；相关因素的选择则是根据现有一些研究结果的提示及本章研究前期的定性访谈。统计分析中主要选取了符合政策条件对象所在的城市类型（分为中心大城市和普通大中小城市）、对现有子女数量是否满意、家庭经济条件（以夫妻月收入为指标）、女方年龄、现有一孩性别、双方祖辈对他们生二孩的愿望、丈夫的文化程度等。前述分析结果和前期定性访谈中还涉及“现有一孩年龄”的因素，但由于这一变量与母亲年龄（即女性年龄）变量之间有较强的相关（二者的皮尔逊相关系数为 0.626），故略去。同样地，由于夫妻双方文化程度之间也存在很强的相关（二者的皮尔逊相关系数为 0.688），故分析中只选取了丈夫的文化程度。统计分析的结果见表 13-4。

表 13-4　城市符合二孩生育条件育龄人群是否提出二孩生育申请的 logistic 回归分析

变量	模型		
	B	SE B	Exp (B)
对现有子女数量是否满意（满意=0）	1.123^{***}	0.174	3.074
现有一孩性别（男=0）	0.383^{*}	0.173	1.467

续表

变量	模型		
	B	SE B	Exp (B)
城市类型（中心大城市=0）	0.527**	0.193	1.694
双方祖辈有几人希望你们生二孩	0.312***	0.057	1.367
夫妻月收入	−0.004	0.010	0.996
女方年龄	−0.051*	0.025	0.950
男方受教育年限	0.091*	0.041	1.095
常数项	−2.777**	0.959	0.062
样本量		1325	
卡方值		126.684***	
自由度		7	

*为 $p<0.05$；**为 $p<0.01$；***为 $p<0.001$

表 13-4 的结果表明，在本章研究所考虑的七个变量中，除夫妻月收入一项不显著外，其他六个变量分别在不同程度上显著，说明这六个变量对于一孩育龄人群是否提出二孩生育的申请有影响作用并可推断到总体。从回归系数 B 栏中，可以看到，女方年龄一项系数为负，说明女方的年龄越大，提出二孩生育申请的可能性越小，这与前面表 13-2 的结果相一致。其他呈显著项的 B 值均为正值，说明对于一孩育龄夫妇提出二孩生育申请的可能性来说，它们的影响都是正向的，即男方文化程度越高、双方四个祖辈中希望他们生二孩的人数越多，他们提出申请的可能性越大；而那些对现有子女数量不满意、第一个孩子为女孩、生活在普通大中小城市的一孩育龄人群，相对于那些对现有子女数量满意、第一孩为男孩、生活在中心大城市的育龄人群来说，他们提出生育二孩申请的可能性也会更大。

从表 13-4 中与上述结果对应的优势比 Exp(B)一栏的具体结果来看，对现有子女数量不满意的一孩育龄夫妇提出二孩生育申请的发生比是对现有子女数量满意者的 3.074 倍。这一结果说明，对自身生育现状的不满意，是育龄人群决定再生一个孩子的重要动机。同样地，一孩为女孩的育龄夫妇提出二孩生育申请的发生比是一孩为男孩的育龄夫妇的 1.467 倍，这一结果提示我们，尽管相比于农村人口来说，城市育龄人群在看待子女性别上可能更加平等，但希望有个儿子却常常是一些第一孩为女孩的育龄夫妇决定生育二孩的重要原因之一。生活在普通大中小城市的一孩育龄夫妇提出二孩申请的发生比是生活在中心大城市者的 1.694 倍，这一结果的含义我们将在后面讨论部分进行一些探讨。双方四个祖辈中，每多一位祖辈希望育龄夫妇生育二孩，这些育龄夫妇提出申请的发生比就会是原来的 1.367 倍，即提高 0.367 倍。这一结果提示我们，在城市一孩育龄人群的背后，还有着受传统思想和文化影响更深的祖辈，他们的期望或许会在一定程度上影响到育龄夫妇的生育抉择，而男方受教育年限每提高一年，育龄夫妇提出二孩申请的发生比就会是原来的 1.095 倍（即略有正向影响），也在一定程度上揭示出，尽管受教育程度与生育意愿和生育行为之间，总体上或许是一种负向的相关关系，但这种负向的相关关系或者有特定的区间限制，或者并不是线性的。对于子女数从 1 到 2 的区间来说，这种关系或许并不存在，或者会表现出相反的特征。

第六节　研究结论与讨论

本章依据 2015 年全国 12 个城市 1487 名一孩育龄人群的调查数据，描述了符合条件者申请二孩生育的比例和特征，并对符合条件者是否提出二孩申请的相关影响因素进行了统计分析。研究结果表明，符合二孩生育条件者中，目前只有 13.9%的人提出了二孩生育申请。这一结果与全国统计的结果十分接近。研究结果还表明，与未申请者相比，申请者中女性年龄主体相对年轻，其现有一孩的年龄相对较小，其中一孩为女孩的比例相对较高。多元统计分析结果则表明，育龄人群对现有子女数量是否满意、现有一孩性别、生活城市类型、女方年龄、双方祖辈对他们生二孩的愿望、丈夫的文化程度等，都是对符合条件人群提出二孩生育申请有影响的因素。其中，对于育龄夫妇提出生育申请的可能性来说，除女方年龄一项的影响是负向的以外，其他几个变量的影响都是正向的，即当女方的年龄越小、男方文化程度越高、双方四个祖辈中希望他们生二孩的祖辈越多，他们提出二孩申请的可能性越大；

而那些对现有子女数量不满意、第一个孩子为女孩、生活在普通大中小城市的一孩育龄人群，相对于那些对现有子女数量满意、第一个孩子为男孩、生活在中心大城市的一孩育龄人群来说，他们提出生育二孩申请的可能性也会更大。

本章研究的这些结论对于认识和估计2016年开始实施的“全面二孩”政策的二孩生育状况具有一定的参考价值，同时也对我们更全面地认识与人们生育意愿、生育抉择、生育行为相关的因素提出了一些启示。

首先，有关生育意愿、二孩生育申请与实际生育行为的关系问题。研究揭示，对现有的孩子数量（即一个孩子）是否满意，是城市一孩育龄人群提出二孩生育申请的影响因素之一，而对现有孩子数量是否满意，本质上还是一个生育意愿是否满足的问题。从逻辑上看，当育龄夫妇的生育意愿没有满足时，二孩生育意愿就强烈，提出二孩生育申请的可能性就高。这是正常的推断逻辑。如果人们的生育抉择和生育行为仅受这一原因的影响，那问题就非常简单。只要了解生育意愿没有满足的育龄人口比例和规模，就能很好推断和预测提出二孩生育申请的比例和规模了。然而，我们实际调查的结果给这种简单的推断逻辑提了个醒：对现有孩子数量不满意者中，只有1/4左右的人提出了再生育申请，接近3/4的人并没有提出申请。更准确地说，3/4的人目前尚未做出“生不生二孩”的生育抉择。这一结果也从一个侧面揭示出：单纯的生育意愿调查结果并不能很好地预测人们的生育抉择和生育行为。因为生育意愿仅仅只是人们关于生育的一种主观愿望或想法，而一旦真的将生育二孩这件事情提上议事日程，摆到现实层面，要做出实际的生育抉择时，人们所面临的、所需要考虑的因素就会很多，他们的抉择也会更加现实和充满矛盾。因此，育龄夫妇做出这种决定并不像他们在接受生育意愿问卷调查时回答一个简单的“想不想生二孩”问题那样容易。

相比于生育意愿调查中的二孩生育意愿，育龄人群提出的二孩生育申请离他们实际的生育行为更进了一步。或者说，提出申请的行为比想生二孩的意愿更加接近于生育二孩行为的现实。这也是我们分析和研究一孩育龄人群提出二孩生育申请状况的意义和价值所在。正是由于这一原因，一方面我们可以说，在一般生育意愿调查得到的“想生育二孩”的育龄人群比例中，有13.9%的人是态度比较坚定的，做出生育抉择是最迅速的，也是最接近采取实际生育行为的；另一方面，我们也可以说，在 86.1%没有提出二孩生育申请的一孩育龄人群中，依然有接近一半的人正处于一种考虑、犹豫、观望、商讨的过程中，或者说是处在做出二孩生育抉择的过程中（只不过抉择尚未做出）。十分显然的是，随着时间的推迟，其中的一部分人会考虑成熟，一部分人会不再犹豫，一部分人不再观望，那些意见不统一者经过商讨也会最终得出一致的结果。总之，生育抉择终将做出，而只有在做出再次生育的抉择后，生育计划、生育行为才会逐一变成现实。那时，这些未提出二孩生育申请的育龄人群中，又会产生出一些二孩生育的申请者。因此，可以期待的是，二孩的最终的申请比例一定会比调查时的比例要高。

其次，经济因素在城市育龄人群二孩生育抉择中的作用问题。表 13-4 的结果表明，在本章研究所考虑的几个与育龄人群提出二孩生育申请可能性相关的因素中，只有作为家庭经济条件指标的夫妻月收入一项不显著。这一结果似乎与常识和经验的认识不太一样。常识和经验告诉我们，育儿需要付出经济成本，多生养一个孩子，肯定会增加家庭的经济支出。因此，在现有的许多生育意愿调查结果中，经济因素往往会被作为影响育龄人群生不生二孩的重要因素提到，①有的研究结果也指出，"经济压力大是导致人们选择放弃生育二孩的主要原因""在问及不要二孩的原因时，50%的家庭回答是因为'经济压力'"。②但是，为什么当育龄人群真正面对既可以生二孩也可以不生二孩的现实并要做出生或不生二孩的抉择时，这一因素的影响却不显著了呢？

笔者认为，这一结果同样可以从人们接受生育意愿调查和人们实际提出生育申请之间的差别来进行分析和解释。在参与各种生育意愿调查的过程中，育龄人群面对为什么想生或者不想生二孩的问题时，他们可以将并且通常也会将经济因素作为一个重要的原因来回答。特别是那些回答不想生二孩的人，

---

① 彭希哲、李赟、宋靓珺等：《上海市"单独两孩"生育政策实施的初步评估及展望》，《中国人口科学》2015 年第 4 期，第 2—13、126 页。

② 石智雷、杨云彦：《符合"单独二孩"政策家庭的生育意愿与生育行为》，《人口研究》2014 年第 5 期，第 37 页。

经济因素更是他们认为的一个首要的理由。因为上述常识和经验的知识同样告诉了他们这一点。但是，当育龄人群在现实生活中真正面临生不生二孩的抉择时，他们对经济因素的看法和考虑可能又是不一样的。对于一部分不想生的人来说，经济因素或许真的是一个重要的原因，他们或许会更在意家庭现有的生活水准、生活质量，更在意现有子女的教育质量；但对于许多真的想生二孩的人来说，经济因素或许就会退到相对不太重要的地位。换句话说，不论钱多钱少，真正想生二孩时，经济这个因素就不是那么重要了。尤其值得注意的是，对于生不生二孩这件事来说，现实中人们实际的考虑远不止育儿的经济成本这一个方面，还会涉及许多情感因素、观念因素等。这些不可能计算的情感因素（如孩子可以增加生活的乐趣）、观念因素（如生两个孩子有利于子女的成长、可以儿女双全等），与那种可以计算的经济因素（抚育成本）之间是无法进行理性的比较的。所以，最关键的可能还是育龄夫妇想生二孩的愿望是否强烈，当育龄夫妇更加看重二孩的家庭价值、生活价值、情感价值时，无论是家庭生活水平的下降、对夫妻工作和事业的影响，还是日常生活辛苦忙碌的增加等，或许就不是那么重要了。

再次，城市类型因素与不同地域的生育文化对育龄人群生育抉择的影响问题。本章研究从多元统计分析的结果中得出了城市类型因素（主要是中心大城市与普通大中小城市两类)影响到育龄人群的二孩生育申请状况的结论，而与全国实际申请二孩生育状况完全一致的是，本章研究调查的结果也表明，不同规模、不同类型的城市中，育龄人群提出二孩生育申请的比例大不相同，上海的申请比例最低，为4.3%，广东四会的申请比例最高，为59.3%。这是一个值得深入探讨的现象。从表面的结果看，或许是由于不同城市的经济发达程度不同、人口规模不同、现代化程度不同所致。但除此之外，不同城市育龄人群申请比例不同的背后或许还存在其他因素的影响，因为城市的不同不仅仅意味着经济发达程度的差别，还意味着社会心理、风俗习惯、地域文化的不同。虽然一般来说，城市的人口规模、城市的现代化程度、城市的经济发展水平相互之间是一种正向的相关关系，即中心大城市不仅人口规模巨大，而且经济发展水平高，现代化程度也高。这种相关性往往也会在人们形成生育意愿、做出生育抉择和生育行为上产生一致性的影响。但是，应该看到，在现实社会中，还存在着一些与一般情况不太一致的现象。比如，本次调查的结果发现，在一些经济虽然比较发达，但人口规模不大、现代化程度也不算高的小城市，以及一些经济很发达、现代化程度也高的大中城市，人们的生育意愿和生育抉择的表现与前述的中心大城市之间存在着明显的差别。这些结果启示我们，除了常见的经济发达程度指标、现代化程度指标、人口规模指标外，不同地域社会及其所蕴含的特定文化因素，或许也是影响育龄人群生育意愿和生育抉择的重要原因。因此，从更深入的层面探讨不同城市社会背景所具有的生育文化内涵，探讨不同的生育文化对人们生育意愿和生育抉择的影响，将是下一阶段生育意愿和生育行为研究中一项十分重要的内容。

最后，需要说明的是，由于本章的研究对调查对象的界定及其对抽样方式的相应选择，研究结果中既没有涉及农村一孩育龄人群的情况，也没有涉及城市 0~2 岁儿童父母的情况；再加上育龄人口总体中提出生育二孩申请的比例相对较低，因此研究的相关结果及结论有可能存在一定的局限，这些都有待于今后更全面的样本结果的进一步检验。

第十四章

二孩生育中从众行为的可能性及其影响

第一节 研究问题与文献回顾

“全面二孩”生育政策实施以来，学术界和整个社会都十分关注现有的一孩育龄人口中，究竟会有多少人生育第二个孩子。之所以关注这一数据，是因为它将直接反映出新的生育政策的实施对生育率和生育水平变化所带来的效果。然而，由于“全面二孩”政策的提出至今仅仅只有短短的几年时间，相关的二孩生育数据尚在形成和统计的过程之中。因而，学术界更多的是利用对现有育龄人群的二孩生育意愿调查来对此进行一些预测和估计。

现有的关于二孩生育意愿的调查基本上都是一个时间点上的横截面调查，因此调查结果所反映的往往只是育龄人口在该调查时点所具有的生育意愿状况，即育龄人口在调查时点所表示的对于生育二孩的愿望或打算。人口学者讨论有关二孩生育的问题，特别是预测未来生育率和生育水平的变化时，所依据的也都是这种结果。但值得注意的是，现实生活中育龄人口的二孩生育意愿并不是一个静止的、一成不变的事物。调查之时人们所具有的二孩生育意愿或打算，可能会在后来的生活中受到周围众人行为的影响而发生改变。比如，有些人在调查时的意愿是希望生育二孩，但是，在实际生活中，或许由于身边大部分同事、朋友、闺蜜等都不生育二孩，因此他们也改变了意愿，也不生育二孩了。同样地，有些人在调查时的意愿是不打算生育二孩，但是，在实际生活中，由于身边大部分同事、朋友、闺蜜等都生育了二孩，他们又改变了意愿，也决定生育二孩了。这种依据身边多数人的行为来指导和调整自身行为的现象，即是社会心理学中所说的从众行为。如果现有一孩育龄人口的生育意愿中，由这种从众行为所导致的生育意愿改变的比例很大，特别是朝着某一种方向（如生二孩或者不生二孩）改变的比例很大，其结果将会影响到人们根据前期生育意愿调查结果对生育水平做出的预测和估计。因此，了解育龄人口在他人行为影响下发生生育从众行为的可能性及其特征，将有助于更好地分析和判断未来人们二孩生育行为的实际结果，这正是本章研究的主要目标。

本章研究所关注的中心问题是：在城市现有一孩育龄夫妇中，因他人二孩生育行为的影响而使自己原有生育意愿发生改变的现象是否存在？或者说，现有一孩育龄夫妇在生或是不生第二个孩子的问题上，是否存在着某种从众现象？如果存在着从众现象，其比例有多大？这种二孩生育中的从众现象呈现出什么样的特征？特别是，这种从众现象的比例和特征对于预测和估计"全面二孩"政策实施效果来说，又具有什么样的现实意义？弄清楚这些问题，既可以帮助我们更好地估计和预测"全面二孩"政策的可能效果，同时可以为更好地落实这一政策提供有价值的参考。

现有的二孩生育意愿研究主要是从2013年底"单独二孩"政策启动实施后才发展起来的。这些研究最初所针对的对象主要是符合"单独二孩"生育政策的各类育龄人群。直到2015年底"全面二孩"政策发布后，才有了以全部育龄人口为对象的二孩生育意愿研究。笔者通过对中国知网的核心刊物以标题含有"二孩生育意愿"的关键词进行检索，发现2014年以来涉及二孩生育意愿的论文共有26篇。这些论文的研究主题基本上集中在两个方面：一是利用调查资料对不同育龄人群的二孩生育意愿现状及其特征进行统计和描述，这一类研究共有7篇。这些研究者通常关注于一孩育龄人群是否想生育第二个孩子，其分析的焦点也主要集中在了解想生二孩和不想生二孩的两部分人比例各有多大，个别研究还进一步分析了这种比例对提高生育率水平有什么样的影响等。①二是对影响育龄人群二孩生育意愿的相关因素的研究，

① 张丽萍、王广州：《中国育龄人群二孩生育意愿与生育计划研究》，《人口与经济》2015年第6期，第43—51页；李静雅：《已育一孩职业女性的二孩生育意愿研究——基于生育效用感和再生育成本的实证分析》，《妇女研究论丛》2017年第3期，第27—39页；汤兆云：《"单独夫妇"二孩生育意愿及未来生育政策的调整——基于福建省泉州市的调查数据》，《中共福建省委党校学报》2014年第12期，第64—70页；刘彦杉、段婷婷、唐湘竺等：《二胎生育意愿调查及改策宣传建议——以上海市为例》，《中国统计》2017年第9期，第27—29页。

这一主题的论文共有 19 篇。其中，一部分研究者采取的是将个人因素、家庭因素、地区因素等全部放进回归方程进行综合分析的方式，以弄清楚哪些因素与育龄人群生育二孩有关或者有显著影响；另一些研究者则分别从家庭支持、养老保险、女性就业、妇女福利政策、家庭照料分工、再生育成本乃至房价上涨等特定的角度，来分析这些特定因素是如何对育龄人群的二孩生育意愿产生影响的。①该领域中尚无涉及从众行为方面的研究。

关于从众行为的研究，从中国知网的核心刊物中共检索出 179 篇相关的论文。这些论文的研究主题相对较多地集中在这样几个主要领域中：一是经济领域，如研究消费中的从众行为、投资中的从众行为等；二是大众传播领域，如研究网络使用中的从众行为、网络信息传播中的从众行为、流行文化传播中的从众行为等；三是交通管理领域，如研究行人过街中的从众行为等。从现有的这 179 篇有关从众行为研究的论文中，仅检索到一项涉及生育中从众行为问题的研究。

熊凤水在有关农民生育男孩偏好的研究中，涉及一些从众行为的内容。熊凤水通过对安徽一个村庄 64 位 22~35 岁已生育妇女的访谈，分析了农民是怎样从生男的愿望一步步走向生男行动的。其研究认为，农民从生男愿望走向生男行动，主要经历了五个阶段，即传统思想与现实国家政策的冲突阶段、规范外行为的产生阶段、扭曲的价值认同与社会支持力阶段、各种压力

---

① 风笑天：《城市两类育龄人群二孩生育意愿的影响因素研究》，《东南大学学报(哲学社会科学版)》2017 年第 3 期，第 75—82、147、149 页；张晓青、黄彩虹、张强等：《“单独二孩”与“全面二孩”政策家庭生育意愿比较及启示》，《人口研究》2016 年第 1 期，第 87—97 页；梁宏：《家庭支持对职业女性二孩生育决策的影响——基于中山市二孩生育需求调查的实证研究》，《南方人口》2017 年第 6 期，第 14—24 页；洪秀敏、朱文婷：《二孩时代生还是不生？——独生父母家庭二孩生育意愿及影响因素探析》，《北京社会科学》2017 年第 5 期，第 69—78 页；陈秀红：《影响城市女性二孩生育意愿的社会福利因素之考察》，《妇女研究论丛》2017 年第 1 期，第 30—39 页；龙书芹、陈海林：《城市“双非一孩”育龄女性的就业状态对其二胎生育抉择的影响》，《东南大学学报(哲学社会科学版)》2017 年第 3 期，第 83—90、147 页；宋德勇、刘章生、弓媛媛：《房价上涨对城镇居民二孩生育意愿的影响》，《城市问题》2017 年第 3 期，第 67—72 页；王晶、杨小科：《城市化过程中家庭照料分工与二孩生育意愿研究》，《公共行政评论》2017 年第 2 期，第 140—155、196 页。

的聚合阶段及最后在压力下从众行为的产生阶段。[①]虽然其研究结果对于探讨城市育龄人群二孩生育中的从众问题来说，具有一定的参考价值，但是一方面该研究结论仅来自对一个村庄居民访谈资料定性分析的现实，另一方面城乡两类对象在生育意愿、生活环境、价值规范等方面所具有的差异，都使得我们无法从其所得结论中获得更多有关城市育龄人群二孩生育从众行为的直接推论。

文献回顾的结果表明，一方面，在现有的关于二孩生育意愿的讨论和经验研究中，学者尚没有涉及从众心理或行为对二孩生育意愿的影响问题；另一方面，在现有的关于从众心理和行为的研究领域中，学者的焦点又主要集中在经济生活中的从众、大众传播中的从众、交通违规中的从众等方面，而没有涉及社会的生育领域。正是这两个领域中的这种研究现状，使本章研究的开展具有了现实意义。本章研究一方面希望通过对大规模实地调查资料的分析，描述和总结二孩政策背景下，城市一孩育龄夫妇在二孩生育问题上发生从众行为的可能状况及其特征，从而为更好地分析和预测二孩政策的可能结果提供一定的参考；另一方面也希望利用对二孩生育意愿调查数据的分析，来为从众心理和行为的理论探讨提供生育领域中的新鲜材料和经验证据。

第二节　数据与方法

一、两项生育意愿调查

本章所使用的数据来自笔者于 2015 年和 2016 年进行的两次大规模抽样调查。有关这两次调查的过程与方法，读者可参见第一章中的详细介绍，此处不再重述。

由于两项调查采取的是通过孩子抽取父母的方式，因而样本中孩子母亲

① 熊凤水：《压力与从众视角下的农民生男偏好——基于皖南 H 村的实证研究》，《南方人口》2007 年第 2 期，第 8—14 页。

的年龄有些已经超出了生理生育年龄的上限（49 岁）。同时，考虑到本章研究所关注的二孩生育从众行为发生的前提条件，故本章分析中仅选取了两项调查样本中那些“符合当时的二孩生育政策、调查时只有一个孩子且母亲年龄在 22~45 岁”的调查对象。因此，本章分析实际所用的两个样本规模分别为 1690 人和 958 人。两个分析样本的基本情况见表 14-1。

表 14-1　两个样本中被调查对象的基本情况统计

基本情况		2015 年调查样本	2016 年调查样本
性别	男	28.4%	34.6%
	女	71.6%	65.4%
	n	1690	958
女方年龄	22~30 岁	16.0%	11.5%
	31~35 岁	51.0%	42.4%
	36~40 岁	28.5%	38.4%
	41~45 岁	4.5%	7.7%
	n	1690	958
文化程度	初中及以下	5.7%	15.8%
	高中和中专	19.7%	30.7%
	大专	26.5%	22.6%
	本科	40.7%	26.3%
	研究生	7.5%	4.6%
	n	1688	955
独生子女身份	独生子女	67.0%	26.7%
	非独生子女	33.0%	73.3%
	n	1689	947

注：表中百分比由四舍五入计算得出，相加与 100%有误差

表 14-1 的结果显示，两个样本有一定差别。2015 年样本中，女方年龄相对年轻，文化程度相对较高，独生子女比例占了 67.0%，明显多于 2016 年样本。这是因为，2015 年调查时，国家实行的是“单独二孩”政策，此时总的样本中一部分调查对象可以按政策生育两个孩子，而另一部分调查对象则

还不能按政策生育二孩。在这种情况下，对于二孩生育从众行为的了解来说，显然在那部分不符合政策的对象身上不太适用。因此，目前 2015 年分析样本中只保留了符合“单独二孩”政策的“单独一孩”育龄家庭，以及符合“双独二孩”政策的“双独一孩”育龄家庭，而没有包含不符合“单独二孩”政策的双非一孩育龄家庭，因而导致 2015 年样本中独生子女比例较高。2016 年调查时，国家已经开始实施“全面二孩”政策，所有的育龄夫妇此时都可以按政策生育两个孩子。因此，对于了解二孩生育从众行为来说，包括双非一孩育龄夫妇在内的所有调查对象都普遍适用了。正是由于大量双非一孩育龄家庭的加入，2016 年分析样本中独生子女比例出现相对较低的状况。至于 2015 年样本中女方年龄相对年轻，则主要是因为样本中包含了幼儿园儿童父母。与此同时，样本中相对年轻的年龄结构也导致了样本中文化程度相对较高的状况。

本章研究之所以采用两个结构并不完全相同的样本数据，主要看中的是两次调查对象所经历的生育政策情景的不同。2015 年调查时，实行的是“单独二孩”政策，这是我国实行了三十多年的独生子女政策第一次被改变。由于“单独二孩”政策是生育政策的首次调整，因此对于二孩生育中从众行为的测量来说，此时的反应可能更加灵敏。到 2016 年调查时，“全面二孩”政策已开始实施，这是生育政策的第二次调整，也是涉及对象范围更大的调整，因而对二孩生育从众行为的测量来说，其对育龄人群的代表性会更加广泛，对现实的反映也更加全面。这样两次调查数据的使用，既可以对不同背景下的结果进行比较，也可以通过不同结果的相互印证，来增加我们对结论可靠性的信心。

二、一孩育龄人群从众行为的测量

社会心理学家阿伦森指出，如果群体对个体是重要的，或者群体成员在某一方面和个体是类似的，则更容易导致个体从众。[①]这也就是说，属于同一类的重要他人对人们的从众行为有更大影响，而人们在生活中最容易参照的也往往是这样的一类人。比如，与自己在许多方面或属性上相类似的熟人和

---

①〔美〕E.阿伦森：《社会性动物》（第九版），邢占军译，华东师范大学出版社 2007 年版，第 25 页。

朋友，特别是身边的、联系紧密的熟人和朋友。根据这一原理，在本章研究中，我们将被调查对象“身边的同事、朋友、闺蜜”等作为主要参照对象。以他们作为影响者，或者说，作为被调查者发生二孩生育从众行为的主要影响源，来测量被调查者的从众心理和行为。我们试图了解，如果一个人身边的多数同事、朋友、闺蜜等的生育行为与自己的生育意愿不一致，育龄人口中有多大的比例会受到影响而改变自己原有的生育意愿。

在两次调查的问卷中，我们都是首先询问被调查者“是否想生育第二个孩子”。然后根据他们的回答，分别对“想生育二孩者”与“不想生育二孩者”进行不同的提问，即按被调查者原有的二孩生育意愿的不同，将具体的测量问题分为两种情景来表述和询问。对于那些回答“想生育二孩”的育龄夫妇，问卷中询问的问题是：“如果您身边的同事、好朋友、闺蜜中，很多人都选择不生第二个孩子，您觉得您会改变主意，也放弃生第二个孩子吗？”而对于那些回答“不想生育二孩”的育龄夫妇，问卷中的问题则是：“如果您身边的同事、好朋友、闺蜜中，很多人都生了第二个孩子，您觉得您会改变主意，也去生第二个孩子吗？”。

第三节　二孩生育中发生从众行为的可能性

城市一孩育龄人群在二孩生育中发生从众行为的可能比例可能会有多大呢，表 14-2 就是两次调查所得的结果统计。

表 14-2　两次调查结果中从众现象的发生比例统计

在他人生育行为的影响下	2015 年调查			2016 年调查		
	原来想生二孩者	原来不想生二孩者	合计	原来想生二孩者	原来不想生二孩者	合计
坚持原来的意愿	29.7%	63.3%	47.2%	21.6%	66.0%	42.8%
尚不确定	55.5%	32.7%	43.6%	60.8%	30.2%	46.2%
意愿发生改变	14.8%	4.0%	9.2%	17.6%	3.9%	11.1%
n	744	807	1551	370	338	708

根据表 14-2 中两栏合计中的百分比结果，可以看出，2015 年调查样本中，受从众影响，二孩生育意愿发生改变的总比例为 9.2%，2016 年调查样本中，受从众影响而发生改变的总比例为 11.1%；而两次调查中，坚持原来意愿的比例都在 40%~50%，还有 40%~50%的人尚不能确定。两次调查结果都一致表明，城市一孩育龄人群受从众影响导致原有的二孩生育意愿发生改变的总的比例不太高，大约只在 10%。这是本章研究得到的第一个基本事实。

第四节　二孩生育中发生从众行为的某些特征

虽然表 14-2 表明二孩生育中总的从众比例不高，但如果在两个方向上（即从想生二孩到不想生二孩的方向，以及从不想生二孩到想生二孩的方向）的从众行为发生的比例之间有明显差异的话，依然会对实际生育水平带来明显的影响。因此，为了更好地揭示城市一孩育龄人群在二孩生育中发生从众行为的方向特征，我们将表 14-2 的格式稍作调整，成为表 14-3。

表 14-3　城市一孩育龄人群中两类对象在他人生育行为影响下的可能行为统计

在他人不生二孩的影响下	原来想生二孩者		原来不想生二孩者		在他人生二孩的影响下
	2015 年调查	2016 年调查	2015 年调查	2016 年调查	
坚持生二孩	29.7%	21.6%	63.3%	66.0%	坚持不生二孩
不能确定	55.5%	60.8%	32.7%	30.2%	不能确定
改变为不生二孩	14.8%	17.6%	4.0%	3.9%	改变为生二孩
n	744	370	807	338	n

注：为便于展示分布的特征及其进行比较，此处将对“原来想生二孩者”和对“原来不想生二孩者”分别统计的两个频数分布表合在了一起，并将本应该按惯例放在第三列统计结果左边的“回答项目栏”放到了第四列统计结果的右边，特此说明

表 14-3 的结果十分清楚地表明，两次调查结果的分布表现出相对一致的趋势，这种趋势体现出具有不同二孩生育意愿的两类回答者在周围他人生育行为影响下意愿发生改变的比例大不相同。或者说，二孩生育中从众行为发生的比例具有非常鲜明的方向特征：在身边大部分同事、朋友、闺蜜“不生育二孩”行为的影响下，原来希望生育二孩的育龄夫妇中，大约只有 20%~30%

的人明确表示会坚持原来的打算，继续生育二孩；而有 15%~20%的人可能会改变原有愿望，放弃生育二孩；一半以上的人则依旧犹豫不定。相比之下，在身边大部分同事、朋友、闺蜜“生育二孩”行为的影响下，原来就不打算生育二孩的育龄夫妇中，坚持原有打算依旧不生育二孩的比例达 60%~70%；而改变主意，打算生育二孩的比例则不足 5%；犹豫不决的比例也只有 30%左右。概括起来说就是，原来想生育二孩的育龄夫妇中，坚持原有想法的比例不高，改变主意的比例不低，犹豫不决的比例最大；而原来不想生育二孩的育龄夫妇中，坚持原有意愿的占绝大多数，犹豫不决的占一定比例，而真正改变意愿去生育二孩的则非常少。这是本章研究的一个重要发现。

第五节　从众行为对二孩生育意愿的可能影响

再来看看从众行为影响下，城市一孩育龄人群二孩生育意愿可能变化的最大范围。

随着时间的推移，目前依然不确定的育龄夫妇最终都将成为生育二孩者或者不生育二孩者之一。因此，如果我们假定，目前依然不确定的那些育龄夫妇将来也会在从众的影响下按照目前两种方向的分布比例采取生育行为。那么，表 14-3 将变成表 14-4 的结果（即将表 14-3 中“尚不确定”一行的比例按去掉这一类回答者后其他两类的实际比例进行分配）。

表 14-4　城市两类一孩育龄人群在他人影响下二孩生育意愿可能变化的最大范围

在他人不生二孩的影响下	原来想生二孩者		原来不想生二孩者		在他人生二孩的影响下
	2015 年调查	2016 年调查	2015 年调查	2016 年调查	
还是坚持生二孩	66.7%	55.1%	94.1%	94.5%	还是坚持不生二孩
转变为不生二孩	33.3%	44.9%	5.9%	5.6%	转变为生二孩
n	744	370	807	338	*n*

注：表中百分比由四舍五入计算得出，相加与 100%有误差

表 14-4 的结果进一步清楚表明，总体上看，当前城市一孩育龄人群在二

孩生育问题上产生从众行为的可能性在两类不同生育意愿者中大不相同：在原来想生育二孩的育龄夫妇中，受从众（和其他）影响发生改变的可能性相对较大，其比例最高可达到30%~50%；而在原来不想生育二孩的育龄夫妇中，受从众（和其他）影响发生改变的可能性则非常小，其比例有5%左右，其余95%左右的人都会坚持原来的生育决定即不生育二孩。简单概括起来就是，原来想生二孩者改变成不想生的有很多，而原来不想生二孩者却基本上都不会改变主意。

当然，需要指出的是，这些目前不确定的人以后改变主意，并不完全是由于从众的原因，也有可能是因为经济因素、个人精力或工作发展及有无老人帮助带孩子的考虑等。这也是笔者在上述解释中用括号加上“和其他”的原因，而表14-4的结果仅仅只是想说明城市一孩育龄人群中的两类对象在他人影响下二孩生育意愿可能变化的最大范围，即最终两种不同方向的变化比例可能会有多大。

第六节　研究结论与讨论

本章基于两项抽样调查所得的经验数据，探讨了“全面二孩”政策背景下，城市一孩育龄夫妇在二孩生育中发生从众行为的可能性及其特征。研究结果表明，城市一孩育龄人群在二孩生育上受周围他人行为影响而发生从众行为的总比例大约会在10%。其中，想生二孩者发生从众行为改变生育意愿的可能性相对较大，而不想生二孩者发生从众行为改变生育意愿的可能性则较小。本章研究结果的最重要提示是，城市育龄人群在从众心理影响下的二孩生育水平只可能比现有生育意愿调查所显示的比例更低。

从本章研究的上述结果出发，进一步对下列几个问题略做讨论。

首先，如何理性地认识和看待各种生育意愿调查的结果及其作用。尽管在没有实际统计数字的情况下，通过对育龄人群进行生育意愿调查一直是预测和估计生育水平的最为常见的方式，这也是生育意愿调查的最大意义所在。但是，我们对这种调查所得到的生育意愿结果在预测人们实际生育行为和结果上所具有的作用却应该始终保持相对谨慎的态度。这首先是因为实际调查中我们对生育意愿测量的效度往往比较低；[①]其次是因为从生育意愿到生育决策再到生育计划和生育行为的过程中，存在着层层的变动；最后是因为，这种生育意愿本身也会因为育龄人群的从众行为而发生一定程度的改变。

研究的结果表明，从众现象对城市一孩育龄人群的二孩生育行为具有明显的消极影响。这种消极影响的人口学含义是：如果现实生活中人们的生育行为在从众心理的影响下真的像表 14-3、表 14-4 中的结果那样分布，那么，可以肯定地说，目前各项二孩生育意愿调查所得到的育龄人口想生育二孩的具体结果（如 30%或 40%的人想生育二孩等），在从众心理的影响下，最终都会朝着降低二孩生育比例的方向转变，即一孩育龄人群二孩生育的实际水平只会比现有的二孩生育意愿调查所得的结果低，而不可能比现有调查的结果高。本章研究的这一结论不仅为我们更准确地认识和评价各种二孩生育意愿调查的结果提供了一种新的视角，也为我们预测和评估“全面二孩”政策的实际效果提供了一种新的参考，而这正是本章研究结论所具有的最大实践意义和应用价值。

其次，对具有不同二孩生育意愿的育龄人群不同从众行为的解读。本章研究的一个重要结果，是发现那些原来想生育二孩的育龄人群与那些不想生育二孩的育龄人群，在周围其他人有相反的二孩生育行为的影响下，可能改变原有意愿的比例大不相同。概括地说，原来想生育二孩者改变的比例相对较大，而原来不想生育二孩者则基本上不会改变意愿。为什么同样是受他人相反生育行为的影响，两类育龄人群的意愿变化比例却会出现明显的差别？这种差别的背后又意味着什么？笔者分析认为，之所以会出现这种差别，可能与二孩生育意愿调查中不同回答者原有生育意愿的确定性不同有关，即在二孩生育意愿调查中所得到的想生育二孩者的生育意愿结果本身的确定性相对比较小，而那些不想生育二孩者的生育意愿结果本身的确定性则相对比较大。或者说，有相当的想生育二孩者本身的生育意愿就不太坚定，而绝大部分不想生二孩者的生育意愿原本就比较坚定。至于这种差别背后的含义，笔者认为，可以用社会测量的语言来说明，即这种差别至少意味着这样一种现

① 风笑天：《当代中国人的生育意愿：我们实际上知道多少？》，《社会科学》2017 年第 8 期，第 59—71 页。

实，即二孩生育意愿调查中所得到的“不想生育二孩的比例”的信度相对比较高，而调查中所得到的“想生育二孩的比例”的信度则相对比较低。这也是对本章研究结果所具有的实践意义的较好说明。

再次，关于从众行为发生机制的多样性问题。传统社会心理学主要将从众看作人们在团体压力下的一种行为模式。但实际上，不仅从众行为有着多种不同类型，人们从众行为的发生也有着多种不同的原因。本章研究结果揭示出，在二孩生育这一特定领域中，人们同样可能发生从众行为。但这种生育从众行为的发生机制，或许并非团体压力所能够解释的，而是另有原因。

我们知道，改革开放以来，我国城市中实行的一直是“独生子女”政策，育龄夫妇基本上不存在生育数量的选择问题（唯一的选择是生或不生，以及何时生）。由于不存在选择，因而从众行为的发生也就没有了基础和前提。“单独二孩”特别是“全面二孩”政策实施后，一孩育龄夫妇突然间面临了是“生二孩”或是“不生二孩”的选择。正是由于出现了不同的选择，也由于许多当事人对生育二孩的结果是好还是不好、是利大于弊还是弊大于利等不太清楚、不太明确，简言之，对生或不生二孩的利弊得失及其该如何选择缺乏足够的、可靠的信息，拿不定主意。因而，身边大多数人，特别是身边同类人的生育行为，就会在无形中成为他们做出选择的依据和参考。这就如有学者曾经指出的那样，从众行为的发生依赖于从众者所面临的问题情境的模糊性，从众者在这种模糊的情境中不能或很难确定自己的观点或行为的取向，因而自觉不自觉地以他人确定的观点或行为为准则，做出与他人一致的行为或行为反应。[①]可以说，本章研究的结果在一定程度上为从众行为发生机制的多样性提供了生育领域的经验证据和实际例子。

最后，需要说明的是，由于本章研究依据的两次调查都是在二孩生育政策实施一年左右的时间内进行的，因而，现实生活中或许还没有形成足够多的影响育龄人群二孩生育从众行为的他人生育行为。因此，两次调查所得的结果也主要是人们对假设情景所进行的一种主观考虑，它和未来人们在实际生活中真正面临这种情景时所采取的行为之间可能会存在一定差距。这是读者在看待本章研究的结果和结论时应注意的一点。

① 宋官东：《对从众行为的新认识》，《心理科学》1997 年第 1 期，第 89 页。

第十五章

影响育龄人群二孩生育意愿的因素究竟是什么

2013 年底，在独生子女政策实施三十多年后，国家开始实施“单独二孩”生育政策，所有已婚独生子女均可以按政策生育二孩；2015 年底，国家又进一步推出了“全面二孩”政策，全部已婚夫妇均可以按政策生育两个孩子。生育政策的接连调整，特别是“全面二孩”政策的快速放开，“显然有着国家逐步调控人口总体结构、增加未来劳动力的补充、改善人口老龄化进程等宏观目标。但这些宏观目标的实现，最终都将依赖于微观层面具体承担生育任务的育龄人群的生育意愿和生育行为。因此，准确全面地了解育龄人群的二孩生育意愿、认识影响育龄人群二孩生育意愿的相关因素就显得特别重要。”[①]正是在这种背景下，政府相关部门和学术界开展了一系列相关的调查和研究，研究者一方面着眼于了解育龄人口的二孩生育意愿，另一方面也开始对影响人们二孩生育意愿的各种相关因素进行分析和探讨，得到了一批有价值的研究成果。

对中国知网 2014~2018 年核心刊物的检索结果表明，国内学术界发表的集中探讨育龄人群二孩生育意愿影响因素的经验研究论文共有 12 篇。笔者通过阅读发现，这些研究分别采用了两种不同的研究思路。一种研究思路是在调查中通过直接询问被调查者“你想生（或不想生）二孩的最主要原因是什么”，并提供若干个具体答案供其选择，再从统计结果中总结和得出影响育龄

① 风笑天：《城市两类育龄人群二孩生育意愿的影响因素研究》，《东南大学学报(哲学社会科学版)》2017 年第 3 期，第 75 页。

人群二孩生育的各种原因，这种方式的文献共有 4 篇；另一种研究思路则是先将与二孩生育意愿可能相关的各种因素操作化为各种指标，然后在调查中进行经验测量，并通过多元统计的方法进行分析，最终找出哪些因素与二孩生育意愿有关、哪些因素与其无关，特别是需要找出哪些因素对二孩生育意愿有积极影响，哪些因素有消极影响，这种类型的文献共有 9 篇。①

对于第一种思路的相关研究及其结果，笔者已经在前面第十一章与第十三章中进行了专门的探讨。本章主要对第二种研究思路的这 9 项研究结果进行解析和比较。本章研究希望集中探讨和回答下列问题：对于育龄人群二孩生育意愿的影响因素，我们目前得到了哪些具体的结果；这些结果为我们描绘的是一幅怎样的图画；这些研究结果中有哪些一致的结论；这些研究结果之间又存在哪些显著的差别；造成这种差别的主要原因是什么；我们该如何正确地认识现有研究的各种结果和结论。

第一节　现有研究结果概览

从文献阅读中，笔者了解到，这 9 项研究在资料来源及在统计分析方法上，具有非常高的一致性：在资料来源上，除 2 项研究使用的是二手调查数据外，其他研究都使用的是一手调查数据；在统计分析方法上，全部研究采用的都是二元 logistic 回归分析。为了更好地对这些研究结果的整体状况进行描述，笔者首先将这些研究的具体结果进行汇总，见表 15-1。

表 15-1　现有研究结果中育龄人群二孩生育意愿的影响因素汇总②

研究者	研究对象	因素数量	有影响因素		无影响因素		
张勇等	城镇单双独	7	妻子年龄	妻子文化	家庭迁移	一孩性别	户口性质
			妻子职业	一孩年龄			

① 其中有一项研究同时采用了两种方式，故总数为 13 篇。

② 考虑到表格篇幅，将所有影响因素都缩减为四个字来表示和排列。同时，为便于比较，将有些内容相同但在不同研究中表述不一样的因素用同一种表述标出，特此说明。

续表

研究者	研究对象	因素数量	有影响因素			无影响因素	
风笑天	城市单双独	7	妻子年龄	现状不满	祖辈意愿	一孩性别	城市类型
			丈夫文化			收入水平	
	城市双非	7	妻子年龄	现状不满	祖辈意愿	一孩性别	
			丈夫文化	城市类型	收入水平		
钟晓华	城市全部	8	妻子年龄	对象性别	工作强度	一孩性别	健康状况
			收入水平	地区因素	文化程度		
田立法等	农村全部	9	教育程度	是否独生	家庭收入	对象性别	对象年龄
			一孩年龄	一孩性别		工作稳定	一孩费用
张晓青等	城乡单双独	10	年龄分组	地区因素	主观因素	文化程度	婚姻状况
			一孩性别			户口性质	生育年龄
						夫妻分工	家庭结构
	城乡双非	10	年龄分组	地区因素	主观因素	婚姻状况	家庭结构
			一孩性别	文化程度	户口性质	生育年龄	夫妻分工
靳永爱等	城市全部	13	妻子年龄	祖辈协助	不同省份	户口类型	工作单位
			经济评价	一孩性别	祖辈意愿	文化程度	是否独生
			家庭收入			丈夫意愿	居住模式
卢海阳等	城乡女性	14	健康状况	养老观念	就业性质	宗教信仰	公平感知
			党员身份	户口性质	医疗保险	婚姻状况	家庭收入
			所在地区			子女数量	教育程度
						妻子年龄	
牛亚冬等	城市单双独	15	妻子年龄	祖辈协助	祖辈态度	妻子健康	丈夫健康
			生活水平	一孩年龄	理想间隔	妻子文化	丈夫文化
			理想数量			一孩性别	妻子职业
						丈夫职业	不同城区
洪秀敏等	城乡单双独	20	妻子年龄	时间精力	祖辈意愿	城乡分布	户口性质
			无人照料	入校压力	喜欢孩子	妻子健康	妻子职业

续表

研究者	研究对象	因素数量	有影响因素			无影响因素	
洪秀敏等	城乡单双独	20	为孩找伴	儿女双全	一个就够	文化程度	家庭收入
						家庭类型	经济成本
						养儿防老	传宗接代
						照料人员	

注：单双独即“单独一孩”育龄人群与“双独一孩”育龄人群；双非即“双非”一孩育龄人群

表 15-1 的结果表明，调查对象最多的为城乡单独一孩和双独一孩育龄人群，这主要是因为大部分研究是在“单独二孩”政策实施后、“全面二孩”政策实施前进行调查的，所以研究者关注的主要是当时符合政策的可以生育两个孩子的育龄人群。随着“全面二孩”政策的实施，才开始有以全部育龄人群为对象的调查。

第一，笔者关心的是，不同的研究者在所选择的解释变量（即影响因素）上有多大的相似性。这一方面是体现在变量的数目上，即不同研究者在回归分析中所采用的解释变量（包括自变量和控制变量）数目是多少；另一方面，也是更重要的，就是在不同研究者所采用的解释变量中，有哪些变量是都有的，即研究者普遍认为与二孩生育意愿相关的，这种都有的解释变量占有多大比例。

（1）表 15-1 的结果首先表明，不同研究者所引入的自变量和控制变量数目互不相同，其分布区间为 7~20 个，平均为 11 个，标准差为 4.4 个。这一情况说明，大部分研究者的指标数量集中在 10 个左右。标准差显示，不同研究者所选择的解释变量数目之间存在较大差别，这主要是少数研究者采用的变量数目过分偏高所导致。从 9 项研究总共 11 项统计分析的结果来看，研究得到的与二孩生育显著相关的变量数量在 4~9 个，无显著相关的变量数量在 1~11 个。

（2）表 15-1 的结果其次表明，9 篇文献中，没有两项研究所采用的变量是完全一样的。进一步统计发现，在 9 项调查中，研究者普遍考虑到的变量主要有四个：即文化程度①（9 项）、妻子年龄②（9 项）、一孩性别（7 项）、

① 包括妻子文化、丈夫文化、教育程度、文化程度等不同表述。

② 包括调查对象年龄、年龄分组等不同表述。

地区因素[①]（7 项）；一部分研究者考虑到的变量也有四个：即家庭收入（或收入水平）（6 项）、户口性质（或户口类型）（5 项）、祖辈因素[②]（5 项）、健康状况（4 项）；而其他大部分变量则都只有 1~3 项研究使用。这一情况说明，虽然这些研究者探讨的都是同一个问题，使用的也都是二元 logistic 回归的统计分析方法，但在不同研究者所考虑的解释变量之间，总体上的相同程度大约只有一半（笔者以下列方式的计算结果作为总体相同程度的一种粗略的测量：即 11 项研究结果中有 4 项以上相同变量的总数量为 12+11+9+8+7×2+6+5=65 项，而只有 3 项以下相同变量的总数量为 7×3+8+9+10×2+13+14+15+ 20−65=120−65=55 项）。

第二，笔者关心的是，在研究者所采用的那些共同的解释变量中，是否都得出了一致性的统计分析结果，即对于每一个相同的变量来说，是否都一致地显示出对二孩生育意愿有显著影响或都一致地显示出对二孩生育意愿没有显著影响。表 15-1 的统计表明，上述研究者普遍考虑到的几个相关变量中，只有祖辈因素这一个变量的结果完全一致，妻子年龄、健康状况这两个变量的结果基本一致（妻子年龄有两项例外、健康状况有一项例外）。除了上述 3 项变量外，其他一些被研究者共同采用的变量，无论是 9 项的、7 项的、5 项的、还是 4 项的，都表现出在有的研究结果中有显著影响，而在另一些研究结果中没有显著影响的矛盾现象。比如，文化程度一项，就在 11 项研究结果中有显著影响的出现了 6 次，同时没有影响的出现了 6 次；一孩性别一项，既在 4 项研究结果中表现出有显著影响，又在另外 5 项研究结果中没表现出没有影响；同样地，户口性质或类型一项，在 4 项研究结果中没有显著影响，而在 2 项研究结果中有显著影响等。

由于这种矛盾的现象普遍发生在上述众多采用相同变量的研究中，再加上研究中那些原本就采用的互不相同的变量，最终所得到的结果就显得更加五花八门，互不相同。可以说，对于影响育龄人群二孩生育的因素问题，现有的这些研究在总体上为我们所描绘的是一幅十分杂乱的图画。这一状况对于我们认识和回答二孩生育意愿影响因素来说，无疑是一个很大的难题和挑

① 包括地区因素、不同省份、城市类型、所在地区、不同城区等表述。
② 包括祖辈态度、祖辈意愿、祖辈协助等不同表述。

战。特别是现有研究结果中所存在的诸多矛盾现象，更需要我们从具体研究的对象特征、测量方式、变量内涵、研究质量等方面，进行认真解析、衡量和比较，并最终对于这些矛盾结果中的变量究竟是有显著影响，还是没有显著影响尽可能做出相对可靠的判断和回答。

第二节　对现有研究结果的解析和判断

一、具有一致性（或基本一致性）结果的三个变量

这种在不同研究中所体现的研究结果的一致性，反映出结果的可靠性程度较高，因而可以使我们对其作用的认识具有比较大的信心。

第一是祖辈因素。这是唯一一个具有完全一致性结果的变量，即在表15-1的11项研究结果中，总共出现了7次的“祖辈因素”都一致地出现在左边的有影响因素一栏中。这种一致性表明，这是一个对育龄人群二孩生育具有显著影响的变量。需要说明的是，这一变量在不同的研究者那里有三种不同的表述，即祖辈意愿、祖辈态度、祖辈协助。这三种不同的表述实际上包含着与祖辈相关的三个不同方面：一是为了满足祖辈的愿望，即有的育龄夫妇自己或许不太想生育二孩，但考虑到祖辈的愿望，最终决定生二孩，这是有利于二孩生育的因素，或者说是对促进二孩生育有正向影响的因素；二是祖辈的态度，研究结果是父母支持度越大，育龄夫妇二孩生育的可能性就越大，所以也是正向的；三是祖辈协助，测量的主要是祖辈是否具有帮助育龄夫妇照顾二孩的能力，这一变量也是与二孩生育成正比的，即祖辈越支持，育龄夫妇生二孩的可能性就越大。所以，无论是哪种表述，都说明祖辈因素对生育二孩是有正向影响的。可以推测的是，如果其他研究者在调查中也加入了这一变量，其结果很可能也会相同。

第二是妻子年龄。表15-1左边11项研究结果中，“妻子年龄”是出现最多的一个变量，共出现了9次。这说明，除了2项（田立法等天津农村育龄妇女调查、卢海洋等的研究）结果没有显著影响外，“妻子年龄”这一项变量

在其他 9 项研究结果中都对二孩生育意愿有显著影响。应该说，这样的结果并不难理解，生育子女对女性生理条件的明显要求直接投射在女性的年龄上，这一点显然被所有研究者注意到，并被放入统计分析中。结果也相当一致地支持了研究者的判断，即女性年龄越大，对生育二孩意愿的消极影响也越大。在这一点上，我们可以有相对可靠的认识。至于例外的那两项，笔者分析，或许是由于其调查对象是农村育龄女性或一半是农村女性，她们比城市育龄人群相对忽视年龄因素的影响的缘故。

第三是健康状况。这一变量在表 15-1 的 11 项研究结果中共出现了 5 次，除 1 项研究结果（卢海洋等）外，4 项结果全部都出现在表 1 右边无显著影响的变量中。这一结果说明健康状况因素对育龄人群的二孩生育意愿没有显著的影响，或者说，育龄人群的健康状况与他们的二孩生育意愿无关。这一结果似乎与常识有些相悖，但实际上，应该认识到，人们在调查中如何评价自身的健康状况是一件事，而他们想不想生育二孩则是另一件事。这两件事并不在一条相关链上，而那种认为身体越健康就越想生育二孩，身体越不健康就越不想生育二孩的看法，或许更多只是一种主观的臆断和错误的认识。

二、不具有一致性结果的变量

在研究者普遍采用的变量中，文化程度、一孩性别、地区因素、户口性质、家庭收入这五个变量的结果都互相矛盾，即它们既在一些研究中是有显著影响的变量，又在另一些研究中是不显著的变量。那么，哪一种的结果相对更加可靠呢，下面笔者逐一进行解析。

第一是文化程度，这是 9 项研究的 11 项结果中全部都包含的一个变量，但其中 6 项结果显示有显著影响，5 项结果显示没有显著影响。在结果为有显著影响的 5 项研究中，不同研究者的结果又不一致。

一般认为，人们的受教育程度与其生育意愿呈负相关关系，即随着文化程度提高，人们的生育意愿逐步下降。但现有几项研究的结果中，有的与此相同，展现了这种负相关关系；有的则与此相反，展现的是一种正相关关系；还有的展现的是一种非线性的关系。比如，在田立法等的研究中，教育程度对其二孩生育意愿就呈负向作用，“受教育程度越高的农村居民越不愿意生育二胎”[①]，而风笑天的研究中，丈夫文化程度略有正向影响，“男方文化程度越高”“他们希望生育二孩的可能性越大”[②]。钟晓华的研究结果也是如此，“受教育程度越高的样本更偏向于生育二孩”[③]。

张勇等的结果中，虽然一方面“随着妻子文化水平的提高，‘单独二孩’政策家庭不愿生育二孩的情况也是上升的”，即二者呈负相关关系，但同时“妻子是高中文化程度的家庭不愿生育二孩的情况与妻子是初中及以下家庭间存在显著差异”“妻子学历是大专及以上的家庭与妻子是初中及以下家庭间不存在显著差异”。[④]换句话说，高中文化程度者比初中及以下程度者更不愿生二孩，但大专以上者与初中及以下者之间则没有差别，这一结果说明教育程度与二孩生育意愿之间并不是严格的负相关关系。

张晓青等的研究结果中也呈现出这种非线性的关系，“从受教育程度看，具有初中及以下文化程度、高中或中专文化程度、大专文化程度的‘双非’家庭打算生育二孩的可能性分别是具有本科及以上文化程度者打算生育二孩可能性的 1.889、1.46、2.312 倍，即具有大专文化程度的‘双非’家庭打算生育二孩的可能性是最高的”[⑤]。其实际顺序是大专文化程度的比例最高，初中其次，高中第三，本科最低，是典型的非线性关系。

怎么看待这种不一致的结果呢？笔者认为，这种不一致的结果或许一方面体现出文化程度与二孩生育意愿之间关系的复杂性；另一方面则揭示出或许有多种因素导致了这种不一致的结果。比如，二者的关系既可能因调查对象的不同而不同（农村调查结果中呈负向相关，但城市调查结果中成正向相关），也可能与变量界定的不同方式有关（如张勇等的研究中是将回答“不确

---

① 田立法、荣唐华、张馨月等：《“全面二孩”政策下农村居民二胎生育意愿影响因素研究——以天津为例》，《人口与发展》2017 年第 4 期，第 111 页。

② 风笑天：《城市两类育龄人群二孩生育意愿的影响因素研究》，《东南大学学报(哲学社会科学版)》2017 年第 3 期，第 79 页。

③ 钟晓华：《“全面二孩”政策实施效果的评价与优化策略——基于城市“双非”夫妇再生育意愿的调查》，《中国行政管理》2016 年第 7 期，第 129 页。

④ 张勇、尹秀芳、徐玮：《符合“单独二孩”政策城镇居民的生育意愿调查》，《中南财经政法大学学报》2014 年第 5 期，第 18 页。

⑤ 张晓青、黄彩虹、张强等：《“单独二孩”与“全面二孩”政策家庭生育意愿比较及启示》，《人口研究》2016 年第 1 期，第 94—95 页。

定”的人归入“想生二孩”一类，而张晓青等的研究中是将这部分人归入“不想生二孩”一类，风笑天的研究中则是将不确定的人去掉），还可能因生育数量可能范围的不同而不一样（目前的范围是 0~2，而不是一般意义上的 0~*N*）。因此，“这种负向的相关关系或者有特定的区间限制，或者并不是线性的。对于子女数从 1 到 2 的区间来说，这种关系或许并不存在，或者会表现出不同的特征”[①]。总之，对于文化程度与二孩生育意愿之间的关系，我们目前还不能获得相对确切的认识，也可以说，我们对此的认识还十分有限。

第二是一孩性别。现有一孩的性别是否会影响到育龄人群的二孩生育意愿？是否一孩为女孩的育龄人群更想生育二孩？其实，提出这一问题本身就在一定程度上暗含着二者有关系的潜在假定，特别是在中国传统生育文化所具有的男孩偏好、儿女双全等因素的影响下，这似乎是不难理解的。所以，现有 11 项结果中，有 9 项包含了这一变量。但是，这 9 项研究并没有得到一致的结果，而是呈现出 4 项结果显著，5 项结果不显著的情形。

如何理解这些不同的结果呢？笔者发现，所有一孩性别不显著的研究结果，其研究对象都是城市或城镇育龄人群，而有显著影响的研究结果中，除一项研究外，其研究对象要么是农村居民，要么是包含农村居民。这一特征启示我们：一孩性别与二孩生育意愿之间的关系，可能受一个关键的中介变量的影响，这个关键变量就是调查对象的城乡身份。这也就是说，一孩性别对育龄人群二孩生育意愿的影响会因调查对象的不同而有所不同。其影响主要发生在农村居民身上，而对于城市育龄人群来说，一孩性别则没有影响。唯一例外的那项研究，其样本里实际包含了高达 33.5%的农村户口的对象，这或许就是其结果成为例外的原因。

第三是地区因素。社会生活的空间属性，不仅决定了不同地区的人们的生存环境，也极大地影响着人们的生活方式。因此，在探讨育龄人群二孩生育意愿的影响因素时，许多研究者都不约而同地将地区因素考虑在内。在 9 项研究的 11 项结果中，就有 8 项研究包含了这一变量。6 项结果证实了这一因素的影响，因此，一般而言，地区因素会对育龄人群的二孩生育意愿带来

---

① 风笑天：《城市两类育龄人群二孩生育意愿的影响因素研究》，《东南大学学报(哲学社会科学版)》2017 年第 3 期，第 80 页。

影响。通常经济越发达的地区，二孩生育意愿相对越低。2 项显示无显著影响的结果中，一项是牛亚东等在武汉的研究，其变量为“不同城区”。十分显然的是，对于生育问题来说，不同城区并不是一个恰当的解释变量。因为同一个城市的不同城区之间在生育意愿上的差别，还不足以大到显著不同的程度。因此，这一不显著的结果无关紧要；另一项风笑天的研究结果中，不同城市类型对双非一孩育龄人群有显著影响，而对单双独一孩育龄人群没有影响。它揭示出或许是“单独一孩”“双独一孩”的身份这一更本质的因素导致了城市类型因素与二孩生育意愿间关系的消失。

第四是家庭收入。这一变量涉及的是家庭经济与二孩生育意愿之间的关系。从现有一些直接调查的结果看，经济压力大往往是育龄人群不想生育二孩的一个重要原因。[①]因此，这 9 项研究的 11 项结果中有 7 项都采用了这一变量进行探讨。在总共 7 项研究结果中，4 项研究得出有显著影响，总的趋势是，经济条件越好的家庭，计划生育第二个孩子的可能性越大，但有 3 项研究得出没有显著影响。至于为什么家庭收入变量没有影响，其中 2 项研究没有对此做任何解释和说明。风笑天在论文中所给出的解释是，之所以家庭收入在城市单独一孩、双独一孩育龄夫妇中没有影响，这“很可能是因为‘单独夫妇’，特别是‘双独夫妇’在日常生活中获得一方或双方祖辈经济上支持（也被舆论称为‘啃老’）的可能性和实际比例会比较大，因而对于多生一个孩子来说，经济方面对他们的影响可能相对较小”的缘故。[②]综合起来看，家庭收入对育龄人群二孩生育意愿具有显著影响，但在城市单独一孩、双独一孩家庭中可能会不显著。

第五是户口性质。这是包含城乡两部分育龄人群的 6 项研究结果中都采用的一个变量，其中 4 项结果不显著，2 项结果显著。由于户口性质变量反映的主要是调查对象的城乡居民属性。城乡之间在经济发展水平、社会生活文化等方面存在巨大差别，因而二者在二孩生育意愿上，理应有较显著的差

① 风笑天：《为什么不生二孩？对城市一孩育龄人群的调查与分析》，《河北学刊》2018 年第 6 期，第 180—187、199 页。

② 风笑天：《城市两类育龄人群二孩生育意愿的影响因素研究》，《东南大学学报(哲学社会科学版)》2017 年第 3 期，第 80 页。

别。就像卢海阳等对城乡女性调查中所得到的那样，“农村户口会显著增加女性的二孩生育意愿”。其对这一结果做出下列解释：“这可能是因为农村地区在经济发展及开放程度等方面处于相对不利的地位，农村女性现代化观念较为淡薄，依然深受传宗接代、多子多福亦（抑）或重男轻女等传统生育观念的影响，使得女性的二孩生育需求更加强烈。”①至于 4 项研究得出不显著结果的原因，这 4 项研究的作者都没有进行解释。笔者只能尝试从研究对象、样本构成等方面进行一定的分析。

笔者发现，靳永爱等的研究对象是城市已婚已育一孩育龄期妇女，年龄范围为 20~49 岁。那么，其数据中占 33.5%的农村户口的调查对象就只能是进城打工的农民工（或流动人口），而非真正生活在农村、一般意义上的农村居民。现有研究结果显示，“流动人口的生育数量偏好与城镇市民已不存在明显的差异”②。如果实际情况如此，那么就可以认为，这两部分户口性质不同的人的二孩生育意愿也不会存在太大差别。换句话说，这种样本结构中的“户口性质”不显著也就可以理解了。

笔者还发现，其他 3 项不显著结果的研究对象都是城乡或城镇单独一孩和双独一孩育龄人群，即身为独生子女的育龄人群。这一共同的特征也让我们有一种猜想：虽然属于城乡两种性质的户口，但他们更属于严格执行了独生子女政策的那一代人，因而，共同的独生子女身份、成长经历等，使他们所具有的生育意愿也十分接近。所以，这种城乡户口不显著的现象，很可能是同属于第一代独生子女这一本质特征影响的结果。

综合来看，在真正的城乡居民之间，户口性质存在差别；但在新一代流动人口与城市居民之间、第一代城乡已婚已育的独生子女之间，这种差别或许就不存在了。

---

① 卢海阳、邱航帆、郑逸芳：《女性二胎生育意愿的影响因素研究——基于就业性质和养老观念的视角》，《南方人口》2017 年第 3 期，第 62 页。

② 伍海霞、李树茁、悦中山：《城镇外来农村流动人口的生育观念与行为分析——来自深圳调查的发现》，《人口研究》2006 年第 1 期，第 67 页。

第三节　研究的结论与值得探讨的问题

本章研究结果表明，现有的关于育龄夫妇二孩生育意愿影响因素的研究中，不仅不同研究所用的测量变量数目不同、变量内容不同，就是采用同一变量所得的研究结果也互不一致。因此，总体上，现有研究结果给我们描绘的是一幅杂乱的图画。换句话说，我们对于影响育龄人群二孩生育意愿因素的了解和认识还十分有限。

本章通过具体解析，认为现有结果中相对一致、相对可靠的结论是：①祖辈因素对育龄人群二孩生育意愿具有正向影响；②家庭收入对育龄人群二孩生育意愿也具有显著影响，经济条件越好的家庭，计划生育第二个孩子的可能性越大，但在城市单双独家庭中可能会不显著；③妻子年龄对二孩生育意愿具有反向影响，即女性年龄越大，生育二孩的意愿比例越低；④地区因素会对育龄人群的二孩生育意愿带来影响，通常经济越发达的地区，二孩生育意愿相对越低；⑤一孩性别对育龄人群二孩生育意愿的影响会因调查对象的城乡身份的不同而有所不同，其影响主要发生在农村居民身上；⑥育龄人群的健康状况与他们的二孩生育意愿无关；⑦户口性质的影响在真正的城乡居民之间存在差别，但在新一代流动人口与城市居民之间、在第一代城市和农村已婚已育的独生子女之间，这种差别或许就不存在了；⑧文化程度与二孩生育意愿之间的关系，我们目前还不能获得相对确切的认识。

从本章研究的上述结果及其对现有研究的解析中，笔者认为还有以下几个方面的问题值得进一步讨论。

一、不同研究间的对话与知识积累问题

本章对现有研究结果的解析表明，对于完全相同的研究问题，不仅不同研究者采用的解释变量有许多的不同，就是那些采用了相同解释变量的研究中，所得的研究结果也互不一样。这本是一个值得每一位希望探讨这一问题的研究者认真思考的问题。但十分遗憾的是，包括笔者在内的研究者对这一点似乎注意不够，对于自己所得到的与前人研究不同的结果也很少进行讨论

和解释。这种情况一方面反映出研究者在设计解释变量时，可能很少参考前人的研究成果，很少考虑并吸取前人的经验教训；另一方面也反映出研究者对于将自己的研究结论与同行进行对话、进行讨论的意义还缺乏认识。这种无视同一研究领域其他研究结果的做法实际上对社会认知无益，对学术进步无益，对知识积累也无益。应该认识到，虽然社会现象的复杂性、特殊性会带来研究结果的多样性和不一致性，但是作为研究者，有责任通过与同类研究的对话和讨论，去尽量减少和降低这种复杂性与特殊性，去尽量获得更加接近社会现实、更加准确反映社会规律的认识，以促进知识的积累和学术的进步。

二、研究对象性质的影响问题

形成众多结果不一致的原因是多方面的。其中，研究对象的不同或许是一个重要方面。从对结果的解析中可以看到，至少研究对象在两个方面的不同会对育龄人群二孩生育意愿的研究结果带来影响。首先是城乡对象混合在一起的研究与城乡对象单独进行的研究不同。同一个变量，在城乡混合研究时可能对因变量的影响是显著的，但在单独对城市对象的研究中，或者单独对农村对象的研究中，其影响又是不显著的。其次是单独一孩和双独一孩育龄人群与双非一孩育龄人群的混合研究与两类人群的分开研究不同。比如，风笑天研究中的同一组变量，对单独一孩和双独一孩育龄人群显著的有 4 个，对双非一孩育龄人群显著的则有 6 个；完全相同的是，张晓青等的研究中的同一组变量，对单独一孩和双独一孩育龄人群显著的有 4 个，对“双非一孩”育龄人群显著的也是有 6 个。这说明两类对象有明显差别，不能混为一谈。造成这种差别的原因是二者面临的生育政策环境不同，即二者总体的年龄结构的不同等。所有这些启示我们，表现在研究对象性质特征上的不同，实际上都包含着更大社会背景中结构变量的深层次影响。无论是我国社会中鲜明的城乡二元结构特征、独生子女与非独生子女育龄人群所面临的政策环境差别，还是一项关乎千百万家庭和人口的国家政策的实施，都会在被调查对象的身上留下深深的烙印，成为他们形成各种不同二孩生育意愿的重要因素。

三、解释变量的选择问题

除了上述研究对象性质的影响之外，对于同一研究问题、同一研究方式、同一统计分析方法的现有研究来说，造成它们的研究结果互不相同的另一个重要原因则在于研究者对解释变量（包括自变量和控制变量）的选择不同。采用回归分析的目的之一是发现与因变量变化相关的各种可能的影响因素及其影响力的相对大小，其指导思想是将所有相关变量纳入方程并平等看待，即寻找一组变量与因变量之间的关系模型；而另一个目的则是重点考察某个重要的自变量对因变量的影响，并试图发现二者的因果关系。此时，诸如个人背景因素这样的变量都被作为控制变量看待，虽然也纳入方程中，但研究者更为关注的则是预先设定的自变量与因变量之间的因果联系，其他的控制变量的选择都服务于对这个主要自变量的研究，即为了更好地探讨自变量对因变量的因果解释而选择并控制住那些有可能对这一因果联系带来影响的相关变量。无论哪种目的，都涉及对解释变量的正确选择。这就要求研究者在选择解释变量时不能太随意，而是要反复斟酌，控制变量要真正起到控制干扰自变量与因变量之间关系的因素的作用。同时，也不要将与二者之间关系并不相关的其他变量引进来，还要注意不要重复引入两个本身相关的变量。比如，一孩年龄看起来也是一个与二孩生育相关的因素，即如果一孩年龄过大，可能育龄人群生育二孩的意愿就会相应降低。但是应该注意到，一孩年龄这一变量与妻子年龄这一变量有很大相关，即一孩年龄越大，通常妻子的年龄也相应越大。这样，将两个密切相关的变量同时放进回归方程，容易造成统计累赘，影响结果的正确性。

总之，对于同一个问题，不同的调查之所以得出不同的结果，原因有很多，研究者需要从调查对象的性质、样本的构成、变量的选择、调查的方法、统计分析工具运用等方面认真分析，尽可能排除研究中的偏误，从中找到相对来说可能最接近现实状况的结果，增加人们对于社会现实的正确认识。

下篇　从“独生子女时代”向“后独生子女时代”转变

第十六章

独生子女政策背景中的“四二一”问题

人口是社会的基本构成要素之一。人口问题也始终是一个与我国社会发展紧密相关的基本问题。人口生育政策的每一次变革，不仅会引起社会的生育水平、人口规模和人口结构的变化，也会影响到社会的经济发展和人们生活的方方面面。随着20世纪70年代末开始的以“一对夫妇只生育一个孩子”为主要内容的计划生育政策的实施，特别是随着数以亿计的独生子女人口的出现和成长，与独生子女及其家庭相关的“四二一”问题就被学术界提上议事日程，相关的探讨也一直伴随着这一政策带来的人口发展和社会变迁过程延续至今。

有些遗憾的是，在“四二一”概念提出至今，无论是这一概念的具体内涵，还是“四二一”问题的根本性质，学术界都没有形成相对一致的认识。在有些方面甚至还形成了一定的误解，由此导致的一个后果是，不同学者对于“四二一”问题对我国社会发展的可能影响所做出的判断和所给予的评价差别很大。

在比较多的学者看来，“四二一”问题对未来我国的“人口发展、家庭变化以及社会经济政策提出了严峻挑战”[①]“随着本世纪80年代出生的独生子女陆续进入结婚年龄，倒金字塔形的‘四二一’家庭结构将在下一个世纪成

① 宋健：《再论“四二一”结构：定义与研究方法》，《人口学刊》2010年第3期，第14页。

为城市家庭极为普遍的人口‘老化病’”[①]“到了21世纪，我国将普遍呈现‘四二一’的家庭结构”[②]“预计到本世纪末，我国的老年性独身家庭进一步增加，‘四二一型’家庭也会大量出现（父母、岳父母、夫妻、独生子女）。家庭结构中，老年人口占绝对优势。在这样的家庭里，夫妻二人要担负双方四位老人的瞻（赡）养义务”[③]“众多老年人口的赡养困难，这是任何讨论或提及‘四二一’现象的人首先意识到的问题”[④]，总之，“四二一”现象“因其‘岌岌可危’的倒金字塔形结构和可能蕴含的巨大养老风险而为世人所瞩目”[⑤]。对于这一类认识，有学者总结道，“自从提倡一对夫妇生一个孩子以来，对于家庭内部关系，特别是对‘四二一’家庭结构的担心就一直存在。最近几年，这种担心甚至发展到惊恐”[⑥]。

但与此同时，也有学者认为，“不同代际家庭成员在这两个角色之间的‘交替扮演’使得家庭中实际压力并没有如‘四二一’假设所预设的严重……从现实情况来看，很少出现‘四二一’理论假设当中所谓的‘沉重的负担’。相反，这种将人口抚养比概念‘微观化’的理解过程，不仅忽略了家庭成员的能动特征，而且还夸大了家庭养老压力，更加将家庭‘养老问题’扩大化”[⑦]；也有学者断言，“四二一”现象“对整个社会的影响”或许并“不像渲染的那样严重”“中国将普遍出现‘四二一’家庭的判断恐怕只是一场虚惊，而不是事实”。[⑧]

“四二一”概念指的究竟是什么？“四二一”问题究竟又是什么性质的问题？

---

① 刘传江：《中国人口老龄化前景与对策专家研讨会综述》，《社会学研究》1993年第6期，第110页。

② 唐仲勋、叶南客：《中国养老方式变迁及其对策》，《学海》1994年第6期，第48页。

③ 薛拣民：《老龄化的趋势和对策》，《经济问题》1987年第12期，第63页。

④ 梁秋生：《“四二一”结构：一种特殊的社会、家庭和代际关系的混合体》，《人口学刊》2004年第2期，第63页。

⑤ 宋健：《“四二一”结构家庭的养老能力与养老风险——兼论家庭安全与和谐社会构建》，《中国人民大学学报》2013年第5期，第94页。

⑥ 翟振武：《中国人口规模与年龄结构矛盾分析》，《人口研究》2001年第3期，第5页。

⑦ 陈雯：《“四二一”家庭结构假设与家庭养老压力事实》，《华中师范大学学报（人文社会科学版）》2012年第5期，第23页。

⑧ 翟振武：《中国人口规模与年龄结构矛盾分析》，《人口研究》2001年第3期，第6页。

“四二一”问题对于急剧变迁的中国社会来说，究竟是一种无法回避的严峻现实甚至一种危机，还是一场虚惊？这些就是本章研究希望探讨和回答的问题。

第一节　“四二一”：一个似是而非的概念

尽管“四二一”概念的提出已有几十年，学术界，特别是人口学界也已有了较多的讨论。但是，对于这一新名词指的究竟是什么？答案却并不十分清楚明确。表面上看起来，“四二一”似乎是一个简单得不能再简单的概念，它所指的就是祖父母和外祖父母四个人，加上父母两个人，再加上一个孩子，但现实似乎并不像想象的那么简单。对于“四二一”的概念，不同学者的看法互不相同。“迄今为止人们还没有形成一个统一的概念，不仅表现在因人、因文而异的较多较乱的称谓上……也表现在人们对其的解释和理解方面”[①]“对于它的属性与特征，学术界迄今为止还没有形成一个统一的共识”[②]“对于‘四二一’结构概念名称的歧义与辨析一直贯穿相关研究始终，‘四二一’家庭、‘四二一’家庭模式、‘四二一’家庭结构等名称被不同的研究者所使用”[③]。同时，还有相当一部分学者将“四二一”家庭、“四二一”家庭结构、“四二一”结构家庭、“四二一”人口结构等看作同一件事，不做区分。[④]

---

① 宋健：《“四二一”结构：形成及其发展趋势》，《中国人口科学》2000 年第 2 期，第 42 页。

② 梁秋生：《“四二一”结构：一种特殊的社会、家庭和代际关系的混合体》，《人口学刊》2004 年第 2 期，第 61 页。

③ 宋健：《再论“四二一”结构：定义与研究方法》，《人口学刊》2010 年第 3 期，第 10—15 页。

④ 宋健：《“四二一”结构：形成及其发展趋势》，《中国人口科学》2000 年第 2 期，第 41—44 页；翟振武：《中国人口规模与年龄结构矛盾分析》，《人口研究》2001 年第 3 期，第 1—7 页；梁秋生：《“四二一”结构：一种特殊的社会、家庭和代际关系的混合体》，《人口学刊》2004 年第 2 期，第 61—65 页；齐险峰、郭震威：《“四二一”家庭微观仿真模型与应用》，《人口研究》2007 年第 3 期，第 32—40 页；孙鹃娟、邬沧萍：《稳定低生育水平是缓解“四二一”担忧的一个安民告示》，《西北人口》2008 年第 1 期，第 17—20 页；姜玉、田丰、周欣欣：《第一代独生子女婚姻生育选择及对未来人口和家庭结构的影响——兼与庄渝霞商榷生育政策调整的可行性》，《青年研究》2009 年第 2 期，第 39—50、95 页。

通过对相关文献的系统梳理，笔者总结出目前学者对“四二一”概念的界定主要有以下几种观点。

一是“家庭”说，即将“四二一”界定为一种特定的家庭类型。在指称上，往往直接采用“‘四二一’家庭”的名称，这是对“四二一”概念的一种最为常见的定义。正如有的学者所指出的，从 20 世纪 80 年代以来，“四二一”家庭这一术语便频频出现，①成为学术界对“四二一”概念的最主要看法。②

二是“家庭结构”说，即将“四二一”看作一种特定的家庭结构类型。在指称上，往往直接用“‘四二一’家庭结构”的名称。比如，“在众多关于养老压力话题当中，最为学术界和社会人士所了解的是‘四二一家庭结构’理论假设”③。“家庭结构”说也同样是学术界中一种十分常见的定义。

三是“结构”说，即将“四二一”看作一种特定的，但却是比较笼统的结构。在指称上，往往直接用“‘四二一’结构”的名称。比如，宋健在文章中“用‘四二一’结构来界定这一特殊概念”④。“四二一”结构也是一种比较常见的定义。

除上述三种最为常见的界定外，还有一些学者提出了其他一些不同的界定，但这些观点通常都只有这些学者本人使用。

四是“结构家庭”说，即将“四二一”看作一种具有特定结构的家庭。在指称上，直接用“‘四二一’结构家庭”的名称。比如，“‘四二一’结构家庭是中国独生子女政策实施 30 年来形成的一类特殊家庭形式”，它“是急剧

---

① 孙鹃娟、邬沧萍：《稳定低生育水平是缓解“四二一”担忧的一个安民告示》，《西北人口》2008 年第 1 期，第 17 页。

② 丁士贤：《对城市一代独生子女教育问题的社会学考察》，《人口研究》1989 年第 5 期，第 8—12 页；郭志刚：《关于中国家庭户变化的探讨与分析》，《中国人口科学》2008 年第 3 期，第 2—10、95 页；郭志刚、刘金塘、宋健：《现行生育政策与未来家庭结构》，《中国人口科学》2002 年第 1 期，第 1—11 页；丁仁船、吴瑞君：《独生子女大规模进入婚育年龄对我国人口发展的影响》，《西北人口》2009 年第 2 期，第 15—17、21 页。

③ 陈雯：《“四二一”家庭结构假设与家庭养老压力事实》，《华中师范大学学报（人文社会科学版）》2012 年第 5 期，第 23 页。

④ 宋健：《再论“四二一”结构：定义与研究方法》，《人口学刊》2010 年第 3 期，第 11 页。

变迁的中国家庭的极端代表”[①]。这种观点实质上还是把“四二一”看作一种家庭。其含义实际上等同于“具有‘四二一’结构的家庭”，故下面的分析中将其归为家庭说一类。

五是“人口结构”说，即将“四二一”定义为社会人口总体中的一种特定人口结构。在指称上，往往直接用“‘四二一’人口结构”的名称。比如，“对于‘四二一’人口结构应该有更加清醒而全面的认识”“从我国整个宏观的社会范围来看，‘四二一’结构或者说倒金字塔结构在一定条件下则很可能成为我国人口的结构形式”[②]。

六是“家庭代际人口结构”说，即将“四二一”定义为一种家庭代际人口结构。在指称上，往往直接用“‘四二一’家庭代际人口结构”的名称。比如，“四二一”“既不是在指一种家庭户类别，也不是在指一种家庭户分化模式，而是在指一种微观上的家庭代际人口结构”[③]。

七是“关系混合体”说，这种观点与上述所有观点差别较大，它是将“四二一”看作一种多种关系的混合体，即“四二一”“是一个特殊的社会关系、家庭关系、代际关系的混合体”[④]。

现在的问题是，上述对“四二一”概念的界定正确吗？换句话说，“四二一”真的是“家庭”吗？或者真的是“家庭结构”“人口结构”“家庭代际人口结构”及“关系混合体”吗？笔者认为，上述这些看法或者不正确，或者不够完善，都没有准确地界定“四二一”现象的本质内涵。

第一，“四二一”不是家庭。家庭指由婚姻、血缘或收养关系所组成的社会生活的基本单位。或者说，是人们由婚姻关系、血缘关系或收养关系所构成的一种生活共同体。在这一定义中，有两个关键的要素：一是成员之间经

---

① 宋健：《“四二一”结构家庭的养老能力与养老风险——兼论家庭安全与和谐社会构建》，《中国人民大学学报》2013 年第 5 期，第 94 页。

② 孙鹃娟、郇沧萍：《稳定低生育水平是缓解“四二一”担忧的一个安民告示》，《西北人口》2008 年第 1 期，第 17—18 页。

③ 郭志刚：《关于中国家庭户变化的探讨与分析》，《中国人口科学》2008 年第 3 期，第 4 页。

④ 梁秋生：《“四二一”结构：一种特殊的社会、家庭和代际关系的混合体》，《人口学刊》2004 年第 2 期，第 65 页。

由婚姻关系、血缘关系或收养关系直接相连；二是生活共同体，而正是在这两点上，“四二一”所指称的现象与此并不相符。正如有学者所指出的，现有的“‘四二一’家庭定义中，不仅撇开了‘共同生活’这一家庭的外在表现形式……而且改变了传统家庭概念中家庭成员的构成条件。所谓‘直接的亲属关系’，应理解为‘未经传递关系而具有的亲属关系’。但在‘四二一’结构中，独生子女夫妇的双方父母之间，既无血缘关系、也无婚姻关系，而是通过子女之间的婚姻关系为纽带形成的‘亲家’关系，明显不属于直接的亲属关系”[①]。另外，“在三代人都存活的前提下，这种亲属关系所形成的家庭形式比较现实的应该是以下两种：1.一个核心家庭（即由作为独生子女的夫妻双方及其唯一的孩子组成的家庭）+两个空巢家庭（即两对老年夫妇各自组成的家庭）；2.一个主干家庭（即由其中一对老年夫妇、作为独生子女的夫妻双方及其唯一的孩子组成的家庭，或称“221”家庭）+一个空巢家庭（未与子女共同居住的一对老年夫妇组成的家庭）”[②]。因此，我们说“四二一”所指称的并不是现实社会中客观存在的、具体的家庭。

第二，“四二一”不是“关系混合体”。虽然我们可以说“四二一”这种结构中包含了多种不同的关系，但我们却并不能因此就说它是一种“关系混合体”。因为一方面，与各种关系相对应的，是人们的各种角色，而不是具体的人口数量和成员身份；无论是社会关系、家庭关系，还是代际关系，它们所强调的主要是社会中不同角色之间的联系和对应。比如，夫妻关系强调的是丈夫和妻子的角色联系和对应；亲子关系强调的是父母亲与子女的角色联系与对应；而代际关系则强调的是祖辈、父辈及子辈的角色联系与对应等。另一方面，在各种“关系”中，往往并不注重也不强调，甚至不存在不同角色之间的数量联系。换句话说，各种关系所注重的是各种角色的性质，而不考虑这些角色的数量。所以，“四二一”所概括的也不是各种“关系混合体”。

① 梁秋生：《“四二一”结构：一种特殊的社会、家庭和代际关系的混合体》，《人口学刊》2004 年第 2 期，第 62 页。

② 孙鹃娟、邬沧萍：《稳定低生育水平是缓解“四二一”担忧的一个安民告示》，《西北人口》2008 年第 1 期，第 18 页。

第三，“四二一”不是含糊的、笼统的“结构”。一些学者在定义“四二一”时，都用到了“结构”一词。从表面来看，“四二一”的确是一种数量结构。但它究竟是一种什么“结构”，是“家庭结构”还是“人口结构”“代际结构”“赡养结构”等，含义并不明确。笔者分析，这些学者之所以用“结构”一词来概括，或许是因为这一概念中既涉及家庭，又涉及代际，还涉及养老、人口等众多方面的内容，故给予一个相对笼统又相对含糊的名称——“结构”——来进行概括。但问题并没有因此而解决，对于这个看起来似乎比较合适、但实际上依旧含糊不清的概念，我们只需要进一步地追问：“四二一”究竟是一种什么“结构”？是下述的家庭结构、人口结构、代际结构或是其他的结构？

第四，“四二一”不是家庭结构。家庭结构指的是微观层面的具体家庭中，具有不同身份的家庭成员的数量及其分布状况。尽管四位祖辈（爷爷、奶奶、姥爷、姥姥）都具备成为“双独夫妇”小家庭的家庭成员的身份，但正如前面所指出的，具有这四种身份的两组成员（爷爷奶奶或者姥爷姥姥）在现实中通常只会有一组与双独夫妇小家共同生活在一起，成为其真正的家庭成员，形成典型的“主干家庭”的家庭结构，而现实社会中同时包含这两组祖辈成员在一起共同生活的家庭则基本不存在。因此，“四二一”所指称的也不是现实社会中任何一种具体家庭所具有的家庭结构。

第五，“四二一”不是人口结构。“人口结构”这一概念的话语背景是社会的人口总体。换句话说，人口结构指的是一个社会中的人口总体在某些重要的社会特质方面，如在性别、年龄、文化程度、劳动力身份等方面的分布状况及其特征。这里的关键是人口总体，即人口结构是人口总体在某些变量上分布状况的具体表现，它所描述的是一种宏观的、整体的人口现象，而“四二一”所描述和指称的则是一种微观层面的现象，它与整个社会的人口总体之间并不发生直接的联系。因此，“四二一”所指称的也不是一种人口结构。

第六，“四二一”不是宏观层面的代际结构。由于“代际结构”存在着与上述人口结构同样的话语背景，即同样可以用来描述社会的人口总体在某些时间变量上的分布和结构状况，（如以年代、特定历史时期或年龄特征来界定代际，可以形成诸如“80后”一代、“90后”一代，或“知青一代”“改革开放一代”，或者“老年一代”“青年一代”等社会整体话语背景中的划分结果），因此，对“四二一”的代际界定应该注意与宏观社会整体中的代际相区分。恰当的做法是在代际结构前面加上“家庭”两字。

第七，“四二一”也不是家庭代际人口结构。笔者首先指出，家庭代际人口结构的定义是现有各种定义中，与“四二一”概念的本质最为接近的一种界定。只是这一界定中由于限定词过多而显得有些含糊不清，容易形成一定的误解。应该看到，“四二一”概念的一个基本特质是某种代际结构，而不是某种人口结构。该界定中包含“人口”二字，或许是想突出这种家庭代际人口结构中的人口数量特征。但笔者认为，由于家庭代际人口结构的含义本身就已经包含了人口数量特征，所以恰当的做法是去掉“家庭代际人口结构”中的“人口”二字。

从上述第六点、第七点的分析中，不难看出：“四二一”实际上指的是我国社会中一种特定的家庭代际结构。笔者的这一定义一方面指出“四二一”本质上是一种代际结构，而非人口结构、家庭结构或其他的结构。同时，这种代际结构又是一种微观层面的、家庭的代际结构，而非宏观层面的、社会人口整体的代际结构。另一方面，这一界定中关于“特定的”限定，则进一步更为明确、同时也更为具体地表明，“四二一”指的是且仅仅指的是我国社会中那些由双独一孩夫妇与其独生子女构成的那个小家庭所具有的代际结构，而非其他类型家庭的代际结构。在这种特定的家庭代际结构中，双独一孩夫妇是“二”，其独生子女是“一”，双独一孩夫妇的双方父母是“四”，而无论双独一孩夫妇的双方父母（即四位老人）是否与小家庭居住在一起。

第二节　“四二一”问题的实质究竟是什么

与“四二一”概念相关的，是对这一问题实质的理解，即“四二一”究竟意味着什么的问题。如同对“四二一”概念有不同界定一样，学术界对“四二一”问题所指称的具体内容是什么，答案也是多种多样。虽然大家用的都是同一个概念，但不同研究者所指的问题却是完全不同的几件事。这也就是为什么我们不仅要澄清“四二一”的概念，还要进一步揭示“四二一”问题实质的原因。

一、两种视角与两种不同的“四二一”

有关“四二一”的讨论首先来源于，也主要集中在人口学界。最早在学术刊物上提到“四二一”问题的或许是时任中国人口学会会长的经济学家许涤新。他在 1981 年召开的第三次全国人口科学讨论会上所做的报告中指出：“有人忧心忡忡，担心将来因人口‘老龄化’，会出现劳动力和兵源的不足，被抚养的人口增多，甚至出现两个劳动力养活四个老人和一个孩子，即所谓四二一的比例关系的问题”“40 年后，一些家庭会出现老人身边缺乏照顾的问题，但不一定会固定地出现四二一的比例关系，因为新陈代谢，老人是总不会在家庭中固定地占着 4/7 的”。①

从上述文字中可以看出，早期人口学者提出“四二一”问题，既是指宏观层面人口老龄化、劳动力不足所导致的被抚养的人口增多的问题，即社会抚养比问题；也是指微观层面两个劳动力养活四个老人和一个孩子及老人身边缺乏照顾的问题，即家庭养老保障问题。在此之后，其他一些人口学者也纷纷指出，“四二一”问题的内容是人口负担系数、人口抚养比问题；②或者是赡养结构、养老负担、老年人口的养老问题；③或者是双独家庭养老负担问题等。④

在人口学者提出和关注“四二一”问题的同时，一些教育学者、医学专家也关注到这一现象，也提出了他们眼中的“四二一”问题。教育学者丁士贤在探讨独生子女教育问题时，提出独生子女家庭所具有的“四二一”结构特征，是影响独生子女教育的重要因素的观点；⑤而著名医学专家叶恭绍先生

---

① 许涤新：《关于人口科学的几个问题》，《经济研究》1981 年第 4 期，第 8—9 页。

② 宋健：《再论“四二一”结构：定义与研究方法》，《人口学刊》2010 年第 3 期，第 11 页。

③ 梁秋生：《“四二一”结构：一种特殊的社会、家庭和代际关系的混合体》，《人口学刊》2004 年第 2 期，第 64 页。

④ 陈雯：《“四二一”家庭结构假设与家庭养老压力事实》，《华中师范大学学报（人文社会科学版）》2012 年第 5 期，第 23-32 页。

⑤ 丁士贤：《对城市一代独生子女教育问题的社会学考察》，《人口研究》1989 年第 5 期，第 8—12 页。

更是在 1986 年提出了著名的“四二一综合征”概念，来描述和概括独生子女家庭中四位祖辈、两位父辈共同抚育一个独生子女的现象，以及由此带来的独生子女教育问题。[①]他的这一概念被一些学者接受并在研究中运用。[②]十分显然的是，在上述这些学者眼里，“四二一”问题实质上就是独生子女的教育问题，特别是独生子女的家庭教育问题。他们关于“四二一”问题的内涵和本质，与人口学者的看法大相径庭。换句话说，此“四二一”非彼“四二一”。

学术界对“四二一”问题的认识为什么会如此不同？笔者认为，原因主要有两方面：一是不同学科所具有的不同研究视角所导致，人口学关注社会中的人口要素，关注人们的生育结果及其不同代际的人口数量和结构，也关注由这一结构所导致的社会人口年龄结构的变化，而教育学及医学则主要关注少年儿童和年青一代的健康成长、正常发展及其教育方法。正是由于研究视角的不同，关注点的不同，所以看到的问题和内容也会不一样。

二是不同学科对“四二一”结构中“谁是独生子女”的认识不同所导致。在这方面有两种不同的看法：一种认为，“四二一”结构中只有“一”，即第三代，是独生子女；而另一种则认为，中间的第二代，即“二”，也是独生子女。有学者总结道：“占主导地位的观点是把独生子女作为‘四二一’结构的底层，即作为‘四二一’中的‘一’来看待”；也有一种观点是将“四二一”结构的中间层，即“四二一”中的“二”也作为独生子女看待。[③]

哪种观点更符合“四二一”概念的本质呢？笔者认为，“四二一”家庭代际结构的形成有一个前提，即必须同时具备三个唯一：祖父母唯一的儿子与外祖父母唯一的女儿结婚成家，生育了唯一的孙子或孙女。更简单的表述是：两个独生子女结婚成家并生育了一个独生子女。这也就是说，只有当子辈和父辈同时都是独生子女时，才能形成“四二一”家庭代际结构。如果仅仅只有“一”是独生子女，那么“四二一”的提法从一开始就错了：因为此时的

---

① 叶恭绍：《叶恭绍教授在首届全国学生营养与课间加餐研讨会上的讲话》，《学校卫生》1986 年第 4 期，第 8—9 页。

② 杜林致：《独生子女家庭教育的特点》，《兰州学刊》1991 年第 3 期，第 47—52 页。

③ 宋健：《“四二一”结构：形成及其发展趋势》，《中国人口科学》2000 年第 2 期，第 42 页。

“二”有兄弟姐妹，此时的“四”就同时属于多个不同的小家庭（图 16-1），就不可能形成特定的“四二一”家庭代际结构。

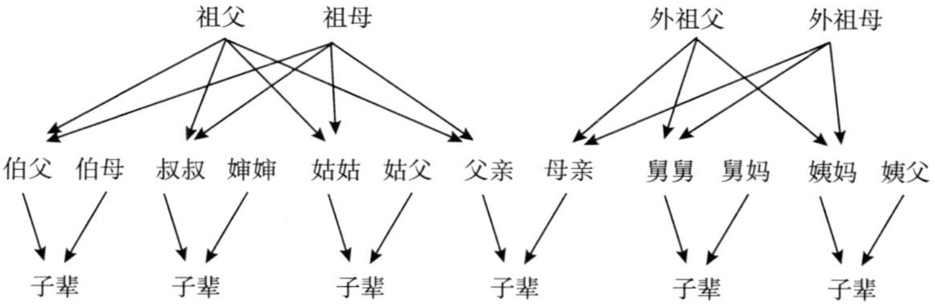

图 16-1　父辈有兄弟姐妹时的家庭代际结构示意图

所以，我们首先可以明确指出的是，“四二一”问题的本质并不是教育学者所说的仅仅作为第三代的独生子女的教育问题（尽管这种特定的家庭代际结构的确会对独生子女的教育产生一定的影响）。

二、现有认知中的另一种误解

即使撇开独生子女的教育问题不谈，在人口学者对于“四二一”问题的认识中，依然存在着一种严重的误解，或者说一种错误的认识，这就是将宏观层面的社会抚养比问题与微观层面的家庭养老保障问题或家庭养老压力问题混为一谈。

例如，前面介绍的许涤新教授在提出“四二一”问题时，实际上就是将社会宏观层面人口老龄化、劳动力不足所导致的被抚养的人口增多，即社会抚养比问题，混同于微观层面两个劳动力养活四个老人和一个孩子及老人身边缺乏照顾的问题，即家庭养老保障问题。

又如，“应该赡养的老人不断增加，而供养他们的子女后代人数日益减少，形成了一个倒置的金字塔。适龄劳动人口既要负担日渐增多的老人，又要抚养下一代，负担较重。随着时间的推移，有可能出现‘四二一’、‘六二一’、‘八二一’等类型的供养模式，也即夫妻两边的多代老人需要赡养，赡养人难以担负全部经济责任”[①]。这种看法同样是错误地将宏观层面的适龄劳

① 王冰、徐云鹏：《养老与家庭》，《人口学刊》1986 年第 2 期，第 36 页。

动人口、负担较重，即社会抚养比问题，混同于微观层面的夫妻两边的多代老人需要赡养，即家庭养老压力问题。

类似的看法如："'四二一'结构在微观范围内虽然不会成为我国家庭的主要人口结构形式，但从我国整个宏观的社会范围来看，'四二一'结构或者说倒金字塔结构在一定的条件下则很可能成为我国人口的结构形式"[①]"微观家庭层面上的'四二一'结构也许不太可能发生，但宏观意义上的倒金字塔的人口结构实际上已经在逐渐形成，意味着未来要用较少的劳动年龄人口去负担一个庞大的且越来越高龄化的老年人口群体。这个问题落到家庭，就是后代如何负担父母甚至祖父母的养老问题"[②]。事实上，现实的情形恰恰与上述看法相反："四二一"结构恰恰只会发生在微观的家庭层面，而宏观的倒金字塔结构所意涵的社会抚养比问题虽然与这种微观家庭层面的父母养老保障问题有关，但却并不是一回事。我国人口的结构可以成为倒金字塔形，但"四二一"却不是用来描述我国人口结构形式的正确语言。

还有学者认为，"'四二一'结构概念的提出源自独生子女及其养老负担问题""从这个意义上说，对'四二一'的命名背后是人口负担系数或人口抚养比的概念，不过视角从整个人口不同年龄群体间的供养关系转移到了一个家庭内部三代人的关系"[③]。这种看法的前提或许没错，但这种视角的转移所导致的内涵的变化则是错误的。"四二一"的命名背后并不是人口负担系数或人口抚养比问题，而只能是特定家庭内部三代人的结构关系所导致的家庭养老负担问题。更准确地说，只能是双独家庭代际结构所蕴含的家庭养老保障问题。始终应明确的是，讨论人口负担系数或人口抚养比的场所只能是整个社会的人口总体，而不是微观的家庭。

不可否认，随着社会的发展和以"一对夫妇只生育一个孩子"为主要内容的计划生育政策的长期实行，我国社会总人口中老年人口的比例在明显增

---

① 孙鹃娟、邬沧萍：《稳定低生育水平是缓解"四二一"担忧的一个安民告示》，《西北人口》2008 年第 1 期，第 18 页。

② 宋健：《"四二一"结构：形成及其发展趋势》，《中国人口科学》2000 年第 2 期，第 45 页。

③ 宋健：《再论"四二一"结构：定义与研究方法》，《人口学刊》2010 年第 3 期，第 11 页。

加，这是一种客观的事实，这一事实意味着老年社会保障问题越来越严峻，这也没有错，但所有这些与“四二一”并无关系。家庭中的养老负担过重的问题，不是也不等于社会中的养老负担过重的问题；“双独家庭”中两个中年夫妻赡养四位老年父母的负担过重的问题，不是也不等于社会中劳动年龄人口抚养老龄人口负担过重的问题。尽管二者之间存在着一定的联系。

总之，在宏观层面，并不存在所谓的“四二一”结构或“四二一”问题。因为，“四二一”本质上只是微观层面一种特定的家庭代际结构。宏观层面的抚养比问题，其话语背景是社会的人口总体，其具体的变量语言是被抚养人口（老年人口+幼年人口）与劳动力人口，而这二（三）者之间并不具有代际关系（代际关系主要是微观层面家庭中的关系）。所以，“四二一”的问题，既不是教育学意义上的独生子女教育问题，也不是宏观层面、人口学意义上的社会抚养比问题，而是微观层面、社会学意义上的“双独夫妇”家庭老年父母的养老保障问题，特别是与家庭养老方式相关的问题。

第三节　“四二一”问题的社会影响

当我们清楚了“四二一”问题的实质是“双独夫妇”家庭老年父母的养老保障问题时，就可以有针对性地探讨这一问题对中国社会的可能影响，也就可以回答它对于中国社会的发展来说，是一种危机、一种困境，还是一场虚惊。

哪些因素与“双独夫妇”家庭老年父母的养老保障问题及其严重程度相关呢？笔者认为，这一问题及其严重程度除了受到与普通老年人养老保障相同的因素的影响、受到整个国家社会养老保障体系完善程度的影响外，还特别受到以下两个方面因素的影响和制约。

首先是每一时期社会总体中“四二一”家庭代际结构的数量或规模。“四二一”问题对社会的影响程度与这种数量或规模成正比。其中，最为核心的因素是“双独夫妇”的数量。正如有的学者所指出的，“四二一”家庭代际结构的数量“在很大程度上取决于每年新婚夫妇双独数量的累计数”①。一段时期社会中“双独夫妇”的数量越大，“四二一”家庭代际结构的数量也就会相应越大，其所带来的老年父母养老保障的需求和压力也就越大。

其次是整个社会中“四二一”家庭代际结构持续时间的长短，即这种特定的家庭代际结构在社会中大批存在的时间会有多长。在其他条件相同的情况下，这种家庭代际结构在社会中大批存在的时间越长，对整个社会养老保障的压力和影响也就越大。

下面我们针对这两个方面的问题进行初步的探讨。

一、“双独夫妇”的规模问题

早在21世纪初，就有学者慎重地提出，“中国未来‘四二一’家庭究竟有多少？它对社会究竟产生多大影响？是一个需要认真探讨的问题”②；也有学者警告“部分学者仅根据一些定性分析就得出未来‘四二一’家庭大规模出现的概率不大的结论，难以让人信服”“低估‘四二一’家庭出现的比例是十分危险的”。③的确，当我们弄清楚了“四二一”概念的内涵，特别是弄清楚了“四二一”问题的本质就是“双独夫妇”家庭代际结构所带来的家庭养老保障问题时，焦点就自然集中到“将来中国社会中会有多少‘双独夫妇’家庭”的问题上来了，而这也是回答“四二一”对中国社会潜在影响问题的基础和关键所在。

将来中国社会中究竟会有多少“双独夫妇”家庭呢？或者说，“双独夫妇”家庭的比例最高会达到多少呢？一些研究者对此进行了探讨，给出了各不相同的回答。

郭志刚等利用1990年第四次全国人口普查数据，在一定的假定条件下，通过计算，提供了从2011年到2060年之间不同时期城乡成年子女中双独婚

① 齐险峰、郭震威：《“四二一”家庭微观仿真模型与应用》，《人口研究》2007年第3期，第38页。

② 翟振武：《中国人口规模与年龄结构矛盾分析》，《人口研究》2001年第3期，第5页。

③ 丁仁船、吴瑞君：《独生子女大规模进入婚育年龄对我国人口发展的影响》，《西北人口》2009年第2期，第17页。

姻、单独婚姻、双非婚姻的概率。其结果“指示了‘四二一’家庭可达到比例上限。‘双独’婚姻概率的计算结果可能出乎许多人的预料，因为，即使在城镇中，‘双独’婚姻的概率也并不是非常高”[①]。其结果显示，城镇在2030年为最大值，“2030年时，城镇成年人口中‘双独’婚姻的概率约为34%”“也就是说，在城镇的时期成年人口中独生子女比例最高的年份，每三对婚姻中有一对是‘双独’婚姻”[②]，而在其余的年份中，这一比例则全部处于10%~30%，农村的“双独婚姻”概率则更低，只有7%。因此，郭志刚等认为，“未来社会中形成‘四二一’家庭的比例实际上远远低于人们的预期”[③]。考虑到其进行计算时的假定条件中假定了“不存在城乡迁移”的情况，如果把现实生活中实际存在的城乡迁移及其城乡间通婚的情况考虑进去，各个时期城镇“双独婚姻”的比例可能还会有所降低。

杨书章和郭震威根据张二力等推算的截止到1995年全国累计独生子女数量为8000万人的数据，同样在一定假设条件下，计算出1991年至2020年全国城乡双独婚姻的概率。其结果表明，从2001年开始，直到2020年，城镇中双独婚配的概率基本上都在40%左右。[④]这一结果比郭志刚等的结果要高出不少。然而，由于一方面该研究者用来计算双独婚配概率的原始数据是其他学者通过推算得到的一种估计值，而不是利用人口普查等现实调查得到的实际数据值；另一方面，其研究结果中又缺乏对具体的计算方式和过程的详细介绍。因此，相对来说，其所得结果的可信程度不如郭志刚等的结果。

齐险峰和郭震威基于2000年第五次全国人口普查数据，建立了直接测算未来“四二一”家庭和广义“四二一”家庭数量的微观仿真模型。其研究结果显示，现行生育政策保持不变时，未来全国“四二一”家庭及广义“四二

① 郭志刚、刘金塘、宋健：《现行生育政策与未来家庭结构》，《中国人口科学》2002年第1期，第9页。

② 郭志刚、刘金塘、宋健：《现行生育政策与未来家庭结构》，《中国人口科学》2002年第1期，第9页。

③ 郭志刚、刘金塘、宋健：《现行生育政策与未来家庭结构》，《中国人口科学》2002年第1期，第11页。

④ 杨书章、郭震威：《中国独生子女现状及其对未来人口发展的影响》，《市场与人口分析》2000年第4期，第13页。

一”家庭数量并不多，且主要集中在非农业人口；全国“年新婚夫妇双独数量会将在 2020 年代达峰值 8%左右”①；“四二一”家庭的数量 2020 年为 152 万个左右和 550 万个以内，峰值年份分别为 2036 年和 2047 年，峰值分别为 188 万个和 1672 万个；而“非农业人口的年新婚夫妇双独比例的峰值年份出现在 2029 年前后、峰值高达 40%以上，2050 年仍在 14%左右”②。其结果中，8%的峰值比例是以全国（包含城乡）为总体的，应该说是不高的，而其“非农业人口的年新婚夫妇双独比例的峰值年份出现在 2029 年前后、峰值高达 40%以上，2050 年仍在 14%左右”的结果与郭志刚等的城镇双独婚姻比例的峰值年为 2030 年，峰值为 34%，其他年份为 10%~30%的结果相近。其关于全国“四二一”家庭的数量预测结果，可以在一定程度上帮助我们了解“四二一”家庭代际结构的可能规模。

从现有人口学者的各种计算和估计来看，尽管由于他们所用的数据、所采取的计算方法的不同，所得到的结果也各不相同，但无论是城镇“双独夫妇”的比例，还是全国城乡“四二一”家庭代际结构的数量和相应的比例，却都在一个被学者称为“并不高”的水平上。这种水平对于独生子女比例较大的城镇来说，大约是 10%~30%；而对于包含农村在内的全国总体来说，这一比例则可能只在 10%以下。

除了上述人口学者根据统计数字进行的估算结果外，我们还可以从一些实际抽样调查得出的结果来分析。笔者曾于 2004 年、2007 年对全国 12 个城市在职青年进行了抽样调查，中国人口与发展研究中心也于 2013 年 8 月对全国除西藏、新疆、港澳台之外的 29 个省区市的 63 451 名 20～44 周岁有配偶男女育龄人群进行了生育意愿调查。③这三项调查所得到的各类婚姻的实际结果见表 16-1。

表 16-1 的结果表明，在城市已婚在职青年中，“双独婚姻”的比例分别

---

① 齐险峰、郭震威：《“四二一”家庭微观仿真模型与应用》，《人口研究》2007 年第 3 期，第 38 页。

② 齐险峰、郭震威：《“四二一”家庭微观仿真模型与应用》，《人口研究》2007 年第 3 期，第 39—40 页。

③ 庄亚儿、姜玉、王志理等：《当前我国城乡居民的生育意愿——基于 2013 年全国生育意愿调查》，《人口研究》2014 年第 3 期，第 3—13 页。

为 8.3%、16.1%、10.7%，而在农村已婚中青年中，“双独婚姻”比例则不足 2%。全部都在上述人口学者推算的范围内，甚至还比他们推算的比例更低一些。

表 16-1　三项调查结果中已婚青年的婚姻结构分布表

婚姻结构	2004 年全国 12 个城市在职青年调查	2007 年全国 12 个城市在职青年调查	2013 年全国 29 个省区市城乡已婚中青年生育意愿调查[①]	
			农业户籍	非农户籍
双独婚姻	8.3%	16.1%	1.5%	10.7%
单独婚姻	28.9%	29.1%	8.0%	18.8%
双非婚姻	62.8%	54.8%	90.6%	70.5%
已婚在职青年规模(n)	471	710	45 962	14 217
调查样本规模（N）	1 786	2 357	63 451	

注：表中百分比由四舍五入计算得出，相加与 100%有误差

根据上述人口学者推算的结果和实际调查的结果，我们有理由相信，未来几十年中，“双独家庭”只是我国社会全部家庭中的很少一部分。因此，可以认为，“四二一”家庭代际结构所带来的养老保障问题，在中国社会中并不是一种总体的现象，而只是一种部分的现象。换句话说，在全国家庭中，只有较少的一部分家庭会面临“四二一”家庭代际结构带来的养老压力问题，而不是全体家庭都面临这一问题。当然，由于城乡之间、不同地区、不同城市之间实施计划生育政策的情况不同，所形成的独生子女比例及各个时期“双独家庭”数量和比例会有所不同，因而这一“部分”的具体大小及其所带来的养老压力问题的严重程度也会有所不同。

二、“四二一”家庭代际结构持续的时间长短问题

首先需要说明的是，关于“四二一”家庭代际结构持续的时间，可以有

① 表中数据依据该调查的原始数据统计得到。笔者感谢国家卫计委和中国人口与发展研究中心同意笔者使用此数据。有关该调查的样本情况及具体调查方式介绍，见庄亚儿、姜玉、王志理等:《当前我国城乡居民的生育意愿——基于 2013 年全国生育意愿调查》,《人口研究》2014 年第 3 期，第 3—13 页。

两种不同的理解。一种是宏观的理解，即“四二一”家庭代际结构在整个社会中持续存在的时间；另一种是微观的理解，即在具体的“双独家庭”中，祖孙三代七口人共同存活的时间。笔者这里的主要目标是讨论前一种理解，即宏观层面的持续时间问题。

理论上说，1979 年开始实施独生子女政策，大约二十多年后，即 2000 年后，社会中就会出现“双独婚姻”，就会形成“四二一”家庭代际结构。这可以看成“四二一”家庭代际结构在社会中持续存在的起点，而只有当社会中所有的育龄夫妇都生育了两个（或更多的孩子），且这种状况持续 20~30 年后，新婚夫妇中这种政策意义上的“双独婚姻”才会消失。在此基础上大约再过 20~30 年，“四二一”家庭代际结构才会（随着祖辈的相继去世）从社会中消失。

但是，因为“四二一”问题的核心是祖辈的养老保障，因而我们可以从“双独夫妇”的父母进入老年的时间、“双独夫妇”大批出现的时间及生育政策的调整所带来的影响等方面入手来对此进行一定的分析和估计。

首先，从“双独夫妇”的父母进入老年的时间来看，虽然我国第一批“双独夫妇”从 2000 年就开始出现，并相应地形成“四二一”家庭代际结构。但此时这些“双独夫妇”的父母的年龄多在 50 岁上下（按 25 岁的婚龄计算），即尚未进入老年，还不存在养老问题。只有到 2010 年以后，他们的父母才开始进入老年阶段，“四二一”问题的实质和影响才开始真正体现。这也就是说，“四二一”问题对社会影响的最早时间应该是 2010 年以后。

其次，从“双独夫妇”大批出现的时间来看，尽管“四二一”的影响从 2010 年开始体现，但由于这一批最早的独生子女在同龄人口中的比例比较低，因而 2000 年时的“双独夫妇”的比例及社会中“四二一”家庭代际结构的比例也会比较低。2010 年进入老年的“双独夫妇”的父母的规模和比例也相应会很低。只是到了 20 世纪 80 年代中期以后，全国特别是城镇独生子女的比例稳步提高，大批独生子女开始出现。因此，社会中“双独夫妇”的比例也相应地将从 2010 年之后（同样按 25 岁的婚龄计算）随之提高，而这些“双独夫妇”的父母又多在 2020 年才开始进入老年。因此，我国社会中较大规模的“四二一”家庭代际结构所带来的相对较大范围的影响将主要发生在 2020 年以后。

最后，从生育政策调整的影响来看，随着从2013年底开始的“单独二孩”生育政策的实施，现有的独生子女家庭中将有一部分会转化为非独生子女家庭。可以预见，从2015年开始，全国特别是城镇新生独生子女的比例将在原有基础上有所下降。这也就意味着在25年后，即从2040年开始，新婚夫妇中“双独婚姻”的比例将会下降。因此，届时“四二一”家庭代际结构的比例也会下降。当然，这种下降的幅度将直接受到“全面二孩”政策实施后新生独生子女数量和在同龄人口中的比例的影响。

上述三方面因素的分析表明，虽然我们不能确定“四二一”家庭代际结构最终消失的时间，但我们却可以确定，“四二一”家庭代际结构所带来的养老问题对中国社会产生影响比较大的时期主要是在2020年到2040年的这20年。

综上所述，从数量规模上看，“四二一”家庭代际结构在中国社会中不是一种总体的现象，只是一种部分的现象，即全国家庭中，只有相对较少的一部分家庭会面临“四二一”家庭代际结构带来的养老压力问题，而不是全体家庭都面临这一问题。从持续时间上看，“四二一”家庭代际结构所带来的家庭养老压力及其社会影响将主要发生在2020年到2040年的这20年中。正是这种一定比例的“四二一”家庭代际结构在一段历史时期中持续存在的事实，尤其是较大规模的在那些独生子女人口数量和比例、“双独家庭”数量和比例都比较高的城镇地区，特别是中心城市存在的事实，才在客观上说明“四二一”问题对于中国社会来说的确不是一场虚惊，它的确将对我国社会如何解决相当规模的“双独家庭”的养老压力和负担问题提出一定的挑战。但从全国总体上看，其相对有限同时也相对较小的比例和不算太长的持续时间，又说明这一特定的家庭代际结构及其所带来的家庭养老问题，并不会形成一种对整个中国社会产生严重影响的整体性的危机。换句话说，由于“四二一”家庭代际结构在我国社会中只是一种部分现象而非总体现象，其在社会中有一定规模的存在也只是一段时期的现象而非长期的现象。因此，其对中国社会的影响也将只是部分的、一段时期的，而非整体性的和长期的。

第十七章

生育政策调整与中国家庭模式的变化①

2016年1月1日开始，全国正式启动了一对夫妇可以生育两个孩子的新计划生育政策。这一被称为“全面二孩”的政策是继2013年底我国实施一方是独生子女的夫妇可以生育两个孩子的“单独二孩”政策之后，中国人口生育政策的又一次重大调整。这一调整不仅会对我国现代化发展和人口结构带来积极的影响，也会直接影响到中国家庭。20世纪70年代末开始的“独生子女”政策让中国家庭走入了“独生子女时代”，两次“二孩”政策调整又推动中国家庭迈向“后独生子女时代”。②从已有研究看，研究者聚焦于人口生育政策调整对中国社会经济和人口结构的意义，争论“全面二孩”会有怎样的政策效果，③却很少关注直接受政策影响的家庭。除了与政策的实施效果紧密关联的生育意愿外，研究者较少关心中国家庭在人口生育政策调整中的适应与变动。在“全面二孩”政策刚刚开始的时候，厘清这一政策对中国家庭可能的影响，讨论二孩生育给中国家庭带来的变动与挑战，具有十分重要的意义。

---

① 本章为笔者与王晓焘博士合写。

② 风笑天：《“单独二孩”：生育政策调整的社会影响前瞻》，《国家行政学院学报》2014年第5期，第57—62页。

③ 翟振武、张现苓、靳永爱：《立即全面放开二胎政策的人口学后果分析》，《人口研究》2014年第2期，第3—17页。

第一节 独生子女政策下的中国家庭

1980 年，《中共中央关于控制我国人口增长问题致全体共产党员、共青团员的公开信》的发表为我国计划生育基本国策的确立和人口与计划生育事业的发展奠定了基石。在这封公开信中，中共中央从“四个现代化建设”“子孙后代的健康和幸福”及“全国人民长远利益和当前利益”出发，号召中国家庭“一对夫妇只生育一个孩子”。在政策影响之下，独生子女家庭开始在中国大量出现。

20 世纪 80 年代初期，独生子女及其家庭以每年 440 万个的速度增加。20 世纪 80 年代中期，随着国家对农村生育政策的调整，允许第一孩为女孩的农村家庭在一定生育间隔后生育第二个孩子(一孩半政策)，农村独生子女家庭数量增长变慢，但是城市独生子女家庭持续上升，全国每年新增独生子女家庭大约 300 万个。20 世纪 90 年代之后，城市新生人口中独生子女的比例达到了 90%左右，独生子女家庭成为中国城市年轻家庭的主体。[①]“一对夫妇只生育一个孩子”的独生子女政策的实施为中国社会带来了数量超过 1 亿的独生子女及其家庭，深远地改变了中国家庭的规模、结构和家庭关系，[②]也给中国社会带来了一些问题与挑战。

政策带来最明显的变化是中国家庭从多子女模式走向一个家庭只有一个孩子的独生子女模式。根据笔者 1988 年对湖北 5 个市镇 1293 名小学生家庭的调查，城市中由父亲、母亲和独生子女所组成的三口之家成为中国独生子女家庭的典型模式。[③]笔者在 2007 年对中国 12 个城市 1245 名在职青年的调查发现，随着独生子女的成长，当其离开出生家庭进行求学或工作时，极易

① Feng X T, Poston D L, Wang X T,“China’s One-Child Policy and the Changing Family”, *Journal of Comparative Family Studies,* Vol. 45, No.1, 2014, p.17.

② Feng X T, Poston D L, Wang X T, “China’s One-Child Policy and the Changing Family”, *Journal of Comparative Family Studies*, Vol. 45, No.1, 2014, pp.17-29.

③ 风笑天：《论城市独生子女家庭的社会特征》，《社会学研究》1992 年第 1 期，第 108—116 页。

形成空巢家庭。[①]

具体地说，独生子女政策带来的家庭影响主要包括[②]以下方面。①家庭规模缩小。中国家庭规模随着独生子女政策的实施呈现持续缩小的状态。一方面，独生子女政策通过限制家庭子女生育数量导致了家庭规模的缩小；另一方面，随着独生子女长大后离开父母，越来越多的独生子女家庭成为空巢家庭，加剧了家庭规模的缩小速度。②家庭结构变迁。独生子女政策使得独生子女家庭在很长时期内保持稳定。当独生子女长大后，因其多样化的婚后居住选择，中国家庭结构呈现出夫妇家庭不断上升（主要由父母空巢家庭带来）、标准核心家庭有所下降（没有兄弟姐妹各自成家形成多个核心家庭的情况）、主干家庭保持稳定（与父母同住是重要的居住选择之一）的特点。③家庭关系中心化。独生子女家庭的家庭关系基本上围绕着独生子女展开。在独生子女的成长期，父母尽可能培育家里“唯一的希望”，独生子女就是家庭生活的中心。即使独生子女长大成家之后，父母仍然会尽可能为其提供家务劳动、孩子照管、经济支持等多种帮助。④家庭生命周期简单化。经典的家庭生命周期理论根据婚姻、生育和子女离家等核心事件分为形成、扩展、扩展完成、收缩、收缩完成和解体六个基本阶段，但是当家庭中被限定为只有一个子女时，扩展和扩展完成阶段同时完成，收缩和收缩完成阶段也同时完成，家庭生命周期相对简单化。独生子女家庭在独生子女出生之后会长时间保持稳定而独生子女家庭的收缩和收缩完成阶段也因为独生子女的求学或工作大大提前。

同时，独生子女政策也带给中国家庭一系列的问题[③]。①独生子女家庭的父母养老问题。家庭养老是基础性的养老方式。当独生子女政策将家庭中的子女数量限定为一个时，家庭的养老责任完全落在了独生子女身上，养老负担明显，尤其是两个独生子女结为夫妇的“双独家庭”，需要负担四个老人的家庭养老责任。实际上，独生子女政策已经削弱了中国的“家”文化，使得

① 风笑天：《独生子女父母的空巢期：何时开始?会有多长?》，《社会科学》2009 年第 1 期，第 51—61 页。

② Feng X T , Poston D L, Wang X T , “China’s One-Child Policy and the Changing Family”, *Journal of Comparative Family Studies*, Vol. 45, No.1, 2014, pp.17-29.

③ Feng X T , Poston D L, Wang X T , “China’s One-Child Policy and the Changing Family”, *Journal of Comparative Family Studies*, Vol. 45, No.1, 2014, pp.17-29.

家庭养老成为摆在很多中国家庭面前的难题。②独生子女家庭风险问题。家庭中只有一个子女的，一旦该子女发生意外，就会给整个家庭带来难以弥补的损失，出现“失独家庭”问题。独生子女政策实施以来，中国的失独家庭数量每年都不断增长，目前总数已经超过百万。③兄弟姐妹关系与亲属关系缺失问题。中国社会长期以来都有着复杂的家族文化和亲属网络，但是独生子女政策实施之后，一代独生子女成长在缺乏兄弟姐妹关系的家庭中，他们成家之后，其子代面临亲属关系大量减少的局面，尤其是双方都是独生子女的家庭，子代的亲属关系只剩下了夫妻关系、亲子关系和祖孙关系，难免会带来负面效应。

计划生育政策以“国家优于家庭”的思路通过政策手段直接干预个体的生育行为，很少关注家庭这一层次。独生子女政策带给中国社会大量的独生子女家庭，也带给了中国家庭一些问题与挑战。当计划生育政策调整为“全面二孩”政策时，首要的问题就是“全面二孩”政策会带给中国家庭怎样的重要变化，是否能够很好地应对独生子女家庭带来的问题?

第二节 “全面二孩”政策与家庭生育选择

计划生育政策的调整一直受中国家庭的生育实践的影响，毕竟，中国家庭的二孩实际生育状况直接影响着二孩政策的实施效果。2014 年，全国除新疆、西藏、港澳台以外的 29 个省区市陆续推行了“单独二孩”政策，到 2014 年底时，国家卫计委公布的数据表明：全国申请再生育的一孩单独夫妇为 106.9 万对，[①]相较于政策预期的“现有 1 孩的单独家庭希望生育第 2 个子女的比例为 60.8%”[②]，存在相当大的差距，“单独二孩”政策“遇冷”。在家庭这一层次上，出现了大量关于“生还是不生”的讨论。《人民日报》刊发了专

① 乔晓春：《从“单独二孩”政策执行效果看未来生育政策的选择》，《中国人口科学》2015 年第 2 期，第 26 页。

② 庄亚儿、姜玉、王志强等：《当前我国城乡居民的生育意愿——基于 2013 年全国生育意愿调查》，《人口研究》2014 年第 3 期，第 10 页。

题报道《二孩:生还是不生，这是个问题》，认为家庭的二孩生育是与社会的公共服务紧密联系在一起的。本章研究不打算纠结生或不生的问题，人口学者对计划生育调整后的生育率已多有研究，[①]但是，上述政策“遇冷”和家庭层面的“纠结”提醒我们两点:一是“全面二孩”政策之下，很多家庭的生育实践会呈现出多样化，有部分一孩家庭会选择生育第二个孩子，有部分家庭会犹豫观望，还有部分会选择不再生育第二个孩子，这与独生子女政策时期家庭子女数大多被限定为1个有着非常大的不同；二是独生子女政策时期，独生子女家庭的形成——至少在政策的初期——几乎就是由政策的强制性带来的，而现在的“全面二孩”政策，从一开始就存在中国家庭自主选择的问题，简单地说，之前是不管想不想，都只准生一个，现在是自由选择，中国家庭可以自己选择是生一个还是生两个。

独生子女政策时期，中国家庭的实际生育水平高于政策规定的生育率，因此，中国家庭的生育意愿受制于政策，很多家庭不得不只生育一个孩子，并且将孩子作为家庭中“唯一的希望”来抚养。政策的强制性占据主导地位，在客观上带给中国社会单一的独生子女家庭。

但是，在“单独二孩”和“全面二孩”时代，中国的实际生育水平已经长期处于更替水平之下，城乡居民的生育意愿调查表明，2013年城乡家庭期望的理想子女数量仅为1.93个。[②]因此，“全面二孩”政策实行之后，中国家庭不会形成全部走向二孩家庭的局面，而是随着不同的二孩生育选择发生变异。笔者利用两项大规模调查数据讨论中国家庭在“全面二孩”政策之下的可能生育选择，发现受“双独二孩”和“单独二孩”政策影响的一孩家庭中，育龄女性大多处于25~35岁的生育高峰，但是“全面二孩”政策影响到的一孩家庭中，有一半左右的育龄女性已经超过生育高峰年龄。总体上来看，实际有二孩生育意愿的一孩家庭大约占 25%~40%。[③]因此，随着“全面二

① 乔晓春:《从“单独二孩”政策执行效果看未来生育政策的选择》,《中国人口科学》2015年第2期，第26—33、126页。

② 庄亚儿、姜玉、王志强等:《从当前我国城乡居民的生育意愿——基于2013年全国生育意愿调查》,《人口研究》2014年第3期，第12页。

③ 风笑天:《生育政策潜在人口的结构及其二孩生育意愿——对两项大规模调查结果的分析》,《江苏行政学院学报》2015年第6期，第54—61页。

孩”政策的推进，中国家庭会根据自身条件有选择地生育或者不生育第二个孩子，在此影响之下，中国家庭将呈现出独生子女家庭与二孩家庭并存并重的局面。

与人口学家仅仅关注于计划生育政策调整的实际效果、呼吁推动中国家庭二孩化[①]不同的是，“全面二孩”政策给了中国家庭更为丰富的生育选择（尽管只是多生一个孩子），家庭可以根据自身和社会的状况自由调整生育意愿，这已经是计划生育政策调整的重要贡献了。若是要进一步调整生育政策，则有必要重视家庭这一分析单位，真正将生育分析放到家庭背景中去，认真讨论家庭的各项结构与二孩生育之间的关系。

第三节 “后独生子女时代”与独生子女家庭问题

“全面二孩”政策给了中国家庭生育第二个孩子或是不生育第二个孩子的选择，使得中国家庭从独生子女家庭走向独生子女家庭与二孩家庭并重的“后独生子女时代”，二孩家庭是否能够缓和独生子女家庭所带来的社会问题呢？

一、独生子女家庭的父母养老问题

随着“全面二孩”政策的推进，中国的二孩家庭会逐渐增多，这将缓解独生子女政策所带来的养老问题。二孩的实际生育将增加年轻人口的数量和总人口的数量，延缓中国社会的老龄化进程，而二孩家庭在未来的“二孩”这一代，也将有更有利于居家养老，但这种积极作用主要表现在社会层次上。一方面，人口学家所说的养老问题大多是从“社会抚养”的角度提出的，是一种宏观社会层次的分析，与微观层次的“家庭中的父母养老”不能由为一

① 乔晓春：《从“单独二孩”政策执行效果看未来生育政策的选择》，《中国人口科学》2015年第2期，第26—33、126页。

谈。[①]宏观层次关注的是整个人口结构中年轻人与老年人的数量比重，但微观层次的养老问题则是对独生子女需要独立承担父母甚至配偶父母养老责任的担忧。另一方面，人口现象往往存在滞后效应，养老问题的缓解要在“二孩”这一代逐渐长大后才可能实现，在这之前，二孩生育带给中国家庭的并非养老问题的缓解。回到微观的家庭层次，目前育有一孩的夫妇面临的是有一个孩子需要抚养和教育，同时自己的父母逐渐或已经步入老年需要照顾。如果继续生育第二个孩子，则会使家庭压力的进一步增加，谁来“带”新出生的第二个孩子?在不少家庭，父母往往暂时没有养老需求，反过来以经济或家务的形式帮助儿女抚养小孩。因此，“全面二孩”将会带来家庭养老问题的缓解，但是对于这一代人而言，他们享受不到二孩生育的积极作用，还面临着家庭负担的加重，二孩生育常常需要父母继续付出，更需要社会政策的进一步倾斜。

二、独生子女家庭风险问题

随着“全面二孩”政策带来的二孩家庭的增多，中国家庭失去所有子女的风险会极大地降低，“失独家庭”出现的可能性也会随之降低。但“全面二孩”政策对家庭风险的降低对现有的“失独家庭”不会产生任何作用。一方面，“失独家庭”指的是在独生子女的母亲丧失生育能力的年龄之后，其子女因为疾病、车祸等意外原因去世，使得家庭中没有任何子女。[②]这一定义就已经清楚地表明，“失独家庭”一旦形成，其所形成的伤痛就难以弥补。“全面二孩”政策从总体上将降低家庭中子女全部死亡的风险，但是对于已有的“失独家庭”，其并不存在补救作用，仍有待国家和社会出台更多的保障措施。另外，上文已经提及，“全面二孩”政策带来的是独生子女家庭和二孩家庭并重的局面，独生子女家庭仍然会是中国社会的重要家庭形式。这意味着，由独生子女意外死亡带来的“失独”风险仍然存在，只是与现在的“失独家庭”比起来，其在数量上会大量下降。

---

① 风笑天：《“四二一”：概念内涵、问题实质与社会影响》，《社会科学》2015 年第 11 期，第 71—81 页。

② 陈恩：《全国“失独”家庭的规模估计》，《人口与发展》2013 年第 6 期，第 101 页。

三、兄弟姐妹关系与亲属关系的缺失问题

“全面二孩”政策带来了二孩家庭增加的可能性，而当家庭中有两个孩子时，独生子女所面临的缺乏兄弟姐妹的困境将不再存在；对于再下一代而言，其可以有相对丰富的亲属关系，形成相对完整的亲属网络；以家庭为核心的社会资本和社会支持网络也将更好地回到中国家庭。但是，兄弟姐妹关系的重新获得是从“二孩”这一代开始的，对于生育二孩的这一代人而言，他们中的大多数人不会再拥有兄弟姐妹，他们将一直保持他们的“独生子女”身份。亲属关系的重新获得则要从二孩的子代开始，对于二孩这一代，由于他们的父母很多是独生子女，他们的亲属关系将走向简单化，要等到二孩这一代进入生育家庭开始生育下一代时，相对完整的亲属关系网络才会重新回到中国家庭。

值得一提的是，由于“全面二孩”政策落地时，已有一孩儿的女性不少年龄已经偏大，若这些女性选择生育二孩，则会出现高龄产妇及出生间隔较长的兄弟姐妹关系。高龄产妇及其带来的问题需要得到进一步的关注。

与已有学者的估计相似，[①]“全面二孩”政策的实施，将会有利于中国的人口结构和数量调整，也将有利于应对独生子女政策带来的家庭问题。但是生育政策有明显的滞后性，“全面二孩”政策的可能影响都要随着二孩逐渐长大才会显现出来，对于“独生子女”一代而言，独生子女政策的效应将长期存在。在实践中，尤其需要关注独生子女政策带来的这些效应对家庭中二孩生育的可能影响。

第四节　“全面二孩”政策与中国家庭变迁

如果说“单独二孩”政策还带有明显的对独生子女进行政策补偿的性

① 翟振武、张现苓、靳永爱：《立即全面放开二胎政策的人口学后果分析》，《人口研究》2014年第2期，第3—17页。

质，[①]那么“全面二孩”政策则完全是从社会经济发展和中国人口结构均衡的角度对中国人口生育进行的又一次调控。因此，除了讨论“全面二孩”政策下的中国家庭对独生子女家庭问题的影响外，“全面二孩”政策对中国家庭的结构、关系等的影响也应该得到更细致的检视。“全面二孩”政策实施给中国家庭带来的最大的变化在于部分家庭中原来整个生命周期中都只有一个孩子，但是现在，不少家庭会选择生育两个孩子，并且二孩家庭在中国家庭中所占的比例会越来越大。伴随着二孩一起进入中国家庭的是新的家庭规模、新的家庭结构、新的家庭关系，家庭生命周期也会因此出现新的变动。

一、家庭规模开始扩大

“全面二孩”政策将导致中国家庭的规模扩大，即中国家庭户中的三口之家，有很大一部分会转变为四口之家。一方面，从总体上看，中国家庭户规模的变动趋势从独生子女政策开始就一直在不断缩小。1980 年，中国的平均家庭户规模为 4.61 人，到 1990 年第四次全国人口普查时已经下降为 3.96 人，2000 年第五次全国人口普查时下降为 3.46 人，2010 年第六次全国人口普查进一步下降为 3.10 人。在“全面二孩”政策之下，二孩生育会有效扩大家庭户的已有规模，城市中典型的“三口之家”的独生子女家庭会越来越多地转变为父母加上两个孩子的“四口之家”的家庭模式。

另外，“全面二孩”政策使得家庭中有两个孩子的可能性大大增加，也使得父母在年老之后空巢居住的可能性大大减少。当家庭中有两个孩子时，父母与其中一个孩子一起生活的可能性就提高了。如果越来越多的父母放弃单独居住而与自己的其中一个子女住在一起，那么，因父母空巢带来的家庭户规模的减少效应也会减弱。但是，社会流动的增强导致目前子女与父母的居住模式发生很大的变化，因此，居住和空巢对“全面二孩”政策下的中国家庭户规模的影响需要进一步的讨论。

① 风笑天：《“单独二孩”：生育政策调整的社会影响前瞻》，《国家行政学院学报》2014 年第 5 期，第 57—62 页。

二、家庭结构逐渐变迁

“全面二孩”政策和二孩的出现在很长一段时间内并不会对中国家庭的结构产生实质性的影响，因为只是家庭中子女数量增加了，并没有对整个家庭的结构产生本质影响。但是随着家庭中的孩子逐渐长大进入婚育阶段，“全面二孩”政策对中国家庭结构的滞后效应开始显现。如果是独生子女家庭，则独生子女选择不同的与父母居住的方式，其家庭在结构上也会呈现出不同的特点。如果独生子女离开出生家庭独自居住，则会形成独生子女小家庭的核心家庭结构和父母空巢家庭的夫妇家庭结构，若是独生子女婚后仍然与父母同住，则会形成主干家庭，这一过程相对简单。但是如果家里面有两个小孩，则牵涉两个孩子与父母的居住状况。

当两个孩子一起离开父母的家庭，则会形成只有父母的空巢家庭和两个孩子自己分别组建的核心家庭。当一个孩子离开父母另一个孩子与父母同住时，则形成的是一个孩子自己组建的核心家庭，以及父母与同住孩子形成的主干家庭。在这个过程中，中国核心家庭由主干家庭派生的模式再次出现，父母与其中的一个孩子共同居住形成“干”，而另一个孩子自己组建的独立核心家庭就是“支”，每一个二孩家庭在经历所有子女成家立业之后都可能会形成一个主干家庭和一个核心家庭，或者是一个空巢家庭和两个核心家庭。当然，两个孩子都与父母同住的可能性比较小。考虑到家庭中的两个孩子还可能存在不同的性别和出生间隔，上述家庭结构变迁的过程可能变得更为复杂。

在上述过程中，中国的夫妇家庭数量可能会有所减少，核心家庭数量可能有所增加，主干家庭仍然会是中国家庭重要的结构形式。从总体上看，“全面二孩”政策之下，中国家庭仍然会保持核心家庭占主导、主干家庭相对稳定的结构特点。但是上述过程确实使得中国的家庭结构变得相对复杂。值得一提的是，中国传统家庭中一直存在明显的父权特征。独生子女政策下，独生女的充权使得中国家庭的一些父权被突破，“全面二孩”政策之后，这些原则在中国家庭中会呈现怎样的变化值得进一步关注。

三、家庭关系复杂化

独生子女家庭以独生子女为中心，形成父亲、母亲和独生子女这样简单而直接的关系。“全面二孩”政策之后，生育二孩的家庭会增加一个孩子，而这个孩子使得我们不得不对整个家庭关系都进行重构。

笔者已经指出，生育政策调整下的二孩家庭的家庭关系要求家庭成员“继续社会化”。①“子女扩容”要求父母正确面对和调适与两个孩子之间的亲子关系，也要求家庭中的第一个孩子接受有弟弟或妹妹的现实，主动学习怎样做哥哥或姐姐。[①]②第二个孩子在家庭中的出现，首先可能影响到家庭中的夫妻关系。从决定是否生育第二个孩子一直到孩子出生后的喂养和教育，都可能影响到夫妇两个人的关系，家庭中的关系频繁在亲子关系和夫妻关系之间协调，因此，两个孩子家庭的夫妻关系必须得到新的调适。③二孩也影响到了家庭中的亲子关系。原有家庭中简单的父母与孩子的关系，因为家庭中出现两个孩子变得复杂起来。父母必须认识到与两个孩子的亲子关系在本质上是完全相同的，但是在实践中却又不得不差别对待。在这一过程中，孩子的性别、孩子之间的出生次序、出生间隔的影响都必须得到仔细的研究。④目前最为引人关注的是两个孩子之间关系的调适。现在的社会舆论往往愿意塑造两个孩子冲突的形象。确实，这种关系是原来的独生子女家庭中所没有的，有必要引导第一个孩子接受事实，并努力完成哥哥或者姐姐的角色转换，也要尽可能引导两个孩子友好相处，相互理解。

值得注意的是，实际的“全面二孩”潜在政策群体中，有很多妇女的年龄已经偏大。这些妇女若是生育二孩就会出现高龄产妇问题，高龄产妇会使得二孩家庭的关系进一步复杂化。在家庭关系中，一方面，第二个孩子与父母之间的年龄差距过大；另一方面，两个孩子之间的出生间隔过大。这些问题都需要引起研究人员更密切的关注。

四、家庭生命周期正常化

独生子女家庭的生命周期在扩展阶段和收缩阶段都存在简单化，即其扩展阶段和收缩阶段是在独生子女出生和离开家庭时马上就完成的。“全面二孩”政策下的二孩家庭将使得家庭扩展到扩展完成，以及收缩到收缩完成的

① 风笑天：《“单独二孩”生育政策对年轻家庭亲子社会化的影响》，《东南大学学报（哲学社会科学版）》2015 年第 4 期，第 5—11、146 页。

周期阶段重新出现。一是二孩家庭的扩展阶段开始于第一个孩子的出生，而等到第二个孩子也出生时，家庭扩展才完成。这时候的二孩家庭结构将保持较长时间的稳定，直到第一个孩子离开家庭。与独生子女家庭孩子一出生就完成了整个扩展阶段不同的是，二孩家庭存在明确的扩展和扩展完成两个阶段，并且在家庭形态上，先是形成三口之家的基本形态，之后扩展为四口之家，并且长时间保持四口之家的状态。二是二孩家庭的收缩阶段开始于第一个孩子离开家庭，而一直到第二个孩子也离开家庭才达到收缩完成。当然，如果一个孩子与父母同住，则不适用于家庭生命周期理论。此后，二孩家庭以父母空巢的形式保持较长时间的稳定，直到父母一方出现死亡，家庭开始解体。由于家庭中有两个孩子，二孩家庭的收缩阶段要比独生子女家庭晚得多。“全面二孩”政策实施之后，中国社会会出现越来越多的二孩家庭，这些二孩家庭也使得中国家庭出现明显的变化。二孩家庭将会影响到独生子女政策所带来的家庭关系、家庭结构、家庭规模及家庭周期，推动中国家庭走进“后独生子女时代”。但是实际生活中“全面二孩”将带来怎样的后独生子女家庭，则有待于知道哪些家庭实际选择了二孩生育，以及是哪些因素导致了这些家庭最终选择生育第二个孩子。

计划生育政策及其调整的着眼点始终在于宏观的人口现象或是社会经济的现代化，国家也经常跃过家庭这一层次直接调控个体的生育行为，然而，人们的生育行为发生的基本单位一直都是家庭，“全面二孩”这样的计划生育政策调整最终只有在中国家庭才能得到落实，而“全面二孩”政策最先影响到的也是中国家庭。

“全面二孩”政策实施之后，中国家庭从“独生子女时代”逐渐过渡到“后独生子女时代”，中国家庭出现一系列的变动。三十多年的独生子女政策带来的独生子女家庭形成了家庭规模小、家庭结构简单、家庭关系紧密等特点，也带来了家庭养老、家庭风险和家庭重要关系缺失等问题。“全面二孩”政策使得中国家庭自主选择是否生育二孩。尽管其难以对现在这一代人即独生子女一代的家庭问题做出补救，但长远来看“全面二孩”政策将会带来家庭养老压力的减轻、家庭风险的降低及家庭重要关系的重新获得，中国家庭很可能出现家庭规模扩大、家庭结构变迁、家庭关系复杂化及家庭生命周期正常化等特点。

对“全面二孩”政策下中国家庭模式变化的论述，大体上揭示了这一政策对家庭可能带来的影响，为可能在中国社会大量出现的二孩家庭提供了有益的指导。但是，由于“全面二孩”政策才刚落地，尚不能搜集经验资料来证明本章研究的相关观点。下一步的研究可能需要在“全面二孩”政策实行一段时间后进行大规模的经验数据采集。一个比较好的关注点可能是观察中国家庭在“全面二孩”政策下实际的二孩生育实践。十分重要的是，正是中国家庭生或者不生二孩的选择，直接决定着“全面二孩”政策的实施效果，也决定着中国家庭自身变迁的方向，而对这一问题的讨论，则需要将“全面二孩”政策与中国家庭真正地结合在一起。

第 十 八 章

二孩生育政策对家庭亲子关系的影响

2014 年初开始，全国除新疆、西藏、港澳台以外的 29 个省区市陆续实施了“单独二孩”的生育政策。这一政策的实施，标志着我国社会中经过三十多年严格实施计划生育政策逐步形成的“独生子女时代”，开始向“后独生子女时代”转变。[①]尽管“单独二孩”生育政策调整的主要目标是改善我国人口的年龄结构及其比例，但政策的实施除了带来直接的人口学后果外，还不可避免地影响到我国社会的其他方面，尤其是会极大地影响到具体承担生育子女任务的广大家庭。

在“单独二孩”生育政策实施短短一年后，新闻媒体很快从日常社会生活中发现，原本只属于年轻父母来考虑和进行决策的生育第二个孩子的问题，却在不经意中首先遭遇到了家庭里正在成长中的独生子女的极端反应：据报道，有的孩子因为父母要生育第二个孩子，不断以逃学、离家出走相逼。类似的例子还有孩子要父母写下“永远第一爱我”的保证书才能生弟弟妹妹、父母生了第二孩以后老大不愿回家并改叫奶奶为妈妈等，这些都被媒体广为传播。

媒体报道的这些事例当然不足以成为反映现实社会中普遍情形的依据，但其所折射出的种种苗头却给我们提出了一些值得深思和探讨的问题：家庭中的第一个孩子为什么会对二孩生育有如此极端的反应？“单独二孩”生育

① 风笑天：《“单独二孩”：生育政策调整的社会影响前瞻》，《国家行政学院学报》2014 年第 5 期，第 57—62 页。

政策会给当时的、由“单独夫妇”[1]及其唯一的孩子所构成的独生子女家庭带来什么样的影响？符合“单独二孩”生育政策的独生子女家庭中，再生育一个孩子对于年轻的（或者已不太年轻的）父母（简称单独父母），以及对于正在成长中的、处于不同年龄段的第一个孩子来说究竟意味着什么？如何从社会学的角度理解“单独家庭”[2]这种由“三口之家”中“子女扩容”所带来的亲子关系变化？“单独家庭”中的父母和第一个孩子又该如何调整与适应家庭中这种新的亲子关系？符合“单独二孩”政策家庭中所出现的这种新的社会化内容，对于实施的“全面二孩”的生育政策[3]又具有什么样的意义？这些正是本章所要探讨的主要问题。

第一节　人的社会化：理解新的家庭关系的重要视角

“单独二孩”政策的实施，对于千百万符合政策条件且打算生育第二个孩子的年轻家庭来说，首先遇到的就是随着第二个孩子的到来、家庭人口的增加所产生的家庭关系的变化。第二个孩子的加入会对其原有的家庭关系，特别是原有的亲子关系带来一定的冲击和影响。

社会学家波沙特提出的家庭互动定律[4]告诉我们，家庭中的成员数目与成员之间的关系数符合数学中的组合计算规律：当家庭中只有夫妻两人和一个孩子，即只有三个家庭成员时，家庭成员之间就只存在着三种关系，即夫妻关系、父子关系和母子关系，而当家庭中有夫妻两人和两个孩子，即有四个家庭成员时，家庭成员之间的关系数量一下子就增加到了六种，即夫妻关系、

---

① “单独夫妇”指夫妻双方中一方是独生子女、另一方是非独生子女的夫妇。相应地，“双独夫妇”指夫妻双方均是独生子女的夫妇。“双非夫妇”则指的是夫妻双方都不是独生子女的夫妇。

② “单独家庭”指夫妻双方中一方是独生子女、另一方是非独生子女的家庭。相应地，“双独家庭”指夫妻双方均是独生子女的家庭。“双非家庭”则指的是夫妻双方都不是独生子女的家庭。

③ 指的是无论夫妻双方是不是独生子女，均可以生育两个孩子的生育政策。

④ 潘允康：《家庭社会学》，重庆出版社 1986 年版，第 142 页。

父子关系一、父子关系二、母子关系一、母子关系二、兄弟姐妹关系。因此，一个明显的事实是，再生一个孩子，对于目前只有一个孩子的年轻家庭来说，其家庭关系将会变得更为复杂，也更为多样化。这种复杂性主要体现在父母要同时与两个孩子构成亲子关系；而这种多样性则主要体现在这两个孩子不仅要面对各自与父母之间形成的亲子关系，同时还要面对他们相互之间形成的兄弟姐妹关系。

早在 20 个世纪末就有学者通过分析当代中国家庭结构的变化，探讨了其对子女社会化环境的影响。研究者指出，“这种家庭结构的核心化带来家庭的高质量化以及对子女身心营养的高投入化，使当代青少年不仅在生理上早熟，而且心理上也早熟，生理、心理、社会需求都趋向超前”，而这种家庭关系的平权化，虽然有利于子女个性的发展，但如果掌握失度，把民主变成了放任，也会造成子女的个性失常，甚至发生社会化同一性危机。[①]笔者在研究和分析独生子女家庭生活方式的特征时也曾经指出：在以“三口之家”为特征的独生子女家庭中，子女已成为家庭的中心。家庭中的夫妻关系也受到了亲子关系的冲击，“对于小小的三口之家来说，子女的份（分）量已使家庭生活方式的重心向孩子一边倾斜”[②]。

然而，到目前为止的、类似这样的分析和探讨所针对的，都是中国家庭结构由传统的多子女大家庭转变为只有一个孩子的独生子女家庭的现实。“单独二孩”政策的实施，使得我国社会中那些已经习惯于在只有一对夫妻和一个孩子构成的“三口之家”中生活的年轻家庭，要开始去面对并逐步适应由于“子女扩容”带来的新的家庭生活环境。这种由家庭子女数的变化所带来的家庭关系的变化，一方面形成了一种新的家庭社会化场景，另一方面也对这些年轻家庭中的父母和孩子提出了一些新的社会化任务。

社会学中人的社会化理论告诉我们，人们在社会中生活，必须经历从单纯的生物个体逐渐发展为合格的社会成员的社会化过程。在这一过程中，人

---

① 彭渝、懋彬：《当代中国家庭结构的变化及子女的社会化环境》，《社会科学研究》1994 年第 6 期，第 40—43 页。

② 风笑天：《独生子女家庭：一种新的生活方式》，《社会科学辑刊》1994 年第 5 期，第 30 页。

们既要学习和了解自己在所属群体中担当的角色，如在家庭中的父亲母亲角色、儿子女儿角色、兄弟姐妹角色等。同时，还要学习和了解自己所承担的角色在各种社会关系中的位置，领悟并遵从各种群体和社会对自己的角色期待，学会顺利地完成角色义务，扮演好各种社会角色。

根据社会化过程中所涉及的学习内容的不同，人的社会化过程又分为从出生开始直到成年的基本社会化阶段，以及从成年开始直到退休、去世为止的继续社会化阶段。在基本社会化阶段，儿童和青少年不仅要学习各种基本生活技能和各种社会行为规范，更重要的是，要通过与家人、同伴、社会环境之间的互动，逐渐形成个性、人格及自我观念，并在潜移默化中逐渐将社会的文化、社会的价值内化。因此，“青少年时期的社会化是人的社会化过程中最为基本、也最为重要的一个阶段,无论是对于个体还是对于社会，都是如此”[①]。而在更为漫长的继续社会化阶段，人们虽然已经能够作为合格的社会成员参与社会生活，但其不断面临的各种新的人生课题，如求职、择偶、为人父母、打拼事业、退休、面临死亡等，都会不断地对其提出新的社会化学习的任务，并将迫使其在不知不觉中不停地进行着终身的社会化。

正是通过人的社会化理论的特定视角，我们可以重新审视“单独二孩”生育政策所带来的家庭关系变化的实质，可以更好地理解和说明单独一孩家庭中的父母生育第二个孩子为什么会造成第一个孩子如此极端的反应，也可以解释和说明单独一孩家庭的父母和第一个孩子将面临什么样的社会化学习任务。

第二节　面对两个孩子：一孩父母继续社会化的新内容

由于三十多年以来国家一直实施的“一对夫妇只生育一个孩子”政策的影响，大多数年轻家庭中的父母早已在不知不觉中接受了终身只生育一个孩

① 风笑天：《青少年社会化：理论探讨与经验研究述评》，《青年研究》2005 年第 3 期，第 1 页。

子的现实，也在不知不觉中习惯了只面对一个孩子的家庭生活。从孩子出生，到孩子的抚育和教养，年轻父母的心中、眼中、头脑中，都只有这个唯一的独生子女，而他们作为父母所要面对的亲子关系也简单到了极致。这一现实在一定程度上导致了他们的继续社会化过程具有一种独特的性质：在这个唯一的孩子成长的过程中，他们作为父母的各种角色行为、生活经历，在许多方面通常都是“一次性的”，即许多的“第一次”往往也是“最后一次”。特别地，当他们第一次做父母时，往往也是他们最后一次生育孩子。现在，当国家政策允许他们生育第二个孩子时，在他们可以实现生育两个孩子的愿望时，他们还应该意识到，伴随着生育第二个孩子一起到来的，将是一种新的家庭生活环境，一种变化了的家庭关系。这种新的家庭环境和家庭关系将给他们的继续社会化增加两项新的内容。

第一，他们要开始面对并适应“单独二孩”政策带来的自身心理的变化。

在“单独二孩”政策实施之前，国家就有“双独家庭”可以生育二孩的政策。因此，21 世纪以来，我国社会中就有一些生育了第二个孩子的“双独家庭”。但是，为什么媒体中却没有出现对那些双独二孩家庭这方面极端事例的报道？笔者分析，一方面，从客观上看，这或许与“双独家庭”在整个社会中的数量比较少有关。现有一些抽样调查和人口学者的统计计算都表明，目前社会中“双独家庭”的比例远比“单独家庭”要低。例如，笔者 2004 年、2007 年两次对全国 12 个城市在职青年的调查结果表明，在城市已婚青年家庭中，“双独家庭”的比例大约只占同龄已婚青年家庭的 10%~15%，而“单独家庭”的比例则达到 30%左右。又例如，人口学者郭志刚教授利用 1990 年全国人口普查的数据推算的 2011 年城镇三种婚姻比例的期望概率中，“双独家庭”的比例还不到 10%，“单独家庭”的比例则接近 40%。[①]正是由于“双独家庭”规模比较小，因此，这一类家庭对社会整体的影响相对更小（从另一个角度说，在比例很小的“双独家庭”中产生前述媒体中报道的极端现象的比例也会相对更少）。

另一方面，也是更为本质的，或许与“双独父母”在主观上对生育二孩

---

① 风笑天：《走进“围城”的独生子女：概念、规模与质疑》，《江苏社会科学》2005 年第 3 期，第 202 页。

的心理准备有关，即与“双独父母”从结婚成家开始，就面临并考虑“生不生两个孩子”的问题有很大关系。根据我国“双独二孩”的生育政策，一对男女双方均为独生子女的青年结婚成家，组成“双独家庭”，就可以按政策生育两个孩子。因此，一旦双独青年结婚，有关生不生孩子、生一个孩子还是生两个孩子、什么时候生第一个孩子、间隔多长时间生第二个孩子等一系列问题，就摆在年轻夫妇面前。换句话说，他们从一结婚开始就面临这些问题，就可以提前考虑这些问题，就在无形之中做好了生不生、生几个的心理准备。更为重要的是，“双独夫妇”对于有关生育两个孩子的一切不仅早就知道，而且具有主动权：即他们可以对生不生两个孩子、第一个孩子长到多大了再生第二个孩子等问题提前考虑、主动考虑，并且自主决定。

正是由于他们具有这种预知性和主动权，因此，一旦“双独夫妇”做出了将来要生育两个孩子的决定，那么他们在主观上也就提前做好了组建一对夫妻加两个孩子的家庭的思想准备和心理准备。在这种准备中，就包括了将来如何对待一大一小两个孩子、如何培养和教育一大一小两个孩子等诸多问题。这样一来，即使他们的第一个孩子出生后会经历一段身为独生子女的时间，但由于“双独夫妇”早就有生育第二个孩子的心理准备，因而他们在培养和教育第一个孩子的时候，自然不会把第一个孩子当作独生子女来进行。他们对待作为“暂时的独生子女”的老大的态度和教养方式，从一开始就与那些“单独夫妇”对待他们家里那个“真正的独生子女”的态度和教育方式有着本质的不同。因而，他们家里的这些老大产生排斥的可能性自然就大大降低。

相比之下，“单独夫妇”对于自己具有能够生育第二个孩子的权利是无法提前预知的，他们面临“生不生第二个孩子”“什么时候生第二个孩子”等问题则是完全被动的和十分突然的：他们从结婚开始到生育第一个孩子，从给孩子办理“独生子女证”到孩子长到 5 岁、8 岁、10 岁、15 岁甚至 20 岁，“再生育一个孩子”这件事一直是被限制的，对他们来说是不可能的。因而，他们几乎从来不会去考虑“生不生第二个孩子”这样的问题。直到 2014 年，他们才突然被“通知”可以生第二个孩子，并且许多夫妇（因为年龄比较大的原因）马上就要做出生育的决定，很快就要面临再次生育的现实。这种事先的不可知性，以及再次生育的突然性和被动性，会给这些准备生育第二个孩子的单独父母带来极大的不适应。因为他们不可能做好，实际上也并没有做好生育第二个孩子的心理准备。正是在这样的情况下，如何面对这种现实并积极地调整自身心理状态，以适应这一变化，就成为单独一孩父母继续社会化过程中的一项新的内容。单独一孩父母要在做出生育第二个孩子决定的同时，积极主动地将自己的心理状态调整到养育两个孩子的轨道上来，主动地而不是被动地、积极地而不是消极地面对即将发生变化的家庭生活环境和家庭关系状况，为在新的环境中建立同样和谐的家庭关系打下良好的基础。

第二，他们要开始学习做两个孩子的父母并建立起与两个孩子之间本质相同但又有差别的亲子关系。

应该看到，单独一孩夫妇在家庭中所扮演的只是“独生子女父母”的角色，而在他们生活中、互动中、思维中、意识中的这第一个孩子，则是带有鲜明唯一性特征的独生子女。他们与这个孩子之间的亲子关系、他们抚育孩子的行为方式、他们在孩子面前所扮演的父母角色等，无一不浸染在这种“唯一的孩子”的家庭氛围中。他们的家庭生活所表现出的孩子（即独生子女）从一开始就成为整个家庭所关注的中心，并且，随着孩子的成长，这种关注的程度也越来越强，关注的方面也越来越多、父母自觉不自觉地扩大了子女在整个家庭生活中所占据的位置，加重了对子女的关注程度等特征，[①]既是他们与第一个孩子之间亲子关系的一种典型反映，也是他们没有做好生育第二个孩子心理准备的另一种证明。

事实上，单独一孩父母除了没有做好生育第二个孩子的心理准备和生理准备外，他们也没有做好正确面对、恰当处理和顺利调适与一先一后、一大一小的两个孩子之间的亲子关系的心理准备。就像一些父母在“一对夫妇只生育一个孩子”的政策现实面前，缺少终身只养育一个孩子的心理准备一样，单独一孩父母在突然放开的“单独二孩”政策面前，同样是仓促上阵，同样缺少要养育两个孩子的心理准备。其实，目前出现在少数家庭中第一个孩子身上的极端现象，并不能怪那些孩子，而是与家庭中的父母缺少必要的和充分的“做两个孩子的父母”的心理准备有关。换句话说，是单独一孩父母对

① 风笑天：《独生子女家庭：一种新的生活方式》，《社会科学辑刊》1994 年第 5 期，第 30 页。

生育第二个孩子所带来的新的亲子关系的认识和准备不足，或者没有很好地在家庭生活中建立起并调适好与两个孩子之间的亲子关系，才造成了媒体所报道的那些极端现象的出现。

另外，从社会化的视角来分析，单独一孩家庭的父母还缺少实际面对一先一后、一大一小两个孩子的社会规范和实际知识。客观上，由于二孩政策出台之前整个社会所关注的只是独生子女的教育问题、独生子女的成长问题，因此，社会文化给这些年轻父母所提供的，只有如何建立与家庭中唯一的孩子的亲子关系这方面的规范和知识，而没有提供如何面对和建立起与两个孩子（特别是有一个一直被当作独生子女在抚养的孩子）之间的亲子关系的规范和知识。所以，一方面在主观上，这些单独一孩的父母没有想过要学习这种规范和知识，而另一方面，在客观上，他们在现实生活中也从来没有实际学习过这方面的规范和知识。

因此，随着“单独二孩”“全面二孩”政策的实施，对那些准备要第二个孩子的一孩夫妇来说，就面临一项新的社会化任务：他们要像当初刚结婚时学习如何做夫妻、刚生育第一个孩子时学习如何做父母那样，在准备生育第二个孩子时开始学习如何做两个孩子的父母，学习如何正确对待和教育一大一小两个孩子的相应规范、知识与方法，特别是要学习正确处理与一先一后、一大一小的两个孩子之间形成的那种本质虽然相同（都是亲子关系），但表现形式又不完全一样的两种父子关系和两种母子关系。

总之，如同多年来实施的“一对夫妇只生育一个孩子”的计划生育政策首先影响到的是广大独生子女父母一样，“单独二孩”“全面二孩”生育政策首先影响到的也是符合这一生育政策且处于育龄阶段的夫妇。一个不得不承认的客观现实是：这些希望生育第二个孩子的夫妇既没有做好开始生育第二个孩子的心理准备和生理准备，也没有做好实际面对和养育两个孩子的知识准备及实践准备。在多年严格控制二孩生育，现在突然放开可以生二孩的人口政策面前，作为生育政策和生育行为实际承担者，其心态会发生变化。他们对于抚育两个子女的认识、态度及实际的抚育行为，也会自觉不自觉地发生一些偏差。正因为如此，如同三十多年前学者提出的教育好独生子女的关键在于教育他们的父母的观点一样，要处理好单独一孩家庭生育第二个孩子后形成的新的亲子关系，关键同样在于教育好已育一孩的父母。

第三节　面对弟弟妹妹：家庭中第一个孩子的社会化内容

对于符合“单独二孩”生育政策家庭中唯一的孩子来说，他们基本上都处于成人前的基本社会化阶段，而在人的基本社会化阶段，家庭始终是其最重要的社会化机构和场所，父母则是对其社会化发展影响最大的“重要他人”。人们在学习基本生活技能和社会规范的过程中，要通过与他人的互动来了解和建立各种人际关系，并学习相应的角色行为。然而，在目前的单独一孩家庭中，由于孩子为独生子女，因此他们在家庭中交往互动的对象主要限于父母和祖辈等成人。特别是他们与父母之间构成的亲子关系，更是他们社会化过程中最重要的互动渠道和精神依赖。因此，当父母再生育一个孩子时，这种亲子关系自然会发生变化，第一个孩子的社会化过程也会因此发生变化和受到影响。这种变化和影响也将对他们的基本社会化提出一些新的学习内容。

首先是心理上的变化和适应。在以往传统的多子女家庭里，每一个孩子在成长过程中都会很自然地学习和接受一项特定的社会化内容：即学习面对兄弟姐妹，学习扮演兄弟姐妹的角色，学会建立并适应兄弟姐妹之间的手足关系。然而，目前的单独一孩家庭中，这些作为老大的孩子，一直以来都是被整个家庭当作独生子女来对待的，他们在家庭中承担的角色只有独生子女，而没有哥哥姐姐。因此，他们早已习惯了从小成长的这种独生子女环境。这种特定的家庭环境带给他们的是这样一种意识：在所有家庭成员中，他们是最小的，因而总是最受保护的、最多照顾的、遇事最优先的、最受重视的。客观上他们也的确是最受关注的。然而，突然之间，要让这个一直是家庭中唯一的、最小的、最优先的独生子女，去面临一种还有一个比他更小的、在他看来更受保护的、更受照顾和关注的、更为优先的和更受重视的弟弟妹妹的家庭生活现实，他们的心理肯定会受到一定的冲击，也会出现一定程度的不适应现象。

另外，一孩家庭与以往的多子女家庭之间还有一个十分重要的差别：以往多子女家庭中，相邻的两个子女之间的年龄差距往往并不大，基本上是相隔两三岁。这种情形的社会化效果是，兄弟姐妹之间从幼小的时候开始就相互接触和共同生活，父母也会在他们比较小的时候就开始教育，孩子也会开始学习并相互适应。因此，他们关于兄弟姐妹关系的规范和行为方式，是在幼年时期相伴成长的共同社会化过程中习得的，自然而然慢慢适应的。然而，一孩家庭中面临的现实却是：父母准备生育的第二个孩子与第一个孩子之间，在年龄上既可能相隔两三岁，也可能相隔五六岁、八九岁甚至十几岁。这种不同的年龄差距，给第一个孩子关于兄弟姐妹关系的社会化学习带来了不同的场景。由于儿童与青少年时期正是人的心理、人格特征迅速发展和不断变化的时期，处于不同年龄段的第一个孩子在心理特征，特别是在自我意识、角色意识方面，有着非常大的差别。正是这些差别会导致他们在面对第二个孩子的现实时，产生各种不同的反应。

因此，父母再生育一个孩子，对家庭中第一个孩子的心理冲击和所带来的不适应的程度，会依据他们的年龄大小及家庭中的生活氛围、父母之前对他的教育和培养方式等因素的不同而有所不同。他们顺利适应新的家庭生活和家庭关系的难度和过程也会有所不同。学会面对这种家庭成员变化带来的冲击并在父母的帮助下尽快调整和适应新的家庭生活环境，就成为单独一孩家庭中第一个孩子新的社会化任务。

其次是哥哥姐姐角色的学习和扮演。父母的再次生育给第一个孩子带来各种不同的心理冲击和不适应的同时，也开启了单独一孩家庭中第一个孩子在新的家庭环境中的另一项社会化内容：即学习做哥哥姐姐。

客观地说，最近三十多年来我国社会大量独生子女家庭中儿童的社会化，是一种与三十多年前我国社会中及世界大多数国家社会中的儿童社会化有着显著差别和不同的社会化。这种差别和不同主要体现在社会化的对象由多个子女变成了独生子女。社会化研究的重点也往往只是集中在作为特定对象的独生子女的社会化过程及其特点上。正是由于独生子女没有兄弟姐妹，因而有关独生子女社会化过程的规范和知识中自然就缺少了如何对待兄弟姐妹、如何与兄弟姐妹交往、如何扮演兄弟姐妹的角色等内容。

我们知道，任何一个社会角色都有一套相应的社会规范和这套规范所要求的行为方式。人们一旦承担某种社会角色，社会就会按照这一角色的规范和行为方式给予他们某种角色期待，即期望他们，实际上也是要求他们按照这种规范去行动、去表演。当一个家庭中仅有一个孩子时，他们只承担着一种社会角色，即相对于父母而言的子女角色。在他们的基本社会化过程中，由于没有兄弟姐妹，他们自然也不会承担“哥哥姐姐”或“弟弟妹妹”这样的角色，他们甚至都不会意识到“哥哥姐姐”或“弟弟妹妹”实际上究竟是什么。因此，他们的日常生活中，既不会有来自父母和他人对他的这种角色期待，他们也不会按照这种角色期待去表现和行动。

现在，当父母再生育一个弟弟妹妹时，无论这第一个孩子是否愿意、是否意识得到，他客观上已承担了“哥哥姐姐”的角色，他的社会化学习中就必须增加有关如何扮演“哥哥姐姐”的内容，而整个家庭特别是父母也有责任在他的社会化过程中，教给他有关“哥哥姐姐”角色的各种规范和行为方式，使他在与弟弟妹妹的互动中，逐渐学会谦让，学会承担，学会爱护，也学会帮助。当然，父母也要在与两个孩子的互动中，教给第二个孩子有关“弟弟妹妹”角色的各种规范和行为方式。

最后是学习并适应新的亲子关系。如果说学习做哥哥姐姐的任务所围绕的是第一个孩子与第二个孩子之间的关系的话，那么，学习和适应新的亲子关系则围绕的是第一个孩子与父母之间的关系。正如前面所分析的，随着家庭中第二个子女出现，原有的亲子关系会变得更加复杂化和多样化。这一变化不仅对父母提出了调整和学习的任务，也对第一个孩子提出了同样的调整和学习任务。在父母生育弟弟妹妹之前，他们面对的是父母与他之间的唯一的亲子关系。当弟弟妹妹出生后，他们要面对的则是在受到父母与弟弟妹妹之间新的亲子关系影响后的亲子关系，在一定程度上，我们可以说，他要学会面对一种“被分散”了的或“被稀释”了的亲子关系。因此，随着第二个孩子的出生，第一个孩子在日常的家庭生活中不仅要学习如何对待弟弟妹妹，学习如何处理与弟弟妹妹之间的手足关系，他们还要重新学习和重新看待他们与父母之间已有的亲子关系。

由于家庭生活中有限的时间和空间的限制，在父母与弟弟妹妹之间新的亲子关系的影响下，第一个孩子与父母之间的互动或许会有所减少，他们受关注的程度或许也会有所减弱，所有这些都形成了一种新的家庭生活环境和新的亲子互动氛围。在这种情形下，第一个孩子必须重新学习并逐步适应他们与父母之间的新的亲子关系。他们要在这种社会化的过程中，逐渐学会摆正父母、自己及弟弟妹妹三者的位置，学会理解和接受父母在处理与自己之间的亲子关系方面的某些“不公平”，并且在很多时候还要学会适应被父母暂时的忽视。不要以为这些方面对第一个孩子的影响是消极的。从社会化角度我们可以说，正是第二个孩子的出现，让第一个孩子学习到许多在只有一个孩子条件下学不到的角色规范和行为方式，实际上为他的更加全面的发展提供了一种不可替代的积极的环境。

综合前面几方面的分析，我们不难明白，即使出现了媒体所报道的那些极端事例，我们也不能责怪那些处于基本社会化过程中但却没有接受到相应的社会化内容学习的孩子。如果他们的父母在生育第二个孩子方面有充分的继续社会化学习，如果他们自己在弟弟妹妹出生前也早就进行了相应的心理适应和角色学习，那么，这种极端的现象无疑会明显减少。

第四节 “单独二孩”家庭亲子社会化对“全面二孩”的启示

上述对“单独家庭”生育二孩所带来的父母和子女社会化新任务的分析，不仅可以用来解释当前一些家庭中出现极端现象的原因，引导“单独二孩”家庭尽快主动地学习新的社会化内容和调适好亲子关系。更为重要的是，它可以为大量出现的“全面二孩”家庭提供有益的启示和及时的指导。

应该认识到，“单独二孩”生育政策所针对的人口只是我国社会整个育龄人口中的一小部分。根据人口学者翟振武教授等利用 2005 年全国 1%人口抽样调查数据计算的结果，在当时 20~30 岁人口中，独生子女的比例接近 20%，10~20 岁人口中，独生子女比例接近 30%，0~10 岁人口中，这一比例接近 40%[①]。正是由于受到年龄别独生子女人口数量及其占同龄人口比例的限制，所以每一年龄段我国社会中形成“双独家庭”与“单独家庭”的具体比例尽

① 翟振武、张现苓、靳永爱：《立即全面放开二胎政策的人口学后果分析》，《人口研究》2014 年第 2 期，第 7 页。

管会有一定范围的变动，但二者总的比例却只会在40%以内，而“双非家庭”的比例则一直会保持在60%左右。只有当所有独生子女都与非独生子女结婚，才会达到“双独家庭”比例为零、“单独家庭”比例为40%的情形。显然，这是一种不可能出现的极端情况。正常情况总是有一部分“双独家庭”和“单独家庭”，特别地，如果一个时期“双独家庭”比例增加的话，“单独家庭”的比例就会更快下降。前面所列举的调查和统计分析结果也显示，目前年轻的城市家庭中，“双独家庭”大约占同龄总体的10%左右，“单独家庭”大约占30%左右，而“双非家庭”则占了60%左右。这些结果都表明，目前城市已婚育龄人口中，符合“单独二孩”生育政策的单独父母群体的规模明显少于适合“全面二孩”生育政策的双非父母群体的规模。这是我国社会的一种重要的现实。

另外，我们更应该认识到，“单独二孩”生育政策只是我国计划生育政策不断调整和完善过程中的一小步。根据我国人口的出生率现状、人口增长的现状、人口结构的现状及其发展趋势，特别是依据国家和政府关于进一步调整和完善计划生育政策的方针和指导思想，我国的生育政策已过渡到“全面二孩”生育政策（即所有夫妇都可以生育两个孩子）的实施阶段。因此，在更大规模的现有一孩家庭中，同样会有相当部分的家庭将迎来他们的第二个孩子。

正是在这样的背景下，我们也可以预计，发生在准备生育第二个孩子的“单独家庭”中的这种亲子关系变化及其相关现象，也会同样发生在规模更大的、准备生育第二个孩子的“双非家庭”中。因此，上述所讨论的单独一孩父母继续社会化过程及第一个孩子的基本社会化过程中的那些特定学习内容和任务，也会完全一样地出现在这些“双非家庭”中。这样看来，“未雨绸缪”，提前做好相关的宣传、教育和准备，为广大年轻家庭的父母和子女在接受家庭中的第二个孩子所带来的新的家庭环境，更加顺利地进行新的社会化学习，更少出现目前媒体报道的极端现象，无疑有着十分重要的意义。因此，笔者认为，从现在起，整个社会就要有意识地开展这方面的教育与宣传，用科学的和正确的舆论、规范及社会化知识，去引导和帮助这些家庭提前接受这种现实，提前做好面对这种现实的心理准备和文化准备，为广大年轻家庭及时适应这种变化，顺利度过这一转折，更好地营造一个亲子情深、手足情深的新家庭氛围和社会文化氛围，建立更为融洽、和睦的家庭关系，也为更多家庭的美满幸福做出努力。

第 十 九 章

“后独生子女时代”的独生子女问题

从20世纪70年代末开始，随着以“一对夫妇只生育一个孩子”为主要内容的计划生育政策的实施，中国社会中产生了一代特殊的人口——独生子女。随着数量庞大的独生子女的出生和成长，中国社会也出现了十分普遍的“独生子女现象”，产生了十分独特的“独生子女问题”，范围从独生子女的心理特征到独生子女的教育方法及从独生子女的家庭结构、家庭关系到独生子女父母的生育意愿、养老保障。所有这些现象和问题都被中国社会和学术界关注并研究了将近四十年。众多的研究成果在帮助人们认识和了解这一代特殊人口，有针对性地解决这一代特殊人口所带来的社会问题等方面发挥了有价值的参考作用。

2015年底，随着“全面二孩”生育政策的公布，实行了三十多年的“独生子女政策”正式宣告结束。这也意味着，我国社会从此开启了一个没有独生子女生育政策的崭新时代——“后独生子女时代”。在这一新的时代刚刚到来之际，有一些问题值得认真思考：在取消独生子女政策后所形成的“后独生子女时代”，是否还存在着影响中国社会的“独生子女问题”？那些在三十多年的“独生子女时代”中所出现的独生子女问题是否会随着二孩政策的实施而变得不再重要甚至逐渐消失？如果独生子女问题依旧存在，那么，主要的问题又会是什么？在探讨“后独生子女时代”的独生子女问题时，又有哪些视角值得特别重视？努力探讨和回答这些问题，就是本章的主要目标。

第一节 “独生子女时代”中的独生子女问题

为了更好地认识和理解“后独生子女时代”中的独生子女问题，有必要对三十多年的“独生子女时代”中所形成的独生子女问题及学术界所进行的独生子女研究进行简要的回顾和概述。

政策性独生子女在我国社会中的出现始于1979年。根据《中国计划生育年鉴》公布的数据，1979年全国首批领证独生子女人数为610万人。[①]此后，领证独生子女人数逐年增加。到2013年“单独二孩”政策实施之时，我国的独生子女人数已经达到2亿左右。[②]与数以千万计的独生子女人口的迅速产生相伴随的是，1980年开始，国内学术界就开展了对独生子女及其各种相关的社会现象、社会问题的研究。大体上看，三十多年来学术界所涉及的独生子女问题主要集中在以下八个大的方面。[③]

（1）独生子女的心理特征、性格特点、行为习惯问题。由于20世纪70年代在全国范围内统一实行“一对夫妇只生育一个孩子”的生育政策是我国历史上的第一次，而数以百万计的独生子女的大批出现，也是我国社会中从来没有的现象。因此，当一代独生子女产生时，父母、家庭、社会及学术界首先关注的都是诸如“独生子女的心理特征、人格特点是什么？独生子女是不是不合群？独生子女与非独生子女之间有无差别？二者有哪些方面的差别？二者之间究竟谁优谁劣？”这样的问题，也就是独生子女的心理特征、性格特点及行为习惯等问题。对于这些问题，早期的研究结果和普遍认识是：独生子女具有较多的性格缺陷，独生子女与非独生子女之间存在显著差别，

---

① 《中国计划生育年鉴》编辑委员会：《中国计划生育年鉴1986》，人民卫生出版社1987年版，第375页。

② 关于我国独生子女人口的确切人数，目前尚没有统一的说法。但根据人口学者的估算及国家相关部门的调查，这一数字大约在1.9~2.2亿。

③ 有关国内独生子女问题研究状况的更详细的介绍，可参见风笑天：《我国独生子女研究的现状分析》，《江海学刊》1990年第1期，第54—58页；风笑天：《中国独生子女研究：回顾与前瞻》，《江海学刊》2002年第5期，第90—99、207页；肖富群、风笑天：《我国独生子女研究30年：两种视角及其局限》，《南京社会科学》2010年第7期，第45—52页。

其中，在身体状况、智力发展状况两方面，独生子女优于非独生子女，但在心理特征、性格特点、行为习惯方面独生子女则不如非独生子女。

（2）独生子女的教育问题。这既是关注独生子女心理特征、性格特点、行为习惯问题的自然延续，也是自独生子女出现以来学术界持续时间最长、所占比重最大的研究主题。这方面的研究范围“从独生子女的早期教育、学前教育、小学教育、家庭教育，直到一些更专门的方面，比如独生子女的品德教育、智力开发、不良行为防止、义务感和责任感的培养等”[①]；从早期的“独生子女是不是小皇帝？”的提问，到“教育好独生子女的关键在于教育他们的父母”的呼吁，一直到后期有关高等教育中的独生子女问题，可以说研究内容几乎涉及教育学涵盖的所有方面。

（3）独生子女社会化发展问题。对于独生子女社会化问题的关注和研究，实际上来自相互联系的两个方面：一是心理学对于独生子女性格特征、教育学对于独生子女认知发展的关注；二是早期心理学、教育学对于独生子女与非独生子女之间差异问题的探讨。作为对这两个方面关注的一种回应，社会学集中探讨了独生子女的社会化过程、结果及其影响因素问题。研究结果表明，一方面，在社会化发展的早期，两类儿童之间的确存在着明显的差别，但是随着儿童年龄的增长，从青少年时期开始，独生子女与非独生子女之间在社会化发展方面的差别就逐渐消失了。[②]

（4）成年独生子女的社会适应问题。进入 21 世纪以来，随着第一代独生子女普遍进入成年期，开始就业、结婚和生育，社会和学界开始注意到他们的社会适应问题。一方面，媒体不断报道成年的独生子女在工作中经常会因为处理不好人际关系问题而频繁“跳槽”，在婚姻恋爱方面往往会因为草率、冲动而出现“闪婚闪离”，生活自理方面则因为自身能力差所以婚后不做饭到父母家“蹭饭”，生了孩子也甩给父母，“生而不养”等；但另一方面，学术研究结果则表明，独生子女并非媒体所描述的那种“长大了的小皇帝”，他们

---

① 风笑天：《我国独生子女研究的现状分析》，《江海学刊》1990 年第 1 期，第 55 页。

② 风笑天：《独生子女青少年的社会化过程及其结果》，《中国社会科学》2000 年第 6 期，第 118—131、208 页；风笑天：《青少年社会化：理论探讨与经验研究述评》，《青年研究》2005 年第 3 期，第 1—8 页；风笑天：《中国独生子女：规模、差异与评价》，《理论月刊》2006 年第 4 期，第 5—10 页。

在社会适应方面与同龄非独生子女实际上相差无几。[①]

（5）独生子女的婚姻与家庭问题。作为一种新的家庭类型，独生子女家庭从一开始就受到了学术界的关注。研究主要集中在对独生子女家庭的家庭结构、家庭关系、家庭生活方式等方面，特别是较多地探讨了独生子女家庭中的亲子关系及“四二一”家庭代际结构等问题。同时，从20世纪末开始，学术界就有研究探讨了独生子女的出现对未来婚姻结构的影响；而进入21世纪后，随着独生子女逐渐成人，他们的婚恋问题也越来越受到学术界的重视，这方面的研究集中探讨了独生子女的婚配对象、夫妻权利、婚姻稳定性等问题。

（6）独生子女父母及第一代独生子女的生育意愿问题。从20世纪70年代实施独生子女政策的时候开始，第一代独生子女父母的生育意愿就一直为社会和学术界所关注。这是因为，作为第一批执行独生子女政策的人群，他们实际的生育意愿既与当时政策的贯彻实施密切相关，也与他们对孩子的养育、教育方式有着密切的关系；而从21世纪开始，随着第一代独生子女的成年，学术界又开始从我国人口发展和政策调整的角度继续关注作为新一代育龄人口的第一代独生子女的生育意愿和生育行为问题。

（7）独生子女父母的养老保障问题。独生子女家庭的特定人口结构客观上意味着独生子女父母进入老年时将面临一系列养老保障的问题。这方面也是学术界探讨较多的领域之一。特别是随着第一代独生子女逐渐成年，他们的父母逐渐变老，社会对这方面的关注也越来越多。学术界在这方面的探讨也从独生子女父母的居住方式、养老方式、养老观念，到独生子女父母与子女之间的代际互动、代际支持，直到对农村独生子女家庭中父母的老年保障问题及“失独”家庭的父母养老保障问题等。

（8）对独生子女的社会认识和评价问题。由于一代独生子女人口的产生和发展是史无前例的。因而，从独生子女刚刚产生的时候开始，直到目前，社会和学术界都有一个如何正确认识和评价独生子女的问题。从早期关于独生子女是不是“问题儿童”、独生子女是不是“小皇帝”的探讨及对于独生子

① 风笑天：《中国第一代城市独生子女的社会适应》，《教育研究》2005年第10期，第28—34页。

女与非独生子女之间是否存在差别的比较，到21世纪初关于成年独生子女是不是不适应社会的争论，直到近期关于大众媒介对独生子女的“妖魔化”的分析，所有这些探讨背后所折射出的都是中国社会、媒体和学界对第一代独生子女的整体看法和认识问题。

第二节　已终结的政策与并未消失的人口

在这个没有独生子女政策的“后独生子女时代”刚刚开始的时候，我们首先应该注意到一个简单的问题：“后独生子女时代”没有独生子女了吗？（进一步还可以问：如果还有独生子女，那么，他们的数量有多少）与此同时，我们还应该提一个更为重要的问题：在“后独生子女时代”中，不存在独生子女问题了吗？（进一步还可以问：如果存在，那么，主要有哪些方面的问题）对于这两个问题回答，可以确切地说，答案都是否定的。虽然随着“全面二孩”政策的实施，“独生子女时代”终结了，但它却并不意味着数以亿计的独生子女人口就此消失，并不意味着中国社会中再也不存在独生子女问题。更直接地说，“后独生子女时代”既不是没有独生子女的时代，也不是没有独生子女问题的时代。

先来看看“后独生子女时代”中独生子女人口的基本规模及其发展趋势。尽管国家统计部门并没有专门对独生子女人口数量进行统计，但从政府相关部门和人口学者的众多研究结果中，我们还是可以大致地了解到独生子女人口的可能规模及其发展趋势。

国家统计局2005年全国1%人口抽样调查的结果表明，2005年时，全国0~30岁独生子女人口为1.58亿人。[①]这是到目前为止国家人口调查中唯一一次设置了兄弟姐妹数目的调查，“因此2005年调查至今仍是唯一能提供独生子女数量和比例的全国性大规模调查数据”[②]。1.58亿的结果也被认为是当时

---

① 根据国家统计局2005年全国1%人口抽样调查数据中“表8-7：全国分年龄、性别的独生子女数”计算得到。

② 郭志刚：《清醒认识中国低生育率风险》，《国际经济评论》2015年第2期，第109页。

有关独生子女人口的最为准确、最为可靠的统计结果。

杨书章和王广州采用孩次递进模型，间接估计了 2007 年末的独生子女人口数量。其研究结果表明，“2007 年末 0~17 岁独生子女为 1.14 亿，18~28 岁独生子女为 3640 万，30 岁以下独生子女数量已超过 1.5 亿”[①]。由于该研究中只估计了 2007 年时 0~28 岁的独生子女人口，如果再加上 2007 年时实际存在的 29~32 岁的独生子女人口（也即 2005 年时 27~30 岁的独生子女人口），则此处 0~30 岁独生子女的人口估计约为 1.62 亿左右（按其 18~28 岁独生子女人口的 1/3 估计）。

陈恩根据 2005 年全国 1%人口抽样调查结果中 0~30 岁独生子女占同龄人口的比重为 29.3%的结果，假定 2000 年 0~20 岁、2010 年 0~30 岁（即 1980~2000 年出生）的独生子女占同龄人口的比重也与此比例相同，然后利用第五次全国人口普查数据和第六次全国人口普查数据，估算出 2010 年时全国独生子女人口为 1.67 亿；[②]如果加上实际存在的、出生于 1980 年以前的独生子女（1979 年时共有领证独生子女 610 万人），则此数字应在 1.73 亿左右。

翟振武等采用 2005 年全国 1 %人口抽样调查汇总数据，对独生子女的数量进行了研究，最终“估算出 2012 年 0～37 岁的独生子女规模总计为 1.967 亿”[③]。

姚引妹等同样基于 2005 年全国 1 %人口抽样调查资料及 2010 年第六次全国人口普查特别汇总数据，对我国独生子女规模进行了估计。其“计算结果显示，截至 2013 年底，我国独生子女[④]规模为 21 819 万人”[⑤]。

① 杨书章、王广州：《一种独生子女数量间接估计方法》，《中国人口科学》2007 年第 4 期，第 64 页。

② 陈恩：《全国“失独”家庭的规模估计》，《人口与发展》2013 年第 6 期，第 101—102 页。

③ 翟振武、张现苓、靳永爱：《立即全面放开二胎政策的人口学后果分析》，《人口研究》2014 年第 2 期，第 8 页。

④ 文章中指出 2005 年全国 1%人口抽样调查中，独生子女的年龄范围为 0~30 岁，30 岁组人口的出生年为 1975 年，该文累计的独生子女数就是在此基础上计算的。到 2013 年，独生子女的年龄为 0~38 岁。

⑤ 姚引妹、李芬、尹文耀：《单独两孩政策下独生子女数量、结构变动趋势预测》，《浙江大学学报（人文社会科学版）》2015 年第 1 期，第 99 页。

李汉东等则基于 2010 年全国第六次人口普查数据，对独生子女的规模进行了研究，其结果表明，截止到 2015 年，中国独生子女人口为 2.246 亿。[①]

这几项研究结果向我们展示的是这样的一种状况与趋势：2005 年，全国 0~30 岁的独生子女人口约为 1.58 亿人；2007 年，全国 0~32 岁的独生子女人口约为 1.62 亿人；2010 年，全国 0~35 岁的独生子女人口约为 1.73 亿人；2012 年，全国 0~37 岁的独生子女人口约为 1.967 亿人；2013 年，全国 0~38 岁的独生子女人口约为 2.18 亿人；2015 年，全国 0~40 岁的独生子女人口约为 2.246 亿人[②]。

尽管上述这些研究所采用的数据不同、所使用的估算方法不同，但所有这些结果之间却表现出很大的逻辑一致性。如果可以相信这些结果，那么，2020 年，全国 0~45 岁的独生子女人口大约会有多少呢？从上述结果中，不难推断出这样一个基本事实：目前的中国社会中，存在着 0~45 岁的独生子女人口 1.8 亿左右。笔者得出这一结果的依据如下。

首先，虽然 2013 年底“单独二孩”政策实施、2016 年“全面二孩”政策实施，都会导致 2015 年以前出生的低龄人口（0~14 岁）中，有一部分原来的独生子女因其父母生育二孩而变成非独生子女。但是，在 2005 年以前出生的独生子女中，除了 0~4 岁的这一小部分人（2015 年时 10~14 岁）还有可能成为非独生子女外，5~30 岁的这一大部分人（也即是 2015 年时 15~40 岁的人）则往往由于其父母的年龄（按 25 岁结婚、26 岁生育的标准）基本上都在 41 岁以上，因而不便、不会或者不能再生育。所以，他们不会变成非独生子女。这样，根据国家统计局 2005 年全国 1%人口抽样调查的结果，2015 年时，15~40 岁的独生子女人口（也即 2005 年时 5~30 岁的独生子女人口）就有大约 1.19 亿（1.58 亿中扣除 0~4 岁的独生子女约 0.4 亿所得）。

其次，在 2015 年时，那些年龄处于 0~14 岁的独生子女人口（即

① 李汉东、王然、任昱洁：《计划生育政策以来的独生子女数量及家庭结构分析》，《统计与决策》2018 年第 13 期，第 102 页。

② 为使各年数据看起来更直观，此处数据对前文所列数据进行了单位换算和约分。

2.2 亿−1.2 亿=1 亿，其中包含 2005 年时 0~4 岁人口 0.4 亿，以及 2005~2015 年出生的 0.6 亿）中，也会有一部分人因为其父母不再生育二孩而依然是独生子女。根据二孩政策实施后的这几年中多项二孩生育意愿的调查结果，[①]以及 2016~2019 年全国出生人口统计中有关出生孩次比例的结果，[②]现有一孩育龄人口中选择生二孩的比例大约在 40%~60%。因此，如果有 50%的人因父母选择生二孩而成为非独生子女，那么，2015 年时 0~14 岁的 1 亿独生子女中，也依然会有 5000 万左右还是独生子女。这样，2015 年时，0~40 岁独生子女的规模就大约在 1.7 亿左右（1.19+0.5=1.69）。

再次，在 2016 年至 2020 年新出生的人口中，同样会有一部分人因其父母不生育第二个孩子而成为独生子女。如果以每年新出生人口中约有 200 万最终会成为独生子女来估算，[③]那么，截至 2020 年，我国社会中的独生子女人口规模就会达到 1.8 亿左右（1.7+0.02×5=1.8）。

最后，还应看到，在今后相当长的一段时期中，只要国家生育政策及人们的生育观念、生育行为不发生大的变化，这种新的、非政策性的、父母“自愿选择”所产生的独生子女人口就会一直增长。因此，今后一段时期中（大约 30 年），中国社会的独生子女人口规模就只会比目前的 1.8 亿的规模更大。换句话说，今后相当长的一段时期中，中国社会依然会有超过 1.8 亿的独生子女人口及其家庭存在。这就是我们必须面对的有关独生子女人口规模的客观现实。

---

① 风笑天、李芬：《再生一个？城市一孩育龄人群的年龄结构与生育意愿》，《思想战线》2016 年第 1 期，第 88—95 页；风笑天：《二孩生育意愿：从“假设”到“现实”有多远》，《新疆师范大学学报(哲学社会科学版)》2018 年第 1 期，第 115—123 页；姜玉、庄亚儿：《生育政策调整对生育意愿影响研究——基于 2015 年追踪调查数据的发现》，《西北人口》2017 年第 3 期，第 33—37、44 页。

② 可详见国家统计局每年年初发布的上一年全国出生人口统计公报。

③ 2015~2019 这 5 年每年出生人数分别为 1655 万、1786 万、1723 万、1523 万、1465 万，平均为 1630 万，其中一胎比例在 40%~60%。若按 50%计算，则一胎人口为 800 万；再按其中 50%生二孩、50%选择不生二孩，则最终每年出生人口中成为独生子女的人口为 800*50%* 50%=200 万。

第三节 探讨“后独生子女时代”独生子女问题的三种视角

在探讨“后独生子女时代”的独生子女问题时，应注意到以下三种视角是十分重要的。一是政策的视角，即从新政策与旧政策的角度区分出不同的独生子女及其不同的独生子女问题；二是年龄的视角，即从年龄角度区分出不同阶段的独生子女及他们所面临的不同问题；三是“社会学想象力”的视角，即从个体生活与社会历史相结合的角度认识独生子女及其问题。

首先，从新政策与旧政策的视角，可以帮我们看到独生子女总体的一个十分重要的特征：即目前我国社会中存在的独生子女人口实际上包含着三个性质不同的部分，或者说包含三个不同性质的子类别。

第一类是“独生子女政策”实施后的前一阶段中出生的独生子女，也即2000年以前出生的独生子女。对于这一类独生子女来说，他们的父母无论是否想生两个孩子，最终或许都会因为年龄的原因只能生育一个。因为到2015年“全面二孩”政策颁布时，这些独生子女至少已超过15岁（目前则超过20岁）。他们的父母的年龄则往往都在41岁以上（同样按结婚年龄为25岁、生育年龄为26岁的标准），因而通常不会、不便或无法再生育。因此，可以将这一类独生子女称为父母“非自愿选择”产生的独生子女。

第二类是2013年底“单独二孩”政策落地，特别是2016年“全面二孩”政策实施后出生的独生子女。他们也即是最近几年中出生的独生子女（即2016~2020年出生，还将包括今后出生的独生子女）。由于2016年时，所有的育龄父母都已经可以合法地生育两个孩子了。所以，如果此时他们的父母依旧只生育了他们一个，那么可以说，这主要是他们的父母自愿选择的结果。因此，可以将这一类独生子女称为父母“自愿选择”产生的独生子女。

第三类则是介于上述二者之间出生的独生子女，即2001~2015年出生的独生子女。他们是在“独生子女政策”时期出生，但是在二孩政策实施后，其父母依然自愿选择不再生育，这是一类比较特殊的独生子女。他们一方面具有与第一类独生子女相同的“非自愿选择”的背景，另一方面又具有与第二类独生子女相同的“自愿选择”的背景。因此，可以将其称为“生于非自愿选择时期但通过自愿选择”产生的独生子女。

这三类独生子女不仅规模不同，他们所处的年龄段也不同。因此，他们所面临的和带来的问题也有一定的不同。目前第一类独生子女在规模上占据绝大部分（即 1.2 亿左右），是独生子女人口的主体，第二类独生子女目前只占很小一部分（0.1 亿左右），第三类独生子女的规模居中（0.5 亿左右）。今后第一类和第三类独生子女的规模相对稳定，而第二类独生子女则会逐渐增多，所占比例也会逐渐增大。在年龄段上，第一类独生子女截至 2020 年全部处于 20~45 岁，第二类独生子女目前处于 0~4 岁，而第三类独生子女则介于二者之间，即处于 5~19 岁。从目前的情况看，第一类和第三类独生子女所面临的问题相对较多，也更具综合性；而第二类独生子女所面临的问题相对较少，也相对单一。除了共性的问题外，三类独生子女问题的性质也有一定差别。与第一类独生子女相关的主要是非自愿背景下的独生子女问题；与第二类独生子女相关的主要是自主选择背景下的独生子女问题；而与第三类独生子女相关的则是一种既有非自愿背景、又有自主选择背景，同时既不同于完全的非自愿背景、又不同于完全的自主选择背景的独生子女问题。

其次，从年龄的视角，可以帮助我们认识处于人的生命历程不同阶段的独生子女所具有的不同特征，以及与这些特征相对应的各种问题。本章只是粗略地将目前独生子女人口的整体划分为三个年龄段，即 0~18 岁、19~30 岁和 31~45 岁。根据这种划分，他们父母的年龄（同样按结婚年龄为 25 岁、生育年龄为 26 岁的标准）则大约分别为 26~44 岁、45~56 岁和 57~71 岁。将这两代人的年龄因素结合起来考虑，就可以更好地帮我们了解处于生命历程不同阶段的独生子女及其家庭所具有的不同特征，以及他们可能面临的或可能带来的问题。

比如，处于第一年龄段（0~18 岁）的独生子女目前尚未成年，其中绝大部分人是在“独生子女政策”时期出生，但在二孩政策放开后父母自愿选择所产生的。在其生命历程的早期阶段，他们的教育和成长问题无疑是最为重要，也是最受父母、家庭和社会关注的问题。处于第二年龄段（19~30 岁）的独生子女刚刚成年，正处于人生的青年阶段。他们基本上不可能再有兄弟姐妹，是最后一批政策条件下的独生子女。在其生命历程的这一阶段中，他们要面临接受高等教育、进入就业市场、选择职业、选择配偶、建立家庭等一系列人生大事，随着他们在这一过程中面临的问题越来越多，他们与社会之间的联系也越来越密切，而处于第三年龄段（31~45 岁）的独生子女情况则与前两类有更大的不同。他们是中国最早的一批独生子女，而且他们中有些人也是唯一一批自身为政策性独生子女、同时又养育政策性独生子女的人。他们绝大部分已经结婚成家，而且基本上都已经有了自己的孩子。在他们面前，既有是生育一个孩子还是两个孩子的问题，还有如何更好地养育、教育和培养这一个或两个孩子的问题；既有如何调适好工作、家庭之间的冲突，努力发展自身职业生涯的问题，还有如何处理好夫妻关系、代际关系、两种亲子关系等问题。与此同时，他们的父母也基本上进入了老年阶段，父母的养老问题也开始提上了他们日常生活的议事日程。

最后，从个体生活与社会历史相结合的视角，可以帮我们更全面地了解“后独生子女时代”中的各类独生子女问题，也更深刻地理解独生子女与中国社会之间的关系。这种视角是“社会学想象力”教给我们的最宝贵的东西。它提示我们，在看待“后独生子女时代”的独生子女人口及其相关现象时，一定要将宏观的社会历史背景与微观的个体生活经历结合起来进行分析。今天的独生子女一定是改革开放以来不断变迁的中国社会中的独生子女。在他们的身上，在他们所带来的问题中，一定有中国社会历史变迁留下的烙印。

事实上，前面关于新政策与旧政策视角下的独生子女的划分，以及关于生命历程不同阶段中的独生子女的划分，在一定程度上也是同时考虑社会历史宏观背景因素与个体经历微观因素的一种具体方式。比如，运用这一视角来看待上述第三年龄段（31~45 岁）的独生子女及其相关问题时，就不难认识到，在生育问题上，他们的父母（即第一代独生子女的父母）是我国第一批“吃螃蟹”的人（从传统的多子女到独生子女），而他们自己则成为另一种第一批“吃螃蟹”的人（从独生子女到全面二孩）。这种社会背景和人生经历的不同，导致他们不仅具有不同的生育意愿和生育行为，也具有不同的育儿观念和育儿行为；还使得他们的生育问题呈现出与他们父母的生育问题有众多不同的特点。再比如，同样是孩子的教育问题，今天的他们与当年他们的父母既面临着完全不同的社会环境（经济体制、社会文化、社会心理等），又具有完全不同的成长经历，而这些同样都将导致他们形成不同的价值观，包括幸福观、家庭观、育儿观等。所有这些又都将在他们对子女的抚育，特别是对子女教育的投入、期望、行为等方面表现出来。

第四节 “后独生子女时代”中的几种独生子女问题

前述分析表明，独生子女政策虽然终止了，但数量庞大的独生子女人口依旧会在今后相当长的一段历史时期中存在。正是这种庞大的、有三种不同类型的、处于不同年龄段的独生子女人口的客观存在及其发展，导致与他们相关的许多问题也会依然存在。在笔者看来，在今后相当长的一段历史时期中，我国社会至少会存在下述一些与独生子女密切相关的问题，值得学术界关注和探讨。

一、独生子女的教育问题

虽然在“独生子女政策”实施以后的三十多年中，学术界已有相当多的关于独生子女教育问题的研究结果和结论。但是，在“后独生子女时代”中，独生子女的教育问题会因为下述三个方面与以往不同而有着较大的不同。

首先，研究对象的性质不同。以往的研究结果所论及的对象都是独生子女政策条件下所产生的独生子女，即第一类独生子女。然而，在“后独生子女时代”，这种政策所产生的独生子女只是独生子女整体中的一个部分，特别是他们的主体基本上已经告别了教育领域（仅有少量人处于高等教育阶段的后期）。目前独生子女教育问题的研究对象，特别是在幼儿教育、学前教育、初等教育及中等教育阶段的研究对象，主要是那些在独生子女政策下出生，但却在二孩政策条件下成长的第三类独生子女。随着时间的推移，独生子女教育的研究对象又会逐步由第三类独生子女转变为完全自愿选择出生的第二类独生子女。由于这两类对象所具有的不同于第一类对象的性质，所以，一方面，原来对第一类独生子女教育问题所得到的研究结果和结论是否适用于这两类新的独生子女还有待于探讨；另一方面，这两类新的独生子女或许既会带来一些新的教育问题，也会给原来的教育问题带来一些新的特点。

其次，独生子女父母的特点不同。除了研究对象的变化外，另一个重要的变化是独生子女父母的状况也有所不同。总体上看，当前的独生子女父母不仅比以往的独生子女父母具有更高的受教育程度，更懂得如何给孩子最好的教育。同时，他们主动选择只生一个孩子，和原来的父母被动只生一个孩子在心态上所存在的潜在差别，也使得他们可能更加看重孩子的教育，更积极地给孩子提供更全面的教育，也更有可能在子女教育方面采取一种“以质量代替数量”的行为。父母在这些方面的差别无疑也会在独生子女的成长和教育中留下烙印和痕迹。

最后，独生子女教育面临的社会环境不同。“后独生子女时代”中的独生子女教育问题还具有一些不同于以往的社会背景。现代科技的发展，特别是大众媒介、智能手机、微信等新的大众媒介和通信工具、交流工具的出现及发展，为新一代独生子女父母在教育孩子方面提供了更快捷、更高效、更便利、范围更大、信息更多的社会环境和交流平台。新一代独生子女父母常常是按照互联网上搜索的信息来养育孩子，往往参考着网络上、微信里的信息给孩子在各种儿童培育机构报名，而现在的社会也更大程度地迎合了新一代独生子女父母的这种愿望。无论是城市中价格越来越高的“学区房”，还是网上推销的各种付费学习课程、一对一网上英语辅导等，都使得目前的独生子女教育又出现了一些新的现象。

上述这种新的教育对象、新的一代父母、新的社会环境，将会产生出哪些与独生子女教育相关的新的现象？在这些新的现象背后，又会出现哪些新的问题？独生子女的教育[①]又会呈现出哪些新的特点？这些新的现象、新的问题和新的特点又会给独生子女的教育带来哪些新的后果？所有这些问题目前都还没有答案，都值得认真关注和研究。可以说，“后独生子女时代”中的独生子女的教育将“一直都在路上”。

---

① 其实还有一种从独生子女变为非独生子女的儿童的教育问题，即那些原来是独生子女，后来由于其父母又生育了一个弟弟或妹妹，因此变成非独生子女的儿童的教育问题。这也是“后独生子女时代”中一个十分特殊的教育问题。

二、独生子女父母的养老保障问题

只要有独生子女人口存在，独生子女父母的养老保障问题就是一个不可回避的问题。目前实施的二孩生育政策，虽然可以在一定程度上减缓整个国家的老龄化趋势，但却无法改变业已存在的接近两亿独生子女家庭的养老困境。在“独生子女时代”中，独生子女父母的养老保障问题长期以来一直被学术界反复提及和进行研讨，也得出了一系列重要的研究结果和结论。但是，应该注意到，即便如此，独生子女父母的养老保障问题却依然是一个尚未真正解决的严重问题。因为根据笔者的研究，目前第一代独生子女父母的年龄主体尚处于60~70岁的“低龄老人”阶段，还没有到真正需要人照顾和帮助的年龄。“事实上，目前他们中的绝大部分人不仅在养老方面还不依赖于子女的帮助，而且许多人还可能会反过来从各方面帮助其子女抚育他们的孩子”①。第一代独生子女父母真正大规模面临养老中的生活照料和精神慰藉等困境，则主要是在十年以后。换句话说，未来十年，独生子女父母的养老问题才会真正开始成为尖锐的现实，即真正的考验是在十年以后。

因此，到目前为止的所有关于独生子女父母养老保障问题、家庭养老问题、居住方式问题、“空巢”问题的探讨和结论，其实基本上都只是依据多子女父母养老保障的现实情景，来对独生子女条件下父母养老保障问题进行某种分析、预测和推断，而不是直接依据独生子女父母养老保障的现实情境所得出的结果。因为现有的对独生子女父母养老问题的所有调查结果，其对象基本上尚未进入老年阶段，或者是刚刚进入老年阶段的“低龄老人”。但是“在下一个10年中，城市第一代独生子女父母的主体年龄将进入70~80岁的高龄老人阶段。无论是日常生活的自我料理能力，还是他们的身体健康状况，都会发生很大的变化。到那时，他们当中才会有大批的人进入到年老多病、需要人照顾的状况中”②。这种现实启示我们，从“后独生子女时代”开始，独生子女父母老年保障问题才客观地摆在社会和学术界的面前。有关独生子

① 风笑天：《空巢养老？城市第一代独生子女父母的居住方式及其启示》，《深圳大学学报（人文社会科学版）》2020年第4期，第128页。

② 风笑天：《空巢养老？城市第一代独生子女父母的居住方式及其启示》，《深圳大学学报（人文社会科学版）》2020年第4期，第128 页。

女父母养老保障的研究也才真正依据的是独生子女父母的现实情境。因此，如何从养老方式、生活照料、精神慰藉等诸多方面提前做好准备，特别是要尽可能在未来十年中建立起相应的社会政策和帮助措施，让一代又一代的独生子女父母能够真正有保障地安度晚年，无疑是摆在学术界和政府相关部门面前的一项重要任务。

三、难以避免的“失独”现象与“失独家庭”问题

与庞大的独生子女人口及独生子女父母养老保障紧密相关的，还有我国社会中的“失独”现象与“失独家庭”问题。尽管自独生子女政策实施以后，“失独”问题就一直存在。但是，或许是由于成年独生子女夭折的现象只是在进入21世纪后才开始出现的缘故，学术界对这一现象和问题的研究及探讨也仅仅只有不到十年的时间。而且，或许是由于“失独”现象所具有的残酷性，目前学术界对这一现象进行的研究，特别是经验研究和探讨还十分有限。此外，在目前有关“失独”问题的研究中，还存在一个重要的局限，就是不同研究者对“失独家庭”的界定并不一致。因此，不仅导致对“失独家庭”数量的估计结果相差巨大（从30万到1500万[①]），也导致各自所探讨的“失独”问题的内涵相差很大。

因此，对于“后独生子女时代”中“失独”问题的研究来说，首先应该明确界定和注意区分广义的“失独家庭”与狭义的“失独家庭”。笔者认为，前者指的是所有年龄段的独生子女夭折后所形成的家庭；而后者则指的是独生子女夭折时母亲已超过生育年龄因而无法再生育的家庭。虽然二者的性质（即唯一的孩子夭折）及所面对的现实（无法挽回的损失）具有明显的共性，但是，二者之间更存在着十分重要的、对于定义和研究“失独”现象来说更为本质的差别，即前者在一定程度上可以通过再次生育来弥补，而后者则失去了这种弥补的机会和可能。因此，在基础研究、政策应对、实际帮扶等方面，都应注意区分二者之间的不同特点，特别是要将研究的重心放在狭义的“失独家庭”上，为他们的养老保障提供有针对性的政策建议。

---

① 参见陈恩：《全国“失独”家庭的规模估计》，《人口与发展》2013年第6期，第100页。

虽然随着生育政策的调整，二孩生育的放开，“后独生子女时代”中的“失独”现象和“失独家庭”的数目会因为独生子女人口的相对减少而比原来预期的有所减少。但是，即便如此，根据前面的分析，“后独生子女时代”中的独生子女人口依然是十分庞大的。这也意味着，我国社会中还会不断地产生新的“失独”家庭。因为按照正常的人口死亡率，现有的独生子女人口中，始终会有一部分人在其父母退出生育年龄后因各种意外原因夭折，从而导致新的“失独”家庭的产生。这种情况依然是在“后独生子女时代”中我国社会必须面对的一个残酷现实。因此，努力探索在新形势下减少“失独”现象负面后果的有效途径，提出更为现实、更有针对性、也更具操作性的政策建议，无疑是摆在学术界和相关政府部门面前的一项艰巨的、长期的任务。

四、亲属关系的减少和缺失对独生子女未来生活的影响问题

到目前为止，最早的一批独生子女（出生于 1976~1985 年）基本上处于四十岁上下的年龄段。他们目前的生活中不仅有直系的亲属，如父亲母亲，姻亲的亲属，如公公婆婆或岳父岳母，甚至还有爷爷奶奶、姥爷姥姥。同时，他们的生活中还有众多与他们父母一辈的旁系亲属，如叔、伯、姑、姨、舅及其配偶与这些旁系亲属的孩子，即堂兄弟姐妹和表兄弟姐妹。这种亲属关系网络对于建立在家文化基础上的中国社会来说，是十分重要并且独具特色的一个部分。

但是一方面，考虑到目前第一代独生子女并不一定与他们的叔、伯、姑、姨、舅及其家庭生活在同一个地方，平时的联系也并不一定很密切。因而，可以预料的是，20~30 年后，他们与那些堂兄弟姐妹、表兄弟姐妹之间的联系和交往也不可能非常紧密。另一方面，20~30 年后，当他们的父母一辈，包括父亲、母亲、公公婆婆或岳父岳母，连同那些叔、伯、姑、姨、舅都逐渐去世后，他们在这个世界上主要的亲属关系除了他们的配偶和孩子以外，可能就只剩下那些客观上虽然存在，但实际生活中却很少来往的堂（表）兄弟姐妹了。

这种情景在一定意义上即是说，20~30 年后，第一代独生子女的亲属网络不仅规模会急剧缩小，仅有的亲属网络之间的交往频率和密切程度可能也

会大幅度下降。这一状况对于习惯于生活在有众多亲属关系的网络中的中国人来说，或许是一种极大地挑战。可以试想一下，当那些在日常生活中，特别是在社会交往中早已习惯于各种亲属关系，并经常与之交往互动的独生子女，在未来的生活中一下子没有了这些关系，他们会面临什么样的困难？会是一种什么样的感受？这对于当今绝大多数中国人包括第一代独生子女，或许是体会不到的。但是，20~30 年后，第一代独生子女（及今后一代又一代的独生子女）终究是会直接面临这种情景并切身感受到这种状况的。届时在他们的生活中是否会出现与此相关的新的心理问题、情感问题甚至精神问题？这种亲属关系的缺失对独生子女的社会交往又会带来什么样的影响？这些同样是现在就值得社会重视和提前考虑、也值得学术界提前开展研究和探讨的一个重要问题。

五、“独生子女时代”所形成的独生子女文化对社会的影响问题

在社会生活中，文化是一种规范，一种认知，甚至是一种信仰。它制约着、影响着、引导着人们的社会行为方式。尽管在“后独生子女时代”中出生的独生子女身上并没有烙下独生子女政策的印记，但整个社会在生育、养育、培育孩子方面早已形成的那种特定的独生子女文化，依旧会让他们浸润在与政策性独生子女完全相似或者相同的成长氛围中。因为无论是社会心理、社会价值观念，还是社会行为方式、生活方式，都在一定程度上受到了这种文化的影响，或者说都或多或少地包含着这种特定的亚文化的元素。这种独生子女文化既包含诸如生育观、家庭观、子女观、成才观等在内的社会认知层面的内容；也包含诸如子女养育方式、子女教育方式、家庭生活方式、人际交往方式等在内的行为实践方面的内容，而这种独特的独生子女文化依旧会在这些“后独生子女时代”中出生的独生子女的成长过程中产生潜移默化的影响。

特别是对于那些出生于“独生子女政策”时代的最初几年，并在“后独生子女时代”中生育或养育非政策性独生子女的那一部分独生子女来说，他们自己正是在这种特定的独生子女文化中成长起来的。这种文化所包含的一切对他们来说不仅是非常熟悉的，而且是早已习惯的，很多方面甚至还被他

们认为是"理所当然"的、"从来就如此"的。正是因为他们自己来自这种特定的文化，我们有理由预期，在生育、养育、培育、教育自己的独生子女的过程中，他们或许也会自觉不自觉地遵循着、实践着、传递着、增强着这种文化。

然而，到目前为止，中国社会虽然一直在关注独生子女及其相关现象，学术界也开展了如前所述的众多方面的独生子女研究，但十分遗憾的是，无论是中国社会还是学术界，至今还没有关注到这种独特的独生子女文化及其对中国社会的影响，也还没有学者对独生子女文化的概念、内涵、特征及其影响进行研究和探讨。这不能不说是目前存在的一个很大的缺陷。因此，在"后独生子女时代"开始的时候，我们应该回过头来，重新审视近几十年来我们所走过的道路，细心收集和分析伴随着独生子女政策的实施、伴随着一代又一代独生子女的成长、伴随着一个又一个独生子女问题的形成和解决，中国社会的主流文化是如何受到独生子女亚文化的影响、是如何逐渐发生变化，又如何形成新的文化模式的。与此同时，还应在明确解析独生子女文化各个组成部分的基础上，进一步探讨它在"后独生子女时代"中的作用和影响问题。

总之，作为一种社会历史现象，独生子女已经成为当代中国社会结构和社会历史进程中的一个部分；而作为一种客观存在，独生子女也已经与当代中国社会密不可分。从目前情况看，如果整个中国社会的生育政策和生育观念不发生大的改变，育龄人口中就会始终存在相当比例的一部分人（或许会占到育龄人口的40%~50%）自愿选择只生一个孩子。因此，非政策性的独生子女也就会不断地出现、长期地存在下去。与此相对应的是，本章中所论述的各种独生子女问题也会长期地存在下去。而且，除了本章所论述的几个问题外，一定还有一些本章尚未涉及的、潜在的独生子女问题存在。即使是上述笔者所提出的这些方面的问题，也都基本上没有现成的答案。因此，可以说，"后独生子女时代"中的独生子女问题依然是一个重要的研究领域，值得学术界继续关注和深入探讨。

第 二 十 章

生两个孩子：中国社会的又一场生育革命

“20 世纪 70 年代末，在中国这个世界人口最多的国家，发生了两件具有重大影响的历史事件：一是改革开放，二是人口控制。”[①]几十年过去了，改革开放已使得整个中国的面貌焕然一新，人口控制也有效地降低了中国人口的增长速度。如果说，改革开放的成果及其对中国社会的影响主要体现在国家的政治、经济、科技、教育、文化等体制与结构上的宏观变迁的话，那么可以说，人口控制的结果及其影响则相对广泛地深入几代中国人及数以亿计的中国家庭的微观生活中，而在更为深远的意义上，几乎同时发生的这两件大事都无异于中国社会的两场意义重大的革命。本章将在回顾人口控制这场重大的生育革命的基础上，集中分析和探讨在新的历史时期中，中国社会所面临的又一场生育革命的问题。

第一节 只生一个孩子：史无前例的生育革命

千百年来，中国社会在生育领域所奉行的一直是以“不孝有三，无后为大”、养儿防老、传宗接代、多子多福等传统观念为主导的生育文化。[②]与此相对应的是，在人口发展模式上则一直是以高出生率、高死亡率、低增长

① 风笑天：《中国独生子女研究：回顾与前瞻》，《江海学刊》2002 年第 5 期，第 90 页。
② 朱国宏：《传统生育文化与中国人口控制》，《人口研究》1992 年第 1 期，第 25 页。

率为主要特征。1949 年新中国成立后，随着人民生活水平的提高、医疗卫生条件的改善，死亡率迅速降低，人口发展模式也开始转变成以高出生率、低死亡率、高增长率为主要特征。从 20 世纪 50 年代到 20 世纪 70 年代初的二十几年间，除了在 20 世纪 50 年代末、20 世纪 60 年代初因“三年困难时期”及其他社会经济原因有短暂的下降外，中国社会的总和生育率水平一直处于很高的位置，基本上都是 5~6 个孩子。

20 世纪 70 年代初，国家开始提倡并推行以“晚婚、晚育”“少生、优生”为主要目标的计划生育政策。与此相对应的是，当时国家也主要采用“一个不少、两个正好、三个多了”等口号来进行宣传，引导人们由多生向少生转变。短短十年中，全国的总和生育率水平比 1970 年有了显著的下降，即从 1970 年的 5.81 下降到 1979 年的 2.75。但是，即使到了 20 世纪 70 年代末，总和生育率也依然接近 3，明显高于 2.1 的生育更替水平。

1979 年开始普遍实施以“一对夫妇只生育一个孩子”为主要内容的计划生育政策。这一以控制人口过快增长为主要目标的生育政策是史无前例的。在这一严厉的生育政策下，我国的出生率及总和生育率水平似乎应该进一步快速下降，然而统计结果表明，20 世纪 80 年代的总和生育率水平虽然比 20 世纪 70 年代有所下降，但下降的幅度并不是很大。十年中全国的总和生育率水平基本上都处于 2.5 左右，依然略高于更替水平。之所以会形成这一状况，一方面是由于 1984 年开始国家对农村地区实施“一孩半”的生育政策（即第一胎为女孩的，可按政策间隔几年后生育第二胎）；另一方面，则是由于新中国成立后所形成的两次生育高峰的人口大批进入生育高峰期所带来的影响。

然而，从 20 世纪 90 年代初开始，直至 2016 年，全国的总和生育率则一直处于更替水平以下。其中，20 世纪 90 年代从 2 个左右下降到不足 1.5 个，处于平均为 1.5 左右的低生育率水平。21 世纪以来，更是处于超低生育率水平。21 世纪初处于 1.3~1.5，2010~2016 年在 1.3 以下。直到 “全面二孩”政策实施后，最近几年的总和生育率水平才略有回升，达到 1.5 左右的水平。但这十年整体平均依旧处于 1.3 左右的超低生育水平。表 20-1 的数据清楚地显示出总和生育率在 1949~2016 年的变化过程。

表 20-1 我国历年总和生育率统计（1949~2016 年）①

年份	总和生育率	年份	总和生育率
1949	6.14	1975	3.57
1950	5.81	1976	3.24
1951	5.70	1977	2.84
1952	6.47	1978	2.72
1953	6.05	1979	2.75
1954	6.28	1980	2.24
1955	6.26	1981	2.63
1956	5.85	1982	2.87
1957	6.41	1983	2.42
1958	5.68	1984	2.35
1959	4.30	1985	2.20
1960	4.02	1986	2.42
1961	3.29	1987	2.59
1962	6.02	1988	2.31
1963	7.50	1989	2.25
1964	6.18	1990	2.17
1965	6.08	1991	2.01
1966	6.26	1992	1.86
1967	5.31	1993	1.71
1968	6.45	1994	1.56
1969	5.72	1995	1.43
1970	5.81	1996	1.55
1971	5.44	1997	1.46
1972	4.98	1998	1.46
1973	4.54	1999	1.45
1974	4.17	2000	1.22

① 2008 年之前的数据来自巫锡炜：《中国步入低生育率（1980-2000）》，社会科学文献出版社 2012 年版，第 212 页。根据他在书中的说法，1949~1991 年的总和生育率数据来自中国人口信息网，1992 年和 1993 年数据来自其对数据进行线性插值后计算的结果，1994~2008 年数据来自相应年份的《中国人口统计年鉴》。2009~2016 年数据主要来自相应年份的《中国人口统计年鉴》，其已改名为《中国人口和就业统计年鉴》。

续表

年份	总和生育率	年份	总和生育率
2001	1.39	2009	1.37
2002	1.39	2010	1.19
2003	1.41	2011	1.03
2004	1.45	2012	1.25
2005	1.34	2013	1.22
2006	1.38	2014	1.26
2007	1.45	2015	1.05
2008	1.48	2016	1.24

从上述总和生育率的变化看，可以将 1949~2016 年大体上分成五个时期：即三段相对稳定的时期（1949~1969 年、1980~1990 年、2000~2016 年）和两段显著下降的时期（1970~1979 年、1991~1999 年）。如果形象地把三段稳定时期比作“三级台阶”（见图 20-1 中的三个矩形）的话，那么两段显著下降时期就可看作是“下了两级台阶”：20 世纪 70 年代的“从高位到低位”，下了一大级台阶，以及 20 世纪 90 年代的“从低位到超低位”，又下了一小级台阶。

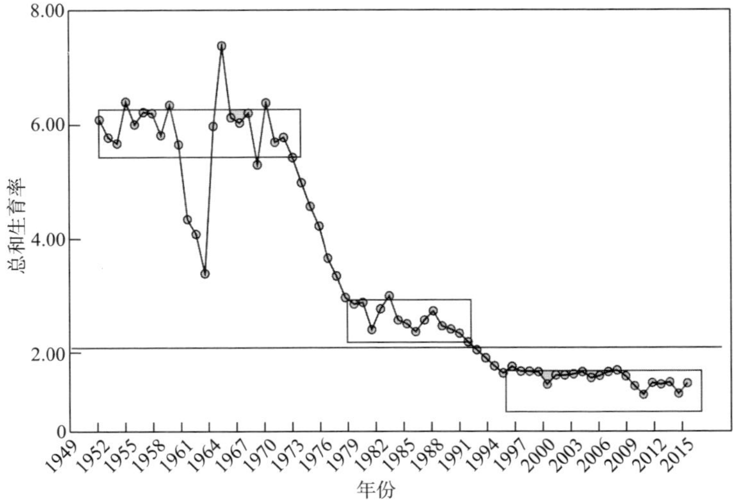

图 20-1　1949~2016 年的总和生育率趋势

特别需要指出的是，虽然相对于20世纪70年代总和生育率的下降幅度，20世纪90年代的下降或许显得有些微不足道。然而，在更为本质的意义上，20世纪90年代的下降却尤为重要：正是在20世纪70年代总和生育率大幅下降的基础上，经过20世纪90年代的进一步下降，中国人口的总和生育率最终掉到了更替水平以下，一直维持在1.5左右甚至更低，并且再也没有跳上来。换句话说，正是由于两次“下台阶”，我国的人口生育模式由新中国成立最初二十多年中那种标准的“高出生率、低死亡率、高增长率”模式，正式转变为从20世纪90年代初开始并一直延续至今的“低出生率、低死亡率、低增长率”的模式。

三十多年中，以“一对夫妇只生育一个孩子”为主要内容的计划生育政策的长期执行，对中国社会产生了巨大的、深远的影响。它不仅有效地降低了中国人口的增长速度，也使得中国社会逐渐形成了“一对夫妇只生育一个孩子”的生育文化。如果说20世纪70年代初开始的计划生育工作吹响的是“从多生到少生”的号角的话，那么，从20世纪70年代末80年代初开始实施的、以“一对夫妇只生育一个孩子”为主要内容的计划生育政策，则是揭开了一场“从少生到只生一个”的史无前例的生育革命的序幕。

当我们回过头来看看独生子女政策实施初期的社会反应，回首过去几十年间我国计划生育工作所走过的坎坷路程，不难发现，这无疑是一场由千百万人共同参与、历经艰辛、艰苦卓绝的生育革命。为了这场革命目标的实现和最终的胜利，国家不仅启动了动员机制——唯一一次以中共中央的名义，向全国共产党员、共青团员发出公开信；同时组织了最大规模的专门工作队伍——从中央到地方直至最基层的村委会和居委会的数以千万计的计划生育专职干部队伍；还建立起了最严格的执行与保障机制——在各级干部的考核、管理上，实行计划生育的“一票否决制”。[①]所有这些都为解决当时被称为“天下第一难”的计划生育工作打上了深深的烙印。

这场以独生子女政策的提出和实施为标志的生育革命，具有下列几个主要的特征。

第一，与中国社会的改革开放同步，是这场生育革命发生的最重要背景。

---

① 解振明：《曲折、艰难、辉煌的中国生育转变》，《人口研究》2012年第1期，第39页。

1978年12月，中国共产党十一届三中全会召开，会议确立了“把全党工作的重点转移到经济建设上来”的工作目标，中国改革开放的大幕也由此拉开。然而，此时的中国社会，刚刚经历“文化大革命”，处于“人口多、底子薄、人均资源相对不足、生产力比较落后、经济文化发展水平极不平衡”[①]的状态。特别是在人口的增长与社会经济的发展之间，存在着明显的矛盾，而“庞大的人口数量，过快的人口增长速度，就象（像）两个沉重的包袱，极大地阻碍着四化建设的前进速度。”[②]人口的重负压在中国要腾飞的翅膀上，使中国飞不起来。正是在这种背景下，1980年9月25日发表的《中共中央关于控制我国人口增长问题致全体共产党员、共青团员的公开信》指出，“为了争取在本世纪末把我国人口总数控制在十二亿以内，国务院已经向全国人民发出号召，提倡一对夫妇只生育一个孩子”。由此正式开始实施长达三十多年的“独生子女政策”和严格控制人口快速增长的计划生育的实践。

第二，将育龄人群的生育行为压缩到极限，以快速控制全国人口的生育水平，降低人口增长速度，减轻人口压力，是这场革命的主要目标。虽然我国的计划生育工作是从20世纪70年代初期开始的，但是1979年开始的“一对夫妇只生育一个孩子”的生育政策在目标上却与20世纪70年代初期的计划生育工作有着本质的差别。这种本质差别体现在：20世纪70年代计划生育工作的目标，是促使人们的生育行为从“无计划”向“有计划”转变，从“多生”向“少生”转变，特别是向“生两个”或者说向人口更替水平的方向发展；而20世纪80年代开始的计划生育政策的目标，则是从“少生”向“快速少生”转变，从“两个正好”向“普遍只生一个”的状态转变，向“在本世纪末将人口规模控制在12亿以内”的目标发展。

第三，严格的、刚性的“独生子女政策”的普遍实施，是这场革命的主要方式。20世纪70年代初的计划生育工作是引导性的、宣传性的，因而是柔性的；而20世纪80年代初开始的“独生子女政策”则是指令性的，因而

---

① 彭珮云：《严格控制人口增长实现我国经济发展战略目标》，《经济工作通讯》1990年第15期，第8页。

② 风笑天：《独生子女：他们的家庭、教育和未来》，社会科学文献出版社1992年版，第6页。

是刚性的。而且由于当时我国正处于改革开放初期，市场经济尚未建立，单位制还十分巩固，职业流动、自主创业、个体经营等新经济体制和新经济形式还尚未出现，因此在强大的计划经济背景中，在失去工作和收入来源的巨大压力中，在健全的、专门的计划生育部门和组织机构的主导下，辅以层层的动员、铺天盖地的宣传和持久的社会舆论，“独生子女政策”得以全面的贯彻和实施，并使得这一政策成为中国社会发生第一场生育革命的主要动力。

第四，这场生育革命具有两方面的显著效果。其不仅产生了有形的成果，更重要的是产生了无形的、精神的成果。在有形的成果方面，达到了全国生育水平的迅速下降，人口增长速度得到有效控制。短短三十几年时间，中国人口的自然增长率就从 1979 年 11.61‰，下降到 2013 年的 4.92‰；[①]总和生育率也从 1979 年的 2.75，下降到二孩政策放开前 2013 年的 1.22。然而，更值得注意的是其无形的、精神的成果。这场生育革命促使了整个社会生育观念的变化，逐步形成了“一对夫妇只生育一个孩子”的新的生育文化。换句话说，这场革命的后果，不仅有效控制了我国人口的增长速度，同时更在无形之中悄然改变了一代中国人的生育观念和生育行为。育龄人群期望生育的子女数量从改革开放初期的两个孩子，一直发展到今天接近一半的育龄夫妇只想生育一个孩子；[②]生育动机也从祖辈的“为家庭生孩子”到父辈的“为自己生孩子”，演变成今天子辈的“为孩子生孩子”。[③]这或许就是这场生育革命对中国社会最为深刻的改变。可以说，社会的生育观念改变，新的生育文化的形成，正是这场生育革命留给中国社会的一份最重要的遗产。

几十年时间过去了，有关实施“独生子女政策”的意义及这一政策的利弊得失，并不是本章所要探讨的目标。本章只是希望说明，无论“独生子女政策”对中国社会所带来的影响是弊大于利还是利大于弊，也无论人们对“独生子女政策”的功过是非作何评价，都无法改变这一政策的实施给中国社会带来的一个重要的客观后果：那就是，它已经在显著降低人口增长规模、减

① 国家统计局：《中国统计年鉴 2020》，中国统计出版社 2020 年版，第 32 页。

② 风笑天：《从两个到一个：城市两代父母生育意愿的变迁》，《南京大学学报(哲学・人文科学・社会科学)》2017 年第 4 期，第 84 页。

③ 风笑天：《给孩子一个伴：城市一孩育龄人群的二孩生育动机及其启示》，《江苏行政学院学报》2018 年第 4 期，第 64 页。

缓人口增长速度的同时，悄然改变了中国社会的生育文化，改变了千百万中国人的生育观念和生育行为。更本质地说，它带来了中国社会一场深刻的生育革命。伴随着独生子女政策从宣传、号召到长期严格执行，“一对夫妇只生育一个孩子”逐渐在中国社会和育龄人群中“习惯成自然”，成为“理所当然”的事情，成为一批又一批育龄人口的“生育惯性”。“一对夫妇只生育一个孩子”也成为整个社会生育文化的中心。

虽然国际人口学家在20世纪80年代就用“生育革命”来概括随着经济发展和社会现代化，生育率从高向低的转变已经成为不可改变的全球性趋势。[①]但是，应该看到，这种转变在中国则有着十分独特的具体过程。人口学家眼中的革命只是一种人口整体的“生育率从高到低的转变”，而非个体生育子女的数目普遍从生育多个到只生育一个的转变。同样地，尽管我国人口学者早在20世纪80年代末就专门撰文对由计划生育政策所带来的生育革命进行了论述。并且，在时隔二十年后，又有人口学者以同样的标题再次对这一生育革命进行专门论述。[②]但是，笔者认为，相比于仅从生育率下降的角度，或者仅从一般性的计划生育政策（包括“晚婚晚育”“少生优生”“一个不少，两个正好，三个多了”等）的角度理解生育革命，以“提倡一对夫妇只生育一个孩子”为主要内容的特定生育政策（或简称为“独生子女政策”）的严格实施，才是我国第一场生育革命的更为实质性的内容，或者可以将其称为生育革命的极端化。

或许有人会说，伴随着中国社会的改革开放和现代化的发展，即使没有独生子女政策，人们的生育观念也会改变，育龄人口的生育意愿也会下降，这的确可能是事实。但是，独生子女政策的严格实施，至少是极大地加速了这一观念改变的过程，也极大地促进了这一意愿下降的过程。它不仅让正常情况下需要一两百年才能发生的人口现象在短短几十年时间内就变为了现实，而且，它也使得中国社会的生育文化发生了本质的改变，导致目前有一半左右的育龄人群在可以生育二孩的政策下，依然持有“只生

① 李建民：《中国的生育革命》，《人口研究》2009年第1期，第1页。

② 谭晓青：《中国的生育革命》，《中国人口科学》1989年第4期，第20—26页；李建民：《中国的生育革命》，《人口研究》2009年第1期，第1—9页。

一个孩子就够了”的生育观念和生育意愿，并采取终生就“只生一个孩子”的生育行为。[①]

第二节 生两个孩子：新的生育革命的目标及其特征

2013年，实施了三十多年、以控制人口数量为主要目标的“独生子女政策”第一次出现了松动，国家出台了“单独二孩”政策：夫妻双方中一方为独生子女的可以合法生育二孩。这是生育政策的第一次调整。短短两年后，国家再次出台了“全面二孩”政策：所有育龄夫妇都可以合法生育两个孩子。这是生育政策的第二次也是影响范围更大的调整。它不仅宣告了“独生子女政策”的终结，也意味着一个新的“后独生子女时代”的开始。

毫无疑问，接连两项二孩生育政策的出台，不仅标志着以“一对夫妇只生育一个孩子”为主要内容的人口政策的结束，也标志着前述的第一场生育革命来到了其终点。以往那种以控制人口增长为唯一目标的、相对极端的生育政策，开始被以促进人口长期均衡发展、完善人口发展战略为目标的新的生育政策所取代。由此开始，中国社会千百万家庭和数以亿计的育龄人口的生育行为、生育方式、生育结果，都将朝着与之前的发展方向有明显不同的目标转变。也正是这种新的生育政策，成为又一场新的生育革命的起点。

这场新的生育革命既有着与前一场生育革命大不相同的背景和目标，也有着与前一场生育革命大不相同的特征与困难。

首先，新的生育革命发生的背景与第一次革命有着巨大的不同。改革开放以来我国社会经济发展的总体状况和实行“独生子女政策”所形成的人口发展态势，构成了这一新的生育革命发生的总的社会背景。与三十多年前整个国家经济基础薄弱、百废待兴、国门初开的背景大不相同的是，三十多年后，中国社会不仅在经济、科技、文化、教育等方面已经有了举世瞩目的发

① 随着“单独二孩”“全面二孩”政策的实施，育龄人群都可以合法生育两个孩子，但是，无论是近年来的各种生育意愿调查结果，还是全国人口出生统计结果，都表明50%左右的育龄人群选择了只生育一个孩子。

展和进步，国家整体的现代化水平也得到了大幅度提高。虽然在城乡之间、不同地区之间依然存在着一定的差别和差距，但总体上看，无论是社会的基础设施，还是人民的生活水平，都已发生了天翻地覆的变化。今日的中国社会与改革开放前的状况已经不能同日而语。与此同时，随着全球化、互联网的迅速发展，中国社会与世界的距离也越来越近，越来越同步。中国与世界各国的联系、沟通和交往也越来越广泛，与全球不同文化的相互交融和相互影响也越来越深入。

另外，人口结构不合理，老龄化进程加快，人口红利逐渐消失，无疑是这种大背景中导致新的生育革命迅速开启的最为重要的三个人口因素。再加上三十多年人口控制所带来的人口出生状况的后滞效应，导致从近几年开始，社会中的育龄人口的规模呈急剧下降的趋势，未来三十年“中国育龄人群持续缩减已成定局，未来中国人口总量在整体上亦趋于下降”“随着人口老龄化的不断深化和育龄人群的不断减少，生育政策的进一步完善已迫在眉睫”。[①]换句话说，新的生育革命的启动迫在眉睫。

其次，新的生育革命的目标发生了根本的改变。如前所述，第一次生育革命的目标，是要快速控制全国人口的生育水平，降低人口增长速度，减轻人口压力；而这场新的生育革命的目标，则主要是调整人口的总体结构，增加出生人口数量，提高总和生育率水平，以缓解老龄化压力。因此，如果说20世纪70年代以控制人口增长为主要目标的生育政策的制定，更多的是针对人口数量所带来的人口与社会经济发展之间的矛盾的话，那么，如今生育政策的接连调整和对生育子女数量的相对放宽，则可以更多地看作针对人口结构与社会经济持续发展之间的矛盾。更具体地说，第一场生育革命的目标是“一对夫妇只生育一个孩子”；而新的生育革命的目标则是“育龄夫妇普遍生育两个孩子”。“2013年到2015年，在短短两年时间内，国家的生育政策就从‘单独二孩’快速升级到‘全面二孩’。这在一定程度上反映出国家对增

---

① 胡湛、彭希哲：《重新诠释“计划生育”的内涵——实现“家庭自主生育”转型并避免误读“鼓励生育”》，《探索与争鸣》2019年第1期，第95页。

加二孩生育的某种期待”[①]。之所以说第二次生育革命的方向是生育两个孩子，而不是生育多个孩子（三个及以上），这主要是因为，无论是在实施“独生子女政策”的几十年中，还是在当前实施“全面二孩”政策的情况下，几乎所有的生育意愿调查得到的结果，都是育龄人群普遍希望生两个孩子而不是希望生三个或更多个孩子。

再次，新的革命的主体发生了巨大的改变。计划生育政策实施初期，生育的主体是目前 60~70 岁的这一代人。他们可以说是我国生育历史上的“转折一代”：他们普遍生长于多子女家庭，家庭结构多为三代同堂。他们中许多人有过“上山下乡”的特定经历，经历了“文化大革命”。在迎来改革开放的社会背景中，他们面临了“一对夫妇只生育一个孩子”的计划生育政策，成为中国社会在生育领域第一代“吃螃蟹的人”。然而，与他们不同的是，目前 30~40 岁的这一代人，是在改革开放背景中成长起来的一代新人，是不同于他们上一辈的新的生育行为承担者。他们成长的过程中经历了中国社会的市场化、现代化、科技化、全球化的快速变革。他们在生育问题上，经历的是从习惯于“只生一个孩子”的现实到开始考虑“要不要生育两个孩子”的社会背景。他们的经历、价值观、生活方式已经完全不同于他们的上一代。他们的生育观念、生育意愿和生育行为也都与他们的上一代有着极大的不同。

最后，新的生育革命的方式也与第一场革命有着明显的不同。应该说，第一场生育革命的结果，是在社会经济发展水平尚未达到让人口出生率自然下降的条件下，通过依靠生育政策的力量和国家制度的优势取得的。当时的政策是刚性的，这种刚性在限制人们的生育意愿时，作用体现得十分明显，即育龄人口即使希望多生，也会由于生育政策的存在，被限制在政策允许的范围内。然而，当政策是相反方向时，即希望育龄人口多生孩子时（从只允许生一个到可以生两个），政策就失去了刚性，就不具有限制生育时对人们的生育行为所具有的约束作用。因此，新的生育革命所依据的生育政策并不具有上一次生育革命的生育政策所具有的那种刚性的、带有一定惩罚的约束作用，而只能采取一种引导的、鼓励的方式。

① 风笑天：《给孩子一个伴：城市一孩育龄人群的二孩生育动机及其启示》，《江苏行政学院学报》2018 年第 4 期，第 64 页。

综上所述，新的社会历史环境、新的生育承担者，是这场新的生育革命的重要特征。尽管新的生育革命的目标是十分明确的，但正是这种“物不是，人亦非”的特征，在很大程度上给实现这场新的生育革命的目标带来了巨大的困难。只要看一下 2013 年底“单独二孩”政策、2016 年“全面二孩”政策实施以来的几年中全国人口出生状况的相关统计，就不难发现，虽然二孩出生数量相比政策实施以前有了明显的增加，但并没有出现人们担心的“出生拥挤”及由此形成“出生高峰”，而且二孩出生数量所占的比重也只是刚刚超过 50%。按目前的出生状况，全国人口的总和生育率水平依然很难达到或接近更替水平。与此同时，第一次生育革命所依靠的刚性政策的方式，也无法为第二次生育革命目标的实现带来参考价值。然而，无论是西方发达国家，还是与我国文化传统相近的日本、韩国，均呈现出在总和生育率下降后很难再提高上来的现实，更预示着这种由低生育率水平向人口更替生育水平提升的革命所具有的难度，一点都不比那种从高生育率降低到更替水平以下的生育革命要小。如何实现第二场生育革命的目标，成为当前一项重要的议题。

第三节　“单独二孩”政策实施初期社会反应的启示

为了达到让育龄人群普遍生育两个孩子、提高生育率水平的政策目标，除了需要在目前学界已经关注到的经济、就业、家庭、儿童抚育等领域制定一系列相应的政策与措施外，笔者认为还有一个重要的方面没有引起足够的重视，值得提出来探讨。关于这一点，我们或许可以从“单独二孩”政策实施初期的社会反应，即各省区市提出二孩生育申请的统计中得到某种启示。

“单独二孩”政策是“独生子女政策”实施三十多年后第一次放宽的生育政策。因而，对于反映育龄人群二孩生育意愿来说，申请生育二孩的比例是一个非常敏感的指标。先来看看下面两张全国部分省市提出二孩生育申请的数量和比例的统计表，这两张统计表数据均来自第四章。

表 20-2 媒介报道的全国部分省市二孩生育申请数及比例（一）

省市	符合“单独二孩”政策的夫妇对数/万	提出生育二孩申请的对数	申请比例
北京	45	30 305	6.73%
上海	37	20 500	5.54%
河北	63.2	34 880	5.52%
黑龙江	40	6 484	1.62%
吉林	8.84	7 004	7.92%
辽宁	82.0	21 722	2.65%
河南	100	31 202	3.12%
湖北	47.3	35 403	7.48%
重庆	59.2	46 552	7.86%
四川	128	106 429	8.31%
甘肃	4.84	4 619	9.54%

表 20-3 媒介报道的全国部分省市二孩生育申请数及比例（二）

省市	符合单独二孩政策夫妇对数/万	第一年申请数/个	第一年申请占符合人数的比例	达到100%申请率所需年数/年
广东	14.59	105 527	72.3%	1.4
福建	9	36 183	40.2%	2.5
天津	10.19	28 023	27.5%	3.6
山东	120	310 700	25.9%	3.9
海南	0.766	1 459	19.0%	5.3

从表 20-2、表 20-3 中可以看出，“单独二孩”政策实施后，不同省市的申请数量和申请比例大不相同。大多数省市的申请比例都在 10%以下（表 20-2），体现出媒体和学术界所说的政策“遇冷”结果；但同时，也有少数省市的申请比例却达到 40%甚至 70%（表 20-3），又体现出政策“大热”的结果。为什么会出现这样的现象？特别是为什么育龄人群提出二孩生育申请比例最高的，既不是经济发达程度相对较低的西部省区市，也不是经济发达程度和一孩比例都相对较高的北京、上海、江苏、浙江等省市，而是经济

同样发达、一孩比例同样相对较高的广东、福建、天津、山东等省市？这种特定的对二孩生育“冷”“热”不平衡的现象，给我们什么样的重要启示呢？

笔者分析认为，这种特定的、对二孩生育“冷”“热”不平衡的现象，特别是广东、福建、山东等省市提出申请比例最高的现象，所揭示的正是生育文化的因素对育龄人群生育意愿、生育行为所具有的巨大影响力。广东、福建虽然都是经济发达的沿海地区，但这些地区在家族繁衍、生育观念等领域，却有着比其他地区更为浓厚的传统文化氛围。传统生育文化的意识、观念、规范、习俗的影响相对来说也更加根深蒂固。有学者对第三期中国妇女社会地位调查数据的分析发现，“改革开放，经济先行一步的广东，思想观念更新理应走在全国前头，但数据反映的广东妇女生育观，却带有更加浓厚的传统色彩，表现为倾向多生和偏好生男”“广东传统俗文化的核心是‘丁崇拜’，对男丁的祈求和尊崇，是各种俗文化最引人入胜和刻骨铭心的内容，是群众生育观形成的实际环境”[①]，而山东是孔子、孟子的故乡，儒家文化的浸润和影响也使得社会的生育文化相对来说可能更加偏向于传统。虽然同样随着社会现代化的发展，人们的生育观念总体上也在向现代转变，但当可以生育两个子女时，儒家传统生育文化中的多子多福观念、传宗接代观念、养儿防老观念等就有可能成为他们更加积极地选择生育二孩的关键因素。

这也即是说，表 20-2、表 20-3 的数字背后，揭示的是这样一种现实：当生育政策不再是限制人们生育子女的桎梏时，生育文化的潜在影响力就开始显现出它的巨大威力。相比于一些地区普遍低于 10%的申请比例，广东、福建等地区高达 40%、70%的申请比例，所折射的正是这种由传统生育文化点燃的生育意愿，而生育文化对育龄人群生育意愿和生育行为所具有的这种重要影响，也正是“单独二孩”政策实施初期的社会反应给我们的最有价值的启示。它提示我们，生育文化虽然不像生育政策那样具有刚性的作用，但它对人们生育意愿、生育行为的影响却可能更加普遍、更加深入也更加长久。

笔者曾经指出，一个社会的人口发展，从大的方面说，主要受到两个因

① 关秀芳：《“丁崇拜”对广东妇女生育观的影响》，《人口研究》1997 年第 5 期，第 74 页。

素的影响和制约：一是国家生育政策，二是个体生育意愿[①]（图 20-2），而上述统计结果则启示我们，除了国家生育政策和个体生育意愿之外，还存在另外一个重要的影响因素，这就是社会的生育文化，而这三者与社会的人口生育结果之间则呈现出如图 20-3 所示的关系。

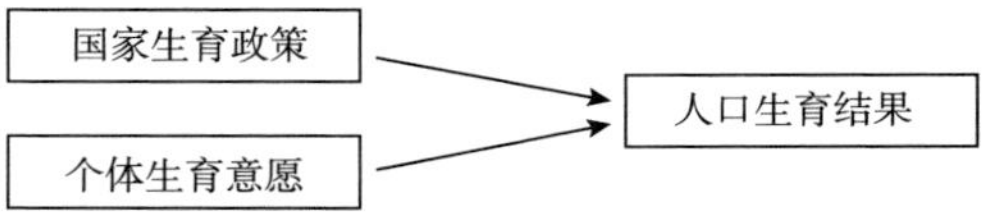

图 20-2 生育政策、生育意愿与生育结果关系图

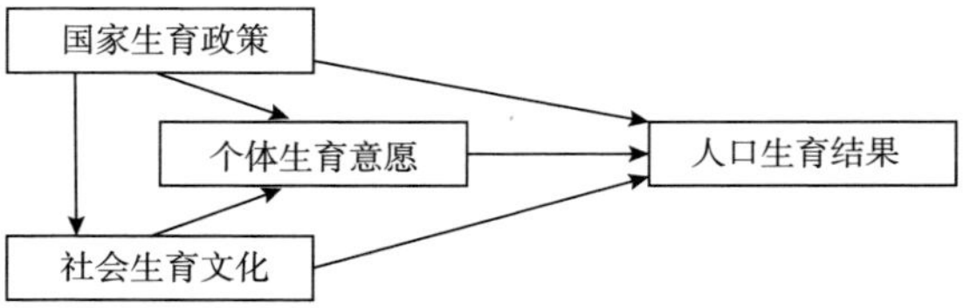

图 20-3 生育政策、生育文化、生育意愿与生育结果关系图

图 20-3 表明，社会中人们的生育行为和生育结果并不只是受国家生育政策、个体生育意愿这两个因素的直接影响，它还会受社会生育文化因素的直接影响，而这三种对社会的人口生育结果具有直接影响的因素之间，也存在着密切的关系。这种关系的特点是：国家生育政策既会对个体生育意愿和社会生育文化产生直接影响，还会通过社会生育文化对个体生育意愿产生间接的影响。换句话说，社会生育文化不仅是人口生育结果的直接影响因素，还是一个与国家生育政策和个体生育意愿紧密相关，并且常常是处于国家生育政策和个体生育意愿之间的、十分重要的中介变量。一方面，生育政策的实施，会直接地、明显地影响着育龄人群的生育意愿；另一方面，它也会直接地影响，并悄无声息地改变着社会的生育文化。后者又会明显地作用于育龄人口，使其形成新的生育动机、生育观念、生育意愿，并最终影响到他们的生育行为和生育结果。因此，完整地说，人们的生育行为及社会生育水平，实际上是国家生育政策、个体生育意愿及社会生育文化三者共同影响的结果。

① 风笑天：《城市青年的生育意愿：现状与比较分析》，《江苏社会科学》2004 年第 4 期，第 175 页。

西方早期的人口转变论主要强调社会的经济发展背景对人口再生产方式的影响，“认为这些人口内在因素的变动及其变动形成的区域性差异，都是经济现代化的结果，强调工业化、城市化和现代化对人口再生产类型的转变具有决定性作用。”[①]同时，西方人口学者眼中的生育革命，相对较多地只是关注到生育革命人口学的后果，即关注到社会的人口结构、人口发展，特别是人口生育状况的改变，而较少关注到与这种纯粹人口学意义上的改变密切相关的社会文化方面的内涵。显然，生育革命的人口学后果只是问题的一个方面。“生育革命有着比人口统计学所描述的变化更为丰富和深刻的社会内涵”，其中最为重要的内涵就是生育文化的变革，“生育目的和生育观念的转变才是生育革命的本质。”[②]而中国的生育转变至少说明，除了社会经济发展的影响外，国家的生育政策及社会的生育文化同样对人们的生育观念、生育意愿、生育行为及生育结果具有明显的制约、规范及引导作用。

应该看到，经过三十多年的共同实践，“一对夫妇只生育一个孩子”的现象变成了今天的“常态”；人们“只生一个孩子”的行为也从最初的靠动员、宣传、表扬、奖励和引导，以及刚性政策的制约，慢慢成为一种普遍的“习惯”，成为想都不用想的“理所当然”。在这种变化过程中，“一对夫妇只生育一个孩子”的生育文化也在不知不觉中逐渐形成，并慢慢在社会上固化。也正是在这种生育文化的巨大惯性影响下，无论是“单独二孩”政策，还是“全面二孩”政策，都没能有效地刺激起社会生育的明显“反弹”。因此，新的生育革命的关键同样在于社会生育文化的转变，特别是在于人们的生育目的和生育观念的转变，即从不愿意、不想生育两个孩子，转变到愿意、想生育两个孩子。

第四节 大力培育“生两个孩子”的生育文化

目前，国家的生育政策已经放开到所有育龄人口都可以合法生育两个孩

---

① 本刊编辑部：《中国人口转变：生育文化发挥了多大作用？》，《人口研究》2001 年第 4 期，第 29 页。

② 李建民：《中国的生育革命》，《人口研究》2009 年第 1 期，第 1—2 页。

子。学术界和政府相关部门长期以来进行的生育意愿调查的结果也都表明，生育两个孩子一直是大部分育龄人口的理想。[①]可是，从“单独二孩”“全面二孩”政策实施以来国家统计部门每年公布的人口出生统计结果来看，并没有出现想象当中的“生育拥挤”和显著的“生育反弹”，而当前人们的生育行为和生育结果与“育龄人口普遍生育两个孩子、总和生育率水平提升至更替水平”的目标之间也还存在着相当的距离。[②]种种迹象在反复提示我们：尽管生育政策一步步放开，但经由第一场生育革命所形成的“一对夫妇只生育一个孩子”的社会生育文化，却不会很容易、更不会很快地随着生育政策的改变而改变。这种“已成为主流主导的生育文化”[③]，依然在深深地影响着当今一代育龄人口的生育意愿和生育行为。因此，第二场生育革命的关键，就在于逐渐改变中国社会业已形成的“一对夫妇只生育一个孩子”的生育文化，努力建立起“生育两个孩子”的新的生育文化。

生育文化是整个社会文化的一个组成部分。关于生育文化的概念，众多学者给出了虽不完全相同,但大体内容相差不大的解释和说明。[④]在笔者看来，生育文化是一个社会中所存在的有关生育问题的思想认识、价值观念、社会心理、制度法规、风俗习惯、社会规范、行为方式的总和。生育文化既涉及生育的社会价值、家庭价值、个人价值等精神层面的内容，也涉及社会中具体的生育行为、生育方式、养育方式等物质生活层面的内容。虽然刚性的国家政策对人们生育行为具有明显的制约作用，但相对柔性的生育文化对人们

---

① 侯佳伟、黄四林、辛自强等：《中国人口生育意愿变迁：1980—2011》，《中国社会科学》2014 年第 4 期，第 78—97、206 页；庄亚儿、姜玉、王志理等：《当前我国城乡居民的生育意愿——基于 2013 年全国生育意愿调查》，《人口研究》2014 年第 3 期，第 3—13 页；风笑天、张青松：《二十年城乡居民生育意愿变迁研究》，《市场与人口分析》2002 年第 5 期，第 21—31 页。

② 风笑天：《“全面二孩”政策实施效果：现有评价分析及其思考》，《东南大学学报(哲学社会科学版)》2020 年第 5 期，第 103—111、156 页。

③ 穆光宗：《当代青年的“恐育”心理和生育观》，《人民论坛》2020 年第 22 期，第 121 页。

④ 吕红平：《生育文化转变论》，《河北大学学报(哲学社会科学版)》2000 年第 5 期，第 130—134 页；路遇：《生育文化概念研究》，《人口与经济》2001 年第 4 期，第 3—8 页；彭希哲、戴星翼：《中国农村社区生育文化》，华东师范大学出版社 1996 年版，第 208—227 页。

生育行为的影响却具有更强的韧性、惯性和延续性。

生育文化中最为核心的内容是生育观念，即社会中有关生育问题的价值观念，或者说，是对生育的总的看法和认识。它主要包括两方面内涵：一是生育子女的价值或生育的动机，即对生育目的和意义的看法及对孩子效用的认识，这方面的内涵主要回答“为什么生孩子”的问题；二是生育意愿或生育打算，包括生育偏好、意愿生育数量、意愿生育性别、意愿生育时间等，这方面的内涵主要回答“生还是不生、希望生男孩还是生女孩、希望生多少及何时生”等问题，而在生育意愿中，最为重要的是意愿生育数量和意愿生育性别。作为生育文化核心的生育观念既会影响到与生育有关的社会心理、社会生活方式，也会影响到人们的生育动机、生育意愿和生育行为。

实际上，21 世纪初人口学界在讨论我国的人口转变时，就意识到生育文化对人口生育结果所具有的巨大作用。比如，《人口研究》编辑部在 2001 年就曾专门组织了“中国人口转变：生育文化发挥了多大作用?”的论坛，邀请专家就这一问题展开探讨。主持者认为，“中国人口转变是一个复杂的过程。从形式上看，政府与政策起到了主导性的作用。但在实质上，文化特别是生育文化也发挥了重要的作用”[①]。有学者进一步指出，“建设新型生育文化对转变根深蒂固的传统婚育观念，大幅度降低生育率，完成人口再生产类型的历史性转变，发挥了不容置疑的重要作用”[②]。应该看到，作为一种影响广泛、作用持久的因素，生育文化不仅可以影响到“从多生到少生”的人口转变，也可以影响到“从超低生育水平向更替生育水平”的转变。现在，到了须培育和建设以“生育两个孩子”为目标的新的生育文化，让其在改变三十多年来独生子女文化影响下形成的生育观念、提高人口生育率、完成“生育两个孩子”目标这一新的生育革命的过程中发挥同样重要的作用的时候了。

值得注意的是，伴随着改革开放以来中国社会的巨大变迁，不仅今天的

① 本刊编辑部：《中国人口转变：生育文化发挥了多大作用?》，《人口研究》2001 年第 4 期，第 24 页。

② 本刊编辑部：《中国人口转变：生育文化发挥了多大作用?》，《人口研究》2001 年第 4 期，第 30 页。

社会经济背景发生了改变，育龄人群的社会属性发生了改变，社会的生育文化也已经发生了根本的改变。20 世纪 70 年代进入育龄期的那一辈人今天已成为祖辈，影响着他们的生育文化也随着时代的变迁而逐渐消退；伴随着改革开放成长起来的这一代新的育龄人群则历史性地形成了他们自身不同于其父辈、更加与变迁的中国社会相适应的新的生育文化。这种新的、以“一对夫妇只生育一个孩子”为标志的生育文化，以及其所涉及的婚姻观、生育观、家庭观、子女观、幸福观等，都成为以“生育两个孩子”为目标的新的生育革命的巨大阻碍。因此，为了实现第二次生育革命的目标，促进社会生育水平的相对提高，使得社会的生育水平逐步接近和达到更替水平，除了实施进一步放开和奖励生育的政策，同时在与之相关的各种配套政策，如家庭政策、教育政策、福利政策、就业政策等上面下功夫外，还要大力加强舆论宣传和引导，从多方面采取各种措施逐步改变新一代育龄人群中业已形成的“一对夫妇只生育一个孩子”的生育观念，努力形成以“生育两个孩子”为标志的新的生育文化。

要像实施独生子女政策时宣传“只生一个好”那样，广泛地、全方位地、持久地宣传“生育两个孩子”。要花大气力去改变社会的价值观念，从生育观念到幸福观念，从家庭观念到子女观念，特别是要善于发现和认真总结普通民众中存在的对于生育两个孩子的积极动机，并及时加以宣传和引导。比如，笔者的研究结果表明，二孩政策放开后，许多育龄夫妇之所以选择生育第二个孩子，主要的原因就是为了让孩子更好成长，用他们的话说，就是为了“给孩子一个伴”。具有这种生育动机的夫妇占到了所有生育二孩夫妇的 70%。特别是研究结果表明，“城市一孩育龄人群的二孩生育动机已经从传统的‘为家庭生孩子’、‘为自己生孩子’转变成为‘为孩子生孩子’，这是一个巨大的、重要的变化。这种变化一方面意味着，在我国特定的社会变迁背景下，城市一孩育龄人群的二孩生育动机已不再是其一般生育动机的又一次重复和累加，而是具有了一种全新的、完全不同的内涵和目标。他们对‘为什么要生育第二个孩子’的回答，已经与他们对‘为什么要生孩子’的回答大不相同。它揭示出城市一孩育龄人群在二孩生育政策背景下再次面对生育问题时，其所思所想、所忧所虑、所期所盼的中心和重心都发生了转移”①。

因此，笔者认为，要实现育龄人口普遍生育两个孩子的目标，“给孩子一个伴”就应该成为一个响亮的口号，一个值得在全国广泛、持久宣传的口号。要充分认识到生育二孩的育龄夫妇给出的这一生育动机和理由所具有的意义和作用，可以用“给孩子一个伴”这句生动、具体、简明，同时充满温情的口号，在大众媒介上开展广泛宣传，既促进一部分犹豫者下决心生育二孩，也促进整个社会逐渐形成“生育两个孩子”的生育观念和生育文化，以促进第二次生育革命目标的逐步实现。

任何社会，如果没有生育政策的限制和影响，总是会有一些人生育一个、两个孩子，有些人生育三个、四个甚至更多的孩子，也有人一个也不生，这里的关键是各部分人所占的比例。如果下一步国家全面放开生育，不设任何限制，那么应该密切关注具有不同生育意愿和生育行为的各部分育龄人口的比例。就当前我国的现实来说，最理想的比例状况是：绝大部分人（60%~80%）生两个，小部分人生一个或者生三个，且这两部分人的比例相当。虽然这只是一种主观的、理想化的目标，但却是一种有可能实现的、值得努力追求的目标。这也是本章提出进行第二次生育革命的目标。要在尊重人民群众生育自主权利的同时，通过积极宣传、提倡、号召、引导甚至奖励的方式，让大多数人主动选择生育两个孩子，并逐步培育起“生育两个孩子”的生育文化。一旦整个社会形成了“生育两个孩子”的生育文化，社会的人口再生产就有望进入既有充分的生育自主和自由，又符合人口更替水平要求的良性运行轨道，从而为中国社会的长远发展打下良好的人口基础。

① 风笑天：《给孩子一个伴：城市一孩育龄人群的二孩生育动机及其启示》，《江苏行政学院学报》2018 年第 4 期，第 64 页。

第二十一章

放开三孩：从单一的人口政策到全面的社会政策

2021 年 5 月 11 日，国家统计局公布了第七次全国人口普查的结果。仅仅 20 天后的 5 月 31 日，中共中央政治局就召开会议，听取“十四五”时期积极应对人口老龄化重大政策举措汇报，审议《关于优化生育政策促进人口长期均衡发展的决定》。会议提出“进一步优化生育政策，实施一对夫妻可以生育三个子女政策及配套支持措施”[①]。这是中央面对第七次全国人口普查结果和人口老龄化趋势加速做出的积极应对，也是继 2013 年底启动“单独二孩”政策、2016 年实施“全面二孩”政策后，党中央根据我国人口发展变化的新形势所做出的又一重大决定。7 月 20 日，《中共中央 国务院关于优化生育政策促进人口长期均衡发展的决定》（以下简称《决定》）正式公布。这既反映出人口问题在我国社会可持续发展过程中的重要地位，同时也体现出党中央面对严峻的人口形势，及时调整、完善、优化生育政策的决心和具体行动。

① 《中共中央政治局召开会议 习近平主持》，2021 年 5 月 31 日，http://www.xinhuanet.com/politics/leaders/2021-05/31/c_1127513015.htm。

第一节　以人民为中心，促进人口与社会可持续发展

一、《决定》的意义与内涵

人口是社会构成与发展中一个不可或缺的重要因素。人口既是社会发展的主体，也是影响社会经济可持续发展的关键变量。在人口因素与社会的经济、环境、资源等因素之间，存在着相互制约、相互影响的关系。因此，任何一项生育政策的提出和实施，都要与这些宏观因素保持协调，并能促进人口与经济、社会、资源、环境等因素的可持续发展。与此同时，生育政策的贯彻落实，特别是生育政策在人口发展中要想发挥作用，同样离不开社会各项相关政策的协同和配合。

从这一视角出发，我们可以更充分地认识《决定》所具有的重要意义和深刻内涵。虽然提出实施三孩生育政策是《决定》中一项重要的内容，但《决定》的意义和内涵却远远超出了三孩生育政策本身。笔者认为，《决定》的意义不仅在于将生育政策的调整和完善融入整个社会发展的背景中，将人口的发展放到社会发展的大背景中进行考量，更在于它将人口政策的实施与相关社会政策及配套措施联系了起来。《决定》的内涵已经从单一的人口生育政策扩展到了全面的社会政策。这也是放开三孩的政策所体现的，与之前实施“独生子女政策”、“单独二孩”政策、“全面二孩”政策最大的不同之处。

以往的人口政策，注意力和着眼点都主要集中在人口要素上，都过于关注与人口生育、子女数量、人口发展等因素紧密相关的育龄人口生育意愿和生育行为，而较少将政策的视野扩大到整个社会领域，较少关注到与人口生育问题直接或间接相关的众多社会生活领域。无论是四十多年前开始的“独生子女政策”，还是2013年开始实施的“单独二孩”政策、2016年开始实施的“全面二孩”政策，基本上都是围绕着人口现象、人口问题谈人口政策。对人口政策的贯彻实施也仅仅针对的是人口方面的目标，关注于人口方面的效果。因此，无论是“独生子女政策”时期表现出的政策执行困难、干群矛盾现象，还是二孩政策时期表现出的政策效果不佳的现象，都在一定程度上与政策内涵的单一性或者说与政策较少关注和人口生育问题直接或间接相关

的众多社会生活领域的现象有关。

2021 年开始实施的三孩政策，则是在提出生育政策的同时，及时提出了与人口政策的实施紧密相关的各项社会支持政策及其相关配套措施。《决定》的发布，不仅围绕着人口问题谈人口政策，同时还围绕着与人口问题相关的各种社会问题来谈人口政策。将人口政策的调整和实施真正融入社会发展的大背景中，从社会各种领域中提出支持人口政策的相关政策和措施。这是一个具有本质意义的变化，更是一个具有本质意义的进步。因为，人口的问题始终只是社会这部大机器中的一个组成部分。针对人口问题所采取的任何人口政策都不可避免地会牵动和影响社会这部大机器的其他部分。这里不仅有育龄夫妇生多少个子女的问题，更有与这种生育紧密相关的婚嫁、怀孕、生产、哺育、托幼、教育等问题，以及与这一系列问题紧密相关的女性职业生涯中断、女性工作家庭冲突、女性职业发展等问题，还有更为广泛的社会价值观念、社会心理、社会生育文化等问题。因此，人口政策的落实及其效果，也只能是与之相关的社会其他部分协调作用的结果。

任何社会政策，包括生育政策，其出发点应该是人民的幸福，其最终目标同样也应该是人民的幸福，而在生育问题上，这种“以人民为中心”理念的最重要体现，主要集中在以下两个方面：一是尽可能满足全体人民的生育意愿和生育需求；二是努力消除制约和阻碍人民实现其生育意愿和生育需求的各种困难。《决定》正是在这两方面发出了积极信号，加大了力度。从已有的二孩政策到目前的三孩政策，正是在努力实现第一个方面；而《决定》中的更多内涵，则是在第二个方面旗帜鲜明地发出了号召。这也是三孩的生育政策相对于之前实施的“单独二孩”“全面二孩”政策而言，更为实事求是，更为明确，也更具方向性、指导性和操作性的地方。

二、三孩政策的目标

中央这次出台的全面三孩政策，有着其重要的社会背景和出发点。这就是，在前几年相继推出“单独二孩”“全面二孩”生育政策后，我国人口的出生状况虽有了一定的改变，取得了一定的成效，但依然存在着生育水平持续走低的风险。特别是第七次全国人口普查结果所反映出的我国人口发展的现状与趋势，以及其中所蕴含的生育率下降、老龄化程度加深等特征，成为阻碍我国社会现代化发展的巨大障碍。党中央此时提出三孩政策，是希望通过增加幼年人口，改善我国的人口结构，落实积极应对人口老龄化国家战略。因而，三孩政策的重要目标之一就是要进一步提升人口出生率，提高幼年人口在总人口中的规模和比例，以改变目前“少子老龄化”的状况。

对于“少子老龄化”这个我国目前人口发展中特别突出的人口现象之一，需要进行客观的分析。一方面，老龄化是社会现代化发展过程中的一种必然趋势。随着社会现代化的发展，人口平均寿命的延长，社会的老龄化程度会逐步提高，这一趋势不可避免。但另一方面，对于我国来说，这种老龄化趋势的快速发展，有一个十分重要的原因，这就是我国幼年人口的明显萎缩。根据国家统计局公布的人口普查数据，我国 0~14 岁人口在总人口中的比例从 1982 年的 33.59%、1990 年的 27.68%[①]快速下降到 2010 年的 16.6%和 2020 年的 17.95%[②]。短短 38 年时间，下降超过 15 个百分点。幼年人口的减少，影响了人口的合理结构，也进一步凸显了老龄化的严重程度。从这个意义上看，增加人口的出生率，提高幼年人口的规模及其在总人口中的比重，虽然并不能直接解决老龄化及其所带来的各种问题，但可以在一定程度上降低老年人口的比重。更为重要的是，在经历一段不长的时期后，这些新增的幼年人口可以逐渐成长为新的劳动年龄人口，在改善我国人口年龄结构的同时，减轻老年人口抚养比，形成新的“人口红利”。因此可以说，放开三孩生育的政策，是把改变我国目前的“少子”状况来作为应对“老龄化”发展的一种途径。

但是，三孩生育的放开，并不意味着人人都会生育三个孩子。虽然三孩

① 1982 年数据来源于国务院人口普查办公室、国家统计局人口统计司编《中国 1982 年人口普查资料》，中国统计出版社 1985 年版，第 272 页；1990 年数据来源于国务院人口普查办公室、国家统计局人口统计司编《中国 1990 年人口普查资料》（第二册），中国统计出版社 1993 年版，第 2 页。

② 《优化生育政策，见改善人口结构——国家卫生健康委有关负责人就实施三孩生育政策答新华社记者问》，2021 年 6 月 1 日，http://sh.xinhuanet.com/2021-06/01/c_139981873.htm；《第七次全国人口普查公报（第五号）》，2021 年 5 月 11 日，http://www.gov.cn/xinwen/2021-05/11/content_5605787.htm。

政策的宏观目标是进一步释放生育潜能，平缓总和生育率下降趋势，推动实现适度生育水平，减缓人口老龄化进程，但其在育龄夫妇生育子女数目上的具体目标却并不是所有育龄夫妻都生育三个孩子。三孩政策的提法是“一对夫妻可以生育三个子女”。这种提法与四十多年前实施“独生子女政策”时所用的“提倡一对夫妇只生育一个孩子”的提法完全不同。那时政策的目标十分明确，就是所有的育龄夫妇都只生育一个孩子。但是，三孩政策的提法，意味着政策的目标并非所有的育龄夫妇都生育三个孩子。因为，政策的这种提法只是明确规定了育龄夫妇可生育子女数目的上限，并没有指示出政策对于这一上限的态度。“可以生育三个孩子”并不是“都生育三个孩子”。“可生育”的实质只是从以前政策中的“不可以”生育三个，转变到了现在的“可以”生育三个；或者说是从以前的“不允许”生育三个，转变为现在的“允许”生育三个。至于三孩政策在育龄夫妇生育子女数量上的目标究竟是什么，或者说，是否希望育龄夫妇在生育方面都达到生三个孩子这一可生育数目上限的问题，政策提法中并没有指示，也不能回答。实际上，无论是从我国人口发展的长远目标看，还是从我国目前育龄夫妇生育需求的现实看，普遍生育三个孩子，都不可能成为三孩政策的具体目标。也可以说，育龄夫妻普遍生育三孩既不是这一政策提出的初衷，也不是它所追求的目标。

三、三孩政策的意义和效果

既然三孩政策的具体目标并不是人人都生育三个孩子，那么这一政策的意义何在呢？笔者认为，三孩政策的意义除了提升人口出生率，以及有利于实现上述各项宏观目标外，其最主要的一点，就是进一步满足人民群众多元化的生育需求。或者说，其最重要的意义是体现了“以人民为中心”的理念。我们知道，在任何社会中，不同的育龄人群不仅有着各不相同的价值观念和生活方式，也往往有着不同的生育意愿和生育需求。有的人可能希望生两个、三个甚至更多个孩子，也有人只希望生一个甚至一个也不生。三孩政策的放开，无疑为广大育龄夫妇提供了更多的生育选择，更好地满足了不同育龄人群的多元化生育需求。如果说，独生子女政策主要考虑的是国家的利益的话，那么，从 2013 年开始实施的二孩政策到目前提出的三孩政策，则是在考虑到国家利益的同时，尽可能多地兼顾到了绝大多数人民群众的利益和愿望，满足了绝大多数人民群众的生育需求。

在明确三孩政策目标及其意义的同时，我们还需要对三孩生育政策在提高人口出生率、增加幼年人口数量、实现适度生育水平方面的作用和效果抱有正确的认识及合理的心理预期。一方面，我们要认识到三孩政策及《决定》的目标，主要是尽可能满足人民群众多元化的生育需求，而非引导和鼓励育龄人群都去生育三孩。另一方面，还要认识到，只有已经生育了二孩的育龄夫妇才有生育三孩的可能。所以，较大规模和较高比例的二孩育龄人口的存在，是提高三孩生育规模的基础和前提。同时，这些已生育二孩的育龄夫妇中还要有较高比例的夫妇具有生育三孩的意愿。关于二孩育龄人口的规模和比例，从 2013 年“单独二孩”政策实施以来的人口出生统计来看，新生人口中二胎的规模逐渐从 500 多万提升到了接近 900 万。二胎的比例也逐渐从 2013 年的 30%左右慢慢提高到了 2017 年的 50%左右[①]。可以说，近几年两项二孩政策的接连实施，在一定程度上提高了二孩育龄人口的规模和比例，为三孩政策在增加人口出生率方面提供了一定的基础。

但是，较大规模的二孩育龄人口的存在，本身并不能保证三孩生育的规模和比例的增加。如同二孩政策放开时所遭遇的现实一样，育龄人群的生育意愿、生育抉择才是最终决定其生育行为和生育结果的关键，而正是从这一点看，我们对三孩政策的实际效果也应有客观的认识。因为几乎所有采用“理想子女数”测量方式进行的生育意愿调查结果都表明，当前育龄人口理想子女数量的主流都是两个孩子，而把生育三个孩子作为生育理想的育龄人口始终很少，其比例通常都在 10%以下。以近期发表的、由国家卫计委于 2017 年在全国范围进行的一项大型生育状况抽样调查为例，其调查结果表明，“全面二孩”政策实施后，我国城乡 15～49 岁未婚和有偶育龄妇女的平均理想子女数为 1.96。其中理想子女数为两个的比例接近 80%，占绝对主导地位；而理想子女数为三孩及以上的比例仅为 7.4%。即使是在农村户口的育龄妇女中，理想子女数为两个的比例也达到了 81%，而三孩及以上的比例只有

① 风笑天：《“全面二孩”政策实施效果：现有评价分析及其思考》，《东南大学学报（哲学社会科学版）》2020 年第 5 期，第 103—111、156 页。

9.7%[①]。这样看来，如果对育龄人口不需要考虑现实条件的“理想子女数”的调查都显示出三孩比例不足10%的结果，那么，一旦考虑到各种现实条件（如经济压力、时间精力、抚育成本、老人帮助等）的因素，这10%的育龄人口中真正能够将生育三个孩子的“理想”变成“现实”的比例就会更少了。所以，关键还是要积极提高二孩育龄人口中愿意生育三孩的比例。

第二节 以《决定》为契机，努力提高二孩及三孩的生育意愿

《决定》为解决育龄人群生育二孩、三孩所可能遭遇的各种困难指明了方向，提供了配套措施。同时，也为进一步提升育龄人群的生育意愿创造了条件。在这种情况下，笔者认为，应该将政策中提出的“可以生育三个孩子”与具体实施中“鼓励、提倡生育二孩”结合起来。特别是将提高出生人口数量的任务和提升生育水平的努力更多地放在提高二孩生育的比例上。这不仅可以为提高三孩生育的比例提供基础，同时也符合我国人口长期发展目标、推动实现适度生育水平的要求。

第一，三孩生育政策的目标人口首先是二孩育龄人群，即生育三孩首先只是对那些已经生育了二孩的育龄夫妇有直接的、实际的意义。对于只生育了一个孩子的育龄夫妇来说，摆在他们面前的首要问题还不是生不生三孩，而是生不生二孩。同时，还应该意识到，不同孩次育龄人口的规模或基数是大不相同的。正常情况下，结婚后不生育子女的育龄人口在同龄育龄人口中的比例是非常小的。除了少数人由于生理原因不孕、少数人选择“丁克”不生育孩子外，绝大部分夫妻通常都会在结婚后怀孕生育。换句话说，育龄人口结婚后的一孩生育率接近100%；因此，一孩育龄人口的规模基本上只会

① 庄亚儿、姜玉、李伯华：《全面两孩政策背景下中国妇女生育意愿及其影响因素——基于2017年全国生育状况抽样调查》，《人口研究》2021年第1期，第68—81页。

受到已婚育龄人口规模的影响和制约，且基本上与已婚育龄人口规模相等。因此，通过提倡适龄结婚、适龄生育，破除高价彩礼等陈规陋习，构建新型婚育文化，可以提高适龄青年的结婚率，达到较高的一胎率。

但是，当育龄夫妇生育了一个孩子后，是否会生育两个甚至三个孩子，不同夫妻的选择就会有较大不同，影响的因素也会相对较多。它除了受到一孩育龄人口规模的影响外，更多地会受到一孩育龄人口的二孩生育意愿和生育行为的影响。同样规模的一孩育龄人口，会因为不同的二孩生育意愿和生育行为而形成不同规模和比例的二孩育龄人口。从我国实施二孩政策后的情况看，这一比例可能只处于40%~50%。这也即是说，二孩育龄人口的规模基本上只有一孩育龄人口的40%~50%，而三孩生育的规模和比例将直接受到这一规模和比例的限制。因此，从目前情况分析，努力提高二孩生育的规模和比例，可以为增加三孩生育提供更大规模的育龄人群，从而增加三孩生育的可能性。

第二，从育龄人口的生育意愿来看，生育两个孩子一直是大多数人心中的理想目标。不仅二孩政策实施以前的众多生育意愿调查结果反复表明了这一点，即使是到了“全面二孩”政策实施后的最近几年，情况依然如此。例如，前面提到的国家卫计委2017年在全国范围进行的大型生育状况抽样调查的结果就依然表明，80%左右的育龄妇女的“理想子女数”还是两个孩子①。然而，从近几年实际生育统计的状况看，大约40%~50%的育龄夫妇生了一个孩子，40%~50%的育龄夫妇生了两个孩子，不到10%的育龄夫妇生了三个及以上的孩子②。对照上述理想生育意愿调查的结果可以发现，这种生育的现状与育龄人口理想生育意愿的差别主要发生在一孩和二孩的比例上，而不是三孩的比例上，即生育意愿调查中，接近80%的育龄夫妇有生育两个孩子的理想，但实际生育状况中，却由于各种原因的影响和限制，只有一半左右的育龄夫妇实现了自己的理想。虽然这种以“理想子女数”为指标的生育意愿调查结

① 庄亚儿、姜玉、李伯华：《全面两孩政策背景下中国妇女生育意愿及其影响因素——基于2017年全国生育状况抽样调查》，《人口研究》2021年第1期，第68—81页。

② 风笑天：《“全面二孩”政策实施效果：现有评价分析及其思考》，《东南大学学报（哲学社会科学版）》2020年第5期，第103—111、156页。

果并不真正代表育龄人口实际的生育意愿，但正是育龄人口中这种生育两个孩子的理想与其实际生育两个孩子的行动之间的差距，为提升二孩生育意愿和二孩生育行为留下了足够的空间。

第三，也是最重要的，就是这次中共中央政治局会议之所以专门强调要“促进生育政策和相关经济社会政策配套衔接”，并将其具体到“发展普惠托育服务体系，推进教育公平与优质教育资源供给，降低家庭教育开支。要完善生育休假与生育保险制度，加强税收、住房等支持政策，保障女性就业合法权益”[①]等一系列配套支持措施，正是准确地针对了“全面二孩”政策实施过程中出现的、导致一孩育龄人口想生二孩而不敢生的各种阻碍因素。

虽然生育意愿调查的结果表明育龄人群的理想子女数长期以来一直集中在两个孩子上，但放开“单独二孩”“全面二孩”政策后，育龄人口实际生育二孩的效果并不理想。根据政府相关部门大规模调查的结果，这主要是受到“经济负担重、婴幼儿无人照料和女性难以平衡家庭与工作的关系”等方面因素的影响，导致了“相当比例的家庭想生不敢生”的现状[②]。这次中央虽然是在放开三孩会议上提出这一系列配套支持措施，但笔者认为，它实际上针对的正是在实施的二孩生育政策中存在的问题。这也是放开三孩的生育政策相对于之前实施的“单独二孩”“全面二孩”政策来说更为实事求是、更为明确，也更加具有方向性、指导性和操作性的地方。它不仅对育龄人口的二孩生育意愿和生育行为影响巨大，而且也必将首先在提升育龄人口的二孩生育意愿和生育行为方面发挥作用。

总之，由于一孩育龄人口是形成二孩生育及三孩生育的基础人口，他们不仅规模最大，而且他们首先遇到的也是“是否生育两个孩子”而不是“是否生育三个孩子”的问题，因此，对一孩育龄人口做好生育两个孩子的宣传、引导、支持和帮助，大力提高一孩育龄人口中生育两个孩子的比例，可以更好地、更有效地为提高三孩生育的规模和比例提供客观基础及发挥积极影响。

---

①《中共中央政治局召开会议 习近平主持》，2021 年 5 月 31 日，http://www.xinhuanet.com/politics/leaders/2021-05/31/c_1127513015.htm。

②《优化生育政策，改善人口结构——国家卫生健康委有关负责人就实施三孩生育政策答新华社记者问》，2021 年 6 月 1 日，http://sh.xinhuanet.com/2021-06/01/c_139981873.htm。

换句话说，在放开三孩生育政策的同时，大力提高育龄人群二孩生育的规模和比例，应该是今后努力的方向。

从二孩政策放开后众多生育意愿调查结果综合来看，育龄人群中有二孩生育意愿的比例大约处在 50%~60%，而从近几年出生人口统计的结果来分析，一孩育龄人群实际生育两个孩子的比例则可能不足 50%。因此，一方面要从生育文化的角度入手，通过积极的宣传和引导，改变育龄人群的生育观念，进一步提高育龄人群的二孩生育意愿，让一部分原来“不愿意”生二孩的变为愿意生二孩；另一方面要借这次中央《决定》的东风，大力提高对二孩（及三孩）生育的支持力度，切实解决生育第二个（及第三个）孩子带来的经济负担，以及子女照料、女性职业发展等方面的困难，让更多“不敢生”二孩的一孩育龄夫妇敢于生二孩，也让更多的二孩育龄夫妇愿意生三孩。如果通过努力，能够将一孩育龄夫妇的二孩生育意愿及二孩生育结果的比例提升到 70%以上，且二孩育龄夫妇生育三孩意愿由目前的 10%左右提高到 20%以上，就可以相对明显地提升整体的生育水平，也有利于逐步将总和生育率提升到接近 2.1 的更替水平。

第三节　建设新的生育文化是对各种配套支持措施的重要补充

这次中央会议文件的内容虽然不长，但其所强调的一些与以往政策文件明显不同的方面却值得特别注意。在关于三孩政策的中央会议报道中，一是突出地强调了“促进生育政策和相关经济社会政策配套衔接，健全重大经济社会政策人口影响评估机制”①，这是一种科学的、符合社会发展客观规律的措施。这一措施从两方面分别对生育政策和经济社会政策提出了要求：一方

①《中共中央政治局召开会议 习近平主持》，2021 年 5 月 31 日，http://www.xinhuanet.com/politics/leaders/2021-05/31/c_1127513015.htm。

面，制定任何人口生育政策时，不能只从人口生育的角度进行考虑，还要同时考虑到与之相关的经济社会政策，要与这些相关的经济社会政策配套衔接；另一方面，对于任何重大的经济社会政策来说，不仅要考虑到它们带来的经济社会影响，也要同时考虑到它们对人口发展所带来的影响，而不能是经济政策只考虑经济后果、社会政策只考虑社会影响，只有对人口发展同样具有积极的、正面的影响的经济社会政策，才是合格的经济社会政策。

二是会议文件中对于与三孩生育政策相关的各种配套支持措施阐明得非常具体详细。特别是除了从宏观上强调生育政策要与相关经济社会政策配套衔接外，还专门提到了要“加强适婚青年婚恋观、家庭观教育引导，对婚嫁陋习、天价彩礼等不良社会风气进行治理”[①]。这实际上正是从生育文化的角度提出的要求，也是对各种配套支持措施的重要补充。“生育文化……一个社会所存在的有关生育问题的思想认识、价值观念、社会心理、制度法规、风俗习惯、社会规范、行为方式的总和。”[②]生育文化的核心虽然是生育观念，包括生育子女的价值或生育的动机及生育意愿等，但它同时也涉及与生育密切相关的婚姻观、家庭观、子女观、幸福观等。不同的生育文化，同样会在这些方面形成不同的观念。这些不同的观念反过来又会影响到育龄人口的生育意愿和生育行为。

比如，关于婚育的年龄。在以“一对夫妇只生育一个孩子”的生育政策为主导所形成的生育文化中，提倡的是“晚婚晚育”。目的是与控制人口过快增长和降低人口出生的政策目标相配合。那时有一种十分典型的说法和比喻：以 100 年为标准，如果早婚早育，20 岁一代人，那么 100 年就会产生五代人；而如果晚婚晚育，25 岁一代人，那么 100 年就只会产生四代人。未曾想，当社会发展到今天，我国育龄人口的婚育年龄不仅达到了这种倡导所期望的目标，甚至已经超过了这一目标。根据国家卫生健康委员会有关负责人就实施三孩生育政策答新华社记者问所公布的数据，“2006—2016 年，我国女性平

---

①《中共中央政治局召开会议 习近平主持》，2021 年 5 月 31 日，http://www.xinhuanet.com/politics/leaders/2021-05/31/c_1127513015.htm。

② 风笑天：《生两个孩子：中国社会的又一场生育革命》，《南京大学学报（哲学・人文科学・社会科学）》2021 年第 2 期，第 56 页。

均初婚、初育年龄分别从 23.6 岁、24.3 岁推迟到 26.3 岁和 26.9 岁”[①]，而在城市中，特别是像上海、北京这样的大城市中，女性的平均婚育年龄更是推迟到了 30 岁左右[②]。这种“晚婚晚育”的趋势，无形之中又在一定程度上加剧了出生率降低的状况。因为按目前的婚育平均年龄，100 年中已经无法产生四代人了。

人口是构成社会的基本要素，而社会又是由不同的人口群体组成的。这些不同人口群体既有着不同的户籍属性、不同的文化程度、不同的职业、不同的经济收入，也有着建立在这些不同属性基础上的不同的价值取向、不同的文化模式、不同的生活方式和不同的生育观念。面对刚刚放开的三孩政策，他们的反应是不同的。不仅对于生不生三孩，而且对于生不生二孩，他们也有着完全不同的意愿和决定，也有着生或者不生二孩、生或者不生三孩的各种具体的、各不相同的原因。因此，对于实施三孩生育政策、提升人口生育水平的目标来说，首先要区分和弄清楚，在育龄人口中，对于生育二孩或者生育三孩，有多少是因为不敢生，又有多少是因为不想生。因为“不想生”和“不敢生”是两个完全不同的概念，也是两个完全不同性质的问题。尽管它们之间可能有联系，但是由于问题性质的不同，所应该采取的应对策略和措施也不一样。

从目前情况看，无论是政府、社会还是学术界，都将主要的注意力放在了应对育龄人群“不敢生”的方面，而相对忽视了对育龄人群中“不想生”现象的关注和应对。应该意识到，中央会议及《决定》中提出的实施配套支持措施，主要适用的对象是那些想生二孩或者三孩，但由于经济条件、育儿条件、父母时间精力、女性工作家庭冲突等原因而不得已放弃了其生育意愿的育龄人群，即主要是“不敢生”的育龄人群，而对于那些压根就“不想生”二孩或者三孩的育龄人群来说，即使实施了各种支持生育的配套支持措施，他们可能还是会依然“我行我素”，坚持他们原有的生育意愿，导致这些支持

---

① 《优化生育政策，改善人口结构——国家卫生健康委有关负责人就实施三孩生育政策答新华社记者问》，2021 年 6 月 1 日，http://sh.xinhuanet.com/2021-06/01/c_139981873.htm。

②《上海女性平均初婚年龄 29.09 岁初育年龄 30.29 岁》，2021 年 1 月 19 日，https://baijiahao.baidu.com/s?id=1688411156551847399&wfr=spider&for=pc。

配套支持措施在他们面前收效甚微。

然而，现实中，这种本身就不想生二孩、三孩的育龄人群不仅是一种客观存在，而且比例还不小。笔者曾通过调查了解到，除了抚养孩子成本高导致的经济压力大，以及工作忙没有时间精力、没有老人帮助等方面原因即外在的（或客观的）因素外，城市一孩育龄人群不想生育二孩的主要原因中，还有一项被忽视的内在的（或主观的）因素，这就是一部分育龄人群所具有的“觉得生一个孩子就很好”的生育观念和生育文化。“城市 70%左右不想生二孩的一孩育龄人群中，既有主要是因为经济压力大、工作忙没有时间精力这两项外在原因的，同样也有主要是因为本身就只想生育一个孩子这种内在原因的。而且这种内在原因的比例甚至排在了第一位。”[①]因此，笔者认为，“要增加城市育龄人群的二孩生育率，除了需要从减轻育龄人群的经济压力、减少对他们时间精力消耗等方面制定相应政策措施去设法改变以外，还要努力从提高他们生育二孩的内在动机和主观意愿方面，采取相应的措施去设法改变”[②]。这正是笔者强调建设新的生育文化的意义所在。

应该意识到，20 世纪 70 年代末至 21 世纪初的三十多年中，随着“一对夫妇只生育一个孩子”的政策的长期执行，不仅有效地控制了我国人口的增长速度，更重要的是形成了一种“只生育一个孩子”的生育文化。在新的社会生活环境和条件下，中国千百万普通家庭已经逐渐习惯于只生一个孩子、只养一个孩子、只育一个孩子的生活模式。“经过 30 多年我国十几亿人的共同实践，‘只生一个孩子’的现象已经从最初的‘异类’，变成了今天的‘常态’；人们‘只生一个孩子’的行为也从最初的靠动员、宣传、表扬、奖励和引导以及刚性政策的制约，到后来慢慢成为一种普遍的‘习惯’、成为想都不用想的‘理所当然’。正是在这种变化过程中，一种‘只生一个孩子’的生育文化也在不知不觉中逐渐形成并慢慢在社会上固化。”[③]再加上新的一代育龄

---

① 风笑天：《为什么不生二孩？对城市一孩育龄人群的调查与分析》，《河北学刊》2018 年第 6 期，第 184 页。

② 风笑天：《为什么不生二孩？对城市一孩育龄人群的调查与分析》，《河北学刊》2018 年第 6 期，第 185 页。

③ 风笑天：《生两个孩子：中国社会的又一场生育革命》，《南京大学学报（哲学·人文科学·社会科学）》，2021 年第 2 期，第 55 页。

人口在价值观念、生活方式上早已不同于他们的上一代，他们已经形成了与改革开放以来的中国社会相互适应的新的生存模式。所有这些都会对他们的生育观念和生育行为产生巨大影响。

育龄人口对生育子女的观念和认识，在一定程度上是决定和影响他们的意愿和决策的重要因素。同样的经济条件，有人会生两个甚至三个，而有的人则只会生一个甚至一个都不生。同样的没有老人帮忙，有的决定不生二孩，有的则继续生。对于生不生二孩，有的人看重的是家庭的生活质量，决定放弃；有的人看重的则是子女的成长，决定再生一个。无论哪一种看法和决定，都说明是育龄人口的观念和认识在起作用。应该认识到，育龄夫妇生育二孩、生育三孩行为的发生，有着其具体的内因与外因，即内在动机与外在条件。从客观上看，前几年实施的二孩政策及刚刚放开的三孩政策，给予了育龄人口生育两个、三个孩子的外部条件；他们现有的经济条件、有无老人帮忙等客观状况也是一种外部条件，而他们是否想生二孩、三孩，是否敢生二孩、三孩，则是决定这种生育行为的内因。因为，如果育龄夫妇压根就不想生育二孩或三孩，那么，无论他们的经济状况如何、有无老人帮忙、有无时间精力，都是不会去生的；这种内因正是目前被忽略的一方面，也是一些相关支持配套支持措施无法解决的方面。

从这一点上看，我国社会中存在着两部分育龄人口，一部分是有生育两个甚至三个孩子意愿的，但由于经济、精力、抚育、照料等一系列客观原因而不敢去生；另一部分则是没有生育两个或者三个孩子意愿的，即主观上不想生、不愿生的。所以，一方面要认真调查和了解不同育龄人群的生育意愿状况，特别是了解他们不愿意生育二孩、三孩的原因；另一方面，要分门别类、有针对性地对这两部分人采用不同的方法和措施。对于有意愿但不敢生者，要抓配套政策和支持措施，设法解决他们在现实中面临的各种实际困难，让他们能够顺利实现自己生育两个、三个孩子的意愿。对于无意愿者，则需要采取不同的政策思路和支持措施，要抓观念和认知的改变，即将重点放在开展宣传和引导，着力改变他们的生育观念、生育意愿，形成新的生育文化上。这样一方面让有意愿者实现意愿，即让想生者敢于生；另一方面也让目前无意愿者改变意愿，即让不愿生者愿意生。

第四节　新的生育文化建设中的两个重要方面

新的生育文化建设涉及从婚恋、嫁娶、生育、养育、教育到家庭关系、社会风俗习惯、社会价值观念、社会心理、社会生活方式等众多方面的工作内容。需要与社会生活的众多方面发生关系。笔者认为其中的两个方面特别重要，值得做一点讨论。

一、关爱女性是新生育文化建设的一个重要出发点

自然界将人类繁殖后代这一过程中的“十月怀胎”和“一朝分娩”都历史性地交给了女性。无论是孕育孩子、生育孩子、哺育孩子，还是抚养孩子和教育孩子，女性在现实中都承担了远多于男性的职责和工作，也毫无疑问地付出了远多于男性的时间和精力。这是在讨论各种有关生育问题时不应该忘记的一个基本事实。也正因为如此，无论是2013年开始实施的“单独二孩”政策、2016年开始实施的“全面二孩”政策，还是目前开始实施的三孩政策，首当其冲受到影响的主要是女性。无论是被戏称为“三年困难时期”的怀孕、生产及哺育过程，还是自身因生育而发生的生理、心理、精神、体力的巨大改变，还是由此带来的工作与家庭冲突、对自身职业发展的影响等，都无一例外地集中在女性身上。这同样是在讨论各种与生育有关的问题时，所不应该忘记的一个基本事实。

家庭作为社会的细胞和人们社会生活的基本单位，其最基本的职能之一，就是承担人类繁衍的重任。人口生育的任务也总是在微观的家庭层面来具体实施和完成的。因此，家庭不仅承担着生育、哺育、养育、教育幼年人口的任务，还与人们的工作、人际关系、生活方式紧密相连，而人口生育政策的调整也不仅仅会影响到国家、社会整体的长期发展，它同时还会影响到千家万户、亿万夫妻的日常生活。特别是会影响到在人类繁衍过程中承担怀孕、生产、哺育等具体任务的女性的生命历程。

尽管婚姻是由男女两性构成的，尽管家庭生活也平等地赋予了男女两性的夫妻角色、父母角色，但是从改革开放以来我国社会的情况看，女性似乎

从一进入婚姻开始，其在职场上的发展就面临着比男性更多一些的负面文化的制约和影响。比如，当我国社会的经济体制改革带来了企业倒闭、职工下岗现象时，职业女性就曾被一些舆论劝告，让她们“回归家庭”；当城市双职工家庭面临工作与家庭生活的矛盾和冲突时，女性又往往首当其冲地被作为“二保一”策略的牺牲者；当有了孩子需要照顾家庭时，“男主外、女主内”的文化观念又使得一些女性做起了“全职主妇”。女性不仅在大学毕业找工作时会遭遇到男性所没有的性别歧视，在其成为职业女性、追求事业发展和上升的过程中，也会因为逐渐放开的生育政策的客观影响，而被迫一次次地中断自身的事业发展，去为家庭做出一次次的自我牺牲。

总之，多孩生育政策影响最大的始终是女性。对其生活、工作、职业发展连同自身的生理、心理真正有着直接的、全面的、无法避免的影响。因此，关爱女性是落实不断放开的生育政策、进一步提升育龄人口生育意愿和生育水平的关键一环，更是构建新型生育文化过程中十分重要的内容。除了中央提到的要从制度和措施上“保障女性就业合法权益”外，还要从女性独有的生理、心理特征出发，提出和制定更多、更细的政策措施，不仅切实解决她们在孕育孩子、抚育孩子、教育孩子等方面的困难，也要切实帮助她们解决在处理家庭关系、协调工作与家庭冲突、促进自身职业发展等各个方面所面临的困难，以解除她们因生育而产生的各种后顾之忧。同时，还要进一步提高女性在家庭、社会中的地位，在全社会营造出一种更加尊重女性、关爱女性、支持女性的生育文化，从而有利于女性发展。

二、营造从“生孩子”到“养孩子”的良好社会环境

虽然人口生育政策关注的焦点是“生孩子”，但影响这种“生孩子”的因素许多都与“养孩子”密切相关。因为生育的后果远不是一组单纯的人口出生统计数字。它在本质上是人类后代的繁衍和抚育。尽管依靠宏观的人口生育统计数字，我们可以非常清楚地了解和描述整个国家的人口发展状况及其变化，但是，我们更应该意识到，在这种人口统计数字背后，则是微观世界中千千万万对育龄夫妇、万万千千个年轻家庭对幼年人口长达十几年甚至更长时间的养育、抚育、教育、培育过程。或者说，在“生孩子”的背后，始

终是一个更为复杂、更为漫长的“养孩子”过程。

从“生孩子”的角度可能会涉及诸如孕检、孕妇保健、生育健康及妇产科医生、医疗设施、医疗条件等一系列问题。从“养孩子”的角度分析，所涉及的方面可能更多，也更加复杂。比如，0~3 岁的照料问题，就会涉及普惠型托育服务的建立、提供足够的托幼机构和人员问题；就会涉及有无祖辈的帮助等问题；就会涉及夫妻生育产假制度的进一步完善和支持女性继续就业等问题。从学龄前教育开始，初等教育、中等教育直到高考甚至高等教育阶段，“养孩子”所涉及的问题或许更多。从学区房、重点学校到家长“陪读”，所有这些生活中的现实都会反馈到人们的生育意愿上，成为育龄人群做出各种生育抉择的直接的或间接的影响因素。一句话，决定人们生育意愿的绝不仅仅只是对“生几个孩子”的简单考虑，而是对“养几个孩子”的深层追问。

所以，我们在探讨提高育龄人群生育意愿时，不能仅仅停留在“生孩子”“生几个孩子”的层面，还要从“养孩子”“养几个孩子”的层面进行分析，要更多地从“养孩子”的角度来看待人口生育问题，把从“养孩子”的角度思考作为提高育龄人口生育意愿和生育行为的有效路径。这正是中央《决定》中强调提高优生优育服务水平，发展普惠托育服务体系，推进教育公平与优质教育资源供给，完善生育休假与生育保险制度，加强税收、住房等支持政策，保障女性就业合法权益等的根本原因。如何从“生孩子”的角度提高育龄人群的生育意愿，是构建新型生育文化的重要内容；而如何进一步从“养孩子”的角度提高育龄人口的生育行为，则是构建新型生育文化留给我们的更为艰巨的任务。

只有坚持以人为本，努力营造从“生孩子”到“养孩子”的良好社会环境，才能更好地贯彻落实人口生育政策。这也正是党中央在《决定》中强调做好托幼、教育、医疗、就业、妇女权益等多个方面工作，制定相应的配套支持措施的关键所在。然而，要营造“养孩子”的良好社会环境，建设新型生育文化是十分重要的一环。应该意识到，几十年来我国社会中一直实施的独生子女政策，加上数以亿计的独生子女人口，以及涉及三代人日常生活的独生子女家庭，所有这些汇合在一起，在急剧变迁的中国社会中逐渐形成了一种既涉及婚姻、就业、家庭生活，也涉及生育、养育和教育孩子的独生子女文化。现在，不仅年轻人口中，独生子女成为已经十分普遍、司空见惯的现象，“只生一个孩子”“养育好一个孩子”也已经逐渐变成了新一代育龄人群自然而然的生育观念和行为习惯。因此，除了要在托幼、教育、医疗、就业、妇女权益等多个方面营造出有利于“养两个甚至三个孩子”的良好环境外，还要采取更大规模、更多形式的生育政策宣传，有意识地改变独生子女文化在“生孩子”和“养孩子”方面的观念。在社会中逐步营造出既积极、健康、符合人口政策目标、有利于养育两个甚至三个孩子，又符合社会可持续发展目标的新型生育文化。

如果说，独生子女政策开启了中国人口发展历史上从多生向少生，特别是从生几个到只生一个及从多子女文化到独生子女文化的第一次生育革命的话，那么，党中央 2013 年提出的“单独二孩”政策、2015 年提出的“全面二孩”政策、2021 年提出的三孩政策，就是在逐步开启一个全新的、人口政策与社会发展相适应、国家利益与人民利益相兼顾、以达到我国人口和社会长期协调发展为目标的第二次生育革命。让我们共同努力，去争取这次新的革命的全面胜利。

参 考 文 献

《2014年7月10日国家卫生计生委例行新闻发布会文字实录》，2014年7月10日，http://www.nhc.gov.cn/xcs/s3574/201407/f8a362e80bd4412fa70d862bdff183b3.shtml。

《2015年7月10日国家卫生计生委例行新闻发布会文字实录》，2015年7月10日，http://www.nhc. gov.cn/xcs/s3574/201507/43685ecd0edb4b71b260306af9b7e924.shtml。

《2016年中国出生人口达1786万二孩及以上占比超45%》，2017年1月23日，http://www.xinhuanet.com//politics/2017-01/23/c_1120364891.htm。

《2017年我国二孩出生人数比2016年明显增加》，2018年1月20日，http://www.xinhuanet.com/politics/2018-01/20/c_1122289485.htm。

《2017年1月全面两孩政策工作进展专题新闻发布会文字实录》，2017年1月22日，http://www.nhc.gov.cn/xcs/s3574/201701/7ea4318bf0f7450aaf91d184e02e5dcf.shtml。

《第七次全国人口普查公报（第五号）》，2021年5月11日，http://www.gov.cn/xinwen/2021-05/11/content_5605787.htm。

《湖北已有两万“单独二孩”调查显示5成家庭不愿生二胎》，2015年10月29日，http://news.cnhubei.com/xw/wuhan/201510/t3432065.shtml。

《李希如：2017年我国“全面两孩”政策效果继续显现》，2018年1月20日，http://www.stats.gov.cn/tjsj/sjjd/201801/t20180120_1575796.html。

《李希如：人口总量平稳增长 城镇化水平稳步提高》，2019年1月23日，http://www.stats.gov.cn/tjsj/sjjd/201901/t20190123_1646380.html。

《上海女性平均初婚年龄29.09岁初育年龄30.29岁》，2021年1月19日，https://baijiahao.baidu.com/s?id=1688411156551847399&wfr=spider&for=pc。

《卫计委副主任谈二孩生育积极性不高：经济负担和无精力照顾是主因》，2018年3月10日，http://cn.chinadaily.com.cn/2018-03/10/content_35825322.htm。

《优化生育政策，见改善人口结构——国家卫生健康委有关负责人就实施三孩生育政策答新华社记者问》，2021年6月1日，http://sh.xinhuanet.com/2021-06/01/c_139981873.htm。

《张毅：人口总量增速放缓 城镇化水平继续提升》，2020年1月19日，http://www.stats.

gov.cn/tjsj/sjjd/202001/t20200119_1723861.html。
《中共中央政治局召开会议 习近平主持》，2021 年 5 月 31 日，http://www.xinhuanet.com/politics/leaders/2021-05/31/c_1127513015.htm。
白剑峰：《我国会遭遇“生育危机”吗》，《人民日报》2015 年 2 月 11 日，第 14 版。
本刊编辑部：《中国人口转变：生育文化发挥了多大作用?》，《人口研究》2001 年第 4 期。
〔南〕布里舍里奇：《社会学原理》，贾春增、陆文祺、王森译，东方出版社 1986 年版。
陈恩：《全国“失独”家庭的规模估计》，《人口与发展》2013 年第 6 期。
陈建平、樊华、刘小芹等：《上海市户籍已婚育龄人群生育意愿与生育状况调查》，《中国计划生育学杂志》2014 年第 8 期。
陈胜利、张世琨：《当代择偶与生育意愿研究：2002 年城乡居民生育意愿调查》，中国人口出版社 2003 年版。
陈卫、庄亚儿：《社会政策对人口趋势影响的检验与评估》，《市场与人口分析》2004 年第 4 期。
陈雯：《“四二一”家庭结构假设与家庭养老压力事实》，《华中师范大学学报（人文社会科学版）》2012 年第 5 期。
陈秀红：《影响城市女性二孩生育意愿的社会福利因素之考察》，《妇女研究论丛》2017 年第 1 期。
陈友华：《关于生育政策调整的若干问题》，《人口与发展》2008 年第 1 期。
陈友华、苗国：《意料之外与情理之中：单独二孩政策为何遇冷》，《探索与争鸣》2015 年第 2 期。
丁仁船、吴瑞君：《独生子女大规模进入婚育年龄对我国人口发展的影响》，《西北人口》2009 年第 2 期。
丁士贤：《对城市一代独生子女教育问题的社会学考察》，《人口研究》1989 年第 5 期。
杜林致：《独生子女家庭教育的特点》，《兰州学刊》1991 年第 3 期。
〔美〕E.阿伦森：《社会性动物》（第九版），邢占军译，华东师范大学出版社 2007 年版。
风笑天：《我国独生子女研究的现状分析》，《江海学刊》1990 年第 1 期。
风笑天：《独生子女父母的生育意愿》，《人口研究》1991 年第 5 期。
风笑天：《独生子女：他们的家庭、教育和未来》，社会科学文献出版社 1992 年版。
风笑天：《论城市独生子女家庭的社会特征》，《社会学研究》1992 年第 1 期。
风笑天：《独生子女家庭：一种新的生活方式》，《社会科学辑刊》1994 年第 5 期。
风笑天：《独生子女青少年的社会化过程及其结果》，《中国社会科学》2000 年第 6 期。
风笑天：《中国独生子女研究：回顾与前瞻》，《江海学刊》2002 年第 5 期。
风笑天：《城市青年的生育意愿：现状与比较分析》，《江苏社会科学》2004 年第 4 期。
风笑天：《青少年社会化：理论探讨与经验研究述评》，《青年研究》2005 年第 3 期。
风笑天：《走进“围城”的独生子女：概念、规模与质疑》，《江苏社会科学》2005 年第 3 期。
风笑天：《中国第一代城市独生子女的社会适应》，《教育研究》2005 年第 10 期。
风笑天：《中国独生子女：规模、差异与评价》，《理论月刊》2006 年第 4 期。
风笑天：《第一代独生子女婚后居住方式：一项 12 城市的调查分析》，《人口研究》2006 年第 5 期。

风笑天：《独生子女父母的空巢期：何时开始?会有多长？》，《社会科学》2009 年第 1 期。
风笑天：《第一代独生子女父母的家庭结构：全国五大城市的调查分析》，《社会科学研究》2009 年第 2 期。
风笑天：《青年个体特征与生育意愿：全国 12 城市 1786 名在职青年的调查分析》，《江苏行政学院学报》2009 年第 4 期。
风笑天：《第一代独生子女的生育意愿：我们目前知道多少？》，《湖南师范大学社会科学学报》2009 年第 6 期。
风笑天：《生育二胎："双独夫妇"的意愿及相关因素分析》，《社会科学》2010 年第 5 期。
风笑天：《"单独二孩"：生育政策调整的社会影响前瞻》，《国家行政学院学报》2014 年第 5 期。
风笑天：《"遇冷"或"正常"？——对"单独二孩"政策实施效果认识的评价》，《中国社会科学评价》2015 年第 4 期。
风笑天：《"单独二孩"生育政策对年轻家庭亲子社会化的影响》，《东南大学学报（哲学社会科学版）》2015 年第 4 期。
风笑天：《生育政策潜在人口的结构及其二孩生育意愿——对两项大规模调查结果的分析》，《江苏行政学院学报》2015 年第 6 期。
风笑天：《"四二一"：概念内涵、问题实质与社会影响》，《社会科学》2015 年第 11 期。
风笑天：《社会研究：科学与艺术》，北京大学出版社 2015 年版。
风笑天：《城市两类育龄人群二孩生育意愿的影响因素研究》，《东南大学学报(哲学社会科学版)》2017 年第 3 期。
风笑天：《从两个到一个：城市两代父母生育意愿的变迁》，《南京大学学报(哲学 •人文科学 •社会科学)》2017 年第 4 期。
风笑天：《当代中国人的生育意愿：我们实际上知道多少？》，《社会科学》2017 年第 8 期。
风笑天：《二孩生育意愿：从"假设"到"现实"有多远》，《新疆师范大学学报(哲学社会科学版)》2018 年第 1 期。
风笑天：《给孩子一个伴：城市一孩育龄人群的二孩生育动机及其启示》，《江苏行政学院学报》2018 年第 4 期。
风笑天：《为什么不生二孩？对城市一孩育龄人群的调查与分析》，《河北学刊》2018 年第 6 期。
风笑天：《空巢养老？城市第一代独生子女父母的居住方式及其启示》，《深圳大学学报（人文社会科学版）》2020 年第 4 期。
风笑天：《"全面二孩"政策实施效果：现有评价分析及其思考》，《东南大学学报(哲学社会科学版)》2020 年第 5 期。
风笑天：《生两个孩子：中国社会的又一场生育革命》，《南京大学学报（哲学 • 人文科学 • 社会科学）》2021 年第 2 期。
风笑天、李芬：《生不生二孩？城市一孩育龄人群生育抉择及影响因素》，《国家行政学院学报》2016 年第 1 期。
风笑天、李芬：《再生一个？城市一孩育龄人群的年龄结构与生育意愿》，《思想战线》2016 年第 1 期。
风笑天、张青松：《二十年城乡居民生育意愿变迁研究》，《市场与人口分析》2002 年第 5 期。

顾宝昌：《论社会经济发展和计划生育在我国生育率下降中的作用》，《中国人口科学》1987 年第 2 期。
顾宝昌：《论生育和生育转变：数量、时间和性别》，《人口研究》1992 年第 6 期。
顾宝昌：《生育意愿、生育行为和生育水平》，《人口研究》2011 年第 2 期。
关秀芳：《“丁崇拜”对广东妇女生育观的影响》，《人口研究》1997 年第 5 期。
郭志刚：《关于中国家庭户变化的探讨与分析》，《中国人口科学》2008 年第 3 期。
郭志刚：《清醒认识中国低生育率风险》，《国际经济评论》2015 年第 2 期。
郭志刚、刘金塘、宋健：《现行生育政策与未来家庭结构》，《中国人口科学》2002 年第 1 期。
郭志刚、张二力、顾宝昌等：《从政策生育率看中国生育政策的多样性》，《人口研究》2003 年第 5 期。
郭志仪、张岩：《河南省居民生育意愿现状分析》，《西北人口》2009 年第 2 期。
郭志仪、祝伟：《甘肃省居民生育意愿与生育目的的调查研究》，《西北人口》2009 年第 5 期。
国家统计局：《中国统计年鉴 2020》，中国统计出版社 2020 年版。
国家卫生计生委计划生育基层指导司、中国人口与发展研究中心：《人口与计划生育常用数据手册（2012）》，中国人口出版社 2013 年版。
国家卫生计生委计划生育基层指导司、中国人口与发展研究中心：《人口与计划生育常用数据手册（2015）》，中国人口出版社 2016 年版。
国务院人口普查办公室、国家统计局人口统计司：《中国 1982 年人口普查资料》，中国统计出版社 1985 年版。
国务院人口普查办公室、国家统计局人口统计司：《中国 1990 年人口普查资料》（第二册），中国统计出版社 1993 年版。
韩雷、田龙鹏：《“全面二孩”的生育意愿与生育行为——基于 2014 年湘潭市调研数据的分析》，《湘潭大学学报（哲学社会科学版）》2016 年第 1 期。
洪秀敏、朱文婷：《二孩时代生还是不生？——独生父母家庭二孩生育意愿及影响因素探析》，《北京社会科学》2017 年第 5 期。
侯佳伟、黄四林、辛自强等：《中国人口生育意愿变迁：1980—2011》，《中国社会科学》2014 年第 4 期。
胡湛、彭希哲：《重新诠释“计划生育”的内涵——实现“家庭自主生育”转型并避免误读“鼓励生育”》，《探索与争鸣》2019 年第 1 期。
贾志科、风笑天：《城市“单独夫妇”的二胎生育意愿——基于南京、保定五类行业 558 名青年的调查分析》，《人口学刊》2015 年第 3 期。
“江苏生育意愿和生育行为研究”课题组、郑真真：《低生育水平下的生育意愿研究》，《江苏社会科学》2008 年第 2 期。
江亦曼、乔晓春、于学军等：《中国未来人口发展与生育政策研究》，《人口研究》2000 年第 3 期。
姜玉、田丰、周欣欣：《第一代独生子女婚姻生育选择及对未来人口和家庭结构的影响——兼与庄渝霞商榷生育政策调整的可行性》，《青年研究》2009 年第 2 期。
姜玉、庄亚儿：《生育政策调整对生育意愿影响研究——基于 2015 年追踪调查数据的发现》，《西北人口》2017 年第 3 期。

金易：《现行生育政策调整的依据及路径》，《学术交流》2014 年第 1 期。
靳永爱、宋健、陈卫：《全面二孩政策背景下中国城市女性的生育偏好与生育计划》，《人口研究》2016 年第 6 期。
〔美〕赖特·米尔斯：《社会学想象力》，见赖特·米尔斯、塔尔考特·帕森斯主编《社会学与社会组织》，何维凌、黄晓京译，浙江人民出版社 1986 年版。
李波平、向华丽：《不同代际育龄妇女生育意愿及影响因素研究：以武汉城市圈为例》，《人口与经济》2010 年第 3 期。
李汉东、王然、任昱洁：《计划生育政策以来的独生子女数量及家庭结构分析》，《统计与决策》2018 年第 13 期。
李建民：《中国的生育革命》，《人口研究》2009 年第 1 期。
李建新、李娜：《中国放开现行计生政策的可行性——基于江苏省不同政策群体生育理想、生育意愿的调查》，《探索与争鸣》2012 年第 7 期。
李建新、骆为祥：《生育意愿的代际差异分析：以江苏省为例》，《中国农业大学学报（社会科学版）》2009 年第 3 期。
李静雅：《已育一孩职业女性的二孩生育意愿研究——基于生育效用感和再生育成本的实证分析》，《妇女研究论丛》2017 年第 3 期。
李龙、翟振武：《生育一孩弱化二孩生育意愿吗？——基于北京市“单独”家庭的考察》，《南方人口》2014 年第 5 期。
李翔、赵昕东：《全面二孩政策效果是否显著?——基于福建地区二孩生育意愿的调查研究》，《东南学术》2019 年第 4 期。
李艳华：《湖北省人口婚育状况调查分析》，《西北人口》2010 年第 1 期。
梁宏：《家庭支持对职业女性二孩生育决策的影响——基于中山市二孩生育需求调查的实证研究》，《南方人口》2017 年第 6 期。
梁秋生：《“四二一”结构：一种特殊的社会、家庭和代际关系的混合体》，《人口学刊》2004 年第 2 期。
刘爱玉：《流动人口生育意愿的变迁及其影响》，《江苏行政学院学报》2008 年第 5 期。
刘传江：《中国人口老龄化前景与对策专家研讨会综述》，《社会学研究》1993 年第 6 期。
刘鸿雁、黄匡时：《全国“单独两孩”政策实施效果研究——基于单独夫妇及其子女信息核查数据的分析》，《中国人口科学》2015 年第 4 期。
刘彦杉、段婷婷、唐湘竺等：《二胎生育意愿调查及政策宣传建议——以上海市为例》，《中国统计》2017 年第 9 期。
龙书芹、陈海林：《城市“双非一孩”育龄女性的就业状态对其二胎生育抉择的影响》，《东南大学学报(哲学社会科学版)》2017 年第 3 期。
卢海阳、邱航帆、郑逸芳：《女性二胎生育意愿的影响因素研究——基于就业性质和养老观念的视角》，《南方人口》2017 年第 3 期。
路遇：《生育文化概念研究》，《人口与经济》2001 年第 4 期。
吕红平：《生育文化转变论》，《河北大学学报(哲学社会科学版)》2000 年第 5 期。
马小红：《趋同的城乡生育意愿对生育政策调整的启示——基于北京市城乡独生子女生育意愿

的比较研究》，《人口与发展》2011 年第 6 期。
马小红、顾宝昌：《单独二孩申请遇冷分析》，《华中师范大学学报（人文社会科学版）》·2015 年第 2 期。
茅倬彦、罗昊：《符合二胎政策妇女的生育意愿和生育行为差异——基于计划行为理论的实证研究》，《人口研究》2013 年第 1 期。
莫丽霞：《当前我国农村居民的生育意愿与性别偏好研究》，《人口研究》2005 年第 2 期。
穆光宗：《“全面二孩”政策实施效果如何》，《人民论坛》2018 年第 14 期。
穆光宗：《当代青年的“恐育”心理和生育观》，《人民论坛》2020 年第 22 期。
穆峥、谢宇：《生育对父母主观幸福感的影响》，《社会学研究》2014 年第 6 期。
牛亚冬、张文斌、张栋等：《单独家庭生育二孩意愿的分析——基于武汉市 1093 户单独家庭的调查数据》，《人口与发展》2015 年第 3 期。
潘允康：《家庭社会学》，重庆出版社 1986 年版。
彭珮云：《严格控制人口增长实现我国经济发展战略目标》，《经济工作通讯》1990 年第 15 期。
彭希哲、戴星翼：《中国农村社区生育文化》，华东师范大学出版社 1996 年版。
彭希哲、李赟、宋靓珺等：《上海市“单独两孩”生育政策实施的初步评估及展望》，《中国人口科学》2015 年第 4 期。
彭渝、懋彬：《当代中国家庭结构的变化及子女的社会化环境》，《社会科学研究》1994 年第 6 期。
齐险峰、郭震威：《“四二一”家庭微观仿真模型与应用》，《人口研究》2007 年第 3 期。
乔晓春：《实施“普遍二孩”政策后生育水平会达到多高？——兼与翟振武教授商榷》，《人口与发展》2014 年第 6 期。
乔晓春：《从“单独二孩”政策执行效果看未来生育政策的选择》，《中国人口科学》2015 年第 2 期。
乔晓春、任强：《中国未来生育政策的选择》，《市场与人口分析》2006 年第 3 期。
卿石松、丁金宏：《生育意愿中的独生属性与夫妻差异——基于上海市夫妻匹配数据的分析》，《中国人口科学》2015 年第 5 期。
任远：《“单独二孩”实施效果与改革策略》，《探索与争鸣》2015 年第 2 期。
任远：《“全面两孩”政策的实施效果和计划生育制度的发展转型》，《人口与计划生育》2017 年第 7 期。
沈可、王丰、蔡泳：《国际生育政策调整的实践与成效》，《行政管理改革》2013 年第 5 期。
沈毅：《苏南流动人口生育意愿研究——以吴江流动人口为例》，《市场与人口分析》2005 年第 5 期。
石人炳、陈宁：《单独二孩政策实施对出生人口性别比的影响研究》，《华中师范大学学报》2015 年第 2 期。
石人炳、陈宁、郑淇予：《中国生育政策调整效果评估》，《中国人口科学》2018 年第 4 期。
石智雷、杨云彦：《符合“单独二孩”政策家庭的生育意愿与生育行为》，《人口研究》2014 年第 5 期。
宋德勇、刘章生、弓媛媛：《房价上涨对城镇居民二孩生育意愿的影响》，《城市问题》2017 年第 3 期。

宋官东：《对从众行为的新认识》，《心理科学》1997 年第 1 期。
宋健：《“四二一”结构：形成及其发展趋势》，《中国人口科学》2000 年第 2 期。
宋健：《再论“四二一”结构：定义与研究方法》，《人口学刊》2010 年第 3 期。
宋健：《“四二一”结构家庭的养老能力与养老风险——兼论家庭安全与和谐社会构建》，《中国人民大学学报》2013 年第 5 期。
宋健：《转折点：中国生育率将往何处去——基于欧洲的经验与启示》，《探索与争鸣》2017 年第 4 期。
孙鹃娟、邬沧萍：《稳定低生育水平是缓解“四二一”担忧的一个安民告示》，《西北人口》2008 年第 1 期。
谭晓青：《中国的生育革命》，《中国人口科学》1989 年第 4 期。
谭宇、李楠：《少数民族不同群体生育目的的实证研究》，《求索》2011 年第 5 期。
汤兆云：《“单独夫妇”二孩生育意愿及未来生育政策的调整——基于福建省泉州市的调查数据》，《中共福建省委党校学报》2014 年第 12 期。
汤兆云、郭真真：《经济水平对生育意愿的影响分析——一项经验研究：基于 621 份调查问卷的数据》，《人口与发展》2012 年第 3 期。
唐运革、李飞成、韩立薇：《广州市“单独二孩”登记群体特征分析》，《中国工程科学》2015 年第 6 期。
唐仲勋、叶南客：《中国养老方式变迁及其对策》，《学海》1994 年第 6 期。
陶涛、杨凡：《计划生育政策的人口效应》，《人口研究》2011 年第 1 期。
田立法、荣唐华、张馨月等：《“全面二孩”政策下农村居民二胎生育意愿影响因素研究——以天津为例》，《人口与发展》2017 年第 4 期。
王冰、徐云鹏：《养老与家庭》，《人口学刊》1986 年第 2 期。
王广州：《北京市生育政策调整对出生人口规模的影响》，《北京社会科学》2011 年第 3 期。
王广州：《生育政策调整研究中存在的问题与反思》，《中国人口科学》2015 年第 2 期。
王金营、赵贝宁：《论计划生育政策的完善与调整——基于公共政策视角》，《人口学刊》2012 年第 4 期。
王晶、杨小科：《城市化过程中家庭照料分工与二孩生育意愿研究》，《公共行政评论》2017 年第 2 期。
王学义、王春蕊：《禀赋、场域与中国妇女生育意愿研究》，《人口学刊》2011 年第 1 期。
巫锡炜：《中国步入低生育率（1980-2000）》，社会科学文献出版社 2012 年版。
伍海霞、李树茁、悦中山：《城镇外来农村流动人口的生育观念与行为分析——来自深圳调查的发现》，《人口研究》2006 年第 1 期。
肖富群、风笑天：《我国独生子女研究 30 年：两种视角及其局限》，《南京社会科学》2010 年第 7 期。
解振明：《曲折、艰难、辉煌的中国生育转变》，《人口研究》2012 年第 1 期。
熊凤水：《压力与从众视角下的农民生男偏好——基于皖南 H 村的实证研究》，《南方人口》2007 年第 2 期。
徐映梅、李霞：《农村外出妇女的生育意愿分析——基于鄂州、黄石、仙桃三地数据》，《南方人口》2010年第2期。
许涤新：《关于人口科学的几个问题》，《经济研究》1981年第4期。
薛拣民：《老龄化的趋势和对策》，《经济问题》1987年第12期。
杨竞：《"全面二孩"政策实施效果及发展预测》，《中国统计》2017年第7期。
杨书章、郭震威：《中国独生子女现状及其对未来人口发展的影响》，《市场与人口分析》2000年第4期。
杨书章、王广州：《一种独生子女数量间接估计方法》，《中国人口科学》2007年第4期。
姚从容、吴帆、李建民：《我国城乡居民生育意愿调查研究综述：2000—2008》，《人口学刊》2010年第2期。
姚引妹、李芬、尹文耀：《单独两孩政策下独生子女数量、结构变动趋势预测》，《浙江大学学报（人文社会科学版）》2015年第1期。
叶恭绍：《叶恭绍教授在首届全国学生营养与课间加餐研讨会上的讲话》，《学校卫生》1986年第4期。
叶华、吴晓刚：《生育率下降与中国男女教育的平等化趋势》，《社会学研究》2011年第5期。
佚名：《合肥市独生子女家庭追踪调查》，《中国人口科学》1988年第1期。
原新、高瑗：《调整生育政策与出生人口变化》，《人口与计划生育》2017年第6期。
曾毅：《二孩晚育软着陆方案有利于解决我国出生性别比偏高问题》，《社会科学》2009年第8期。
翟振武：《中国人口规模与年龄结构矛盾分析》，《人口研究》2001年第3期。
翟振武：《"单独二孩"申报符合预期》，《经济日报》2015年1月20日，第9版。
翟振武、李龙：《"单独二孩"政策的回顾与展望》，《人口与计划生育》2015年第3期。
翟振武、李龙、陈佳鞠：《全面两孩政策下的目标人群及新增出生人口估计》，《人口研究》2016年第4期。
翟振武、张现苓、靳永爱：《立即全面放开二胎政策的人口学后果分析》，《人口研究》2014年第2期。
张丽萍、王广州：《中国育龄人群二孩生育意愿与生育计划研究》，《人口与经济》2015年第6期。
张晓青、黄彩虹、张强等：《"单独二孩"与"全面二孩"政策家庭生育意愿比较及启示》，《人口研究》2016年第1期。
张勇、尹秀芳、徐玮：《符合"单独二孩"政策城镇居民的生育意愿调查》，《中南财经政法大学学报》2014年第5期。
张原、陈建奇：《变迁中的生育意愿及其政策启示：中国家庭生育意愿决定因素实证研究（1991—2011）》，《贵州财经大学学报》2015年第3期。
郑真真：《生育意愿研究及其现实意义——兼以江苏调查为例》，《学海》2011年第2期。
郑真真：《生育意愿的测量与应用》，《中国人口科学》2014年第6期。
《中国计划生育年鉴》编辑委员会：《中国计划生育年鉴1986》，人民卫生出版社1987年版。
钟晓华：《"全面二孩"政策实施效果的评价与优化策略——基于城市"双非"夫妇再生育意愿的调查》，《中国行政管理》2016年第7期。
仲长远：《当代城市青年生育意愿初探：对北京市石景山区模式口社区两代人生育意愿的对比

调查》，《青年研究》2001 年第 7 期。

朱国宏：《传统生育文化与中国人口控制》，《人口研究》1992 年第 1 期。

庄亚儿、姜玉、李伯华：《全面两孩政策背景下中国妇女生育意愿及其影响因素——5 基于 2017 年全国生育状况抽样调查》，《人口研究》2021 年第 1 期。

庄亚儿、姜玉、王志理等：《当前我国城乡居民的生育意愿——基于 2013 年全国生育意愿调查》，《人口研究》2014 年第 3 期。

庄渝霞：《不同代别农民工生育意愿及其影响因素 基于厦门市 912 位农村流动人口的实证研究》，《社会》2008 年第 1 期。

周长洪：《生育观念的概念逻辑模型》，《南京人口管理干部学院学报》2007 年第 2 期。

周福林：《生育意愿及其度量指标研究》，《统计教育》2005 年第 10 期。

Chen X M, “The One-Child Population Policy, Modernization, and the Extended Chinese Family”, *Journal of Marriage and the Family*, Vol.47, No. 1, 1985.

Feng X T, Poston D L, Wang X T “China’s One-Child Policy and the Changing Family”, *Journal of Comparative Family Studies*, Vol. 45, No.1, 2014.

Hinze K, “Family Planning and Population Control: The Challenges of a Successful Movement”, *Social Science Quarterly*, Vol.71, No. 2, 1990.

Kallgren J K, “Family Planning in China”, *Current History*, Vol.85, No. 512, 1986.

Wang P, “The Second Billion: Population and Family Planning in China”, *Journal of Contemporary Asia*, Vol. 18, No. 4, 1988.

索　引

E

F

G

H

J

K

T

Y

Z

后 记

当从学校、出版社及朋友、学生那里得知笔者的课题成果被评为国家哲学社会科学成果文库入选著作时，心中既有一丝高兴，也有一丝安慰：历经五年的认真研究能够得到学界同行的认可，个中辛苦也都值了。

然而，当学校和出版社转来多达十位评审专家的评审意见时，笔者心中曾经的那一丝高兴和一丝安慰一下子就被这么多专家的评审意见所带来的震撼冲得无影无踪了！

尽管笔者也多次作为专家参加国家社会科学基金重大项目的评审、参加教育部“长江学者特聘教授”的评审及参加国家哲学社会科学成果文库的评审等，但笔者怎么也不会想到，一本国家哲学社会科学成果文库入选著作的评审专家竟然多达十位！而当笔者逐一阅读了整整十位专家学者对书稿所做的非常认真、非常仔细的评审意见后，感触就更多了。

笔者看到，每一位专家都以高度认真负责的态度，从各种不同的角度，对本书进行了全面的评价。每位专家都写出了既客观中肯，又尖锐直接的评审意见。他们既肯定了本书在探索研究的问题上所作出的每一点努力，肯定了笔者在研究中的每一点细小的创新；同时，对书稿中所存在的各种不足也都从完善书稿的角度毫无保留地给出了各自的修改建议。从专家学者的评审意见中，笔者能够真切地感到他们都是这一领域的真正的专家。阅读他们的评审意见，自己就像在一场学术交流会议上进行发言后，当面接受同行专家的点评和指导一样，深受启发。

客观地说，本书只是笔者对“后独生子女时代”生育意愿问题进行研究和探讨的粗浅结果，能有幸评为国家哲学社会科学成果文库中的一本，已是对笔者最大的鼓励。现在又有这么多专家给出了有见地、有价值的评审意见，让笔者既受益良多，又深深感动。通过阅读专家学者的评审意见，笔者看到的绝不仅仅是该研究成果被肯定，并被评为国家哲学社会科学成果文库中的一种，更重要的是从十位专家学者的评审意见中读到了自己研究的不足，以及今后应该继续努力的方向，特别是收获了与名利无关的学术精神和学者情怀。在此，请允许笔者对十位匿名评审专家深深鞠躬，真诚地道一声："谢谢你们！"

根据专家学者的评审意见，笔者对书稿的具体内容、整体结构和章节标题，都进行了较大的调整和修改，也根据专家意见补充了相关的章节和内容，使得书稿的整体结构和质量都有了新的提高。当然，由于笔者学识水平的局限，也由于该项研究的研究设计、结构框架、数据资料等方面的限制，因而有些专家指出的问题和提出的修改意见暂时无法在书稿修订中进行完善和补充。在此也向相关专家说明和致以歉意。笔者会在今后的研究中，进一步探索，争取能在认识中国社会的独生子女问题、生育意愿问题上有所提高。

"路漫漫其修远兮，吾将上下而求索。"

此书是笔者承担的2014年国家社科基金重点课题的最终成果。课题研究历经5年，于2019年结题。整个研究得到了一大批学界同行、笔者的学生及被调查对象的支持与帮助。特别是承担2015年、2016年课题调查工作的北京工业大学社会科学学院蔡扬眉讲师、华东师范大学社会发展学院社会学系徐连明副教授、西南大学国家治理学院社会学系甘会斌讲师、吉林大学哲学社会学院张霁雪副教授、兰州大学哲学社会学院唐远雄副教授、厦门大学社会与人类学院社会学系唐美玲副教授、广西师范大学政治与公共管理学院肖富群教授、河南师范大学青少年问题研究中心高中健教授、西南交通大学马克思主义学院方纲副教授、华南农业大学公共管理学院林诚彦讲师、南京医科大学医学人文研究院邱济芳讲师、中南民族大学民族学与社会学学院张翼副教授、华中科技大学社会学院郝玉章副教授及刘成斌教授、中南财经政法大学公共管理学院乐章教授、华中师范大学社会学院梅志罡副教授等，笔者在此表示深深的感谢！此外，笔者还要感谢向笔者提供相关调查数据的中国人口与发展研究中心刘鸿雁研究员、庄亚儿研究员及时任湖北省卫计委主任的湖北省副省长杨云彦教授、中南财经政法大学公共管理学院石智雷教授等。谢谢你们的慷慨支持！

当然，笔者还要特别感谢科学出版社编辑刘英红。正是她以敏锐的眼光发现笔者的研究成果，积极主动地和笔者联系，认真热情地推动本书申报国家哲学社会科学成果文库。虽然直到今天，笔者的课题成果最终编辑成书，即将与读者见面，我们都没有见过一次面，但她可贵的职业精神早已让我深受感动。在此，笔者也深深地道一声：谢谢你！

最后，笔者愿将此书作为礼物，献给已故的母亲、健在的父亲、一直相伴的妻子、远在澳大利亚的女儿和聪明可爱的外孙！

风笑天

2020年12月于南京